Informatik – Fachberichte

Band 12: Programmiersprachen. 5. Fachtagung der GI, Braunschweig, 1978. Herausgegeben von K. Alber. VI, 179 Seiten. 1978.

Band 13: W. Steinmüller, L. Ermer, W. Schimmel: Datenschutz bei riskanten Systemen. Eine Konzeption entwickelt am Beispiel eines medizinischen Informationssystems. X, 244 Seiten. 1978.

Band 14: Datenbanken in Rechnernetzen mit Kleinrechnern. Fachtagung der GI, Karlsruhe, 1978. Herausgegeben von W. Stucky und E. Holler. (vergriffen)

Band 15: Organisation von Rechenzentren. Workshop der Gesellschaft für Informatik, Göttingen, 1977. Herausgegeben von D. Wall. X, 310 Seiten. 1978.

Band 16: GI – 8. Jahrestagung, Proceedings 1978. Herausgegeben von S. Schindler und W. K. Giloi. VI, 394 Seiten. 1978.

Band 17: Bildverarbeitung und Mustererkennung. DAGM Symposium, Oberpfaffenhofen, 1978. Herausgegeben von E. Triendl. XIII, 385 Seiten. 1978.

Band 18: Virtuelle Maschinen. Nachbildung und Vervielfachung maschinenorientierter Schnittstellen. GI-Arbeitsseminar. München, 1979. Herausgegeben von H. J. Siegert. X, 230 Seiten. 1979.

Band 19: GI – 9. Jahrestagung. Herausgegeben von K. H. Böhling und P. P. Spies. (vergriffen)

Band 20: Angewandte Szenenanalyse. DAGM Symposium, Karlsruhe 1979. Herausgegeben von J. P. Foith. XIII, 362 Seiten. 1979.

Band 21: Formale Modelle für Informationssysteme. Fachtagung der GI, Tutzing 1979. Herausgegeben von H. C. Mayr und B. E. Meyer. VI, 265 Seiten. 1979.

Band 22: Kommunikation in verteilten Systemen. Workshop der Gesellschaft für Informatik e.V. Herausgegeben von S. Schindler und J. C. W. Schröder. VIII, 338 Seiten. 1979.

Band 23: K.-H. Hauer, Portable Methodenmonitoren. Dialogsysteme zur Steuerung von Methodenbanken: Softwaretechnischer Aufbau und Effizienzanalyse. XI, 209 Seiten. 1980.

Band 24: N. Ryska, S. Herda, Kryptographische Verfahren in der Datenverarbeitung. V, 401 Seiten. 1980.

Band 25: Programmiersprachen und Programmierentwicklung. 6. Fachtagung, Darmstadt, 1980. Herausgegeben von H.-J. Hoffmann. VI, 236 Seiten. 1980.

Band 26: F. Gaffal, Datenverarbeitung im Hochschulbereich der USA. Stand und Entwicklungstendenzen. IX, 199 Seiten. 1980.

Band 27: GI-NTG-Fachtagung, Struktur und Betrieb von Rechensystemen. Kiel, März 1980. Herausgegeben von G. Zimmermann. IX, 286 Seiten. 1980.

Band 28: Online-Systeme im Finanz- und Rechungswesen. Anwendergespräch, Berlin, April 1980. Herausgegeben von P. Stahlknecht. X, 547 Seiten. 1980.

Band 29: Erzeugung und Analyse von Bildern und Strukturen. DGaO – DAGM-Tagung, Essen, Mai 1980. Herausgegeben von S. J. Pöppl und H. Platzer. VII, 215 Seiten. 1980.

Band 30: Textverarbeitung und Informatik. Fachtagung der GI, Bayreuth, Mai 1980. Herausgegeben von P. R. Wossidlo. VIII, 362 Seiten. 1980.

Band 31: Firmware Engineering. Seminar veranstaltet von der gemeinsamen Fachgruppe „Mikroprogrammierung" des GI-Fachausschusses 3/4 und des NTG-Fachausschusses 6 vom 12. – 14. März 1980 in Berlin. Herausgegeben von W. K. Giloi. VII, 289 Seiten. 1980.

Band 32: M. Kühn, CAD Arbeitssituation. Untersuchungen zu den Auswirkungen von CAD sowie zur menschengerechten Gestaltung von CAD-Systemen. VII, 215 Seiten. 1980.

Band 33: GI – 10. Jahrestagung. Herausgegeben von R. Wilhelm. XV, 563 Seiten. 1980.

Band 34: CAD-Fachgespräch. GI – 10. Jahrestagung. Herausgegeben von R. Wilhelm. VI, 184 Seiten. 1980.

Band 35: B. Buchberger, F. Lichtenberger: Mathematik für Informatiker I. Die Methode der Mathematik. XI, 315 Seiten. 1980.

Band 36: The Use of Formal Specification of Software. Berlin, Juni 1979. Edited by H. K. Berg and W. K. Giloi. V, 388 pages. 1980.

Band 37: Entwicklungstendenzen wissenschaftlicher Rechenzentren. Kolloquium, Göttingen, Juni 1980. Herausgegeben von D. Wall. VII, 163 Seiten. 1980.

Band 38: Datenverarbeitung im Marketing. Herausgegeben von R. Thome. VIII, 377 pages. 1981.

Band 39: Fachtagung Prozeßrechner 1981. München, März 1981. Herausgegeben von R. Baumann. XVI, 476 Seiten. 1981.

Band 40: Kommunikation in verteilten Systemen. Herausgegeben von S. Schindler und J. C. W. Schröder. IX, 459 Seiten. 1981.

Band 41: Messung, Modellierung und Bewertung von Rechensystemen. GI-NTG-Fachtagung. Jülich, Februar 1981. Herausgegeben von B. Mertens. VIII, 368 Seiten. 1981.

Band 42: W. Kilian, Personalinformationssysteme in deutschen Großunternehmen. XV, 352 Seiten. 1981.

Band 43: G. Goos, Werkzeuge der Programmiertechnik. GI-Arbeitstagung. Proceedings, Karlsruhe, März 1981. VI, 262 Seiten. 1981.

Band 44: Organisation informationstechnik-geschützter öffentlicher Verwaltungen. Fachtagung, Speyer, Oktober 1980. Herausgegeben von H. Reinermann, H. Fiedler, K. Grimmer und K. Lenk. 1981.

Band 45: R. Marty, PISA – A Programming System for Interactive Production of Application Software. VII, 297 Seiten. 1981.

Band 46: F. Wolf, Organisation und Betrieb von Rechenzentren. Fachgespräch der GI, Erlangen, März 1981. VII, 244 Seiten. 1981.

Band 47: GWAI – 81 German Workshop on Artificial Intelligence. Bad Honnef, January 1981. Herausgegeben von J. H. Siekmann. XII, 317 Seiten. 1981.

Band 48: W. Wahlster, Natürlichsprachliche Argumentation in Dialogsystem. KI-Verfahren zur Rekonstruktion und Erklärung approximativer Inferenzprozesse. XI, 194 Seiten. 1981.

Band 49: Modelle und Strukturen. DAG 11 Symposium, Hamburg, Oktober 1981. Herausgegeben von B. Radig. XII, 404 Seiten. 1981.

Band 50: GI – 11. Jahrestagung. Herausgegeben von W. Brauer. XIV, 617 Seiten. 1981.

Band 51: G. Pfeiffer, Erzeugung interaktiver Bildverarbeitungssysteme im Dialog. X, 154 Seiten. 1982.

Band 52: Application and Theory of Petri Nets. Proceedings, Strasbourg 1980, Bad Honnef 1981. Edited by C. Girault and W. Reisig. X, 337 pages. 1982.

Band 53: Programmiersprachen und Programmentwicklung. Fachtagung der GI, München, März 1982. Herausgegeben von H. Wössner. VIII, 237 Seiten. 1982.

Band 54: Fehlertolerierende Rechnersysteme. GI-Fachtagung, München, März 1982. Herausgegeben von E. Nett und H. Schwärtzel. VII, 322 Seiten. 1982.

Informatik-Fachberichte

Herausgegeben von W. Brauer
im Auftrag der Gesellschaft für Informatik (GI)

98

Öffentliche Verwaltung und Informationstechnik

Neue Möglichkeiten, neue Probleme, neue Perspektiven

Fachtagung, Speyer, 26.–28. September 1984

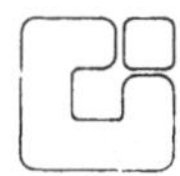

Herausgegeben von H. Reinermann, H. Fiedler,
K. Grimmer, K. Lenk und R. Traunmüller

Springer-Verlag
Berlin Heidelberg New York Tokyo

Herausgeber
Heinrich Reinermann
Hochschule für Verwaltungswissenschaften Speyer
Freiherr-vom-Stein-Straße 2, D-6720 Speyer

Herbert Fiedler
Universität Bonn und Gesellschaft für Mathematik und Datenverarbeitung mbH
Schloß Birlinghoven, D-5205 St. Augustin 1

Klaus Grimmer
Gesamthochschule Kassel
Mönchebergstraße 17, D-3500 Kassel

Klaus Lenk
Institut für Verwaltungsforschung und Regionalwissenschaft,
Universität Oldenburg
Postfach 2503, D-2900 Oldenburg

Roland Traunmüller
Johannes-Kepler-Universität Linz
Altenbergerstraße 69, A-4040 Linz

CR Subject Classifications (1982): 2.0, 2.11, 2.12, 2.2, 2.3, 2.4, 2.41, 2.42, 2.43, 2.44, 2.45, 3.33, 3.35, 3.53, 3.79, 4.0

ISBN-13: 978-3-540-15224-8 e-ISBN-13: 978-3-642-95469-6
DOI: 10.1007/978-3-642-95469-6

CIP-Kurztitelaufnahme der Deutschen Bibliothek. Öffentliche Verwaltung und Informationstechnik: neue Möglichkeiten, neue Probleme, neue Perspektiven; Fachtagung, Speyer, 26. - 28. September 1984 / hrsg. von H. Reinermann ... - Berlin; Heidelberg; New York; Tokyo: Springer, 1985. (Informatik-Fachberichte; 98)

NE: Reinermann, Heinrich [Hrsg.]; GT

Softcover reprint of the hardcover 1st edition 1985

Druck- und Bindearbeiten: Weihert-Druck GmbH, Darmstadt
2145/3140 – 5 4 3 2 1 0

V O R W O R T

Der vorliegende Band dokumentiert die zweite Fachtagung zum Einsatz der Informationstechnik in öffentlichen Verwaltungen, welche der Bereich "Informatik in Recht und öffentlicher Verwaltung" der Gesellschaft für Informatik und das Forschungsinstitut für öffentliche Verwaltung bei der Hochschule für Verwaltungswissenschaften in Speyer gemeinsam durchgeführt haben. Vorangegangen war 1980 eine gemeinsame Fachtagung unter dem Titel "Verwaltungsorganisation und Informatik", welche als Band Nr. 44 der "Informatik-Fachberichte" im Springer-Verlag (1981) dokumentiert ist. Im Sinne verwandter Aktivitäten der Gesellschaft für Informatik (GI) und insbesondere ihres Fachbereichs für Informatik in Recht und öffentlicher Verwaltung (FB 6) ist schließlich noch eine Fachtagung über "Neue Informationstechnologien und Verwaltung" zu erwähnen, welche 1983 gemeinsam mit österreichischen Informatikgesellschaften (OCG, ADV und ÖGI) an der Universität Linz durchgeführt wurde - auch diese dokumentiert in der Reihe "Informatik-Fachberichte" (Band Nr. 80, 1984). All die genannten Veranstaltungen dienten dem Ziel, Praxis und Wissenschaft der öffentlichen Verwaltung einerseits und der Informatik andererseits zur Förderung gemeinsamer Arbeit zusammenzuführen und dabei aktuelle Entwicklungen, Probleme und Lösungen zu identifizieren, darzustellen und zu bewerten. Die Tagungen verstehen sich damit auch als Beitrag zur Entwicklung der Rechts- und Verwaltungsinformatik als anwendungsorientierter Disziplin.

Die Folge der Tagungen spiegelt ebenso eine Kontinuität der fachlichen Arbeit wider, wie sie andererseits Ausdruck einer besonderen Dynamik der Entwicklung von Informationstechnik mit ihren Methoden und Anwendungen auch im Bereich der öffentlichen Verwaltung ist:

- Die Kontinuität der Arbeit insbesondere der beiden Speyerer Tagungen 1980 und 1984 betrifft nicht nur den Kreis der Mitveranstalter und Organisatoren, sondern auch den hauptsächlichen Teilnehmerkreis, welchem für den Erfolg der Tagungen wesentliche Bedeutung zukam. Zu beiden Tagungen waren maßgebende Kreise von Fach- und Führungsverantwortlichen für den Informationstechnikeinsatz in staatlichen und kommunalen Verwaltungen und anderen öffentlichen Einrichtungen der Bundesrepublik Deutschland erschienen, darüber hinaus auch Gäste aus dem Ausland. Die Teilnehmerzahlen lagen jeweils über 300.

- Die Dynamik der informationstechnischen Entwicklung ist so stark, und von den Anwendungsbedürfnissen her so wenig steuerbar, daß der "an sich" begrüßenswerte Fortschritt der Informationstechnik manchmal auch zum Problem zu werden droht. Diese Dynamik hat es insbesondere bedingt, daß nunmehr, vier Jahre später, vielfach ähnliche Themen anstanden, aber unter dem Aspekt technisch-methodischer Weiterentwicklungen. So waren für die Tagung Speyer 1984 neue technische und methodische Entwicklungen zu berücksichtigen insbesondere zur Telekommunikation (wie zum Beispiel mit der Einführung des Bildschirmtext-Dienstes in der Bundesrepublik), zum Personal Computing und zu den im Rahmen des japanischen 5th-Generation-Konzepts angesprochenen Elementen wie Inferenzsysteme, wissensbasierte Systeme mit Anwendungen zum Beispiel im Expertensystembereich.

Die Tagung Speyer 1984 hat es unternommen, die Dynamik neuester informationstechnischer Entwicklung in den Rahmen kontinuierlicher fachlicher Arbeit (insbesondere auch konzeptioneller und methodenbezogener Art) an den Gebieten von Recht und öffentlicher Verwaltung zu stellen. In vorwiegend verwaltungswissenschaftlicher Betrachtung ging es nach einem einleitenden Block über Technik- und Methodenentwicklung vor allem um das Themengebiet der Informationsverwaltung (und insofern auch der "Informationswirtschaft", des Informationsmanagement und der Informationspolitik) im Bereich öffentlicher Verwaltungen sowie um die Einordnung der Informationstechnik in den Rahmen der Verwaltungspolitik. Zwei Podiumsdiskussionen ("Wie sicher sind unsere Daten - kann die Informationstechnologie den Datenschutz garantieren?" und "Informationstechnik - für Verbilligung oder Anhebung der Verwaltungsleistung?") dienten der Entfaltung auch kontroverser Positionen zu aktuellen Fragen.

Die fachliche Vorbereitung der Tagung und insofern auch die Verantwortung für die Tagungsgestaltung lag beim Programmkomitee mit den Mitgliedern Herbert Fiedler, Klaus Grimmer, Klaus Lenk, Heinrich Reinermann und Roland Traunmüller. Für die Tagungsorganisation waren Emil Dollenbacher und Wilfried Frankenbach als Organisationskomitee verantwortlich. Die Tagungsleitung lag bei Heinrich Reinermann, unter dessen Leitung in Speyer auch der Tagungsband redigiert wurde. Hierbei wurden Diskussionsbeiträge in Redaktion und unter Verantwortung von Referenten (aus dem Bereich der Hochschule Speyer) wiedergegeben.

Die Veranstalter danken allen Beteiligten, die zum Gelingen der Tagung beigetragen haben. Hierzu gehören außer den Funktionsträgern der Tagung auch die Teilnehmer, deren Reaktionen und Diskussionsbeiträge ein wichtiges Element der Tagungsergebnisse bildeten. Nicht zuletzt gebührt großer Dank den Mitgliedern des Teams der Hochschule Speyer, welche die Last der Tagungsorganisation und der Redaktion des Tagungsbands trugen. Es soll keine Mißachtung der anderen sein, wenn Christa Bold und Wolfgang Annen hier namentlich genannt werden.

Wir hoffen, daß die Tagungsergebnisse hier und da Anstöße geben, vielleicht sogar darüber hinaus in eine systematisch fundierte und zugleich praktisch nützliche Weiterentwicklung der Rechts- und Verwaltungsinformatik eingehen.

Herbert Fiedler
Klaus Grimmer
Klaus Lenk
Heinrich Reinermann
Roland Traunmüller

INHALTSVERZEICHNIS

VIERTER TEIL: ORGANISATIONS- UND PERSONALPOLITIK

GRUSSWORTE

Carl Böhret

Sehr verehrte Damen und Herren, liebe Gäste!

Im Jahre 1967 habe ich am BROOKINGS-Institut in Washington FORTRAN IV-Programme zu entwickeln gelernt. Sie wurden von einer IBM 7090 bearbeitet. Das war eine beeindruckend große Anlage - mit vielen Nebenaggregaten. Man gab morgens dem Operator seinen Lochkartensatz ab und erhielt abends seinen Ausdruck - zumeist mit deftigen Fehlerhinweisen.

Zurückgekehrt an die Freie Universität Berlin, war ich stolz auf meine rudimentären Kenntnisse. Und zurecht - denn an meinem Fachbereich hatte noch keiner je so etwas gemacht; ich war ein Experte, gar ein Pionier - aber zugleich auch ein bezweifelter Außenseiter.

Daß es heute ganz anders - vielleicht sogar umgekehrt - ist, brauche ich nicht zu betonen. Was wir in unserer Westentasche an Rechenkapazität herumtragen, ist wohl fast mit der 7090 von damals zu vergleichen; und schon in Kürze sitzt der Verwaltungsangestellte an einem elektronischen Bildschirmarbeitsplatz, von dem aus er mit anderen Administratoren und Bürgern "kommuniziert".

Was da alles zwischen 1967 und heute auf dem Gebiet der Informationstechnologie und der angewandten Informationstechnik passiert ist, wissen Sie am besten - und besser als ich. Im Zeitraum einer halben Menschengeneration haben sich vier ganze Computergenerationen entwickelt und dann verdrängt. Und ziemlich schnell und nachhaltig wurde auch - soll man sagen sogar - die öffentliche Verwaltung in den Strudel der fortwährenden Innovation gerissen. Gewiß, noch steht die alte Kugelkopf-Schreibmaschine neben dem modernen Textverarbeitungssystem. Noch werden am Schalter so mancher Kraftfahrzeugzulassungsstelle die Formulare von Hand ausgefüllt. Drei Räume weiter aber werden alle Personaldaten schon in selbstverschlüsselnde EDV-Speicher gebannt.

Oder weiter: Wie eine Studie des Deutschen Instituts für Urbanistik zeigt, wird die Stadtentwicklung in den nächsten Jahren erheblich von der Ausbreitung der Informationstechnologie beeinflußt. Die Stichwörter lauten: Entleerung der Innenstädte, Suburbanisierung, räumliche Ausweitung des Arbeitsmarktes bei Rückgang an Pendlern, davon abhängige Umschichtung im Verkehrsaufkommen und so weiter.

Zweifellos: Die Informationsgesellschaft des Jahres 2000 ist schon sichtbar und die Verwaltung kann und darf sich ihren Herausforderungen gewiß nicht verschließen. Sie werden sich in diesen Tagen in einem dichten Programm mit aufregenden und spannenden Entwicklungen und Auswirkungen der Verwaltungsinformatik befassen. Sie wollen sich selbst weiter "informieren" und dabei die Perspektiven der Entwicklung, aber auch deren Probleme erörtern - im Blick auf unerwünschte Folgen dieser Informationstechniken.

Gerade diese Technologien und ihre Anwendung dürfen eben nicht nur aus ihrer Instrumentalität und Fungibilität beurteilt werden. Es gibt auch die Gefahr der "Informationsverschmutzung"; es gibt die Gefahr der sinkenden Kommunikationsfähigkeit und der zunehmenden Sprachlosigkeit - bei gleichzeitig wachsender Kommunikationstechnik. Und es gibt die Gefahr der sozialen Ausgrenzung derjenigen, die keine Chance haben, die neuen Errungenschaften zu nutzen: Es werden möglicherweise noch mehr Computer-Analphabeten entstehen. Und die Macht derjenigen, die über Informationen verfügen und sie nutzen, wird sich dann erhöhen. Manche Kritiker beginnen einen Fort-Schritt überhaupt zu bezweifeln, sie reden von einem nicht mehr kontrollierbaren Fort-Sturz.

Freilich, es gibt auch ein Übermaß an oft nur dumpf-emotionaler Kritik - fernab von jeder Kenntnis und bei un-informierter Ablehnung jeglicher Information über innovative Informationstechnologien. Und dies meist von jenen, die zur Technik nur ein Schreibtischtäterverhältnis haben. Kritik aus dem Federkiel über Mikroprozessoren, die sie noch nie in nützlicher Verwendung - oder überhaupt als Objekt - gesehen haben. Es geht also auch hier, gerade hier, um Ausgewogenheit zwischen Fortschritt zur technotronischen Gesellschaft und Gefahrenabwehr für die Menschen: für die hinter den Verwaltungsbildschirmen ebenso wie für die abstrakt (wenn auch oft nicht anonym) gespeicherten Klienten.

Daß Sie sich als Ort Ihrer wichtigen Fachtagung - der zweiten seit 1980 aus der Zusammenarbeit zwischen Gesellschaft für Informatik und Forschungsinstitut für öffentliche Verwaltung - diese Hochschule für Verwaltungswissenschaften ausgesucht haben, ehrt uns. Es gibt uns zugleich Anlaß, Ihnen dafür zu danken. Denn durch eine solche Tagung wird auch anerkannt, daß unsere Institution nicht abseits der wissenschaftlichen Diskussion und der praktischen Interessen arbeitet.

Und in der Tat: Wir sind auch in Speyer "am Ball" - oder, wohl angemessener ausgedrückt: Auch Speyer ist "am Bit". Das Lehr- und Fortbildungsprogramm der Hochschule demonstriert das ebenso wie viele Projekte des Forschungsinstituts. Ab Frühjahr 1985 werden wir auch ein von Herrn Reinermann konzipiertes Seminar zur Verwaltungsinformatik für Führungskräfte der Verwaltung anbieten. Und so manche Speyerer Veröffentlichung hat einige Aufmerksamkeit gefunden; selbstverständlich auch der Band Ihrer 1980er Tagung.

Nebenbei: Ich bin sicher, daß die "Computerkunst"-Ausstellung im Foyer (arrangiert von Professor Herbert Franke) Ihr Interesse findet und zur kritischen Auseinandersetzung reizt.

Meine Damen und Herren, namens des Forschungsinstituts für öffentliche Verwaltung und im Auftrag der Hochschule für Verwaltungswissenschaften darf ich Sie nun sehr herzlich in Speyer begrüßen und Sie willkommen heißen.

Wir sind ein wenig stolz darauf, daß 330 renommierte Verwaltungspraktiker und -wissenschaftler aus allen deutschen Landen und aus dem Ausland hierher gekommen sind, um sich mit den neuen technologischen Herausforderungen für die öffentliche Verwaltung zu befassen.

Friedrich Schiller hat das schwierige Problem der Begrüßung von Festteilnehmern in seiner Ballade "Die Kraniche des Ibykus" recht elegant gelöst. Er beginnt mit der Problematisierung des Mengenproblems:

> "Wer zählt die Völker, nennt die Namen,
> die gastlich hier zusammenkamen?"

Und er greift dann zur Gruppierung, indem er nur noch einzelne Delegationen der "griechischen Stämme" nennt - geordnet eher dem Versmaß zuliebe. Lassen Sie uns, bitte, in etwa vergleichbar verfahren und beurteilen Sie diese Informationstechnik nicht zu schlecht:

Willkommen sind uns die Staatssekretäre aus Bund und Land Professor Dr. Timmermann und Dr. Uelhoff, der Sektionschef im österreichischen Bundeskanzleramt Dr. Stierschneider, der Präsident des Hessischen Rechnungshofes Staatssekretär a.D. Pulch, die Finanzpräsidenten Bachmann und Horn, der Präsident des Landesamtes für Datenverarbeitung und Statistik Benker und Regierungspräsident Dr. Schädler sowie mehrere Vizepräsidenten von Regierungspräsidien, Landesverwaltungsämtern und Wissenschaftlichen Einrichtungen.

Herr Ministerialdirektor Dr. Vogel vom baden-württembergischen Innenministerium und Dr. Strunz, Vizepräsident der Gesellschaft für Informatik, werden anschließend zu Ihnen sprechen.

Die Speyerer Hochschule braucht den Kontakt zur administrativen Praxis. Wir begrüßen gerne viele hochrangige Beamte aus den Bundes- und Landesministerien. Wir freuen uns über die Mitwirkung einer großen Anzahl von Landräten, Oberkreisdirektoren und Kreisdirektoren aus allen Bundesländern, über die Oberbürgermeister, Bürgermeister, Stadt- und Gemeindedirektoren und Beigeordneten, die an dieser Tagung teilnehmen. Und selbstverständlich ist es wichtig, daß Direktoren und Geschäftsführer von Datenzentralen und Rechenzentren sowie mehrere Hochschulkanzler hierher gekommen sind. Als Hochschule für Verwaltungswissenschaften sind wir besonders interessiert an engen Kontakten zu den Kollegen an den Universitäten und Forschungseinrichtungen.

Seien Sie alle herzlich gegrüßt!

Unser Dank gebührt gewiß denjenigen, die diese Tagung vorbereitet und organisiert haben, insbesondere dem Fachbereich 6 der Gesellschaft für Informatik (in dem Wissenschaftler und Praktiker eng zusammenarbeiten), aber auch dem Tagungsleiter, Professor Dr. Heinrich Reinermann, und allen Referenten.

Ich wünsche der Tagung einen erfolgreichen Verlauf und Ihnen allen - neben und trotz der anstrengenden Arbeit - auch ein paar entspannte Stunden.... bei diesem Tagungsthema selbstverständlich in multilateraler Kommunikation. Aber bitte, nicht schon wieder maschinengestützt, sondern lieber - und das sind Sie alle der Pfalz schuldig - ein wenig weinselig.

Horst Strunz

Im Namen des Präsidiums der Gesellschaft für Informatik e.V. begrüße ich Sie zu dieser Tagung, die vom Fachbereich 6 unserer Gesellschaft "Informatik in Recht und Verwaltung" vorbereitet worden ist.

Die Gesellschaft für Informatik (GI) setzt sich als wissenschaftliche Gesellschaft mit den Grundlagen der Informatik, den vielfältigen Anwendungen, Ausbildungsfragen sowie den Auswirkungen der Informatik auf die Gesellschaft auseinander. Die Arbeit der aktiven Mitglieder findet in Arbeitskreisen, Fachgruppen und Fachausschüssen statt, die derzeit zu acht Fachbereichen zusammengefaßt sind (vgl. Abbildung). Die Bedeutung, die die GI Ihrem Arbeitsgebiet beimißt, erkennen Sie daran, daß der Fachbereich 6 gleichberechtigt neben so inhaltsschweren Fachbereichen wie dem Fachbereich 6 "Grundlagen der Informatik und künstliche Intelligenz" oder dem Fachbereich 5 "Informatik in der Wirtschaft" steht.

Die Tagung ist neben unterschiedlichsten Arten von Veröffentlichungen eine Form, mit der Arbeitsergebnisse von GI-Gliederungen der interessierten Fachwelt mitgeteilt werden. Ich freue mich, daß mit der heute beginnenden Tagung die Fortschritte der Informationstechnik und ihre Auswirkungen in der öffentlichen Verwaltung vor und mit einem sachverständigen Zuhörerkreis diskutiert werden können.

Zum Tagungsthema selbst gestatten Sie mir, eine These beizutragen:

Die Fortschritte der Informationstechnik erlauben die Reduzierung der Arbeitsteilung in der Verwaltung. Dies nützt der Verwaltung und dem Bürger.

Ich hoffe, daß Sie diese These in den folgenden Vorträgen bestätigt finden werden.

Besonders würde ich mich freuen, wenn diese Tagung auch dazu beitragen würde, weitere Informatik-Fachleute der öffentlichen Verwaltung für eine aktive Mitarbeit in den Gremien des Fachbereiches 6 zu interessieren. Bei Tagungen dieser Art werden neben vielen Lösungsansätzen für bekannte Probleme der Informationsverarbeitung auch neue Perspektiven der Nutzung der Informationstechnik aufgezeigt, die darauf warten, in gemeinsamer Arbeit untersucht zu werden. Die Gesellschaft für Informatik bietet Ihnen den organisatorischen Rahmen dazu.

Ich wünsche der Tagung einen erfolgreichen Verlauf!

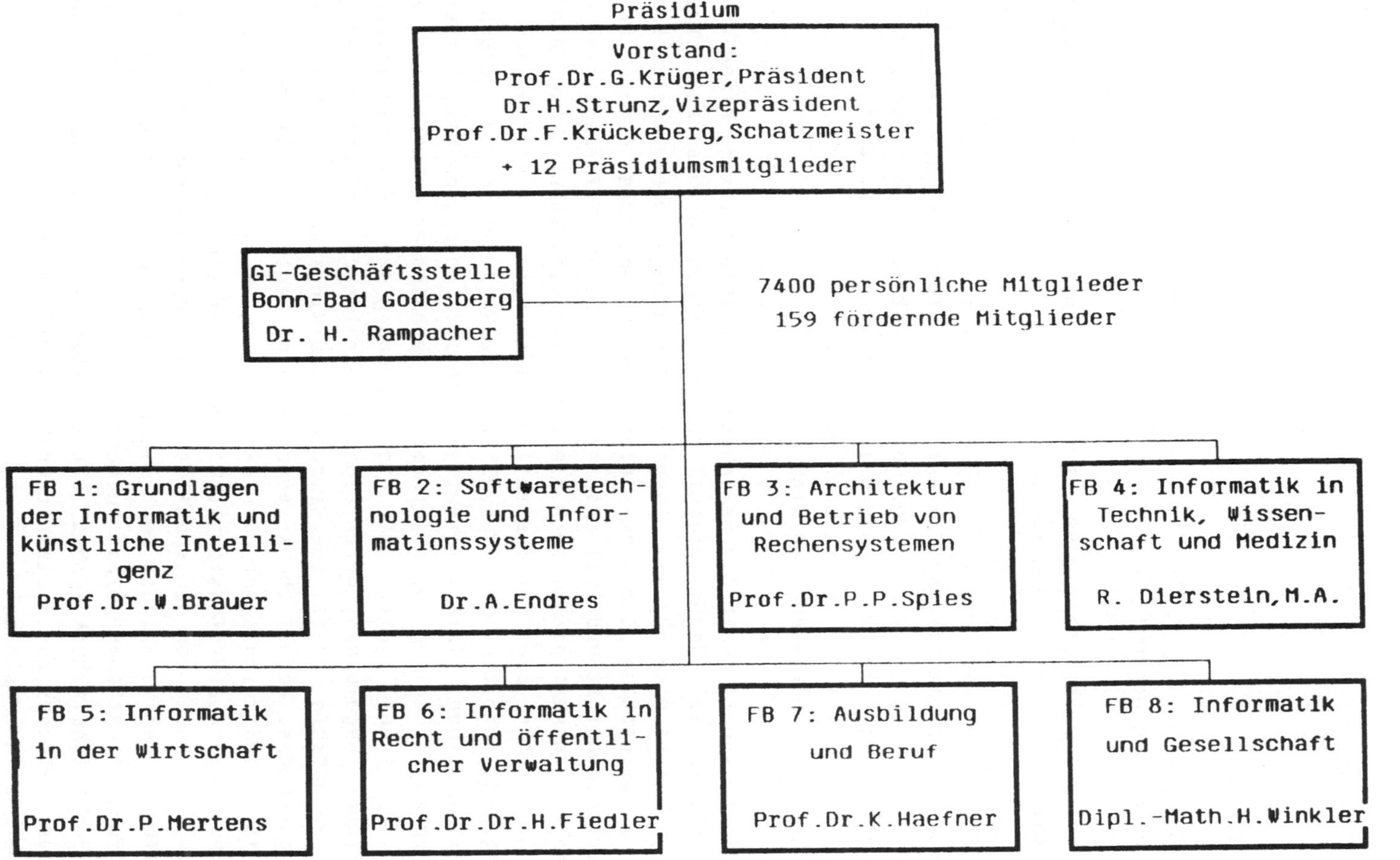

Abbildung: Aufbau der Gesellschaft für Informatik e.V.

Herbert Fiedler

Meine Damen und Herren!

Als Fachbereichssprecher habe ich die Ehre, Sie für den Fachbereich 6 der Gesellschaft für Informatik zu begrüßen.

Der FB 6 trägt die Bezeichnung "Informatik in Recht und öffentlicher Verwaltung". Das Betätigungsfeld des Fachbereichs sind die vielgestaltigen Beziehungen zwischen der Informationstechnik, den Methoden der Informatik und ihren Anwendungen in Rechtswesen und Verwaltung - aber auch andererseits die rechtlichen Regelungen, die für den Einsatz der Informationstechnik maßgebend sind.

Der FB 6 behandelt damit die Beziehungen der Informatik zu einem wichtigen Lebensgebiet. Recht, öffentliche Verwaltung, Rechtsstaatlichkeit sind ja nicht etwa nur als eingrenzende Ordnungen oder lästige Hemmnisse zu betrachten. Sie sind vielmehr ein wesentliches Element unserer Lebensqualität und Teil unserer Kultur. Zu den Erfordernissen der Rechtsstaatlichkeit gehört auch die effektive Wirksamkeit; andernfalls hätten wir nur eine rechtsstaatliche Ideologie. Die Wirksamkeit und Wirkungsmöglichkeiten von Verwaltung und Rechtswesen aber hängen in unserer heutigen, stark informationstechnisch geprägten Welt wiederum mit den Möglichkeiten ihrer informationstechnischen Unterstützung zusammen. Umgekehrt unterliegt die Anwendung der Informationstechnik rechtlichen Regelungen, deren Bedeutung erst nach und nach ins allgemeine Bewußtsein tritt, zum Beispiel neuerdings anläßlich des Volkszählungsschocks. Rechtliche Komponenten sind heute wesentliche Elemente informationstechnischer Systemgestaltung, Rechtskenntnisse werden zu einem Teil der Professionalität von Informatikern. Schließlich ist zu erwarten, daß von den spezifischen Anwendungsbedingungen in Recht und öffentlicher Verwaltung noch wichtige Impulse für die Entwicklung, der Informatikmethoden selbst ausgehen - vielleicht umso mehr, je mehr die Informationstechnik selbst fortschreitet. Ich denke hier insbesondere an Methoden zur Systemsicherheit sowie zur Beherrschbarkeit und Transparenz von Systemen.

Es ist sehr berechtigt, daß dieses ganze vielgestaltige Feld spezifischer Wechselwirkungen zwischen Verwaltung, Informatik und Recht sich innerhalb der Gesellschaft für Informatik in einem eigenen Fachbereich darstellt. Dies war anfänglich gar nicht unumstritten; wir sind auch heute noch beim Aufbau des Fachbereichs, und ich möchte Sie hier für die Gesellschaft für Informatik (GI) zugleich um Ihre Mithilfe bitten.

Ich nenne deshalb hier auch die Untergliederungen unseres Fachbereichs mit einer allgemeinen Einladung zur Mitarbeit:

- Fachgruppe Verwaltungsorganisation und Informatik (Sprecher Professor Grimmer, Kassel)
- Arbeitskreis Verwaltungsausbildung und Informatik (Sprecher Professor Lenk, Oldenburg)
- Arbeitskreis Informationsrecht (Sprecher H. Burkert, GMD)
- Arbeitskreis Formalisierung und formale Modelle in Recht (morgen hier in Speyer zu konstituieren; Ansprechpartner Professor Traunmüller, Linz)
- in Vorbereitung ist gegenwärtig die Bildung einer GI-Gruppierung für den Bereich der Rechtspflege, was dem dortigen Entwicklungsstand entsprechend heute dringlich ist.

Ich möchte nun mit einer erfreulichen Erinnerung schließen und zugleich eine Hoffnung für die Zukunft aussprechen.

Vor vier Jahren hatten wir hier in Speyer eine Tagung mit ähnlichen Themengebieten und denselben Veranstaltern, Hochschule Speyer und GI. Ich habe damals als Sprecher unseres GI-Bereichs die Gründung unserer ersten Untergruppierung ankündigen können, die Gründung der Fachgruppe Verwaltungsorganisation und Informatik. Diese hat sich inzwischen gut entwickelt, hat etwa 80 Mitglieder und bisher 5 Workshops durchgeführt. Ich hoffe, daß sich auch unsere neueren Gruppierungen gut entwickeln als Einrichtungen, die interdisziplinär arbeiten und zwischen Wissenschaft und fachlich orientierter Praxis vermitteln.

In diesem Sinne wünsche ich auch uns allen hier viel Erfolg und unserer Tagung einen fruchtbringenden Verlauf.

Klaus-Dieter Uelhoff

Im Namen der Landesregierung Rheinland-Pfalz heiße ich alle Teilnehmer an der Fachtagung "Öffentliche Verwaltung und Informationstechnik" herzlich in Speyer willkommen. Ich danke dem Forschungsinstitut für öffentliche Verwaltung, insbesondere Herrn Professor Dr. Reinermann, und der Gesellschaft für Informatik e.V. dafür, daß sie mit dem Thema der Fachtagung eine Problematik aufgegriffen haben, welche die Verwaltung immer stärker bewegt und möglicherweise sogar total verändert. Ich begrüße vor allem, daß auf dieser Tagung Wissenschaft und Praxis einander wieder einmal begegnen und hoffe, daß die Tagung der Verwaltung nicht nur neue Probleme aufzeigt, sondern - wie es der Untertitel der Tagung verspricht - auch neue Möglichkeiten und Perspektiven für die Lösung dieser Probleme eröffnet. Denn diese Probleme bedrücken die Verwaltung in letzter Zeit zunehmend. Die ursprüngliche Zielsetzung der Automation in der Verwaltung, nämlich die Bewältigung einfacher Massenarbeiten, die schnelle Verfügbarkeit über Daten jeglicher Art mit dem Ziel, schneller und besser entscheiden zu können, und die damit verbundene deutliche Verbesserung der Leistungsfähigkeit unserer Verwaltung werden heute zunehmend durch eine Entwicklung verdunkelt, die unter Hinweis auf den Orwellschen Roman "1984" dem Staat das Gesicht eines alles verschlingenden Leviathans aufprägt, dessen Krallen beschnitten werden müssen.

Sicherlich verkennen wir nicht, daß es Mißbrauch von Daten gegeben hat und daß sich Mißbräuche - in Einzelfällen - auch in Zukunft nicht gänzlich vermeiden lassen werden; dies mit, aber auch ohne Automation. Es wird auch nicht übersehen, daß die Anwendung der Datenverarbeitung besonders im Leistungsbereich zu einer anderen Qualität der Verwaltungsentscheidungen führen mag und damit auch das Verhältnis des Bürgers zum Beamten und umgekehrt beeinflußt. Im Rahmen dieser Tagung werden Sie sich sicher gründlich mit derartigen Fragen befassen.

Bedenklich erscheint mir jedoch, daß eine heute aufblühende "Datenschutzbewegung" in zunehmendem Maße von einem grundsätzlichen Mißtrauen gegen Staat und Verwaltung geprägt ist. Ich bezweifle, ob manche These im Volkszählungsurteil des Bundesverfassungsgerichts nachgelesen werden kann. Ich will hier nicht auf die verfassungsrechtlich sicherlich interessante Problematik eingehen, daß hier ein Grundrecht nicht vom Verfassungsgesetzgeber im Grundgesetz verankert, sondern von unserem höchsten Gericht aus anderen Grundrechten entwickelt wurde. Ich sehe jedoch die Gefahr, daß aus diesem neu entwickelten Grundrecht auf "informationelle Selbstbestimmung" ein Supergrundrecht entstehen könnte, dem andere Grundrechte, aber auch die Staatszielbestimmung der Bundesrepublik als sozialer Rechtsstaat, untergeordnet werden könnten. Der Bürger, in dessen Namen von mancher Seite ein totaler Datenschutz verlangt wird, dürfte meines Erachtens kaum bereit sein, eine solche Forderung zu unterstützen, wenn er den Preis hierfür zum Beispiel in einer Verminderung der Verbrechensbekämpfung zahlen muß. Auch für den Beamten, der als Ziel seiner Tätigkeit und als Staatsziel bisher das Wohl der Allgemeinheit und dabei auch die Aufrechterhaltung der öffentlichen Sicherheit und Ordnung in sich aufgenommen hat, besteht die Gefahr zunehmender Verunsicherung, wenn der Datenschutz nicht mehr Kontrolle der Verwaltung ist, sondern sich zur Aufsicht über die Verwaltung entwickelt.

Wenn ich schließlich noch darauf hinweise, welche fast unüberwindlichen Schwierigkeiten es bedeutet, für jeden Verwaltungsvorgang, bei dem personenbezogene Daten verarbeitet und gegebenenfalls auch weitergegeben werden müssen, durch spezielle Gesetzesnormen zu legitimieren, dann mögen wir ermessen, welche Sorgen uns selbst und unsere Mitarbeiter in der Verwaltung manchmal befallen. Ich würde es begrüßen, wenn auch diese Kehrseite der Medaille Einfluß in Ihre Diskussionen und Beratungen finden würde, dies zum Wohle nicht nur der Beamten, sondern auch der Bürger, deren alltäglichen Sorgen in aller Regel um andere Probleme kreisen als diejenigen des Datenschutzes. Für alle politisch Denkende und Handelnde gilt es, das Problemfeld zwischen Persönlichkeitsschutz und staatlicher Informationsverantwortung aufzuarbeiten und damit sicherzustellen, daß auch neue Informationstechniken im Interesse des Gemeinwohls genutzt werden können. Diese Fachtagung der Verwaltungshochschule bildet hierfür ein hervorragendes Forum.

ERSTER TEIL: ERÖFFNUNG

DIE INFORMATIONSTECHNOLOGISCHE HERAUSFORDERUNG

Dieter Vogel

Die Entwicklung der Informationstechnologien, ihre gesellschaftspolitischen Auswirkungen und die Perspektiven für ihre Nutzung sind in Baden-Württemberg schon früh in den Mittelpunkt des öffentlichen Interesses gerückt. Ministerpräsident Lothar Späth hat die informationstechnologische Herausforderung als einer der Ersten auf der politischen Ebene engagiert aufgegriffen. Er hatte die Absicht, zu Ihrer Fachtagung zu kommen. Leider ist er durch die wichtige Klausursitzung seiner Fraktion daran gehindert. Er hat mich gebeten, Ihnen seine herzlichen Grüße zu Ihrer zukunftsweisenden Fachtagung zu überbringen.

1. Die Bedeutung der neuen Informationstechnologien in unserer Gesellschaft

Die herausragende Bedeutung der Informationstechnologien hat die von der baden-württembergischen Landesregierung eingesetzte Expertenkommission Neue Medien in ihrem Abschlußbericht mit folgenden Worten zusammengefaßt: "Information ist neben Energie und Materie die dritte fundamentale Größe von entscheidendem Einfluß auf unsere Gesellschaft, auf die Form des Zusammenlebens und Zusammenwirkens in unserer arbeitsteiligen Welt und den erreichbaren Lebensstandard. Die Informationstechnik setzt sich aus der Informationsverarbeitung und der Informationsübermittlung (Telekommunikation) zusammen. Deutlich erkennbar wachsen diese beiden Gebiete immer enger zusammen und bedingen sich gegenseitig".

Es geht heute nicht mehr um die Frage, ob wir die neuen Informationstechnologien haben wollen. Sie sind da; sie werden in weiten Bereichen der Wirtschaft genutzt - und auch in der Verwaltung. Die öffentliche Verwaltung ist inzwischen der größte EDV-Anwender in der Bundesrepublik! Die neuen Informationstechniken stellen an Politik und Verwaltung besondere Anforderungen. Politisch verantwortliches Handeln muß sich an dem Leitsatz orientieren, daß die Technik dem Menschen dienstbar gemacht werden muß und nicht umgekehrt. Vor allem unter diesem Aspekt müssen die Chancen und Risiken der Informationstechnologien in unserer Gesellschaft gesehen und bewertet werden.

Der Einsatz der neuen Informationstechnologien löst einen wirtschaftlichen und gesellschaftlichen Strukturwandel aus, der seinesgleichen sucht. Darin liegt eine gewaltige Herausforderung für Politik, Wirtschaft, Gesellschaft und auch für die Verwaltung. Die neuen Technologien führen Wirtschaft und Gesellschaft hinüber vom Industriezeitalter in das Informationszeitalter.

Die Informationstechnologien eröffnen neue Wachstumsbereiche, die unsere Wirtschaft dringend benötigt. Die Telekommunikation etwa ist ein Bereich, der in vielfältiger Hinsicht noch nicht voll erschlossen ist, jedoch ohne Belastung der Umwelt und mit geringem Verbrauch von Energie und Rohstoffen fortentwickelt werden kann. Das IFO-Institut für Wirtschaftsforschung hat kürzlich prognostiziert, daß der deutsche Markt für Telekommunikation von 1982 bis 1987 um 1,56 Milliarden DM und die Produktion in diesem Bereich um rund 3 Milliarden DM wachsen dürfte.

Die neuen Technologien können und werden den notwendigen wirtschaftlichen Strukturwandel unterstützen, aber nicht sie werden in erster Linie Arbeitsplätze vernichten. Vielmehr besteht die Gefahr, daß Starrheit und Verweigerungshaltung gegenüber den notwendigen strukturellen Anpassungen den Strukturwandel verhindern und die Wettbewerbsfähigkeit und Leistungsfähigkeit unserer Wirtschaft gefährden. Sicherlich gehen durch die neuen Technologien Arbeitsplätze im Einzelfall verloren. Durch die neuen Informationstechniken werden aber in großer Zahl neue Arbeitsplätze, und im allgemeinen solche mit höherer Qualifikation hinzukommen. Sie eröffnen ein breites Spektrum neuer Arbeitsabläufe und Arbeitszeiten.

Der Stand von Wissenschaft und Technik sowie die wirtschaftliche Flexibilität bestimmen heute die internationale Wettbewerbsfähigkeit eines Landes. Der Einsatz der Mikroelektronik wird uns in die Lage versetzen, die Produktion von Massengütern von den Billig-Lohn-Ländern wieder zurückzunehmen. Dabei eröffnen sich neue Produkt- und Investitionschancen. Insbesondere werden die neuen Technologien die Qualität der Arbeitsplätze verändern. Sie geben die Chance zu einer Humanisierung der Arbeitswelt, zu mehr Freizügigkeit und letztlich auch zu mehr Solidarität. Sie werden aber auch gewaltige Anpassungsprozesse freisetzen und neue Qualifikationen verlangen. "Lebenslanges Lernen" als

Voraussetzung für die Bewältigung der künftigen beruflichen Anforderungen wird noch mehr Bedeutung erlangen. Hier kommen auf die Aus- und Fortbildung völlig neue Anforderungen zu, auf die ich im folgenden noch näher eingehen werde.

Die neuen Informationstechnologien eröffnen aber auch neue großartige Chancen für die Bürger: Sie führen zur Demokratisierung des Informationszugangs. Für eine breite Öffentlichkeit wird der unmittelbare Zugang zu den vielfältigsten Informations- und Bildungsquellen möglich. Die neuen Technologien geben damit zugleich einen weiteren Anstoß, den Freiheitsraum des Bürgers zu erweitern.

Die Herausforderungen der Informationstechnologien an Politik und Verwaltung werden zum Teil kontrovers diskutiert.

Auf der einen Seite stehen da die Fachleute innerhalb und außerhalb der Verwaltung. Hier scheint die mangelnde Innovationsbereitschaft der öffentlichen Verwaltung im Hinblick auf die neuen Technologien eine ausgemachte Sache zu sein. Diese Kritik umfaßt sowohl die angebliche Unkenntnis von Leistungslücken als auch mangelhaftes Wissen über Organisation und Technik von Verbesserungen im Verwaltungsablauf.

In der öffentlichen Diskussion wird das Verhältnis der Verwaltung zu den Informationstechnologien oft ganz anders gesehen: Die Reaktionen reichen von Verständnislosigkeit gegenüber der berühmtgewordenen Wasserrechnung bis hin zu panischer Furcht vor dem Überwachungs- und Kontrollstaat des "großen Bruders".

Meine Auffassung ist: Die Verwaltung hat die Zeichen der Zeit durchaus erkannt. Sie nutzt die Chancen und stellt sich den Risiken.

Um die notwendigen Entscheidungen in diesem zukunftsweisenden Bereich vorzubereiten und in möglichst effizienter Form umzusetzen, nutzt die öffentliche Verwaltung auch externen Sachverstand. So hat die Landesregierung von Baden-Württemberg zur Vorbereitung eines Landessystemkonzepts für den Einsatz der modernen Kommunikationstechniken eine Gruppe von privaten Firmen mit der Erstellung eines Gutachtens beauftragt, das bis Ende dieses Jahres vorliegen wird.

2. Die neuen Informationstechnologien: Chancen und Perspektiven

Die neuen Informationstechnologien eröffnen für die öffentliche Verwaltung neue Chancen und Perspektiven. Ich möchte mich auf fünf Schwerpunkte beschränken.

2.1 Der veränderte Handlungsraum

Im Vordergrund des Anwendungsbereichs der neuen Informationstechnologien in der Verwaltung steht die Unterstützung bei der Entscheidungsfindung und bei der Lösung komplexer Fragen und Probleme.

Durch die modernen Informationstechnologien wird menschliches Handeln und Denken in vielen Lebensbereichen ergänzt, verändert oder abgelöst. Diese im Grund zwangsläufige Entwicklung macht auch vor der Verwaltung nicht halt. Sie trifft hier auf eine sehr komplexe Gemengelage von normativen und rein faktischen Zusammenhängen, die man erkennen muß, wenn man die Herausforderungen der neuen Informationstechnologien verstehen will.

Ich möchte mit den Abhängigkeiten beginnen, die sich aus unserer Verfassung ergeben. Die Bundesrepublik ist ein demokratischer Bundesstaat. Die Staatsorgane sind nach dem Prinzip der Gewaltenteilung organisiert. Die Erscheinungsformen der Demokratie, aber auch die Ausgestaltung des föderativen Systems zum kooperativen Föderalismus führen zu einem Zusammenspiel der politischen und gesellschaftlichen Kräfte, für die große Mengen von Informationen hergestellt, übermittelt und verarbeitet werden müssen.

Eine weitere Besonderheit unserer gelebten Verfassungsordnung ist die starke Ausprägung des Rechtstaatsprinzips. Sie hat zu einer detaillierten Normierung weiter Lebensbereiche und zu einem sehr differenzierten System der Rechtschutzgewährung geführt. Auch dies hat zu einer Art neuer Öffentlichkeit von Information und Kommunikation geführt.

Die genannten verfassungsrechtlichen Kriterien sind von dem für eine offene Gesellschaft charakteristischen Pluralismus geprägt. Das gilt für den im engeren Sinne staatlichen Bereich, den Bereich von Kultur und Wissenschaft ebenso wie für den Bereich der Wirtschaft. Grundprinzip ist überall die Vielfalt von Ideen und Interessen, die sich durchzusetzen versuchen. Voraussetzung (und Folge) dieses vielschichtigen und vielgestaltigen pluralistischen Systems ist ein Maximum an Informationen.

Die Komplexität der Probleme in einer pluralistischen Gesellschaft wurde, besonders seit dem Ende der sechziger Jahre, mit Hilfe wissenschaftlichen Sachverstandes angegangen. In diesem Rahmen haben die Informationstechnologien, insbesondere die EDV, zunehmend Bedeutung für die Politikformulierung erlangt.

Hilfsmittel für die Entscheidung in komplexen Lebenssachverhalten müssen komprimierte und abstrahierte Informationen sein, wie sie zum Beispiel durch Statistiken oder Vergleichsberechnungen vermittelt werden. Das Besondere an dieser Art von Informationen ist, daß sie sich auf die quantitativen Aspekte eines Problems beschränkt. Wenn quantitative Abweichungen, etwa im Hinblick auf den "Vorjahreswert" auf die Verhältnisse in anderen Ländern und so weiter, Problemerkenntnis vermitteln, so liegt es nahe, hier auch mit quantitativen Maßnahmen zu antworten. Es ist auffallend, daß auch die öffentliche politische Diskussion sich stark in diese Richtung entwickelt hat. Probleme der Arbeitslosigkeit, des Gesundheitswesens, des öffentlichen Dienstes, der Agrarpolitik, der Altersvorsorge werden so in den Kategorien von Mark und Pfennig, Tonnen und Milligramm, Prozenten und Prozentpunkten angegangen. Dabei besteht die Gefahr, daß qualitative Gesichtspunkte zu wenig beachtet werden, weil sie informationstechnisch nur schwer darzustellen sind.

Auf der anderen Seite haben die Informationstechniken den Spielraum von Politik und Verwaltung erweitert. Es war möglich, Probleme zu identifizieren, ohne daß diese bereits durch gesellschaftliche Gruppen artikuliert worden wären. Es kamen Fragen auf die politische Tagesordnung, die ohne die Methoden der Informationstechnologien nicht "entdeckt" worden wären. Dadurch wurden auch die Handlungsspielräume erweitert. Die Informationstechnologien haben die Möglichkeit geschaffen, die verschiedensten Modelle und Alternativen durchzurechnen.

2.2 Die verbesserte Qualität von Verwaltungsentscheidungen

Die Informationstechnologien sind eine entscheidende Hilfe zur Entlastung der Verwaltung beim Vollzug von Entscheidungen. Sie ermöglichen es, Entscheidungen rasch und in großer Zahl durchzuführen. Beispielhaft möchte ich lediglich auf die Einführung der EDV im Besteuerungsverfahren und im Bereich der Gewährung sozialer Leistungen hinweisen.

Die Verwaltungsautomatisierung bringt eine zunehmende Entlastung bei Routineaufgaben. Die Verwaltung wird dadurch in die Lage versetzt, schwierigere Fälle gründlicher zu behandeln. Diese Erwartung ist jedoch nicht immer zu erfüllen, denn der Rationalisierungsgewinn muß häufig dazu dienen, den zurückgehenden Personalbestand und die zunehmende Schwierigkeit der Aufgaben auszugleichen.

Ambivalent sind auch die Auswirkungen für den Verwaltungsvollzug, sie können aus der Sicht der Verwaltung und des Bürgers durchaus verschieden sein.

Einerseits wird der nachgeordnete Bereich durch die strenge Formalisierung der Verwaltungsentscheidungen enger an die Ziele der Verwaltungsspitze gebunden. Auf der anderen Seite werden Spielräume für eigenständige, verantwortliche Entscheidungen geringer. Positiv ist dabei das Ausschalten von Willkür, negativ der Verzicht auf Einzelfallgerechtigkeit. Die Automatisierung des Verfahrens erschwert es dem Bürger, Verwaltungsentscheidungen selbst zu überprüfen. Er kann den Eindruck gewinnen, er stehe einem "Subsumtionsautomaten" gegenüber. Dies kann allerdiungs auch an den Entscheidungsgrundlagen liegen. Denn ob bei einem komplizierten Tarifsystem eine "von Hand" gefertigte Wasserrechnung durchschaubarer ist, um bei diesem gängigen Beispiel zu bleiben, erscheint mir zumindest fraglich.

In diesem Zusammenhang möchte ich auf ein weiteres Phänomen hinweisen, das wir nicht übersehen dürfen. Die Automatisierung von Verwaltungsaufgaben setzt deren grundsätzliche überprüfung voraus. In vielen Bereichen ermöglichte es die Automatisierung, Massenverfahren rationell abzuwickeln, ohne daß die Aufgaben und die inneren Strukturen der Verwaltung überdacht werden mußten. Inzwischen erweist es sich trotz oder gerade wegen der zunehmenden Anforderungen an den Staat als erforderlich, den Umfang der staatlichen Aufgaben inhaltlich zu überprüfen.

Dabei sind alle gesellschaftlichen Kräfte zu beteiligen.

Wenn die inneren Strukturen der Verwaltungsarbeit, die Aufbau- und Ablauforganisation, festgelegt werden, genügt es nicht mehr, daß EDV-Spezialisten und Fachabteilung zusammen die fachlich perfekte Automation entwerfen. Hier ist die politische Verwaltungsführung gefordert, entsprechende Vorgaben zu setzen, um eine eigengesetzliche Entwicklung von Fachbürokratien zu verhindern.

2.3 Der Umgang mit Informationen

Ein weiterer Schwerpunkt der Herausforderung an Verwaltung und Politik hängt mit dem Stichwort "Bildung" zusammen. Hier handelt es sich nicht darum, lediglich zu lernen, wie mit den Informationstechnologien umzugehen ist. Viel wichtiger sind die Fähigkeiten zum Umgang mit der Information, wie sie zu einem sinnvollen Leben in der sich abzeichnenden Informationsgesellschaft nötig sind. Diese Gesellschaft wird gekennzeichnet sein durch eine zunehmende Informationsflut, permanente Veränderungen, zunehmend vernetzte Zusammenarbeit, steigende Komplexität und Abstraktheit. Wichtig ist daher die Fähigkeit, Wesentliches aus der Informationsflut herauszufiltern, die Fähigkeit zur Darstellung von Sachverhalten, so daß man von anderen verstanden wird, die Fähigkeit zur logischen Aufarbeitung von Problemen, die Fähigkeit zum Lernen.

Auf der anderen Seite, und das ist besonders wichtig, müssen die Voraussetzungen dafür geschaffen werden, daß der Mensch sein kreatives, musisches und soziales Wesen weiter entfalten kann. Zusätzliche Bildungsanforderungen liegen im Bereich von Normen und Werten. Nur der mit Zielen ausgerüstete Mensch wird in der komplizierten informationellen Umwelt seinen Weg finden können.

Diese Bildungsanforderungen betreffen das gesamte Bildungssystem, die Grundausbildung, die Berufsausbildung und die Weiterbildung. Ziel dieser Bildungsanstrengungen muß die geistige Bewältigung der Informationstechnologien sein, durch Politik und Verwaltung, durch alle Bürger. Nur so können in Zukunft in wechselseitiger Kommunikation die Probleme unserer Gesellschaft gelöst werden, können die Abwehrhaltung auf der einen, die Automationseuphorie auf der anderen Seite überwunden werden.

2.4 Die erforderliche Kommunikationsinfrastruktur

Wenn es gelingt, die genannten Bildungsanforderungen zu verwirklichen, wird die Fülle der Information allgemein zugänglich sein. Die weiteren Voraussetzungen werden zur Zeit bereits geschaffen. Die Bundesrepublik hat ein öffentliches Telekommunikationsnetz, zusätzliche Dienste werden landesweit eingeführt. Diese Infrastruktur führt zu einer "Demokratisierung der Information". Beim klassischen Medium des Buches ist dies durch die öffentlichen Bibliotheken seit langem verwirklicht. Auch die mit Hilfe der Informationstechnologien gespeicherten und vermittelten Informationen sollten einem möglichst breiten Publikum, den Privaten wie auch den wirtschaftlichen Unternehmen, zu akzeptablen Bedingungen offenstehen. Dies verlangt eine benutzerfreundliche Hard- und Software, aber auch ordnungspolitische Vorgaben. Regionale Disparitäten dürfen sich durch den Einsatz der Informationstechnologien nicht verschärfen, ein Informationsgefälle zwischen Stadt und Land darf nicht entstehen.

2.5 Die Aufgaben des Datenschutzes

Man kann im Jahre 1984 nicht über neue Informationstechnologien sprechen, ohne daß sich in diesem Zusammenhang der Name George Orwell und sein "1984" aufdrängt. Das Jahr 1984 ist gekommen; ist auch die Schreckensvision des totalen Überwachungsstaates "Ozeanien" Realität geworden? Ganz sicher nicht. Aber es gibt doch viele ernst zu nehmende Stimmen, die meinen, daß die neuen Informationstechnologien den Weg zu einem Überwachungsstaat eröffneten.

Es trifft sicher zu: Einerseits vermittelt die Freiheit der Informationen dem Bürger ein weiteres Stück Freiheitsraum, andererseits nötigt ihn aber der besondere Charakter der neuen Informationstechnologien, Informationen über sich selbst preiszugeben. Problematisch daran ist nicht die preisgegebene Einzelinformation, die - ganz im Gegenteil - vielfach ausgesprochen harmlos ist. Problematisch ist vielmehr die Vollständigkeit der Informationen, die automatisiert festgehalten werden können. Technisch besteht die Möglichkeit, Persönlichkeitsprofile zu erstellen, den Benutzer zum "gläsernen Menschen" zu machen.

Es ist beispielsweise technisch möglich, beim Umgang mit Bildschirmtext festzuhalten, wer, wann, wo, mit wem, wie oft, wie lange und worüber in Kontakt tritt. Man kann festhalten, welche Dienste in Anspruch genommen, welche Informationen welchen Anbieters abgerufen, welche Bestellungen aufgegeben oder welche Aufträge sonst erteilt wurden. Die so festgestellten Daten lassen Rückschlüsse auf Interessen, Meinungen, Bildungsstand, politischen Standort, finanzielle Verhältnisse, Konsumgewohnheiten, Hobbys und so weiter zu.

Die vollständige Erfassung und Sammlung von personenbezogenen Daten des Einzelnen ist aber verfassungsrechtlich nicht zulässig. Nach der Rechtsprechung des Bundesverfassungsgerichts wäre es mit der grundgesetzlichen Gewährleistung der Menschenwürde nicht vereinbar, wenn der Staat für sich das Recht in Anspruch nehmen könnte, den Einzelnen in seiner ganzen Persönlichkeit zu registrieren und zu katalogisieren.

Die neuen Informationstechniken stellen daher auch dem Datenschutz neue Aufgaben:

Den besonderen Gefahren des Mediums "Bildschirmtext" trägt beispielsweise der Btx-Staatsvertrag Rechnung. Er enthält - wie etwa das Melderechtsrahmengesetz und die Meldegesetze der Länder für Meldedaten - bereichsspezifische Datenschutzregelungen, die über die Bestimmungen des Bundesdatenschutzgesetzes und der Landesdatenschutzgesetze hinausgehen und die spezifischen Bedingungen des Bildschirmtextdienstes berücksichtigen. Zum Beispiel:

- Der Betreiber darf personenbezogene Daten über die Inanspruchnahme einzelner Angebote grundsätzlich weder abfragen noch speichern; eng begrenzte Ausnahmen gelten vor allem für sogenannte Abrechnungsdaten.

- Auch der Anbieter darf personenbezogene Daten weder abfragen noch speichern; Ausnahmen sind nur für diejenigen Daten vorgesehen, die für das Erbringen der Leistung, den Abschluß oder die Abwicklung eines Vertragsverhältnisses erforderlich sind. Diese Daten dürfen nicht für andere Zwecke verarbeitet werden.

- Anbieter und Betreiber müssen bestimmte zusätzliche, technische und organisatorische Maßnahmen zur Datensicherung treffen.

Der Stellenwert des Datenschutzes ist im Bereich des Bildschirmtextes dadurch unterstrichen worden, daß er von Anfang an bei der Konzeption dieses Mediums berücksichtigt worden ist. Auch beim Aufbau anderer Medien muß der verfassungsrechtlichen Bedeutung des Datenschutzes Rechnung getragen werden.

3. Die Informationstechnologien im Kräftefeld zwischen Politik und Verwaltung

Der Einsatz der Informationstechnologien hat die Bewältigung komplexer Entscheidungen des politisch-administrativen Systems erleichtert. Gleichzeitig haben sie jedoch die Anforderungen erhöht. Es wird eine größere "Stimmigkeit" für das politische Argumentieren und Entscheiden verlangt. Die manchmal wohltätigen Wirkungen des Vergessens existieren nicht mehr, wenn ohne großen Aufwand die politischen Äußerungen zu einem bestimmten Problem über Jahre und Jahrzehnte hinweg rekonstruiert werden können. Schnelle politische Reaktionen, mit denen auf neue Problemstellungen reagiert werden soll, bringen deshalb einen erhöhten Argumentationsaufwand mit sich.

In diesem Zusammenhang muß auch die Gewichtsverschiebung innerhalb des politisch-administrativen Systems, in erster Linie zwischen Parlament und Verwaltung, erwähnt werden. Die Verwaltung als größere und differenziertere Organisation zieht - man könnte dies fast als Gesetzmäßigkeit bezeichnen - die Informationstechnologien an. Informationsmöglichkeiten lassen sich umso besser ausschöpfen, je höher der interne Organisationsgrad ist. Das bereits "klassische" Informationsgefälle zwischen Verwaltung und Parlament kann sich dadurch verstärken. Wer die besseren Zahlen hat, hat leicht auch die besseren Argumente. Ein Parlament, dessen Arbeit sich in quantitativen Überlegungen erschöpft, ist andererseits kaum in der Lage, die zentralen Fragen unserer Zukunft zu lösen und die für die Umsetzung neuer Wert notwendige Überzeugungsarbeit zu leisten.

Ein weiterer, politisches Handeln erschwerender Aspekt ist schließlich die Fülle der Informationen. Informationsüberflutung ist genauso ein Problem wie Informationsmangel. Dieser Tatbestand ist etwas modisch, aber durchaus zutreffend als Informationsverschmutzung bezeichnet worden. Der Einsatz der Informationstechnologien bei der Politikvorbereitung und Politikformulierung ergibt also ein durchaus ambivalentes Bild: Chancen stehen neben Gefahren, neue Entwicklungsmöglichkeiten neben stärkerer Bindung.

Meine sehr geehrten Damen und Herren, ich bin mir bewußt, eine Reihe von Punkten, die einer intensiven Diskussion bedürfen, nur angerissen zu haben. Es gibt bereits eine breite wissenschaftliche Diskussion darüber, wie unsere Gesellschaft sich unter dem Einfluß der neuen Technologien verändern wird. Es gibt auch viele Äußerungen über die Auswirkungen der neuen Technologien am konkreten Arbeitsplatz. Noch weniger konkret sind die Überlegungen "mittlerer Reichweite", nämlich zu den Auswirkungen der Informationstechnologien in einzelnen gesellschaftlichen Bereichen, insbesondere in Politik und Verwaltung.

Ich hoffe sehr, daß Ihre Tagung dazu Anregungen liefern wird.

ÖFFENTLICHE VERWALTUNG UND INFORMATIONSTECHNIK
- Neue Möglichkeiten, neue Probleme, neue Perspektiven: Begründung des Tagungsprogramms -

Heinrich Reinermann

1. Verwaltungsautomation zwischen 1980 und 1984

1984 ist ein besonderes Jahr: Durch 4 teilbar ist es ein Jahr Olympischer Spiele. Genau eine Olympiade ist es auch her, daß die Gesellschaft für Informatik, gemeinsam mit dem Forschungsinstitut der Hochschule Speyer ihre erste Fachtagung über Verwaltungsautomation abgehalten hat. 300 Teilnehmer aus Praxis und Wissenschaft waren damals in eben diesem Raum zusammengekommen <1>.

Am Rande jener Tagung wurde der Wunsch deutlich, ein solches Forum für den Gedankenaustausch müsse öfters stattfinden, und der GI-Fachbereich für Informatik in Recht und Verwaltung beschloß, eine Folgekonferenz durchzuführen, sobald dies durch eine neue Problemlage der Verwaltungsautomation gerechtfertigt sei.

Nur eine "Olympiade" später scheint dies der Fall. Ein äußeres Zeichen dafür ist schon die Zahl der heute versammelten Teilnehmer. 330 sind unserer Einladung gefolgt, darunter viele, die schon 1980 dabei waren. Sie, meine Damen und Herren, repräsentieren fast jede deutsche Institution, die in der Verwaltungsautomation maßgeblich ist. Persönlichkeiten aus Österreich und den Niederlanden geben uns die Ehre. Im Unterschied zu den Olympischen Spielen von Moskau und Los Angeles kann also kein Boykott unsere Ergebnisse beeinträchtigen. Für Ihr Interesse darf ich schon an dieser Stelle herzlich danken.

Inhaltlich gesehen haben vier Jahre gereicht, unsere öffentlichen Verwaltungen vor neue Fragen der Informationstechnik zu stellen, Fragen, die so grundlegend sind, daß mancher von einem neuen "Paradigma" der Verwaltungsautomation spricht. Lassen Sie mich einige wichtige Entwicklungen seit unserer letzten Zusammenkunft in Ihre Erinnerung rufen.

Die stürmische Entwicklung der Informationstechnik hielt an. Ich möchte einige Feststellungen hierzu mit der Frage einleiten: Welcher Verwaltungsinformatiker hätte sich noch vor wenigen Jahren mit Schreibmaschinen befaßt, mit Telefonen, Bürodruckern, Fernkopierern oder Nebenstellenanlagen? Mittlerweile ist dies unumgänglich. EDV, Büro- und Fernmeldetechnik sind eine Verbindung eingegangen, die den Gegenstand von Verwaltungsautomation neu definiert. Es geht um Unterstützung des Verwaltungsalltags in seiner Gesamtheit, über Computerisierung einiger "industrialisierbarer" DV-Vorgänge hinaus um die gesamte Büroarbeit.

Zum Beleg der technischen Weiterentwicklung nur einige Überschriften. Beginnen wir mit neuen Fernmeldediensten: Neben Telex oder Telefax, die 1980 schon offiziell eingeführt waren: Teletex seit Juni 1982, Datex-P seit August 1980, Bildschirmtext seit Juni 1984, Videotext seit Juni 1980, Videokonferenz seit August 1983. Telebox (für elektronische Post) und Temex (für Fernmessen und -steuern) sind noch für dieses Jahr angekündigt. Oder nehmen wir den "Personal Computer": 1975 erstmals auf dem Markt, war er im Oktober 1981 bereits mit 16-Bit-Prozessor, bis zu 256 Kilobyte Hauptspeicher und mit zwei Diskettenlaufwerken für bis zu 2000 Dollar erhältlich. Im August 1984 gibt es ein Angebot mit maximal 3 Megabyte Hauptspeicher und bis zu 40 Megabyte Festplattenspeicher. Meine Damen und Herren, 3 Megabyte Arbeitsspeicher auf dem Schreibtisch - das ist eine Kapazität, auf die manch ein Verwaltungsrechenzentrum stolz ist. Oder nehmen wir die lokalen Netze, seit 1980 in Schmalbandtechnologie, seit 1982 in Breitband angeboten, sowie digitale Nebenstellenanlagen, die seit 1980 auf dem Markt sind. Die Zeit reicht nicht, auf weitere Entwicklungen wie Softwarestandardisierung bei Mikrocomputern, Aufschwung der Datenbanksysteme (einschließlich der relationalen Datenbank) oder auf Sprachen der vierten Generation näher einzugehen.

Über die Informationstechnik hinaus ist die automations- und verwaltungspolitische Landschaft in Bewegung geraten. Datenschutz, 1980 noch taufrisch, ist mittlerweile in Bund und Ländern etabliert. Datenschutz, vom Reizwort zum Faktum geworden, hat aber auch Verunsicherung ausgelöst: Darf man auf klassische deutsche Verwaltungsgrundsätze wie "Einheit der Verwaltung" weiterhin stolz sein? Wie weit ist Technikeinsatz zur Belebung solcher Grundsätze noch statthaft? Mit Arbeitslosigkeit und öffentlicher Finanznot sind zwei weitere Faktoren zu nennen, die seit unserer letzten Konferenz den Rahmen der Verwaltungsautomation verändern. Beide beschneiden deren Bewegungsspielraum gerade zu einer Zeit, da manche positive Entwicklung (wie Niveau der Technik oder wachsendes Interesse der Verwaltungsführung) ihre Weiterentwicklung begünstigen könnte. Schließlich hat das Volkszählungsurteil des Bundesverfassungsgerichts vom Dezember 1983 Maßstäbe gesetzt, nach denen die Verwaltungsautomation weiterentwickelt werden muß, Maßstäbe im übrigen, welche der Diskussion um die Verwaltungsautomation keinesfalls ein frühes Ende gesetzt hätten, sondern sie meines Erachtens erst richtig eröffnen.

2. Sechs Thesen zur Lage der Verwaltungsautomation

In einer halben Stunde lassen sich die Folgen dieser Lageveränderung für die Verwaltungsautomation nicht flächendeckend aufzeigen. Ich beschränke mich darauf, aus meiner Sicht wichtige Aspekte an 6 Thesen zu erläutern.

2.1. Informationstechnik als Auslöser von Verwaltungsreform

Aus den technischen wie aus den verwaltungspolitischen Entwicklungen der letzten Jahre scheint sich mir mehr und mehr abzuzeichnen, daß Informationstechnik die Qualitätsstufe erreicht hat, nicht weniger sein zu können als ein Auslöser von Verwaltungsreform. Ich bin mir bewußt, daß ich hier "ein großes Wort gelassen ausspreche". Von Verwaltungsreform haben wir bei der Gebietsreform gesprochen, als die gesamte Verwaltungslandschaft neu geordnet wurde. Von Verwaltungsreform ist weiter im Zusammenhang mit Plänen zur Dienstrechtsreform die Rede gewesen oder bei der kritischen Durchleuchtung der Verwaltungsaufgaben (bei Privatisierung, Aufgabenkritik und Entbürokratisierung). Aber bei einer Arbeitstechnik? Sie könnten mir entgegenhalten, hier Ansätze zu einer Verwaltungsreform erblicken zu wollen, sei übertrieben. Und Sie könnten sich darauf stützen, daß schon Ende der sechziger Jahre Albert Osswald als Wegbereiter des hessischen DV-Verbundes oder die Datenzentrale Baden-Württemberg das Reformpotential der EDV, ihre Gestaltungskraft für Führungsaufgaben, Bürgerbezug oder Verwaltungseffizienz beschworen hatten - ohne daß, was folgte, uns das Prädikat "Verwaltungsreform" abverlange <2>. Übrigens hat Werner Ruckriegel schon 1973 lapidar festgestellt, allen hoffnungsfrohen Prognosen zum Trotz sei der Einfluß der Technik auf Aufgaben und Organisation der Verwaltung spärlich geblieben <3>.

Andererseits: Spricht hieraus nicht Ungeduld? Muß man nicht einen längeren Atem haben? Wie ist es denn in anderen Fällen technischen Fortschritts gewesen: Auch Flugzeug oder Telefon brauchten lange Jahre, bis es gerechtfertigt war zu sagen, das technische Mittel sei in den Alltag der Benutzer eingefügt und die Benutzer hätten alte Gewohnheiten an die neuen technischen Möglichkeiten angepaßt. Das Beispiel des anfänglich auf die Pferdekutsche nur aufgesetzten Ottomotors mag mittlerweile abgedroschen sein. Aber es eignet sich nun einmal ausgezeichnet als Beleg, daß neue Technologien und alte Gewohnheiten Zeit brauchen, bis sie zu einem neuartigen Ganzen verschmelzen, bis - um im Bild zu bleiben - ein Automobil als Fahrzeug sui generis entsteht. Könnten wir also nicht doch in der Verwaltungsautomation am Beginn einer Phase stehen, die geprägt wird von Veränderungen des gewohnten Verwaltungsgesichts, vom Versuch, zu einer Art neuer Symbiose von Informationstechnik und öffentlicher Verwaltung zu kommen?

Ob dies den Begriff der Verwaltungsreform rechtfertigt, möchte ich Ihrer Einschätzung am Ende der Tagung überlassen. Immerhin gibt es Anzeichen hierfür. Nehmen wir den Zusammenhang von Informationstechnik und Verwaltungsorganisation: Hier geht es um weit mehr, als daß mit dem Computer ein neuer Aufgabenträger neben den Menschen getreten ist. Informationstechnik ist ein neuer Pol im Magnetfeld zwischen Aufgaben und ihrer stellenmäßigen Zuordnung. Sie läßt Formen der Ablauforganisation innerhalb und zwischen Behörden machbar werden, die vormals schlicht unmöglich waren und über die bisher kaum nachgedacht wurde.

Lassen Sie mich dies mit einem konkreten Beispiel aus der Kommunalverwaltung belegen: Der heutige Stand der Informationstechnik ließe es zu, den Aufgabenkomplex "Veranlagung und Erhebung von Erschließungsbeiträgen in einem Neubaugebiet" auf folgende Weise abzuwickeln:

- Die Flurstücksnummern der betroffenen Grundstücke werden am Bildschirm aus dem Lageplan zusammengestellt

- die Eigentümerfeststellung erfolgt automatisch durch Zugriff über die Flurstücksnummern auf die Grundstücksdatei, die mit der Einwohnerdatei und der Auswärtigendatei verknüpft ist

- automatische Ermittlung von Grundstücksflächen und Geschoßflächen über die Grundstücksdatei

- Zusammenstellung des beitragsfähigen Aufwands aus der mehrjährigen Sachbuchdatei

- automatische Errechnung des Umlageschlüssels und des für jedes Grundstück zu zahlenden Beitrags

- automatische Absetzung bereits geleisteter Vorauszahlungen über die Personenkontendatei

- Ausfertigung der Bescheide, wobei automatisch über die Grundstücksdatei jene Eigentümer ausgelassen werden, die wegen fehlender Bebaubarkeit ihres Grundstücks noch nicht beitragspflichtig sind

- automatische Sollstellung ergangener Bescheide in der Personenkontendatei

- spätere automatische Aktivierung der Veranlagungsvorgänge über die Grundstücksdatei, wenn die Bebaubarkeit von Grundstücken, und damit die Beitragspflicht, eintritt.

Wer die Praxis kennt weiß, daß moderne Informationstechnik in Bereichen wie diesem bisher Nutzen kaum entfalten konnte, abgesehen von wenigen Anwendungen wie Drucken der Bescheide. Es ist nicht sonderlich übertrieben zu sagen, daß die EDV hauptsächlich dann einsetzt, wenn alle Daten mühselig zusammengesucht und fein säuberlich in Formulare eingetragen wurden. Die am Beispiel der Erschließungsbeiträge skizzierten vielfältigen Zusammenhänge von Daten und Arbeitsabläufen in verschiedenen Ämtern aber werden manuell hergestellt - mit beträchtlichem Aufwand und gelegentlich mit Ärgernissen für Mitarbeiter und Bürger.

Auch für die Aufbauorganisation ist mit der Informationstechnik ein Faktor erwachsen, der zur Frage veranlaßt, ob vorgefundene Strukturen nach wie vor zweckmäßig sind. Bleiben wir für ein Beispiel im kommunalen Bereich. Hier sind Standesamt und Meldeamt traditionell, und aus ehemals guten Gründen, organisatorisch selbständige Einheiten, die auch ihre eigenen Datenbestände führen. Nun sind dies in beiden Fällen Einwohnerdaten mit einem beträchtlichen Durchschnitt, und der Stand der Informationstechnik ließe es zu, daß etwa der Standesbeamte bei der Beurkundung eines Personenstandsfalles auf hierfür benötigte Meldedaten zugreift und daß er darüber hinaus im selben Arbeitsgang die Meldedatei selbst fortschreibt. Tatsächlich werden in der Praxis auch hier die Datenbeziehungen durch einen regen innerbehördlichen Mitteilungsverkehr hergestellt, teils unter Einschaltung des Bürgers. Die Informationstechnik ließe jedoch als neue Aufbaustruktur ein Einwohneramt mit neuartigen Stellenbeschreibungen für Standes- und Meldebeamte zu.

Lassen Sie mich auch noch einen Blick auf den Zusammenhang zwischen Informationstechnik und Verwaltungsaufgaben werfen. Nicht nur, daß neue öffentliche Aufgaben technisch möglich werden (wie Sicherheitsaufgaben der Kommunen durch Telemetrie oder Informationsprodukte aus Daten- und Wissensbanken), nicht nur, daß die vor Jahren in der Literatur geforderte Verwaltungsführung nach kybernetischen Gesichtspunkten nun erst die technischen Voraussetzungen zu erhalten scheint: Die öffentliche Verwaltung wird auch das hergebrachte Aufgabenverständnis gegenüber ihren Abnehmern, etwa gegenüber dem Bürger, vor neue, informationstechnisch bedingte Forderungen gestellt sehen. Gehört Nutzung des Technikpotentials für eine neue Qualität von Bürgerinformation, von Öffentlichkeitsarbeit, von Aufklärung über Rechte und Pflichten, von Bürgerbeteiligung zu den "Bringschulden" <4> öffentlicher Verwaltungen? Wie weit soll Informationstechnik eingesetzt werden, die Entfernung zwischen Verwaltung und Klienten schrumpfen zu lassen, und zwar soziopsychologisch, indem Kommunikationsbarrieren gesenkt werden, intellektuell, indem der Informationsvorsprung der Verwaltung verkürzt wird, und politisch, indem Politik nachprüfbarer wird?

Nach diesem Ausblick auf einige Schnittstellen zwischen Informationstechnik einerseits und öffentlicher Verwaltung andererseits sind wir uns wohl darin einig, mit der modernen Informationstechnik eine Arbeitstechnik vor uns zu haben, die keineswegs neutral ist, sondern weit mehr Zweck/Mittel-Fragen aufwirft als man es bisher von Arbeitstechniken kannte. Der Computer ist kein Werkzeug mit sauberen Kanten, das nahtlos in das Alte eingefügt werden könnte. Dabei hatten wir uns vom Computer nichts als Problemlösungen erhofft und müssen heute sehen, daß er seinerseits ganz neue Fragen erzeugt.

Die Verwendung des Begriffs "Verwaltungsreform" im Zusammenhang mit Informationstechnik mag übertreiben, könnte aber geeignet sein, die EDV vom Image des Nur-Technischen, des Rationalisierungsmittels zu befreien.

2.2 Von DV-Planung zu Informationsmanagement

Hat Informationstechnik heute diese Qualität, erweitert sie dermaßen den Handlungsspielraum öffentlicher Verwaltungen, so kommt dem Einfluß der Anwender, vor allem der Verwaltungsführung, eine ganz besondere Bedeutung zu. Wer hätte ein treffsichereres Gespür für Chancen und Risiken der Verwaltungsautomation? Wer sonst hätte die Kompetenz zur Entscheidung über die einzuschlagende Richtung? Technik darf sich nicht zum Revolutions- oder Putschersatz aufschwingen: Veränderungen in Aufgaben, Organisation und Personal müssen schon über die vorgesehene Entscheidungshierarchie vorgenommen werden.

Wer dem zustimmt, wird den Einfluß der Verwaltungsführung auf die Gestaltung der Informationssysteme gesteigert sehen wollen. Wieder möchte ich dies mit einer plakativen These verdeutlichen: Eine Entwicklung von DV-Planung zu Informationsmanagement ist erkennbar - und sie ist zu fördern.

Mit DV-Planung meine ich die Anwendungsentwicklung in einer Phase der Verwaltungsautomation, in der technische Probleme notgedrungen im Vordergrund standen. Wie bekommt man ein manuelles Arbeitsverfahren auf den Computer? Das allein ist wahrlich schwierig genug und hat viel Schweiß der Edlen gekostet. Die Forderung, man möge bei Gelegenheit der Automation doch zugleich die vorgefundene Verwaltung selbst in Aufgabenstellung, Organisation und Mitarbeiterbelangen in Frage stellen, hätte seinerzeit mit Recht erstaunt und wohl das frühe Ende der Verwaltungsautomation bedeutet.

Zum Glück wurde vernünftig vorgegangen: Man befragte die Praxis, wie sie die betreffende Verwaltungsaufgabe zu bearbeiten gewohnt sei, konzentrierte sich auf die technischen Probleme und war heilfroh, wenn die EDV wirklich in der Lage war, das, was zuvor vernunftbegabte Menschen gemacht hatten, nun maschinell, dabei möglichst fehlerfrei und rationeller zu erstellen. Deshalb das große Gewicht, welches in Handbüchern zur DV-Planung auf die Erhebung des Ist-Zustandes gelegt wird, deshalb die Hauptrolle, welche EDV-Experten bei der DV-Planung spielten, denen die Führungskräfte - war der Umstellungsprozeß genehmigt - das Feld der Initiative weithin überließen.

Heute ist die Situation ganz anders: Der Mensch ist bekanntlich undankbar. Verdienste der Vergangenheit zählen nicht lange. Das Anspruchsniveau ist gewachsen. Unterstützt von der technisch-ökonomischen Entwicklung wird Automatisierung auch der Einzelfallarbeit, wird die Berücksichtigung individueller Besonderheiten verlangt. Die öffentliche Diskussion über Mikroelektronik hat Wertfragen in die öffentliche Verwaltung hineingetragen. Man erkennt das Potential der Technik für Verwaltungsreformen, wie sie in These 1 angedeutet wurden.

Mit solchen Entwicklungen aber ist Informationsmanagement oder Informationsverwaltung herausgefordert. DV-Planung ist hierin einzubetten. Sie wird um eine Schicht erweitert, in der verwaltungspolitische Zweck/Mittel-Fragen aufgeworfen und beantwortet werden, bevor die Phasen der Übernahme auf EDV einsetzen. Das bedeutet zugleich, daß Probleme der Datenverarbeitung aufhören, ein Sonderdasein zu führen, den "Sonderverwaltungen für EDV" überlassen zu bleiben. Vielmehr wird Steuerung der Datenverarbeitung, wie es vor der EDV selbstverständlich war, wieder integrierter Bestandteil der allgemeinen Verwaltungsführung. Sie ist es, die einem aufgekommenen DV-Problem den verwaltungspolitisch gewünschten Zuschnitt zu geben hat. Dieser wird in einem "Pflichtenheft für die Führung" festgehalten. Erst danach mündet Informationsmanagement in die bekannten Verfahren der DV-Planung ein.

Nur ein Informationsmanagement dieser Art rechtfertigt eigentlich, vom Entwurf eines Informationssystems statt von Umstellung auf EDV zu sprechen, und ist damit der Komplexität der Verwaltungsautomation heutigen Formats gewachsen. Ein Verweisen auf das Rechenzentrum würde der Verwaltungsführung nicht länger abgenommen. Tatsächlich ist jede Behörde aufgerufen, mittels Informationsmanagement ihren Standort in der Bürolandschaft von morgen zu bestimmen.

Nur so kann man dem technischen Fortschritt Paroli bieten, statt sich in unserer kurzlebigen Zeit von ihm hetzen zu lassen. Modernismus, die technische Neuerung an sich, ist ja noch kein Segen. Nur der ist auf der Höhe des technischen Fortschritts, der sich bewußt mit ihm auseinandersetzt, der weiß, was die Technik bietet, der sich mit ihrem Potential ebenso vertraut macht wie mit ihren positiven und negativen Folgen und der sich schließlich auf dieser Basis für - oder gegen - informationstechnische Einrichtungen entscheidet.

2.3 Fachinformatiken etablieren sich neben der Kerninformatik

Auf der wissenschaftlichen Ebene hat der Trend von der DV-Planung zum Informationsmanagement sein Pendant in einer sich herauskristallisierenden Arbeitsteilung zwischen Kerninformatik einerseits und Fachinformatiken wie der Verwaltungsinformatik andererseits.

Informatik ist die wissenschaftliche Disziplin, welche die Möglichkeiten erforscht, die traditionell menschlichem Denken und Kommunizieren vorbehaltene Informationsverarbeitung zu automatisieren. Auch hier stand zunächst das technische Instrument im Vordergrund. Das Arbeitsgebiet wurde 1976 durch den Fakultätentag Informatik strukturiert in theoretische Informatik (wie Automaten- oder Algorithmentheorie), praktische Informatik, die sich vor allem der Systemsoftware widmet, und technische Informatik (im wesentlichen für Hardware zuständig, etwa für Technologie der Bauelemente oder Rechnerarchitektur). Hinzu kommen Anwendungen der Informatik, meist als Nebenfach studiert, sowie gesellschaftliche Bezüge. Damit ist diese sogenannte Kerninformatik im Wesen "angebotsorientiert": Ziel ist, dem Anwender technische Einrichtungen und Algorithmen für die Informationsverarbeitung zur Verfügung zu stellen.

Mit der raschen Verbreitung des Computers, vor allem in der Wirtschaft, machte sich dann bei den Anwendern ein empfindlicher Mangel an ausgebildeten Fachleuten bemerkbar. Fachdisziplinen wie Betriebswirtschaftslehre, Medizin, Rechts- und Verwaltungswissenschaften gingen daran, durch den Aufbau von Fachinformatiken (wie Medizinische Informatik, Rechts-, Wirtschafts- und Verwaltungsinformatik) diese Lücke schließen zu helfen.

Zwischen ihnen und der Kerninformatik kam es schnell zu "Positionskämpfen". Brauchte man die "BindestrichInformatiken" überhaupt, zumal die Kerninformatik sich ihrerseits anschickte, über die anfänglich betonte Grundlagenforschung hinaus mehr Anwendungsnähe zu beweisen? Inzwischen treten die Hauptarbeits- und die Grenzgebiete deutlicher hervor. So wie die Kerninformatik durch Einbezug von Anwendungsfragen richtigerweise Kommunikationsfähigkeit mit den Benutzern informationstechnischer Anlagen herstellen will, müssen diese ihrerseits auf die Automation geistiger Arbeit "nachfrageorientiert" vorbereitet werden. Nehmen wir die öffentliche Verwaltung als Beispiel: Je ausgereifter Informationstechnik wird, je mehr sie die Behörden durchdringt, je mehr ihr Potential für Verwaltungsreformen sichtbar wird, desto mehr wird man einsehen müssen, daß nur die öffentlichen Verwaltungen selbst und die, die sich mit ihnen wissenschaftlich auseinandersetzen, über die erforderliche Problemnähe und Kompetenz zur Bewältigung dieser Herausforderung verfügen. Kerninformatiker müßten sonst zu Intimkennern sämtlicher Einsatzgebiete von Informationstechnik werden. Dies ist so wenig realistisch wie wünschenswert. Es ist vielmehr Aufgabe der Verwaltungsinformatik (institutionell Teil der Verwaltungswissenschaften, nicht der Informatik), verwaltungswissenschaftliche Fragestellungen aus dem Blickwinkel der Informationstechnik zu bearbeiten, Motor einer EDV-orientierten Verwaltungswissenschaft zu sein.

Lassen Sie mich aber, nach dieser grundsätzlichen Äußerung zur Notwendigkeit von Verwaltungsinformatik, noch ein Wort zu ihrem Stand anfügen. Wissen wird nicht nur an Hochschulen und Forschungsinstituten gepflegt. Ein Großteil des Wissens über die Welt befindet sich stets in der Praxis. Dies scheint mir für Verwaltungsinformatik ganz besonders zu gelten. Als der Startschuß für den Computereinsatz fiel, gab es - naturgemäß - eine Verwaltungsinformatik noch nicht. Die Auseinandersetzung mit der neuartigen Technik fand in der Praxis statt, nämlich in den Organisationsabteilungen von Behörden, in Rechenzentren, Datenzentralen, Softwarehäusern, Herstellerfirmen, in Anwendergemeinschaften, in Koordinierungsgremien, beim Kooperationsausschuß ADV, in Kommunalen Spitzenverbänden, um nur einige zu nennen. Es hätte sicher nicht viel Sinn, würde man die Reorganisation einer Behörde mittels Computereinsatz nur dann als "wissenschaftlich fundiert" bezeichnen, wenn sie durch ein Hochschulinstitut, nicht aber, wenn sie durch die betreffende Behörde selbst oder durch ein Gemeinschaftsrechenzentrum vorgenommen wurde (vorausgesetzt, hier wurde wirklich auf der Grundlage systematisch gesammelter Erfahrungen gestaltet, wovon es allerdings auch Ausnahmen gibt). Ich stehe nicht an zuzugeben, daß der "Schatz verwaltungsinformatischen Wissens der Praxis" erst noch gehoben werden muß. Und lassen Sie mich diese Gelegenheit, etwas eigennützig, dazu benutzen, die Praktiker unter Ihnen zu bitten, den "Berufswissenschaftlern" dabei zu helfen.

2.4 Aus- und Fortbildung in Fragen der Informationstechnik sind dringlich

Zeigt sich bei Gegenüberstellung von DV-Planung und Informationsmanagement wie von Kern- und Verwaltungsinformatik, daß die Pflege informationstechnischer Instrumente eine Sache ist (und zwar die der Experten für Technik), die Einbettung dieser Instrumente in die öffentliche Verwaltung, ihre verwaltungspolitische Bewältigung jedoch eine andere (nämlich die von Experten für Verwaltung), so werden Sie mit mir fragen: Wie kann man die Verbreitung dieser Sicht fördern?

Ich bezweifle, daß man mit Gesetzen und neuen Ämtern, wie es die Amerikaner in diesem Falle vorgeführt haben, entscheidende Ergebnisse erzielt. Der Paperwork Reduction Act zwingt jedes Bundesministerium zur Einrichtung von Information Resources Managern. Die Resultate sind indes, wie die Grace-Kommission in ihrem Untersuchungsbericht feststellt, nicht auf Höhe der Erwartungen.

Informationsmanagement ist keine Sache, zu der man abkommandieren könnte. Informationsmanagement muß schlicht von jedem wahrgenommen werden, der Führungsverantwortung trägt, egal wie groß oder klein sein Zuständigkeitsbereich sein mag. Informationsmanagement ist eine Frage der Einstellung zur Technik und setzt zur Zeit wohl in vielen Fällen einen Einstellungswandel voraus.

Aus- und Fortbildung scheinen mir hierfür besonders bedeutsame Maßnahmen zu sein. Allem voran bietet Fortbildung die Möglichkeit, den öffentlichen Dienst gezielt und schnell zu erreichen. Wer sich bei den zuständigen Bildungseinrichtungen umsieht, wird zugeben: Manches wird schon getan. Aber es ist nicht genug und nicht immer der erfolgsentscheidende Lehrstoff.

Dies allerdings gilt nicht für die fachbezogene Fortbildung der EDV-Experten. Hier haben die Rahmenrichtlinien des Kooperationsausschusses ADV, schon seit 1973, wegweisend gewirkt. Was wir brauchen, sind geradezu Rahmenrichtlinien von jener Qualität für die fachübergreifende Fortbildung <5>. Hier findet die Informationstechnik nur zögernd Eingang. Die "Renner" sind vielmehr: Rationelle Arbeitstechniken, Rhetorik, Mitarbeiterführung, Organisation, Planung, Wirtschaftlichkeit, Haushalt und Finanzen - gewiß wichtige Themen. Könnten wir uns aber entschließen, der Informationstechnik in der fachübergreifenden Fortbildung den gebührenden Platz einzuräumen, so könnte damit etwas wiedergutgemacht werden, was sich als "Mangel an technischer Kultur" bezeichnen ließe. Unsere Geltung als Industrienation schließt nämlich nicht aus, daß in weiten Bereichen letztlich doch eine Bildung in Latein und den feinen Künsten höher eingestuft wird als Kenntnisse in "nur" technischen Fragen. Und die Leute sind ja noch nicht ausgestorben, die geradezu stolz darauf sind, von Technik nichts zu verstehen. In dieselbe Schublade gehört übrigens die Entschuldigung: Judex non calculat! Interessanterweise haben uns solche Einstellungen über jene Jahrhunderte nicht geschadet, in denen der technische Fortschritt langsam war. Man gewöhnte sich im Alltag trotzdem an den Umgang mit der Technik. Man war mit ihr vertraut, brauchte sich nicht vor ihr zu fürchten und konnte sie, wenn nötig, auch im eigenen Aufgabenbereich aktiv nutzen. Diese "gute alte Zeit" nun ist mit dem stürmischen Fortschritt der Mikroelektronik gründlich dahin. Und dies erzeugt ebenso Technikfurcht wie es Techniknutzung erschwert. Wie sollte ich wohl Selbstsicherheit gegenüber Informationstechnik an den Tag legen, wenn ich nie Gelegenheit hatte, mir durch persönlichen Umgang am Gerät zu beweisen, daß ich den Herausforderungen gewachsen wäre? Wie sollte ich Ideen entwickeln zur Ausschöpfung informationstechnischen Potentials, wenn ich dies nicht aus eigener Anschauung kenne? Diese Frage ist umso drängender, je mehr Informationstechnik sich als Auslöser von Verwaltungsreform entpuppt.

Über Mängel an "technischer Kultur" hinaus hat in der deutschen öffentlichen Verwaltung zu solcherlei Problemen übrigens auch der Umstand beigetragen, daß wir - fraglos mit besten Absichten und nachweislichem Erfolg - Computertechnik in eigens geschaffenen Sonderverwaltungen wie Gemeinschaftsrechenzentren "kaserniert" haben. Damit haben wir notwendigerweise auch die Mitarbeiter auf Technik-Diät gesetzt, sie davon ferngehalten, sich eigenverantwortlich den Kopf über EDV zu zerbrechen.

Mit unserer anerkannt guten Infrastruktur an Fortbildungseinrichtungen ließe sich die Situation kurzfristig ändern. Dazu müßte das Angebot an Fortbildung in Verwaltungsfragen zur Informationstechnik ausgebaut werden, und zwar vor allem im Rahmen schon bestehender Programme für die Einführungs-, Anpassungs- und Förderungsfortbildung. Denn damit würde unterstrichen, daß es sich um fachübergreifende Probleme handelt, die jeden angehen. Es müßte weiter versucht werden, auch die höheren Ränge der Verwaltungsführung anzusprechen, insbesondere Ebenen oberhalb von Referatsleitern. Denn die Bedeutung ihrer Initiative und Bewertung bei der Gestaltung von Informationssystemen verhält sich bisher umgekehrt proportional zu ihrem Auftreten in Fortbildungsveranstaltungen. Weiter bedürfen viele laufende Fortbildungsprogramme der Anpassung. Ein Lehrgang in Organisation oder Planung ohne Informationstechnik ist obsolet. Wenn Informationstechnik alle Bereiche öffentlichen Verwaltens durchdringt, müssen die Fortbildungsprogramme dies widerspiegeln. Zentrale Bedeutung kommt dabei Lehrstoff darüber zu, wie man Computer beherrscht, nicht nur wie man sie nutzt, wie man seine Verwaltung mittels Technik gestaltet, nicht nur wie man sie an Technik anpaßt. Besonders wichtig schließlich scheint mir der intensive Rückgriff auf Informationstechnik in der Fortbildung selbst zu sein. Das Argument, "Computer Literacy" brauche nur, wer selbst programmieren müsse, habe ich hoffentlich schon entkräftet. Vielmehr geht es darum, den öffentlichen Dienst mit Selbstsicherheit und Kreativität beim Umgang mit Technik auszustatten. Noch wichtiger als Hardware und systemnahe Software (wie Textverarbeitung und Datenbanksysteme) ist gute Anwendungssoftware, mit der man die Einsatzmöglichkeiten der Informationstechnik nach neuestem Stand und an Verwaltungsaufgaben vorführen kann. Soweit ich sehe, ist allerdings eine solche Fortbildung nirgends auf dem Markt.

Mit Sorge muß man auch beobachten, daß die Krise der öffentlichen Haushalte die Flügel der Fortbildung gerade zu einer Zeit stutzt, da wir sie am dringendsten ausbauen müßten.

2.5 "DV-Infrastruktur" auf dem Weg zu einer neuen Qualität

Bedeutet nun Informationsmanagement, bedeutet der begrüßenswerte Trend, daß Verwaltungen das Heft der Automation mehr und mehr in die Hand nehmen, das "Aus" für unsere Infrastruktur an Gemeinschaftseinrichtungen der Datenverarbeitung? 1980 war dies einer der heißesten Diskussionspunkte. Ostermanns KGSt-Gutachten zu Zentralisation und Dezentralisation lag frisch auf dem Tisch <6>. Und es gab in der Tat die Ansicht, das beste sei wohl, man zöge die neugeschaffene "EDV-Bürokratie" wieder zurück. Denn wesentliche "Voraussetzungen für die Organisation der Computer-Regionen als Sonderverwaltungen (seien) entfallen...Die EDV als technisches Hilfsmittel (gehöre) zurück in die Einheiten der Normalorganisation der öffentlichen Verwaltung" <7>.

Inzwischen hat sich viel Pulverqualm verzogen, und es zeigt sich deutlicher, daß es in Wirklichkeit um die Frage ging, wer zuständig sein müsse für drei Arten von DV-Aufgaben. Diese sind: Durchführungsaufgaben (Betrieb), Dienstleistungs- und Steuerungsaufgaben. Durchführungsaufgaben sind das Erfassen, Verändern, Drucken oder Verteilen von Daten sowie das Betreiben der erforderlichen Geräte. Dienstleistungsaufgaben sind Programmentwicklung, Organisationsanalyse oder Beratung und Aufklärung über technische, organisatorische, rechtliche und finanzielle Fragen. Steuerungsaufgaben werden durch das behandelte Informationsmanagement abgedeckt.

Das Gewicht, das jedem dieser drei DV-Bereiche zukommt, wechselt mit der Zeit. So waren in der Phase der Einführung des Computers vor allem die Durchführungsaufgaben und Serviceaufgaben wie Anwendungsentwicklung gefragt. Heute scheinen die Akzente auf die Steuerungsaufgaben und Dienstleistungen wie Beratung, Aufklärung und Koordinierung gesetzt werden zu müssen. Informationsmanagement muß in der Tat "zurück in die Einheiten der Normalorganisation der öffentlichen Verwaltung". Aber dies macht unsere Infrastruktur an Gemeinschaftseinrichtungen keineswegs überflüssig, es ordnet sie nur in die DV-Aufgaben-Trias ein.

Die DV-Infrastruktur ist heute sogar wichtiger denn je. Im Dienstleistungsbereich geht es vor allem darum, Wildwuchs an Geräteinstallationen beim Anwender zu vermeiden, das Potential der neuen informationstechnischen Möglichkeiten aber gleichwohl auszuschöpfen. Man muß nur die Klage des EDV-Chefs der Stadt- und Kreisverwaltung San Francisco auf der Zunge zergehen lassen, die Dezentralisierung habe ihm 115 Computer- und Textsystemvarianten von 45 verschiedenen Herstellern beschert. Der Vorzug einer abgestimmten Verwaltungsautomation über Infrastruktureinrichtungen wird dann schnell deutlich. Zusätzliche Bedeutung gewinnen diese mit einer qualitativ hochstehenden und neutralen Beratung über den jeweiligen informationstechnischen Stand. Dies kann auf einem so rapide sich entwickelnden Gebiet kaum den Anwendern überlassen bleiben. Allerdings muß diese Dienstleistung uneigennützig, im Interesse der Benutzer erfolgen. Sie muß deren individuelle Bewertung und Zielsetzung nicht nur akzeptieren, sondern geradezu herausfordern, etwa durch verstärkte Verwendung von Prototypen bei der Systementwicklung. Eine weitere zentrale Dienstleistungsaufgabe ist die Pflege örtlicher, beim Anwender laufender Programme. Sie wird noch nicht immer gern wahrgenommen, wohl weil sie an die Pflege der Brut aus untergeschobenen Kuckuckseiern erinnert.

Auch bei den Durchführungsaufgaben der Datenverarbeitung wird die Infrastruktur nicht entbehrlich. Natürlich beobachten wir, daß Hardware in Richtung Arbeitsplatz wandert. Dies hat auch beträchtliche Vorteile: Es entlastet die Rechenzentren, die ohnehin unter einem 80/20-Verhältnis von Softwarepflege zu Neuprogrammierung leiden, und senkt den Anwendungsstau. Darüber hinaus scheint mir auch die schlichte Tatsache auf der Habenseite der Dezentralisierung verbucht werden zu müssen, daß das Verwaltungspersonal verstärkt mit informationstechnischem Gerät umgeht und daraus mehr Eigeninitiative und Anreiz zu Informationsmanagement zu erwarten sind.

Dennoch wird diese Hardwarewanderung zum Anwender nicht dazu führen, daß dieser stets das Rad neu erfindet. Nach wie vor ist es natürlich vernünftig, Passendes vom Rechenzentrum zu "importieren", statt sich selbst Entwicklungs- und Pflegeaufwand aufzuhalsen. Die Nabelschnur zwischen Behörde und Rechenzentrum muß also erhalten bleiben - übrigens schon aus Gründen einer ständigen Funktionssicherheit der öffentlichen Verwaltung.

Man könnte sich allerdings vorstellen, daß das Beziehungsverhältnis zwischen Anwender und Rechenzentrum sich von seinem Grundsatz her verändert. Lange Zeit war dies durch eine Strategie gekennzeichnet, die man als "geschlossenes Automationskonzept" bezeichnen könnte: Für die Automation geeignete Aufgabenteile werden aus der Anwenderumgebung herausgelöst, einem Rechenzentrum angeliefert und dort für viele in gleicher Form, gleichsam industriell, bearbeitet - deutlich sichtbar im kommunalen Bereich. Selbst wenn sich die Rechenzentren inzwischen mit online-Anschlüssen zum Benutzer hin geöffnet haben, ist bei dieser Grundausrichtung letztlich nicht zu vermeiden, daß die Einordnung einer solchen "Datenverarbeitung außer Haus" in die eigene Verwaltungsumgebung dem Anwender selbst überlassen bleibt. Die gängigen Klagen über "Herumarbeiten um die EDV" haben letztlich in diesem Automationskonzept ihre Ursache.

Hier nun könnte die Hardware-Dezentralisierung, in Verbindung mit dem Trend zum Informationsmanagement der Anwender, zu einem "offenen Automationskonzept" führen. Dann wird mit der Erarbeitung eines subjektiv-individuell passenden Systems begonnen und erst von dieser Basis Ausschau gehalten nach so viel wie möglich importierbaren DV-Leistungen. Im kommunalen Bereich könnte sich ein solches Automationskonzept so darstellen, daß auf Basis dezentraler Datenbestandsführung zeitkritische Aufgaben und solche mit Bedarf an individueller Ausgestaltung vor Ort ablaufen, während Massenauswertungen, Mitteilungsdienste zwischen Behörden oder der Gebrauch selten eingesetzter Programmsysteme und Geräte zentral auf Basis hierfür bereitgestellter Daten geschehen.

Ein Beleg für diese Entwicklung scheint mir das mehr und mehr ins Gespräch kommende "Information Center"-Konzept zu sein. Es ist eine der technisch möglichen Varianten einer "offenen" Automationsstrategie. Hier wird ja, statt über die Emanzipation des Benutzers zu lamentieren, durch das Rechenzentrum eine "Benutzerecke" eingerichtet, in der dieser selbst von seinem Arbeitsplatz aus "personal computing" betreiben kann, also Textverarbeitung, elektronische Mitteilungsdienste, Aktenablage, Berichtserstellung, Computergraphik, statistische Analysen, Terminplanung, Notizbuchfunktionen oder kleinere Computeranwendungen mit Programmiersprachen wie PASCAL oder BASIC.

Verbundlösungen dieser oder anderer Art erfordern nach wie vor eine DV-Infrastruktur. Am besten werden sich dabei jene Rechenzentren behaupten, die durch Modularisierung ihres Softwareangebots für viele Abnehmer interessant sind, wobei allerdings zu beachten ist, daß mit zunehmenden Möglichkeiten für Telekommunikation regionale Monopole mehr und mehr in Frage gestellt werden dürften.

2.6 Verwaltungspolitische Diskussion nötiger denn je

Die aufgezeigten Entwicklungen scheinen mir schließlich die Trendaussage zu rechtfertigen, daß ein gutes Stück an verwaltungspolitischer Einordnung der Informationstechnik noch vor uns liegt. Hierunter verstehe ich eine bewußte Auseinandersetzung mit Werten, Zielen und Restriktionen der Verwaltungsautomation, also letztlich damit, was wir mit Informationstechnik in der öffentlichen Verwaltung anfangen wollen und was nicht. Das Tagungsprogramm sieht Veranstaltungen zu Aufgabenpolitik, Organisations- und Personalpolitik vor. Lassen Sie mich nur einige grundsätzliche Bemerkungen jetzt machen.

Ich bin sicher, daß die Voraussetzungen für die verwaltungspolitische Einordnung der Informationstechnik hierzulande besonders günstig sind. Denn die über die letzten Jahre und auf beachtlichem Niveau (nichtsdestoweniger oft zum Erstaunen des Auslands) geführte öffentliche Diskussion über Mikroelektronik, Kabel, Datenschutz oder Neue Medien hat unsere Sinne für Chancen und Risiken der Informationstechnik geschärft. Nun sollte Umsetzung in konkretes Handeln stärkere Akzente erhalten. Allerdings erfordert dies wohl auch, daß die öffentliche Diskussion über Informationstechnik noch um einige Argumente angereichert wird. Die - verdienstvolle - Datenschutztagung des Hessischen Landtags hat dies vor wenigen Tagen erst wieder bewiesen. Täusche ich mich oder werden Information und Informationstechnik, als Produktionsfaktoren öffentlichen Verwaltens, heute gelegentlich ähnlich negativ gesehen wie der Produktionsfaktor Personal in der Frühphase der betriebswirtschaftlichen Organisationslehre? Personal - so war damals zu hören - sei nur auf eigenen Vorteil bedacht, widerspenstig, im Grunde faul und müsse ständig durch hautenge Kontrolle zur Arbeit angehalten werden. Man sah bevorzugt Negatives. Nachlesen kann man dies unter Überschriften wie Taylorismus oder "Theorie X" <8>. Längst haben sich natürlich die Auffassungen über menschliche Arbeit gründlich verändert: Positive Einstellungen zum Mitarbeiter und zu seiner Einbindung in die Verwaltung beherrschen das Feld, zusammengefaßt unter der Überschrift "Theorie Y".

Darum meine Frage: Stehen in unserer Diskussion eine "Theorie X der Informationstechnik", ihre Gefahren, ihre Heimtücke zu weit im Vordergrund? Müßten wir nicht zu einer "Theorie Y der Informationstechnik" kommen, die Überlegungen verstärken, wie wir Informationstechnik nützlich machen können?

Nach dem Volkszählungsurteil ist allenthalben Unsicherheit zu verspüren, eine bessere Nutzung der Informationstechnik für aufgabenpolitische, für organisations- und personalpolitische Zwecke könnte der Verwaltung nun aus Datenschutzgründen weithin verwehrt sein. Dem ist keineswegs so. Es ist ja nicht Aufgabe des Bundesverfassungsgerichts, Parlamenten und Verwaltungen die Arbeit eines verwaltungspolitisch fundierten Informationsmanagement abzunehmen. Tatsächlich hat es, von den inhaltlichen Aussagen zur speziellen Materie der Volkszählung abgesehen, nur wichtige Grundsätze aufgestellt, nach denen sich Datenverarbeitung angesichts der heutigen informationstechnischen Möglichkeiten zu vollziehen hat:

- Aufgrund der festgestellten Grundrechtseigenschaft des "Rechtes auf informationelle Selbstbestimmung" bedürfen Beschränkungen einer gesetzlichen Grundlage.

- Der Einzelne muß aber Einschränkungen seines Grundrechts auf informationelle Selbstbestimmung hinnehmen, wenn diese "im überwiegenden Allgemeininteresse" liegen.

- Dem Gebot der Normenklarheit entsprechend müssen Einschränkungsgesetze präzisieren, für welche Zwecke personenbezogene Daten verwendet und wohin sie ("amtshilfefest") weitergegeben werden dürfen.

- Dabei ist dem Grundsatz der Verhältnismäßigkeit zu entsprechen.

- Organisatorische und technische Maßnahmen zur Sicherung der Zweckbegrenzung sind zu ergreifen.

über diese richtungweisenden Grundsätze hinaus waren aber die Verfassungsbeschwerden gegen das Volkszählungsgesetz für das Gericht kein "Anlaß zur erschöpfenden Erörterung des Rechts auf informationelle Selbstbestimmung" <9>. Auch die Konferenz der Datenschutzbeauftragten hat mit ihrer - begrüßenswert schnellen - Entschließung über die "Auswirkungen des Volkszählungsurteils" vom 27./28. März 1984 zwar auf die Tragweite des Urteils für den Datenschutz und auf künftige legislatorische Aufgaben hingewiesen, aber natürlich zu den inhaltlichen Fragen allenfalls Vorschläge machen können.

Diese Lage bedeutet nun aber nichts anderes, als daß viele inhaltliche Auseinandersetzungen über Beschränkungen des Rechts auf informationelle Selbstbestimmung im überwiegenden öffentlichen Interesse erst noch geführt werden müssen. Dabei ist die Bewertung der Verwaltungsautomation unter Datenschutzaspekten eine, und eine wichtige Sache, die Auslotung des Reformpotentials der Informationstechnik für andere verwaltungspolitisch wünschbare Zwecke eine andere. Wie könnte man öffentliches Interesse und informatorisches Selbstbestimmungsrecht gegeneinander abwägen, wo eine Diskussion über Wirkungen von Informationstechnik im Allgemeininteresse noch zu wenig geführt worden ist? Damit meine ich zum Beispiel die Anhebung der Verwaltungseffizienz, die den Steuerzahler nicht wenig interessiert. Damit meine ich Kriterien wie Bürger- und Mitarbeitergerechtigkeit. Und auch Rechtmäßigkeit ist ja kein Grundsatz, der sich auf Datenschutz beschränken ließe. Denn er umfaßt ebenso die für viele wohl nach wie vor belangvolle Frage, ob gesetzliche Leistungen der öffentlichen Hand nur denen gewährt werden, welche die gesetzlich festgelegten Voraussetzungen erfüllen.

Das Spektrum legitimer Bedürfnisse der Allgemeinheit ist also breit. Verwaltung und Gesetzgeber müssen es in weiten Bereichen erst noch ableuchten, dann entscheiden, welche Zwecke die Einschränkung des Rechts auf informationelle Selbstbestimmung rechtfertigen, prüfen, ob solche Zwecke durch bestehende Rechtsgrundlagen schon gedeckt sind, oder sie andernfalls schaffen. Dabei ist viel intensiver als bisher darüber nachzudenken, wie man Informationstechnik selbst für Datenschutz nützlich machen kann.

Als Verwaltungswissenschaftler, der sich mit Automation befaßt, wünschte ich mir, daß eine Diskussion hierüber in Verwaltung und Öffentlichkeit mit ähnlicher Intensität geführt würde, wie sie einige Jahre mit Blick auf Gefahren der Technik gelaufen ist.

3. Schlußbemerkung

Meine Damen und Herren, ich komme zum Schluß noch einmal auf das antike Griechenland zurück, allerdings nicht auf die Olympiade. "xenos" nannten die alten Griechen einen Fremdling, "xenos" aber nannten sie auch einen Gast. Dies wohl nicht nur aus Menschenfreundlichkeit. Es dürfte sich dahinter auch eine Portion Wißbegier verbergen. Ohne Fernsehen, Fernsprechen und Fernschreiben war man ja auf den Fremden angewiesen, wollte man Neues aus der Ferne erfahren. Man behandelte ihn besser gastlich. Heute, an der Schwelle zur Informationsgesellschaft, mit einem Überfluß an Information, haben wir Schwierigkeiten, diesen sprachlichen Zusammenhang nachzuvollziehen.

Kommunikationsbarrieren gibt es aber nach wie vor. So ist das Gebiet der Verwaltungsautomation keineswegs transparent genug, daß auf Erfahrungsaustausch verzichtet werden könnte. Deshalb haben wir Sie, meine Damen und Herren, als Gäste der Hochschule Speyer, als Gäste des Fachbereichs 6 der Gesellschaft für Informatik eingeladen, weil wir wissen, daß Sie viele wichtige Neuigkeiten und Ansichten über Verwaltungsautomation mitbringen. Und ich kann Ihnen versprechen, daß auch wir Sie gastlich behandeln, damit Sie Ihre Informationen mit uns teilen und sie untereinander austauschen.

Anmerkungen:

<1> Vgl. die zusammengefaßten Texte in Reinermann, Fiedler, Grimmer und Lenk 1981. Hingewiesen sei ebenfalls auf eine 1983 gemeinsam mit den österreichischen Informatikgesellschaften OCG, ADV und ÖGI durchgeführte Tagung, die in Traunmüller, Fiedler, Grimmer und Reinermann 1984 dokumentiert ist.

<2> Vgl. Osswald 1969 sowie Hessische Zentrale für Datenverarbeitung 1970; Datenzentrale Baden-Württemberg 1974.

<3> Vgl. Ruckriegel 1973.

<4> Landwehrmann 1983, S. 371.

<5> In diese Richtung zielt auch die Stellungnahme des Arbeitskreises "Verwaltungsausbildung und Informatik" der Gesellschaft für Informatik 1984 a

<6> Vgl. KGSt 1979.

<7> Wagener 1980 b,S. 38 f.

<8> Vgl. McGregor 1957.

<9> Bundesverfassungsgericht, Urteil zum Volkszählungsgesetz BVerfGE, 65. Band 1984, S. 1-71

ZWEITER TEIL: INFORMATIONSTECHNOLOGIE IN DER ENTWICKLUNG

ENTWICKLUNG DER INFORMATIONSTECHNIK UND ENTWICKLUNG VON METHODEN FÜR DIE ÖFFENTLICHE VERWALTUNG

Herbert Fiedler

Nach längeren Erfahrungen mit Anwendungen der Informationstechnik in der öffentlichen Verwaltung ist es naheliegend, das Verhältnis zwischen den Entwicklungslinien der Informationstechnik und den Arbeitsmethoden der Verwaltung anzusprechen. Dies geschieht hier nicht nur mit der Absicht des Rückblicks und aus historischem Interesse. Vielmehr geht es dabei eher um die Ableitung allgemeiner Lehren und Folgerungen auch für die Zukunft.

1. Verwaltung und Entwicklungstempo der Informationstechnik: Abhängigkeiten und Diskrepanzen

Die Entwicklung der Informationstechnik einerseits und die Entwicklung von Arbeitsweisen und Methoden für die öffentliche Verwaltung andererseits unterliegen jeweils ihren spezifischen Eigengesetzlichkeiten. Diese ergeben sich für die Verwaltung insbesondere aus der Entwicklung ihrer Aufgabenstellungen, aber auch ihrer Organisation und ihres Personalbestandes. Nichtsdestoweniger ist es heute unabdingbar, diese beiden Entwicklungsprozesse zueinander in Beziehung zu setzen. Dies folgt schon daraus, daß Verwaltung wesentlich auch Informationsverarbeitung, damit aber die Informationstechnik eines ihrer wichtigsten Organisations- und Arbeitsmittel ist.

Bei einem solchen Vergleich der Entwicklungen auf den beiden Gebieten ergibt sich heute ebenso der Eindruck von Abhängigkeiten wie auch von gewissen Diskrepanzen. Der Eindruck von Abhängigkeiten ergibt sich daraus, daß heute die öffentliche Verwaltung nicht mehr die Freiheit hat, Hilfsmittel der Informationstechnik und deren Weiterentwicklung einfach außer acht zu lassen. Allzu gewichtig und offenkundig sind ihre Vorteile, insbesondere angesichts der an die öffentliche Verwaltung gestellten Effizienz- und Rationalisierungsforderungen. Der Eindruck von Diskrepanzen ergibt sich unter anderem aus den ganz verschiedenen Entwicklungsgeschwindigkeiten auf den beiden Gebieten. Öffnet sich nicht die Schere zwischen einem raschen Fortschritt der Informationstechnik und einer viel langsameren Entwicklung und Anpassung von Arbeitsmethoden der Verwaltung immer weiter? Die Möglichkeiten und Eigentümlichkeiten einzelner Entwicklungsstadien der Informationstechnik könnten so als Sachzwänge erscheinen, welche mit ökonomischem Hintergrund der Verwaltung für ihre Aufgabenbearbeitung aufgedrängt werden, so zum Beispiel entsprechend der zeitlichen Abfolge verschiedener Schwerpunktbildungen:

- Automation von Massenvorgängen im Batchverfahren auf der einen Seite, Datenbankmethodik und Bearbeitung im Dialogverfahren auf der anderen

- Große Zentralsysteme zur Datenverwaltung auf der einen Seite, Betonung der dezentralisierten Intelligenz und Datenverwaltung auf der anderen

- Personal Computing auf der einen Seite, Perspektiven aufwendiger entscheidungsunterstützender Systeme mit Komponenten der "Künstlichen Intelligenz" auf der anderen.

Es kann hier der Eindruck eines vorwiegend technologisch bedingten Zickzackkurses entstehen, mit welchem die Verwaltung auf die jeweils neuesten Anpreisungen von seiten der Informationstechnik reagiert. Eine besondere Schwäche könnte hier darin liegen, daß ein solches Vorgehen sich unreflektiert hauptsächlich auf die Vorteile der neuesten Entwicklungen stützt, ohne die Nachteile zu antizipieren und die Folgeprobleme zu bewältigen. Dies provoziert dann wiederum Ansätze einer "Wirkungsforschung", welche als typisch nachträgliches Unternehmen beinahe schon definitionsgemäß wirkungslos bleibt (sobald die Wirkungen eines Phänomens erforscht sind, ist schon das nächste aktuell).

2. Entwicklungslinien der Informationstechnik: Generationen und Paradigmen

Für die Entwicklung der Informationstechnik ist natürlich grundlegend die Hardwareentwicklung, wie sie in "Generationen"-Zählungen angesprochen wurde:

- Röhren
- Transistoren
- Verschiedene Stufen der Miniaturisierung und Integration von Schaltelementen bis zu den heutigen Chips, Mikroprozessoren und Mikrocomputern.

Diese Entwicklungslinie ist maßgebend insbesondere für das Preis-Leistungs-Verhältnis und damit für den möglichen Verbreitungsgrad von Computerleistungen in den einzelnen Anwendungsgebieten. Dabei ist heute klar, daß sich die oft beschriebene dramatische Entwicklung auf diesem Gebiet auch in näherer Zukunft für Prozessoren und Halbleiterspeicher noch fortsetzen wird (Perspektive der Leistung früherer Großanlagen auf hand-held Computern).

Daneben wird aber neuerdings im Verhältnis zu den Anwendungen eine andere Art der Periodisierung von Informationstechnik-Leistungen wichtig, welche auch "Generationen" zählt, allerdings in wesentlich anderer Weise: die "japanische" Generationenzählung im Rahmen des "5th generation"-Konzepts. Diese läßt sich schlagwortartig etwa folgendermaßen andeuten:

(1) Programmierbarkeit, Rechenleistungen (1955)
(2) Verwaltung großer Datenbestände, Datenbanken (1965)
(3) Kommunikationsfähigkeit, Datenfernverarbeitung (1975)
(4) Strukturerkennung, Mustererkennung (1980 bis 1985)
(5) Wissensverarbeitung, wissensbasierte Systeme, Inferenz (1985 bis 1995).

Man sollte bemerken, daß diese zweite "Generationenzählung" von ganz anderer Art ist und im Verhältnis zu den Anwendungen der Informationstechnik andere Funktionen hat als die erste. Es handelt sich hier erstens eher um eine Kategorisierung anwendungsorientierter Paradigmen von Informationstechnik-Leistungen statt primär um die Unterscheidung physikalischer Eigenschaften des Systemaufbaus. Zweitens lösen einander die einzelnen "Generationen" dieser Zählung nicht in derselben Weise ab wie die Hardwaregenerationen, sondern bestehen in gewissem Grade nebeneinander und aufeinander aufbauend fort. Und drittens hat diese Generationenzählung zum Teil prognostischen Charakter, insbesondere soweit es um die Leistungen der "5th generation" geht. Es liegt nahe, für eine Betrachtung der Beziehungen zwischen Informationstechnik-Entwicklung und Methodenentwicklung für die Verwaltung an diese "japanische" Generationenzählung anzuknüpfen. Dies soll im folgenden geschehen <1>. übrigens ließe sich in dieser Weise vielleicht eine sinnvolle Periodisierung der Verwaltungsanwendungen von Informationstechnik überhaupt gewinnen.

3. Entwicklung der Informationstechnik und Verwaltungsanwendungen: Gestaltungsmöglichkeiten und Regelungsnotwendigkeiten

Angesichts der Diskrepanzen zwischen Informationstechnik-Entwicklung und verwaltungsspezifischer Methodengestaltung kann man natürlich nicht ein Moratorium der Technikentwicklung fordern. Man wird insofern mit dem Tempo des technischen Fortschritts leben müssen und dies auch können, zumal der technische Fortschritt im gegenwärtigen Stadium durch erweiterte Möglichkeiten erhöhte Flexibilität bietet. Nur muß zugleich eine spezifisch verbesserte Förderung der Anwendungsentwicklung und insbesondere der Methodenentwicklung im Anwendungsgebiet gefordert werden. Dies ist nötigenfalls zu verbinden mit normativen Regelungen von Anwendungszusammenhängen und mit einer beabsichtigten Rückwirkung auf die Technikentwicklung. Gerade auf der Bedeutung dieser Verbindung zwischen Gestaltungsmöglichkeiten und Regelungsnotwendigkeiten liegt hier die Betonung.

Es ist einerseits zuzugeben, daß auch im Bereich der öffentlichen Verwaltung manchmal ein übergewicht technisch motivierter Innovation (mit dem Hintergrund zum Teil kurzsichtiger Rationalisierung) gegenüber der Entwicklung inhaltlich befriedigender Vorgehensweisen und Arbeitsmethoden bestand. Bei der Einführung informationstechnischer Hilfsmittel standen oft Probleme der Technik gegenüber den Problemen der Methodenentwicklung zu stark im Vordergrund. Wo neuartige Arbeitsweisen und Methoden entwickelt wurden, konnten diese oft noch wenig eingeordnet und integriert werden. Als Beispiele kann man etwa so verschiedenartige Entwicklungsrichtungen nennen wie

- Konzepte einer klientenorientierten Organisation und Verfahrensweise der öffentlichen Verwaltung, etwa im "Bürgeramt",

- neue sozialwissenschaftliche Methoden in Statistik und Planung, etwa mit "Mikromodellen", oder

- Methoden der Rasterfahndung.

Dabei wird es andererseits aber auch für die öffentliche Verwaltung kein gangbarer Weg sein, methodische, organisatorische und technische Neuerungen durch rechtliche Zementierung des status quo auszuschließen. (Hierzu scheinen manche Topoi im weiteren Umkreis des Datenschutzes eine gewisse Affinität zu haben, wie zum Beispiel "Informationsgleichgewicht", "Informationelle Gewaltenteilung"). Vielmehr müssen auch in der öffentlichen Verwaltung der rechtliche Rahmen und die rechtliche Infrastruktur des Technikeinsatzes weiterentwickelt werden ("Informationsrecht"). Beide zusammen ergeben die rechtliche Komponente der Gestaltungsbedingungen für informationstechnik-gestützte Systeme.

3.1 Gestaltungsmöglichkeiten

Für die Darstellung der Gestaltungsmöglichkeiten und -spielräume beim heutigen Stand der Informationstechnik kann an das unter 2. Gesagte angeknüpft werden. Im Sinne zum Beispiel der japanischen Generationszählung bietet die heutige Systemtechnik eine Vielzahl anwendungsorientierter Paradigmen informationstechnischer Gestaltung zur Auswahl ("Paradigmenvielfalt"). Damit besteht auch für die öffentliche Verwaltung zur Unterstützung und Fortentwicklung ihrer Verfahrensweisen und Arbeitsmethoden ein breites Angebot mehr oder weniger gängiger Informationstechnik-Konzepte und Produkte, welches große Flexibilität (und auch Rationalität) ermöglicht. Das undifferenzierte Paradigma der "Automation" ist insofern nicht mehr angemessen, insbesondere soweit es um Informationstechnik in Verbindung mit der Interaktion verschiedener Instanzen geht. In diesem Zusammenhang einige Bemerkungen:

- Das Angebot von unterstützenden Instrumenten und Produkten der Informationstechnik umfaßt heute nicht mehr nur die seit langem herkömmlichen Elemente wie Hardware, Betriebssystemsoftware und individuell gestaltete Anwendungsprogramme. Vielmehr gehören hierzu heute insbesondere auch Datenbank- und Kommunikationssoftware (gemäß der "Paradigmenvielfalt"), in enger Beziehung zu hardwaretechnischen Möglichkeiten. Im Sinne wirtschaftlicher Systemgestaltung müssen derartige Produkte in die Überlegungen einbezogen werden.

- Demgemäß verschiebt sich der Aufwand für Konzeption, Planung und Entwicklung anwendungsunterstützender Systeme. Die Paradigmenvielfalt bedingt größere Komplexität des Instrumentariums. Dem entspricht unter anderem eine ihrerseits zum Teil informationstechnik-gestützte Systementwicklungsmethodik, welche mit ihren Werkzeugen auch für die Entwicklung von Verfahren der Anwendungsbereiche relevant ist.

- Trotz des vielfältigen Angebots ist es jedoch keineswegs gesichert, daß gängige Konzepte und Produkte die für die öffentliche Verwaltung wesentlichen Eigenschaften ("features") aufweisen. Dies gilt insbesondere zum Beispiel für Eigenschaften der Systemsicherheit und der Transparenz.

- Der nötige Überblick zum Angebot muß weitgehend Zukunftsentwicklungen einbeziehen, heute insbesondere die Paradigmen der 4. und 5. Generation mit Möglichkeiten wie Strukturerkennung, Wissensverarbeitung und Inferenz.

Insgesamt ergibt sich für die Gestaltung von Verwaltungsanwendungen in einer Zeit zunehmender Paradigmenvielfalt der Informationstechnik ein erweitertes Spektrum von Möglichkeiten, aber auch ein erhöhter Schwierigkeitsgrad der Gestaltungsarbeit. Für die Konzeption und Beurteilung von Anwendungsverfahren muß das allgemeine Paradigma der Automation durch speziellere Paradigmen ergänzt oder auch modifiziert werden. Diese beschränken sich nicht etwa auf die Titel des "5th generations"-Konzepts. Sie umfassen zum Beispiel auch Begriffsbildungen wie "Bürosysteme", "Computer Aided Design" und so weiter.

So ist zum Beispiel "Büroautomation" als Bezeichnung (und Auffassung) für das informationstechnik-gestützte Büro insofern schief, als es dort einerseits eben nicht um völlige Automatisierung geht, andererseits aber der Aspekt der informationstechnik-gestützten Kommunikation gar nicht angesprochen wird. Auch "Bürokommunikation" allein wäre zu eng. "Bürosysteme" bilden eher eine Art eigenständiges (dabei durchaus nicht unproblematisches) Paradigma.

Als ein anderes Beispiel aus dem Bereich nicht schlechthin automatisierter, sondern in definierter Weise nur computergestützter, interaktiver Verfahren soll hier das Paradigma des "Computer Aided Design" (CAD, computerunterstütztes Entwerfen) genannt werden. "Computer Aided

Design" bedeutet nach heutigem Sprachgebrauch insbesondere die Unterstützung technischen Entwerfens und Konstruierens durch vor allem graphische und numerische automatisierte Teilfunktionen. Hier soll diese Bezeichnung in einem verallgemeinerten Sinne gebraucht werden, welcher zum Beispiel auch die Konstruktion von rechtlich bestimmten und strukturierten Texten einschließt (zum Beispiel Verträge, Verwaltungsakte). In diesem Sinne können Informationstechnik-Instrumente gerade die Lösung von Einzelproblemen in Recht und Verwaltung unterstützen. Manche der unter dem Motto von artificial-intelligence-Anwendungen oder Expertensystemen im juristischen Bereich genannten Ansätze unterfallen zugleich diesem Paradigma des CAD. Nebenbei gesagt ist es natürlich klar, daß auch mit dem Einsatz von CAD-Methoden wieder gewisse Probleme verbunden sind; auf diese wird mit dem Hinweis auf den technischen CAD-Einsatz zugleich hingewiesen. Als Beispiel können hier Ansätze zur Konzeption eines Richterarbeitsplatzes genannt werden, wie überhaupt Aufgabenstellungen aus dem Bereich der Rechtspflege hier einschlägig zu sein scheinen.

3.2 Regelungsnotwendigkeiten

Den erweiterten Gestaltungsmöglichkeiten und -spielräumen entsprechen für die Verfahren der öffentlichen Verwaltung neue Regelungsnotwendigkeiten. Diese betreffen sowohl normative Regelungen an sich wie auch Organisation und Hilfsmittel ihrer Implementierung. Die Gründe dafür liegen nicht etwa in dem Wunsch, Gestaltungsspielräume nicht zu groß werden zu lassen oder gar in einer Regelungsfreudigkeit überhaupt. Die Gründe liegen vielmehr in neuartigen Chancen und Gefahren, welche durch die erweiterten Möglichkeiten der Informationstechnik entstehen. Demgemäß sollte auch die Beziehung rechtlicher Regelungen zum Einsatz der Informationstechnik in zweifacher Weise gesehen werden: Einerseits sicherlich als eingrenzend im Sinne "rechtlicher Rahmenbedingungen". Andererseits aber auch unterstützend im Sinne einer "rechtlichen Infrastruktur".

Beispiele für neu auftretende Regelungsnotwendigkeiten liefern etwa die schon erwähnten Fälle wie Bürgeramt und Rasterfahndung. Die Problematik solcher Fälle beruht gerade auf ihre bisher fehlenden oder doch unsicheren rechtlichen Einordnung; in der bisherigen Rechtsordnung fehlen spezifisch passende Rahmenbedingungen oder Infrastrukturen. Dies ist eine für neuartige informationstechnik-gestützte Verfahrensweisen in der öffentlichen Verwaltung überhaupt typische Situation, welche sich heute zum Beispiel sehr deutlich im Bereich der informationstechnik-gestützten Statistik und Planung zeigt <2>. Der informationstechnische Hintergrund ist hier nicht einfach derjenige der "Automation", sondern spezieller derjenige einer informationstechnik-gestützten Datenverwaltung und Kommunikation (in der Zukunft sicherlich auch derjenige neuer Paradigmen wie Strukturerkennung, Wissensverarbeitung und Inferenz). Zum Beispiel "sinnverstehende Systeme" wären nicht nur ein großer Fortschritt, sondern insofern auch das größte Problem.

Der allgemeine methodische Hintergrund dürfte der sein, daß es sich hier um den sozialen Gebrauch und Einfluß strenggeregelter technikgestützter Verfahren der Informationsverarbeitung handelt. Die technische Effizienz und Strengregelung solcher Verfahren (mit einer gegenüber üblichen rechtlichen Regelungen ungleich höheren Regelungsdichte) scheint dann ein Bedürfnis nach genauerer auch rechtlicher Regelung zu induzieren. Insofern ist auch die größte neuere Verrechtlichungswelle (Datenschutz und so weiter) technikinduziert. Diese ist methodisch noch nicht bewältigt. Wenn es nicht gelingt, ihre Implementierung angemessen zu gestalten, werden entweder ihre eigenen Intentionen oder aber der Nutzen der Informationstechnik für die öffentliche Verwaltung zunichtegemacht. Die Implementierung wird hier ihrerseits auf informationstechnik-gestützte organisatorisch-technische Maßnahmen zurückgreifen müssen. Daher gibt gerade die rechtliche Grenzziehung der Technik zugleich Anlaß zu einer "automationsgerechten Rechtssetzung" (im richtigen Sinne verstanden). Das Verhältnis zwischen "rechtlichen Rahmenbedingungen" und "rechtlichen Infrastrukturen" des Techniketnsatzes ist ein dialektisches. Dies gilt besonders deutlich für die hier interessierenden Themen des "Informationsrechts".

4. Informationstechnik und Methodenentwicklung für die öffentliche Verwaltung: Einige Folgerungen und Lehren in 10 Thesen

Thesenartig zugespitzt und zum Teil etwas provokativ können folgende Punkte festgehalten werden:

4.1 These von der Paradigmenvielfalt

Auch für die Verwaltungsanwendungen geht es heute nicht mehr nur einfach um "Automation". Vielmehr muß eine Vielfalt von Paradigmen informationstechnischer Gestaltung beachtet werden, die sich in organisatorischer Hinsicht wesentlich unterscheiden (wie zum Beispiel auch CAD-Systeme oder Bürosysteme)

Hierbei geht es zunächst um die Bewußtmachung und Einschätzung informationstechnischer Möglichkeiten überhaupt, erst dann um die Beurteilung der konkreten Wirtschaftlichkeit. Heute steht dabei insbesondere der Bereich der Rechtspflege an.

4.2 These von der Produktorientierung

Es müssen auch für Verwaltungsanwendungen nicht nur die verschiedenen informationstechnischen Konzepte, sondern auch die existierenden Produkte einbezogen werden. Dies insbesondere auch im Sinne wirtschaftlicher Systemgestaltung. (Heute sind dabei nach der Datenbanksoftware insbesondere Kommunikationssoftware- und PC-Software aktuell.)

4.3 These vom Produktmißtrauen

Dabei kann jedoch das Vorhandensein von für die öffentliche Verwaltung (und allgemein aus rechtlichen Gründen) nötigen Systemeigenschaften keineswegs einfach vorausgesetzt werden. Dies gilt insbesondere für Eigenschaften wie Transparenz, Systemsicherheit und Datenschutz (zum Beispiel Kommunikationssysteme im Personalwesen)

Entsprechende Eigenschaften müssen gegebenenfalls besonders gefordert und durchgesetzt werden. Dazu müssen sie aber zunächst spezifiziert werden. Dies bildet eine wichtige Aufgabe für die öffentliche Verwaltung, zugleich im Zusammenhang mit rechtlich orientierter Gestaltung und rechtlichen Regelungen.

4.4 These von der Symmetrisierung

Technikbewußte Methodengestaltung ist ebenso notwendig wie methodenbewußte Technikgestaltung. In gewisser Hinsicht sind sowohl "Recht und Verwaltung" wie auch "Technik" menschliche Systeme. Die Problematik liegt gerade darin, daß die "Technik" im hier zugrundeliegenden Sinne nicht nur eine Ansammlung von Maschinen ist (komplizierter als etwa beim Thema der Hardware-Ergonomie)

4.5 These von der Professionalisierung der Systementwicklung

Notwendig ist auch für die öffentliche Verwaltung eine verstärkt professionelle Systemgestaltung, dabei eine verstärkte Einbeziehung wissenschaftlich fundierter Systemgestaltungsmethoden auch für Anwendungssysteme.

Dabei ist zu beachten, daß die Beachtung rechtlicher Prinzipien zur Professionalität gehört.

4.6 These von der antizipatorischen Orientierung

Zukunftsperspektiven müssen verstärkt einbezogen werden. Dies gilt nicht nur für die Entwicklung der Informationstechnik (zum Beispiel Denken in life cycles und in den Paradigmen zukünftiger Informationstechnik-Gestaltungen wie etwa heute "wissensverarbeitender Systeme"). Es gilt ebenso für politische und rechtliche Anforderungen (vergleiche zum Beispiel den Volkszählungsschock; Unzureichen der Datenschutzgesetze für Kommunikationssysteme in neuen Medien)

4.7 These von der Gestaltungsforschung

Statt bloßer Wirkungsforschung für Konzepte von gestern sollte zunehmend Gestaltungsforschung für den Einsatz von morgen betrieben werden.

4.8 These von der Informationsverrechtlichung

Mit den erweiterten Gestaltungsmöglichkeiten ist ein neuer Bedarf an normativen Regelungen eng verbunden. Im rechtlichen Bereich müssen diese ebenso die Rolle eingrenzender Rahmenbedingungen wie auch einer fördernden Infrastruktur spielen. Die Weiterentwicklung dieser normativen Regelungen für die Systemgestaltung ist angesichts des Entwicklungstempos der Informationstechnik eine permanente Aufgabe; die Thematik beschränkt sich nicht etwa auf den Datenschutz, sondern umfaßt das gesamte "Informationsrecht" im Sinne von "information law".

Dabei ist natürlich nicht etwa Maximierung der Regelungsdichte, sondern Optimierung das Ziel.

4.9 These von der informationstechnischen Normenverkörperung

Die Implementierung normativer Regelungen der Informationshandhabung muß ihrerseits informationstechnisch unterstützt werden und in die Entwicklung der Informationstechnik eingehen.

4.10 These vom informationellen Mitbestimmungsrecht

Nur unter Beachtung dessen wird sich auch unsere größte Verrechtlichungswelle der neueren Zeit (Datenschutz und so weiter) für die öffentliche Verwaltung und den Bürger bewältigen lassen. Die Thematik geht dabei über den Datenschutz weit hinaus; dieser ist in den Rahmen allgemeiner informations- und verfassungsrechtlicher Grundsätze einzuordnen. Insofern hat das Volkszählungsurteil richtungweisende Bedeutung, auch wenn man seine Leitbildformulierung für unglücklich hält. Als Leitbild und ordnungspolitisches Grundmodell wäre es angemessen, statt von "informationeller Selbstbestimmung" von "informationeller Mitbestimmung" zu sprechen.

Anmerkungen:

<1> Vgl. Traunmüller 1985, insbesondere zur 5th generation.

<2> Bundesverfassungsgericht, Urteil zum Volkszählungsgesetz BVerfGE, 65. Band 1984, S. 1-71

Aussprache zum Referat von Herbert Fiedler

Bericht von Wilfried Frankenbach

Ein erster Schwerpunkt der von Lucian Koloseus geleiteten Diskussion widmete sich der von Fiedler festgestellten Diskrepanz zwischen IT-Entwicklung und verwaltungsspezifischer Gestaltung von Arbeitsmethoden. Koloseus stellte hierzu einleitend die Frage nach dem Adressatenkreis, der für die Entwicklung von Strategien zum Abbau dieser Diskrepanz in Frage komme.

Nach Ansicht Fiedlers müsse sich vor allem die Forschung mit diesen Problemen beschäftigen. Forschung sei zu verstehen als einerseits zukunftsbezogene Aufgabe und andererseits wissenschaftliche Beratung von Anwendungsprojekten. Als Beispiele für erfolgreiche Kooperation zwischen Wissenschaft und Praxis erwähnte er die unter Mitarbeit der GMD durchgeführten Forschungs- und Entwicklungsprojekte zum Aufbau des Juristischen Informationssystems (JURIS) und zur Geschäftsstellenautomation in Gerichten. Der Wissenschaft falle in solchen Projekten im wesentlichen die Methodenentwicklung zu, während die Anstöße hierzu mehr aus dem Bereich der Praxis kämen. Ein Problem sei natürlich die Finanzierung derartiger anspruchsvoll wissenschaftlich betriebener Forschungs- und Entwicklungsprojekte. Die Aufwendungen könnten selbstverständlich nicht allein von den unmittelbar betroffenen Verwaltungen getragen werden. Hier liege eine wichtige Aufgabe für die Forschungs- und Wissenschaftsressorts.

König wollte den Ansatzpunkt für die Lösung der Probleme nicht alleine im Bereich der Systementwicklung sehen, sondern betonte vor allem die wichtige Rolle der Verwaltungspolitik. Hier seien in erster Linie die Regierungszentralen und Innenministerien aufgerufen. Aber auch die Fortbildungsinstitutionen, Rechnungshöfe und Großforschungseinrichtungen könnten hierbei wichtige Entwicklungsfunktionen übernehmen. Fiedler erwähnte ergänzend die Gemeinschaftseinrichtungen im Bereich der Betroffenen (zum Beispiel die KGSt). Darüber hinaus könnten wissenschaftliche Gesellschaften und Vereinigungen wie etwa die Gesellschaft für Informatik durch Erarbeitung von Empfehlungen, Programmen sowie Tagungs- und Forumskonzepten beitragen.

Der von König angeregten Erarbeitung verwaltungspolitischer Leitlinien für den Einsatz der Informationstechnik wollte Fiedler nicht uneingeschränkt zustimmen. Es falle ihm schwer, inhaltliche Leitlinien im Sinne von Prinzipien zu akzeptieren. Die Diskussion um den Einsatz der Informationstechnik in verschiedenen Aufgabenbereichen wie beispielsweise im Bereich der Personalinformationssysteme zeige, daß es stets eine ganze Reihe kontroverser Ziele gebe. Statt dessen sollten zunächst die Dimensionen der einzelnen Probleme aufgezeigt und im Rahmen einer Diskussion der Vor- und Nachteile verschiedener Alternativen die Frage nach der Gewichtung gestellt werden. Eine Konzeptbildung im Rahmen eines quasi demokratisch strukturierten, die Kontroversen offenlegenden Prozesses beurteile er erfolgversprechender als etwa die Verdeckung von Meinungsverschiedenheiten durch vorher festgelegte Prinzipien.

Erwartungsgemäß nahm die Diskussion der von Fiedler bewußt zugespitzt und provozierend formulierten Thesen einen breiten Raum ein. Brinckmann sah zwischen den Aussagen der ersten drei Thesen einen starken Gegensatz. Für ihn sei nicht zweifelsfrei erkennbar, unter welchen Voraussetzungen eigentlich welche These letztlich zum Tragen komme, das heißt nach welchen Maßstäben sich die Verwaltung produktorientiert oder mißtrauisch gegenüber den Produkten verhalten solle. Aus Fiedlers Referat und den Thesen entnehme er eine insgesamt positive Erfahrung mit der Entwicklung der Informationstechnologie in der öffentlichen Verwaltung. Er bat deshalb um Aufklärung darüber, auf welchen empirischen Grundlagen diese Erfahrung beruhe.

Nach Ansicht Fiedlers ist die Entwicklung der Informationstechnik in den letzten Jahren insofern positiv zu werten, als die neuen Paradigmen, wie sie etwa in der japanischen Generationenzählung zum Ausdruck kommen, anwendungsorientierter Natur und nicht mehr allein auf die Hardware bezogen seien. Dem durch diese Paradigmenvielfalt eröffneten weiten Horizont an informationstechnischen Gestaltungsmöglichkeiten stehe nunmehr auch ein breiteres Angebot an Informationstechnik-Produkten gegenüber (Produktorientierung). Die vor dem Hintergrund der Paradigmenvielfalt zu sehende Produktvielfalt enthebe die Verwaltung indes nicht von der kritischen Prüfung der Produkte auf ihre Eignung, insbesondere auf Eigenschaften wie Transparenz und Sicherheit. Aus diesem Grunde seien die ersten drei Thesen eher unter dem Aspekt eines "sowohl als auch" statt eines "entweder oder" zu verstehen.

Auf Wunsch von Ruckriegel gab Fiedler zusätzliche Erläuterungen zu seiner letzten "These vom informationellen Mitbestimmungsrecht". Das Bundesverfassungsgericht habe mit dem Volkszählungsurteil das Leitbild eines Rechts auf informationelle Selbstbestimmung aufgestellt. Unabhängig von der hierdurch eröffneten rechtstechnischen Konstruktion halte er dies als Leitbildvorstellung, an der man sich inhaltlich orientieren könne, für unglücklich. Der Begriff der informationellen Selbstbestimmung führe nämlich zu der in der Öffentlichkeit weit verbreiteten Annahme, daß es nunmehr ein prinzipielles Recht auf informationelle Alleinbestimmung des Betroffenen über die Verwendung seiner Daten gebe. Hieraus würde die Folgerung abgeleitet, daß der Einzelne allein darüber bestimmen könne, was mit seinen Daten zu geschehen habe, und einer ihm nicht genehmen Datenverwendung widersprechen könne.

Die geeignetere Leitvorstellung sei, abgesehen von der rechtstechnischen Konstruktion, besser mit dem Stichwort "informationelle Mitbestimmung" charakterisiert. Inhaltlich gehe es um das Problem der Abgrenzung und Abwägung zwischen den Interessen des Einzelnen auf informationelle Selbst- oder Mitbestimmung einerseits und den Interessen der Gemeinschaft andererseits. Gemeinschaftsbildung, auch im Rahmen eines staatlichen Gemeinwesens beruhe im Prinzip auf Kommunikation, die selbstverständlich auch in einer Weise stattfinden könne, die dem einzelnen nicht immer genehm sei.

König griff Fiedlers "These von der Gestaltungsforschung" auf und bemerkte, daß die Wirkungsforschung in der deutschen Verwaltung erst am Anfang stehe. Darum müsse man die Verwaltung erst einmal an die Fragestellungen der Wirkungsforschung heranführen, bevor man sie in die Lage versetzen wolle, sich auch ex ante um die Gestaltung politischer Programme zu bemühen. Die Gestaltungsforschung solle deshalb aus Wirkungsforschung hervorgehen, anstatt diese zu ersetzen. Fiedler stimmte diesen Aussagen prinzipiell zu. Elemente der Wirkungsforschung sollten durchaus in die von ihm propagierte Gestaltungsforschung eingehen. Nur dürfe man sich nicht allein auf sie beschränken.

BÜROKOMMUNIKATION - NEUE WERKZEUGE ZUR UNTERSTÜTZUNG DER VERWALTUNGSARBEIT

Peter Wißkirchen

1. Einleitung

Die Einführung von Informationstechnik im Büro in Form von Bürosystemen soll die tägliche Arbeit, die an den einzelnen Büroarbeitsplätzen zu leisten ist, unterstützen. Bürosysteme sollen die technische Unterstützung, die herkömmliche Geräte wie Schreibmaschinen, Kopierer, Telefone, Aktenordner oder Terminkalender bieten, durch ein größeres Funktionsangebot und Ausschöpfung des dem Medium Computer eigenen Automationspotentials verbessern. Ein Bürosystem ist kein dediziertes Anwendungssystem für ein eng umgrenztes Problemfeld, sondern es ist eher als ein Bausatz aus aufeinander abgestimmten interaktiven Softwarekomponenten zu verstehen. Die einzelnen Komponenten (auch "Werkzeuge" genannt) dienen der Bearbeitung der im Büro anfallenden verschiedenen Aufgabentypen.

Heutige Bürosysteme bieten vor allem Werkzeuge für die Textverarbeitung sowie zur Unterstützung einfacher Planungs- und Kalkulationsaufgaben; der Verbund zu externen Rechnern oder zur hausinternen zentralen Datenverarbeitung bringt zusätzlich die von diesen Systemen angebotenen (klassischen) Systemleistungen an den Büroarbeitsplatz. Künftige Bürosysteme werden vorwiegend aus einer Menge "intelligenter" Arbeitsstationen bestehen, die über ein Netz miteinander verbunden sind und neben lokalen Diensten zunehmend Kommunikationsdienstleistungen zur Verfügung stellen, die als neue Werkzeuge zur Unterstützung der Verwaltungsarbeit genutzt werden können. Derartige Werkzeuge zur Unterstützung der Kommunikation stehen im Vordergrund dieses Berichtes, der hauptsächlich über prototypische Systementwicklungen und Forschungsanstrengungen berichtet.

2. Repräsentation von Kommunikationsstrukturen

Arbeit in Büro und Verwaltung ist immer in einen organisatorischen Kontext eingebunden. Nicht die Einzelaktion an einem Arbeitsplatz löst eine Aufgabe in einer Organisation, sondern erst mehrere solche Einzelaktionen, die durch ein Netzwerk von Auftrags- und Lieferbeziehungen untereinander verknüpft sind. Unter diesem Blickwinkel können Abläufe in Büro und Verwaltung als arbeitsteilige ("verteilte") Problemlösungsprozesse angesehen werden.

Die informationstechnische Unterstützung derartiger Prozesse steht im Mittelpunkt einer Reihe von Entwicklungsaktivitäten. Dabei geht es in den nächsten Jahren vor allem um die Konzeption neuartiger Computersysteme für Büro und Verwaltung, die eine systeminterne Repräsentation kommunikativer Prozesse in einer Büroorganisation erlauben. Dies bedeutet biespielsweise: Systeme dieser Art speichern "Wissen" über den Aufbau einer Organisation, Zuständigkeiten, Arbeitsabläufe, Vertretungsregelungen und so weiter und verwenden dieses zur Steuerung und Protokollierung von Abläufen, zur automatischen Erledigung von Teilaufgaben oder zur Terminkontrolle. Dabei sollen diese Systeme über Software-Werkzeuge verfügen, die eine Anpassung an spezielle Organisationen und organisatorische Änderungen möglichst leicht machen.

Im folgenden soll für einige Systeme erläutert werden, welches Kommunikationsmodell ihnen zugrunde liegt beziehungsweise welche Kommunikationsstrukturen in ihnen repräsentiert sind.

3. Elektronische Post- und Konferenzsysteme

Elektronische Post- und Konferenzsysteme sind die wohl bekanntesten technischen Hilfsmittel zur Unterstützung der Kommunikation im Rahmen fortschrittlicher Bürosysteme. Elektronische Postsysteme wurden zunächst zur überörtlichen Kommunikation genutzt, insbesondere in den USA mit dem Aufbau des Arpa-Netzes. Für innerbetriebliche Kommunikation wurden elektronische Postsysteme zunächst im experimentellen Rahmen zum Beispiel in Forschungseinrichtungen (Industrielabors, Universitäten) oder Großkonzernen eingesetzt. Die umfangreichsten deutschen Erfahrungen mit elektronischen Post- und Konferenzsystemen dürften in der GMD vorliegen, wo das System KOMEX von mehr als einhundert Mitarbeitern regelmäßig genutzt wird <1>. Elektronische Postsysteme verfügen über

- die Kernfunktion zur Übertragung von Nachrichten
- Möglichkeiten zur Texterstellung (Editierer, Formatierer)
- Instrumente zur Nachrichtenverteilung, zum Beispiel an Gruppen
- dispositive Hilfsmittel wie Weiterleitung, Kopie einer Nachricht zur Kenntnisnahme oder zur Erledigung
- Möglichkeiten der Ablage und Wiedergewinnung von Nachrichten
- Terminmanagementfunktionen wie Wiedervorlage zu einem bestimmten Zeitpunkt.

Vorteile elektronischer Postsysteme sind: die schnelle Übermittlung von Nachrichten; die guten Verteilmöglichkeiten von Nachrichten; die automatische Dokumentation ausgetauschter Nachrichten; die gute Erreichbarkeit von Teilnehmern, ohne diese, wie etwa beim Telefon, zu stören; die Möglichkeit, Sitzungen vorzubereiten und Sitzungen von überflüssigem Ballast zu befreien; die Einbeziehung größerer Personengruppen in kommunikative Prozesse durch die einfache Verteilung von Nachrichten an Gruppen.

Welches Wissen über die Organisation ist in einem elektronischen Post- und Konferenzsystem repräsentiert? Das System kennt

- die zugelassenen Teilnehmer
- offene, das heißt durch jeden Teilnehmer adressierbare Benutzergruppen
- geschlossene Benutzergruppen, sogenannte Konferenzen
- Konferenzleiter
- Bezüge zwischen gewissen Nachrichten, wie sie zum Beispiel durch Antwortschreiben entstehen
- den Status (Historie, Zeitpunkt einer Wiedervorlage) von Nachrichten.

Eine Analyse ergibt, daß insgesamt wenig Wissen über Kommunikationsstrukturen im System niedergelegt (beziehungsweise niederlegbar) ist, so daß in der Praxis die Steuerung des Nachrichtenflusses (sowie die Analyse des Inhalts der versendeten Nachrichten) weitgehend beim menschlichen Benutzer bleibt.

4. Rechnergestützte Vorgangssysteme

Beispiele für Vorgänge in der Bürowelt sind alle Aktivitäten, in deren Zentrum ein oder mehrere Formulare stehen, also etwa die Abwicklung von Kundenaufträgen vom Eingang der Bestellung bis zur Auslieferung der Ware. Es ist offensichtlich, daß es in einer Organisation eine Vielfalt verschiedener Vorgangstypen gibt, die jeweils zur Erledigung eines bestimmten Aufgabentyps dienen.

Die klassische Methode, Vorgänge rechnergestützt abzuwickeln, besteht darin, diese als programmierte Datenbankanwendungen zu realisieren. Die so realisierten Systeme weisen in der Regel eine oder mehrere der folgenden Eigenschaften auf, die zunehmend als Mängel empfunden werden. Sie sind

- zentralistisch, das heißt sie sind eine Domäne der Organisations- und DV-Abteilungen und (auch technisch) von den zuständigen Fachabteilungen weit entfernt

- wenig "intelligent", das heißt sie sind häufig auf lohnende Massenverarbeitung ausgerichtet, die in der Anwendung einfacher Algorithmen auf große Datenbestände besteht

- relativ starr, das heißt die Anpassung generischer Vorgangssysteme (etwa für die Finanzbuchhaltung) an spezifische Organisationen und Änderungen in der Organisationsstruktur ist aufwendig. Der Grund dafür ist, daß das in solchen Systemen enthaltene Organisationswissen auf einem recht niedrigen Niveau eingebracht wird (es wird zum Beispiel hineinprogrammiert) und nur schwer zu extrahieren und zu ändern ist.

Die Informatikforschung strebt daher die Entwicklung von Systemen an, die die genannten Mängel (zentralistisch, unintelligent, starr) überwinden sollen. Diese Systeme sollen die Formulierung organisatorischer Regelungen in transparenter und änderbarer Weise gestatten, an den Arbeitsplatz des einzelnen Mitarbeiters heranreichen und mit dessen persönlichen Unterstützungssystemen kooperieren können. Entwicklungsziel wird nicht ein monolithisches Großsystem sein, das "alles" kann, sondern ein System überschaubarer Moduln, die nach gewissen Regeln kooperieren.

In den vergangenen Jahren sind aus der Büroforschung heraus vor allem in Nordamerika relevante Beiträge zum Thema "rechnergestützte Vorgangssysteme" geleistet worden. Ausgehend von einem Modell, das bestimmte Aspekte der Arbeit von Organisationen beschreibt, wurden experimentelle Systeme zur Unterstützung geregelter Kooperation entwickelt. Zu nennen sind hier unter anderen: Business Definition Language (IBM) <2> und Officetalk-D (Xerox) <3>. Wesentlicher Gesichtspunkt dieser Experimentalsysteme ist die explizite Basierung auf einem abstrakten Modell und die daraus resultierende Möglichkeit, innerhalb des Modellrahmens spezifische Organisationssysteme generieren zu können. Mit dem Bürovorgangssystem DOMINO hat die GMD diese Ansätze aufgenommen, weiterentwickelt und auf Arbeitsplatzrechnern mit dem Betriebssystem UNIX realisiert.

4.1 Das Vorgangssystem DOMINO

DOMINO erlaubt es, streng geregelte arbeitsteilige Abläufe ("Vorgänge") in einer geeigneten Sprache zu spezifizieren und solchermaßen definierte Abläufe vom System steuern zu lassen <4>.

Bevor ein Vorgang eines bestimmten Typs bearbeitet werden kann, muß ein Ablaufschema für diesen Vorgangstyp beschrieben werden, das vom System in ablauffähige Module übersetzt wird. In diesem Ablaufschema sind folgende Sachverhalte festgehalten:

- Benennung der zur Abwicklung der einzelnen Schritte erforderlichen Aktionen

- Beschreibung der Abfolge (Nacheinander, Nebeneinander, Alternativen) der Aktionen

- Beschreibung der einzuhaltenden Bearbeitungsregeln für die von den einzelnen Aktionen erzeugten Formulare

- Beschreibung, welche Personen einzelne Aktionen durchführen dürfen, die sogenannte Rollenfestlegung.

Die erlaubte Ablaufstruktur für die von DOMINO unterstützten Vorgänge läßt sich durch eine spezielle Klasse von Petri-Netzen beschreiben; die Einhaltung dieser Struktur wird bei der Compilierung überprüft.

Hierdurch wird garantiert, daß die von DOMINO akzeptierten Vorgänge folgende Forderungen erfüllen: ein Vorgang darf nicht von seiner Konstruktion her steckenbleiben; jede Aktion muß die theoretische Möglichkeit haben, zur Ausführung zu kommen; keine Aktion darf durch eine nebenläufig getroffene Entscheidung überflüssig werden; Aktionen dürfen nicht um Eingangsbelege oder Ausgangsbelege konkurrieren.

Bei DOMINO werden somit theoretisch fundierte Resultate aus der Theorie der Petri-Netze <5> genutzt, um die oben genannten Systemeigenschaften zu garantieren - unbestreitbar ein Vorteil der hier zugrunde liegenden Modellvorstellungen.

Wo liegen Limitierungen des bei DOMINO verfolgten Ansatzes? Vor der eigentlichen Durchführung eines konkreten Vorganges eines bestimmten Typs, etwa Bestellwesen, Dienstreiseabwicklung, Beantragungsverfahren wird das Ablaufschema als Rahmen vorgegeben. Dieses Schema beschreibt (trotz der Möglichkeit, Alternativen vorzugeben) einen relativ starren Rahmen, eben den des vorgegebenen Petri-Netzes. Zudem ist, zumindest bei der gegenwärtigen Implementierung, die Steuerung eines Vorgangs auf einem zentralen Rechner realisiert.

5. Forschungsansätze

Sieht man die bei der Generation eines Vorgangs definierten Empfangs- und Lieferbeziehungen als Verträge zwischen kooperierenden Instanzen an (bei DOMINO sind diese Instanzen sowohl menschliche Bearbeiter als auch Programme), so erfolgt die Vorgangsabwicklung im Rahmen eines fixierten Vertragsgeflechtes. Genau diese Beschränkung will man mit neueren Konzepten für rechnergestützte Bürosysteme überwinden, das heißt man will Bürokommunikation so modellieren (und entsprechende Systeme konzipieren), daß während der Bearbeitung eines Vorgangs (automatisch und/oder durch menschliche Bearbeiter) neue Kooperationsbeziehungen geknüpft und bestehende aufgelöst werden können und dies "dezentral", das heißt in weitgehender Autonomie durch die beteiligten Instanzen.

Beiträge zu Organisationssystemen dieser Art sind aus dem Gebiet der "Künstlichen Intelligenz" heraus erarbeitet worden. Hier sind vor allem die auf Hewitt <6> zurückgehenden Actor- oder Agentenmodelle zu nennen, die von R. Smith zur Beschreibung verteilter Problemlösungsprozesse (distributed problem solving) und damit verbundener "höherer Kommunikationsprotokolle" für schwach gekoppelte Systeme (in Form sogenannter contract nets) weiterentwickelt wurden <7>. Bei der von Smith entwickelten Modellvorstellung wird zunächst davon ausgegangen, daß einzelne autonome, kommunikationsfähige Instanzen, die Agenten (man denke an auf einzelnen Arbeitsplatzrechnern eines Rechnernetzes realisierte kommunikationsfähige Programme) miteinander Verträge abschließen beziehungsweise diese lösen können. Ein sehr einfaches Beispiel hierfür ist ein elektronisches Post- und Konferenzsystem, wenn man dessen Benutzung als einen ständigen Vorgang ansieht und den Nachrichtenversand mit den Komponenten Wahl des Adressaten, Versand, Ende des Versandes als Vertragsabschluß, -durchführung und -auflösung interpretiert. Hier bringt das Modell der contract nets nichts Neues. Interessanter ist, daß in der Regel von "intelligenteren" Agenten und komplexeren Vertragsabschlüssen ausgegangen wird etwa dadurch, daß Leistungen an Untergruppen von Agenten "ausgeschrieben" werden können und diese sich ihrerseits um Aufträge "bewerben" können. Ein etwas anspruchsvolleres Beispiel eines derartigen Vorganges ist das Problem der Terminkoordinierung in einer Gruppe, das als verteilter Problemlösungsprozeß (und keinesfalls als zentrales Computerprogramm, das Einträge in elektronisch gespeicherte Kalender vornimmt) konzipiert werden sollte <8>.

In der letzten Zeit sind die "Agentenmodelle" verstärkt zur Modellierung von Bürokommunikation angewendet worden <9>. Realisierungen nicht-trivialer Büroanwendungen auf echt verteilten Systemen sind (dem Autor) nicht bekannt. Erwähnenswert sind jedoch Simulationswerkzeuge auf der Basis von Agentenmodellen. Ein sehr flexibles (auf Siemens BS2000-Rechnern zum Beispiel in der GMD verfügbares) Simulationssystem wurde von Raulefs und seinen Schülern in Form von CSSA (Computing System for a Society of Agents) konzipiert und realisiert <10>. Einige Eigenschaften der CSSA zugrunde liegenden Programmiersprachen seien im folgenden aufgelistet:

- Im Zentrum steht die Kommunikation zwischen Agenten (Nachrichten sendenden und empfangenden Instanzen)

- zwischen Agenten existiert eine (während der Laufzeit des Systems) dynamisch veränderbare Bekanntschaftsbeziehung, das sogenannte Agentennetz

- die zwischen Agenten ausgetauschten Nachrichten werden vom Empfänger (wie bei elektronischen Post- und Konferenzsystemen) aus einer Mailbox abgerufen

- das Kommunikationsverhalten von Agenten kann sich ändern (sogenannter Facettenwechsel)

- Agenten werden durch sogenannte Scripts (eine Art Klassenbildung) typisiert

- "ansonsten" wird in CSSA wie in PASCAL programmiert, das heißt die sequentiellen Sprachmechanismen orientieren sich am Stand höherer algolartiger Programmiersprachen (und nicht an LISP!).

Unter Verwendung von CSSA wurde im Rahmen einer Diplomarbeit ein umfangreiches Beispiel eines Planungsprozesses (Bauplanung) modelliert und (als Simulationssystem) realisiert <11>.

Bemerkt sei, daß für Systeme, die auf Agentenmodellen basieren, aufgrund ihrer hohen Systemkomplexität beim gegenwärtigen Forschungsstand nicht in der Allgemeinheit Aussagen über Systemeigenschaften gewonnen werden können wie dies bei Petri-Netzen (und zum Beispiel DOMINO) möglich ist. Andererseits erfordert "Bürokommunikation" in seiner Dynamik mächtige Modellierungsmittel! übrig bleiben zunächst Simulation und Verifikation (ähnlich, wie dies für höhere Petri-Netze gezeigt wurde <12>) des für den jeweiligen Einzelvorgang modellierten Agentennetzes, damit dieses von seiner Konstruktion her nicht zu Vorgängen führt, bei denen Arbeit für den Papierkorb, Endlosschleifen und ähnlicher Unsinn geradezu vorprogrammiert sind.

6. Schlußbemerkung

Will man zu neuen, fortschrittlichen Bürokommunikationssystemen gelangen, so bedarf es keiner Frage, daß sich entsprechende Forschungsanstrengungen der Informatik (neben der Verbesserung der Mensch-Maschine-Schnittstelle) auf organisationsgerechte Systeme richten sollen. Zur Realisierung der genannten Ansätze sind außerdem die in absehbarer Zeit verfügbaren Bürocomputer prinzipiell (das heißt von der Leistung und den verfügbaren Sprachen her) geeignet.

Auf der anderen Seite muß betont werden, daß im Vergleich zu Textverarbeitungssystemen und Personal Computern die Bedeutung von Kommunikationssystemen zur Unterstützung der Büroarbeit vielfach unterschätzt wird und selbst die seit langem bekannten elektronischen Post- und Konferenzsysteme nur von "Vorreitern" eingesetzt werden. Es wird daher noch lange dauern, bis sich die hier diskutierten Kommunikationssysteme durchsetzen werden und technische Unterstützung der Bürokommunikation in der Praxis mehr bedeutet als etwa die Installation einer teletex-fähigen Schreibmaschine.

Anmerkungen:

<1> Wißkirchen, Kreifelts, Krückeberg, Richter und Wurch 1983.

<2> Hammer u.a. 1977.

<3> Ellis 1982.

<4> Eine ausführliche Beschreibung findet sich in Kreifelts 1984.

<5> Reisig 1982.

<6> Hewitt 1973.

<7> Smith 1981.

<8> Hoschka 1984.

<9> Fikes und Henderson 1980; Barber u.a. 1983; Aiello u.a. 1984.

<10> Beilken, Mattern und Spenke 1982.

<11> Warhaut 1983.

<12> Wißkirchen, Niehuis und Victor 1984.

Aussprache zum Referat von
Peter Wißkirchen

Bericht von Wilfried Frankenbach

Lucian Koloseus eröffnete als Moderator die Diskussion und nahm Bezug auf eine von Wißkirchen verwendete netzplanartige Darstellung eines Bürovorgangs (Erledigung eines Reisekostenantrags). Er stellte die These auf, daß die Formalisierbarkeit von Büroarbeiten durch netzplanartige Ablaufstrukturen unabdingbare Voraussetzung für den Einsatz eines Bürokommunikationssystems sei. Nur auf diese Weise sei es nämlich möglich nachzuprüfen, ob überhaupt eine Automationsunterstützung in dem analysierten Bereich möglich ist oder zunächst organisatorische Änderungen erforderlich sind.

Wißkirchen vertrat hierzu die Auffassung, daß netzplanartige Darstellungsmodelle nur für bestimmte Typen der Büroarbeit geeignet seien. Dies gelte insbesondere für die in ihrer Ablaufstruktur generell formalisierbaren Routine- und Vollzugsaufgaben. Problemlösungsprozesse bei Planungs- und Managementaufgaben seien wegen ihrer erheblich größeren Komplexität in der Regel nicht mit Netzplänen darstellbar. Trotzdem ließen sich auch diese Aufgaben durch ein Bürokommunikationssystem unterstützen, wenngleich sich dies weitgehend auf den Nachrichtenaustausch zwischen den Aufgabenträgern beschränke. Die Steuerung des Nachrichtenflusses läge dagegen voll in der Kompetenz der am System Beteiligten und lasse sich wohl kaum durch ein Vorgangssystem bewerkstelligen.

Hinsichtlich des von Zimmermann angesprochenen Problems der Algorithmisierung von Vorgängen der Büroarbeit durch Vorgangssysteme verwies Wißkirchen auf die vertiefenden Literaturquellen. Ein Vorgangssystem sei in bezug auf die in ihm enthaltenen Komponenten komplexer als er im Rahmen des Vortrags habe deutlich machen können. Es bestehe aus Ablaufstruktur, Benutzern sowie einer Reihe von Werkzeugen in Form von DV-Moduln, die den Benutzern am Arbeitsplatz zur Verfügung stehen. Hierzu könnten auch Programme gehören, die den Dialog mit den Benutzern strukturiert nach vordefinierten Regeln (Algorithmen) abwickeln, ohne daß das Vorgangssystem hiervon global Kenntnis haben müsse.

Pflaumer wies auf die Diskrepanz zwischen den von Wißkirchen aufgezeigten neuen Möglichkeiten der Bürokommunikation und dem praktischen Einsatz in der öffentlichen Verwaltung hin. Seiner Kenntnis nach denke beispielsweise derzeit kein Bundesministerium daran, derartige Systeme einzusetzen. Hierfür gebe es eine ganze Reihe von Gründen. Neben der Akzeptanzproblematik bei den Mitarbeitern und den in Anbetracht der Situation der öffentlichen Haushalte bestehenden Finanzierungsproblemen gebe es Vorbehalte der Führungskräfte und nicht zuletzt Widerstände seitens der Personalräte und der Gewerkschaften. Darüber hinaus sei die seiner Meinung nach fehlende Professionalisierung der Organisatoren nicht zu unterschätzen. Aufgrund seiner eigenen Erfahrung in der Bundesministerialverwaltung neige er zu der Behauptung, daß die Büroautomation bisher weitgehend an den Organisatoren vorbeigelaufen sei. Ursachen hierfür seien deren nahezu ausschließlich juristische Ausbildung, deren Rollenverständnis und außerdem die derzeitige Kompetenzverteilung. In Fragen der Datenverarbeitung läge die Federführung bei den jeweiligen DV-Ressorts, bezüglich der Bürogeräte sei der sogenannte Innere Dienst zuständig. Die Organisatoren würden, wenn überhaupt, erst viel zu spät beteiligt. Unabhängig davon sei jedoch die grundsätzliche Frage zu stellen, ob die neuen Bürokommunikationssysteme überhaupt wünschenswert seien. Denn seiner Meinung nach bedeute die Einführung eines Elektronischen Postsystems ein Stück Verengung von sozialer und damit menschlicher Kommunikation.

Fuchs äußerte sich ebenfalls pessimistisch zu den Einsatzbedingungen in der öffentlichen Verwaltung. Die Mehrzahl der Mitarbeiter verfüge zur Zeit nicht über eine Fachausbildung, die für den Umgang mit den neuen wissensorientierten Systemen erforderlich sei. Er bezweifelte die Möglichkeit, den Dialog mit den Systemen bei komplexer Vorgangsbearbeitung benutzergerecht gestalten zu können, insbesondere die Chance, die Beschäftigten kurzfristig entsprechend auszubilden, denn das gerade hierfür erforderliche Erlernen organisatorischer Zusammenhänge sei ein sehr zeitaufwendiger und langer Prozeß.

Wißkirchen bat um Verständnis dafür, daß er den Schwerpunkt seines Referats nicht auf die Akzeptanzproblematik gelegt habe. Hierzu gebe es eine ganze Reihe einschlägiger Untersuchungen. Gleiches gelte für den Problembereich der Mensch-Maschine-Schnittstelle, einem ebenfalls riesigen Forschungskomplex. Er habe sich bewußt darauf konzentriert, über die Forschungsanstrengungen der Kerninformatik zur Entwicklung moderner Bürokommunikationssysteme zu berichten.

Bezugnehmend auf die Argumente Pflaumers bemerkte er, daß das Elektronische Postsystem KOMEX bei der GMD ohne Schwierigkeiten mit dem Personalrat auf freiwilliger Basis eingeführt worden sei. Eine Reduzierung der persönlichen Kommunikation sei nicht eingetreten. Vielmehr ergäben sich nun Kontakte außerhalb der hierarchischen Strukturen, etwa zu anderen Instituten. Die Benutzer seien insgesamt sehr zufrieden, da ihnen das System unbestreitbare Vorteile bei der Bewältigung der Arbeit brächte, zum Beispiel bei Terminabstimmungsprozessen.

Der Wirtschaftlichkeitsaspekt sei in der Tat ein nicht zu unterschätzendes Problem. In der GMD habe man das System KOMEX auf den bereits installierten DV-Systemen unter dem Betriebssystem 2000 implementiert. Eine hinreichend große Terminalinfrastruktur war somit vorhanden. Ansonsten sei die Einführung eines solchen Systems natürlich mit relativ hohen Anfangsinvestitionen verbunden. Längerfristig reduziere sich das Problem allerdings durch die flächendeckende Einrichtung leistungsfähiger Kommunikationsstrukturen, wie etwa das ISDN der Deutschen Bundespost sowie die zunehmende Kommunikationsfähigkeit der in steigendem Umfang installierten Arbeitsplatzrechner (Personal Computer). Hierdurch eröffne sich mittelfristig die Chance, solche Systeme auch im Rahmen einer evolutionären Entwicklung sukzessive einführen zu können.

Die Mensch-Maschine-Schnittstelle der neuen Bürokommunikationssysteme sei nicht von höherer Komplexität als bei modernen Arbeitsplatzrechnern. Eine Vielzahl von DV-Laien sei inzwischen ohne Schwierigkeiten in der Lage, die entsprechend benutzerfreundlich gestalteten Tabellenkalkulations-, Grafik- oder Textverarbeitungsprogramme zu handhaben.

Dürrschnabel versuchte durch ein Beispiel zu verdeutlichen, daß die angesprochenen Akzeptanzprobleme in der Praxis durchaus lösbar seien, wenn es gelänge, die Mitarbeiter entsprechend anzuleiten und zu motivieren. In der Stadtbibliothek Philippsburg arbeite man seit einem halben Jahr mit einem kleinen Bürocomputer. Die Bedienung obliege einer älteren, verwaltungsfremd ausgebildeten Mitarbeiterin, die im Rahmen einer Arbeitsbeschaffungsmaßnahme beschäftigt werde und zuvor noch nie mit Datenverarbeitung zu tun gehabt habe. Inzwischen beherrsche sie das System nicht nur perfekt, sondern entwickle sogar eigenständig neue Auswertungsmöglichkeiten.

Koloseus berichtete über die erfolgreiche Einführung des Integrierten Büroverwaltungssystems bei der Magistratsdirektion der Stadt Wien. Das

System sei nach gründlicher Vorbereitung und Schulung unter Beteiligung der Personalräte eingeführt worden. Akzeptanzprobleme seien bislang nicht aufgetreten. In kleinen Schritten habe man das System von einem Elektronischen Postsystem zu einem Vorgangssystem weiterentwickelt. Hierbei habe man allerdings nur diejenigen Vorgänge automatisiert, die von den Benutzern ausdrücklich gewünscht wurden. Die technische Realisierung gestaltete sich insofern problemlos, als mit der bereits seit Jahren betriebenen Dezentralisierung der DV-Organisation eine breite Infrastruktur an Bildschirmarbeitsplätzen vorhanden war. Bei den zentralen DV-Systemen handele es sich um IBM-Anlagen. Dezentral seien die DEC-Systeme VAX-11/780 mit der Bürokommunikationssoftware "all in one" installiert, ergänzt durch anwenderspezifische Programmelemente.

Die Einführung solcher Systeme erfordere allerdings einen neuen Typ von Organisatoren, der in der Lage sei, in Zusammenhängen zu denken, neue Möglichkeiten, aber auch die möglichen Gefahren zu erkennen. Die Frage nach der Wünschbarkeit der neuen Systeme sei nicht definitiv zu beantworten. Auf jeden Fall könne man der Informationstechnik aber die Eigenschaft zuschreiben, daß sie uns zwinge, gründlich darüber nachzudenken, wofür und warum wir sie einsetzen. Insofern sei jeder Schritt in dieser Richtung positiv.

Die Notwendigkeit eines verstärkten Einsatzes moderner Bürosysteme im Bereich der Justiz unterstrich Roewer mit einem Situationsbericht aus dem Bereich des Verwaltungsgerichts Hamburg. In vielen Bereichen, etwa bei den Numerus Clausus- oder Asylverfahren sei die Gerichtsarbeit nicht mehr ohne den Einsatz von Textverarbeitungssystemen denkbar. Andererseits zwinge hierzu allein schon der Einsatz solcher Systeme bei den Anwälten. Auf Schriftsätze mit bis zu achtzig Seiten, in denen mit Hilfe von Textbausteinen bereits alle möglichen Einwände vorgetragen würden, könne mit individuell formulierten Urteilsbegründungen nicht mehr eingegangen werden.

PERSONAL COMPUTER - LÜCKENFÜLLER ODER ECHTE ALTERNATIVE DER DATENVERARBEITUNG?

August-Wilhelm Scheer

1. Ausgangssituation

Die überbeanspruchte Kapazitätssituation vieler Rechenzentren hat zum vielzitierten Stau der Anwendungsentwicklung geführt. Gleichzeitig wurde in den letzten Jahren durch die Entwicklung benutzerfreundlicher hoher Programmiersprachen sowie durch die fallenden Hardware-Preise der direkte Einsatz von DV-Systemen in der Verantwortung der Fachabteilungen unterstützt. Dieses gilt in besonderem Maße für die Personal Computer, deren beachtliche Verarbeitungskapazität mit dem Angebot besonders origineller Softwaresysteme (Spread-SheetProgramme) eine neue Dimension der fachabteilungsbezogenen Datenverarbeitung eröffnet.

Es muß aber betont werden, daß die Entwicklung der Personal Computer zur Zeit vor allen Dingen durch die Hardware- und Softwaretools geprägt wird, die Anwendungskonzepte zum Einsatz von Personal Computer aber noch fehlen. Dieses ist eine in der Datenverarbeitung nicht unbekannte Entwicklung: Zuerst werden die Hardware- und Softwarevoraussetzungen geschaffen, bevor entsprechende Anwendungskonzepte zu ihrer Verarbeitung entstehen. Ein gutes Beispiel hierfür ist der Übergang von Batch- auf Dialogverarbeitung. Nachdem die Hard- und Softwaremöglichkeiten zur Transaktionsbearbeitung bereitstanden, wurden bestehende Batchprogramme lediglich kosmetisch an den Ein- und Ausgabestellen dialogisiert, um als Dialogprogramme angeboten zu werden. Echte Dialogprogramme, die eine ereignisbezogene Verarbeitung nach dem Netchange-Prinzip beinhalten, wurden dagegen erst später angeboten. Ähnlich besteht auch zur Zeit die Gefahr, daß der Einsatz von Personal Computer in eher unsystematischer Form geschieht. Aufgrund der zunehmenden Bedeutung des Einsatzes von Personal Computer erfordert aber die vollständige Nutzung eine umfassende Neukonzeption aller Anwendungen. Dieses setzt voraus, daß die Einsatzformen des Personal Computers analysiert werden, seine Vorteile herausgestellt werden und in einer Bewertung den Einsatzformen gegenübergestellt werden. Ein solches Vorgehen wird im folgenden dargestellt und zum Schluß an einem Beispiel aus der Materialwirtschaft demonstriert <1>.

2. Einsatzformen

Für Personal Computer bestehen folgende Einsatzmöglichkeiten:

2.1 Isolierte Workstation

Hier wird der Personal Computer für eine isolierte Aufgabe, die weder Datenbeziehungen zu vor- noch zu nachgelagerten Aufgaben enthält, eingesetzt. Beispielsweise kann hierunter die Auswertung von chemischen Analysen, die lediglich an einem Laborplatz benötigt werden, verstanden werden. Es ist aber darauf hinzuweisen, daß derartige isolierte Anwendungen in der Praxis kaum bestehen, da in der Regel jeder Arbeitsplatz innerhalb einer Organisation in übergreifende Abläufe eingebunden ist, und damit auch ein Datenaustausch zu vor- oder nachgelagerten organisatorischen Stellen besteht.

2.2 Ergänzung zu übergreifenden EDV-Systemen

Bei dieser Einsatzform werden typische Systemkomponenten eines Personal Computers, die die Groß-EDV nicht oder nur zu unverhältnismäßig hohen Kosten bietet, genutzt. Beispielsweise kann ein zentrales Verarbeitungssystem um individuell erstellte Auswertungen aus der vorhandenen zentralen Datenbasis erweitert werden, indem Daten des zentralen Systems auf den Personal Computer überstellt werden und dort von der benutzerfreundlichen Auswertungssoftware (Spread-Sheet) weiterverarbeitet werden.

2.3 Integraler Bestandteil übergreifender EDV-Systeme

In dieser Anwendungsform könnten bestimmte Aufgaben auch von der zentralen EDV wahrgenommen werden, aus Kostengründen werden sie aber auf den Personal Computer ausgelagert. Damit bilden Personal Computer und übergreifendes EDV-System eine Einheit im Sinne der verteilten Datenverarbeitung.

2.4 Kommunikationsrechner

Personal Computer sind erklärtermaßen als offene Systeme konzipiert, das heißt, sie sind mit vielfältiger Hardware aus dem Bereich der Datenverarbeitung und Kommunikationstechnik zu verbinden. Beispielsweise sind Personal Computer Btx-fähig, teletexfähig und lassen sich über Terminalemulation und Filetransfer mit unterschiedlichen Hostrechnern verknüpfen.

2.5 Entwicklungsrechner

Auf einigen Personal Computern werden Betriebssysteme angeboten, die auch auf der Groß-EDV gebräuchlich sind (so zum Beispiel beim IBM PC XT/370 mit dem Betriebssystem VM-CMS). Hier kann die Programmentwicklung auf den Personal Computer ausgelagert werden, um anschließend auf den Großsystemen ablauffähig zu sein.

2.6 "Kleiner" Universalrechner

Für kleinere organisatorische Einheiten kann ein Personal Computer als Universalrechner, der alle anfallenden Funktionsbereiche betrifft, eingesetzt werden. Hier besteht im Prinzip kein Unterschied zur Einsatzform von Rechnern der mittleren Datenverarbeitung.

Im folgenden sind vor allem die Punkte 2.2 und 2.3 von Interesse.

3. Wesentliche Vorteile von Personal Computern

In Tabelle 1 sind die wesentlichen Vorteile des Einsatzes von Personal Computern tabellarisch dargestellt. Bezüglich der Hardware ist vor allen Dingen das günstige Preis-Leistungs-Verhältnis bei Verarbeitungsaufgaben hervorzuheben, während für Speicherungsfunktionen ein gegenüber der Groß-EDV vergleichbar schlechtes Preis-Leistungs-Verhältnis besteht.

Die Anschließbarkeit von Graphik und Farbe sowie Sprachverarbeitungssystemen ist aufgrund der Offenheit des Personal Computers gegenüber GroßSystemen der EDV hervorzuheben.

Aufgrund des günstigen Preis-Leistungs-Verhältnisses des Prozessors kann damit eine Kostenentlastung des gesamten EDV-Systems erreicht werden, wenn Teilfunktionen vom Host auf den Personal Computer verlagert werden. Dieses gilt nicht nur für die Entlastung des Hosts durch Verarbeitungsfunktionen, sondern auch für die Entlastung des Kommunikationsnetzes, indem bei dezentraler Vorverarbeitung lediglich ein vermindertes Datenvolumen über das Kommunikationsnetz geschickt werden muß.

Voraussetzung für eine solche Auslagerung von Teilfunktionen ist die Verknüpfbarkeit des Personal Computers mit dem Hostsystem. Hierzu bieten sich einmal die Hardwarelösungen über Terminalemulation beziehungsweise Filetransfer zwischen Personal Computer und Host an. Allerdings werden hier nur relativ einfache Funktionen der Verknüpfung angeboten.

Es ist zu beobachten, daß immer mehr Systeme wie Report-Writer und Datenbanksysteme, die lediglich auf Hostsystemen angeboten werden, mit Personal Computern verknüpft werden. Beispielsweise gestattet der Report-Generator SICOM/SIROS den Einsatz eines Berichtsgenerators vom Personal Computer auf die Dateien eines zentralen EDV-Systems. Nachdem der durch eine Anfrage gestartete Extraktionsvorgang auf die zentralen Dateien abgeschlossen ist, werden die Daten automatisch in den Personal Computer geladen und dort in einem Datenformat bereitgestellt, das direkt mit dem Spread Sheet-Programmsystem LOTUS 1-2-3 verarbeitet werden kann. Bei dieser Methode werden die Datentransferfunktionen durch ein Rahmenprogramm so ausgenutzt, daß für den Benutzer der Neuaufbau eines Datenformats für das Spread Sheet-Programmsystem LOTUS 1-2-3 aus einem Report-Writer entfällt.

In Abbildung 1 sind unterschiedliche Verknüpfungsformen zwischen Personal Computer und einem zentralen Datenverarbeitungssystem dargestellt. Im Fall a) wird lediglich die Terminalemulation bei dem Personal Computer ausgenutzt. Eine auf das zentrale Datenbanksystem gerichtete Anfrage führt zu einer Datenextraktion, muß aber im Mikrocomputer neu formatiert werden.

Im Fall b) werden Teilfunktionen des Datenbanksystems wie Maskenaufbau auf den Personal Computer ausgelagert, um dadurch das zentrale Datenbanksystem zu entlasten.

Im Fall c) werden auf zentralem Rechner und Mikrocomputer unterschiedliche Datenbanksysteme eingesetzt, ein Koordinationssystem verbindet aber beide Komponenten, so daß die von der zentralen Datenbank bereitgestellten Datenstrukturen auch im Personal Computer wieder aufgebaut werden können.

Die engste Integration veranschaulicht der Fall d). Hier werden auf Mikrocomputer und Hostsystem das gleiche Datenbanksystem mit gleicher Benutzeroberfläche eingesetzt. Damit kann sowohl auf dem Hostsystem als auch auf dem Mikrocomputer mit der gleichen Anfragesprache operiert werden.

Ein Beispiel für eine derartige Formulierung ist in Tabelle 2 angegeben. Hinter dem Statement "insert into" braucht lediglich der Zielrelationenname auf dem Mikro angegeben werden. Die anschließende SQL-Anfrage ist an den Host gerichtet, das Ergebnis wird dann aber in die Zielrelation auf dem Mikrocomputer übertragen und steht dort für weitere Auswertungen zur Verfügung.

Es ist zu erwarten, daß für diesen letzten Fall immer mehr Anwendungsinstrumente bereitgestellt werden.

Bezüglich der Systemsoftware sind vor allen Dingen benutzerfreundliche Betriebssysteme zu nennen.

Die Anwendungssoftware besitzt bei Personal Computern eine besondere Bedeutung. Ihr großer Erfolg ist vor allen Dingen durch die bereits zitierten Spread Sheet-Programmsysteme zu begründen. Hier wird eine Benutzeroberfläche zur Verfügung gestellt, die mehr an der üblichen Arbeitsweise eines Sachbearbeiters orientiert ist als an den prozeduralen Programmfunktionen klassischer Programmiersprachen.

Auf Personal Computern existieren bereits Integrationskonzepte, die von der Groß-EDV noch nicht bereitgestellt werden können oder nur zu unverhältnismäßig hohen Kosten. Dieses gilt zum Beispiel für die Verbindung von Textverarbeitung, Datenverarbeitung, Graphik sowie den Einsatz von Datenbanksystemen in integrierten Softwareprodukten wie Symphony (LOTUS).

Aus Sicht des Benutzers ist vor allem die hohe Verfügbarkeit eines Personal Computers gegenüber der Groß-EDV zu berücksichtigen. Mikrocomputer stehen auch nach den üblichen Dienststunden sowie an Wochenenden zur Verfügung, während bei der Groß-EDV durch deren Schichtbetrieb häufig nur ein eingeschränkter Dialogbetrieb möglich ist.

Bezüglich der Organisation ermöglicht der Einsatz von Mikrocomputern eine stärkere Dezentralisierung von Organisationen und insbesondere auch die Nutzung der Kapazität der Fachabteilungen zur Systementwicklung, um den zitierten Anwendungsstau abzubauen.

4. Bewertung

In Tabelle 3 sind für die unterschiedlichen Einsatzformen eines Personal Computers die genannten Kriterien gegenübergestellt. Durch die Größe der Kreise ist gekennzeichnet, welche Vorteile bei welchen Einsatzformen besonders zum Tragen kommen. Da für die Fragestellung die Einsatzformenergänzung zu übergreifenden EDV-Systemen beziehungsweise ihr integraler Bestandteil von besonderer Bedeutung sind, sollen nur diese zwei Zeilen weiter betrachtet werden. Ein Personal Computer ist vor allen Dingen durch folgende Charakteristika eine Ergänzung zu bestehenden übergreifenden EDV-Systemen: Einsatz zusätzlicher Hardwarekomponenten wie Graphik, Einsatz von Software (Spread Sheet, integrierte Office-Software), die auf Groß-Systemen zur Zeit noch nicht zur Verfügung stehen, Erhöhung der Motivation des Benutzers und Angebot benutzerfreundlicher Dokumentationsunterlagen sowie die Bereitstellung von Entwicklungskapazitäten für ergänzende Arbeiten der Fachabteilung.

Als ein Kriterium für die Auslagerung von Funktionen auf den Mikrocomputer, die prinzipiell auch von einem Hostsystem durchgeführt werden können, gilt die Entlastung des Host- beziehungsweise des Kommunikationsnetzes. Hier kommt das günstige Preis-Leistungs-Verhältnis des Prozessors des Mikrocomputers zum Tragen. Gleichzeitig können Kommunikationsdienste wie Btx sowie aus Benutzersicht die höhere Verfügbarkeit sowie die kürzeren Antwortzeiten und die höhere Motivation genannt werden. Durch die Verlagerung von Funktionen auf dedizierte Mikrocomputer kann eine organisatorische Dezentralisierung unterstützt werden.

5. Beispiele

Die bisher mehr theoretisch durchgeführte Analyse soll durch ein Beispiel illustriert werden. In Abbildung 2 sind die Aufgaben einer Materialwirtschaft, in der ein zentrales Terminalsystem eingesetzt ist, dargestellt. An der Aufgabenbearbeitung sind vier Abteilungen (Normung, Lager, Disposition und Einkauf) beteiligt. Die Daten werden in einer integrierten zentralen Datenbank bereitgestellt. Für die unterschiedlichen Funktionen ist in Tabelle 4 untersucht worden, welche Vorteile eine Auslagerung von Teilfunktionen bewirkt. In der ersten Spalte ist gleichzeitig dargestellt, ob überhaupt eine Dezentralisierung, das heißt Auslagerung von Transaktionen auf Mikrocomputer, möglich ist.

Dieses ist beispielsweise bei der Stammdatenpflege nicht gegeben, da diese Daten zentral gehalten werden sollten, um allen Anwendungen mit gleichem Aktualitätsstand zur Verfügung zu stehen. Bezüglich der Auswertung aus Stammdaten kann dagegen eine Verlagerung stattfinden. In diesem Fall würden zum Beispiel innerhalb der Normung Teilausschnitte der zentralen Datei auf den Mikrocomputer verlagert. Damit können Auswertungen unter Nutzung von Spread Sheet-Programmen und hoher Verfügbarkeit für den Benutzer durchgeführt werden.

Bezüglich der Bestandsführung können ebenfalls Verlagerungen eines Ausschnittes der Dateien auf die einzelnen Lagerstätten (Magazine) durchgeführt und von dort dezentrale Suchvorgänge oder Auswertungen auf dem Personal Computer gestartet werden. Auch hierdurch wird der Host von derartigen Anfragen entlastet. Darüber hinaus steht das System auch in solchen Zeiten im Dialog zur Verfügung, in denen die Groß-EDV nicht betriebsbereit ist.

Auch für die anderen Teilfunktionen können jeweils Datenausschnitte dezentralisiert werden, um dort mit Hilfe von Personal Computern verarbeitet zu werden. Die dabei in Kauf zu nehmende verringerte Aktualität stellt häufig kein Problem dar. Sie ist in der Regel nicht für alle Anwendungen im Sekundenbereich zu fordern, vielmehr genügt eine stündliche Aktualität, eine halbtägliche, eine tägliche oder sogar eine wöchentliche Aktualisierung des dezentral vorhandenen Datenbestandes.

In Abbildung 3 ist das Ergebnis einer unter Integration von Personal Computern gestalteten Materialwirtschaft dargestellt. Sie zeichnet sich dadurch aus, daß die Dialoge weitgehend auf die Workstations (Mikrocomputer) verlagert werden, weiterhin eine zentrale Datenhaltung unterstützt wird, um eine einheitliche Datensicherung und Datenintegrität zu gewährleisten. Auf den Mikrocomputersystemen sind lediglich Ausschnitte der zentralen Dateien gehalten, die in periodischen Abständen jeweils aktualisiert werden.

Anmerkungen:

<1> Vgl. Scheer 1984 a, Scheer 1984 b.

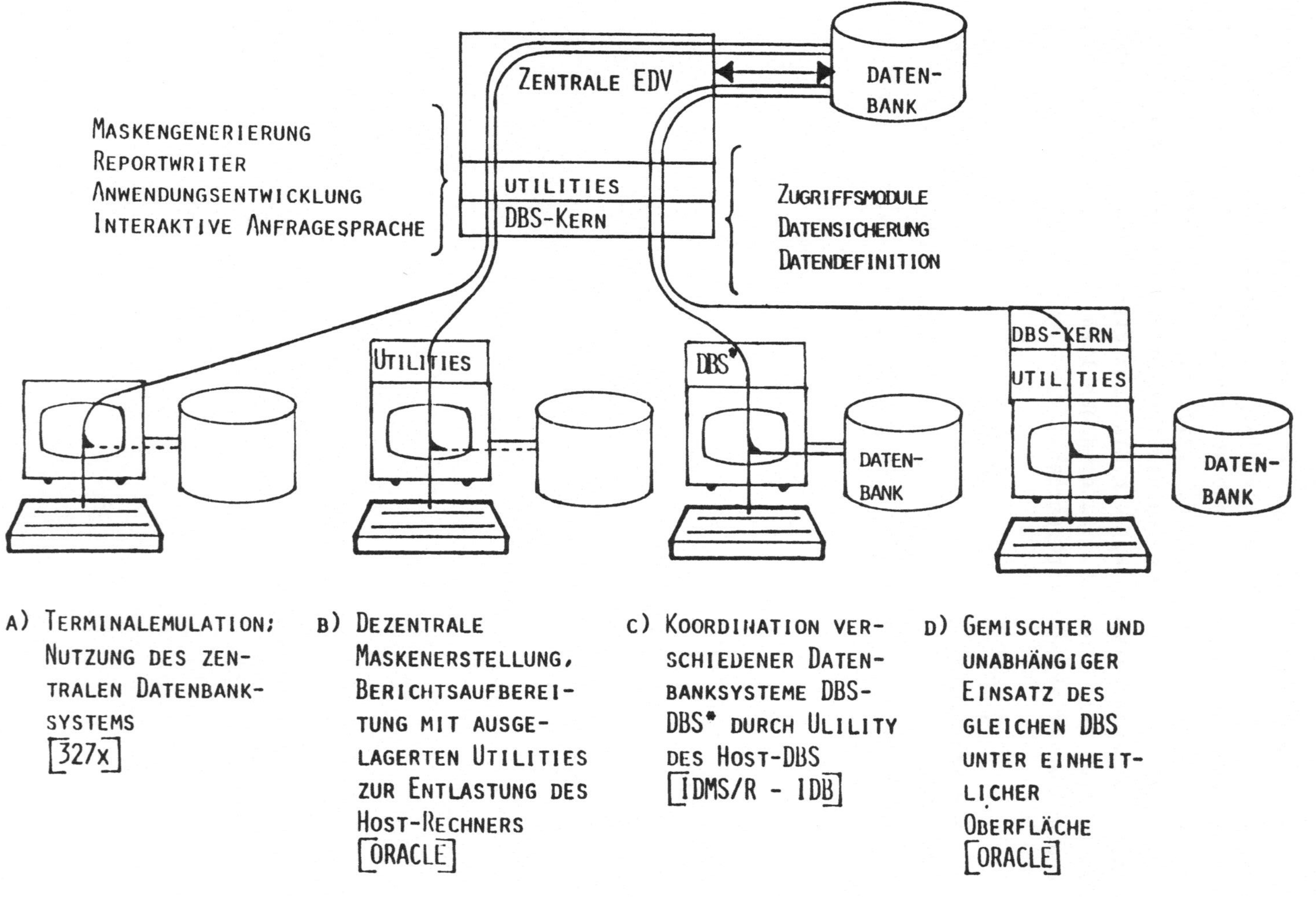

Abbildung 1: Verknüpfungsformen zwischen PC und zentralem Großrechner

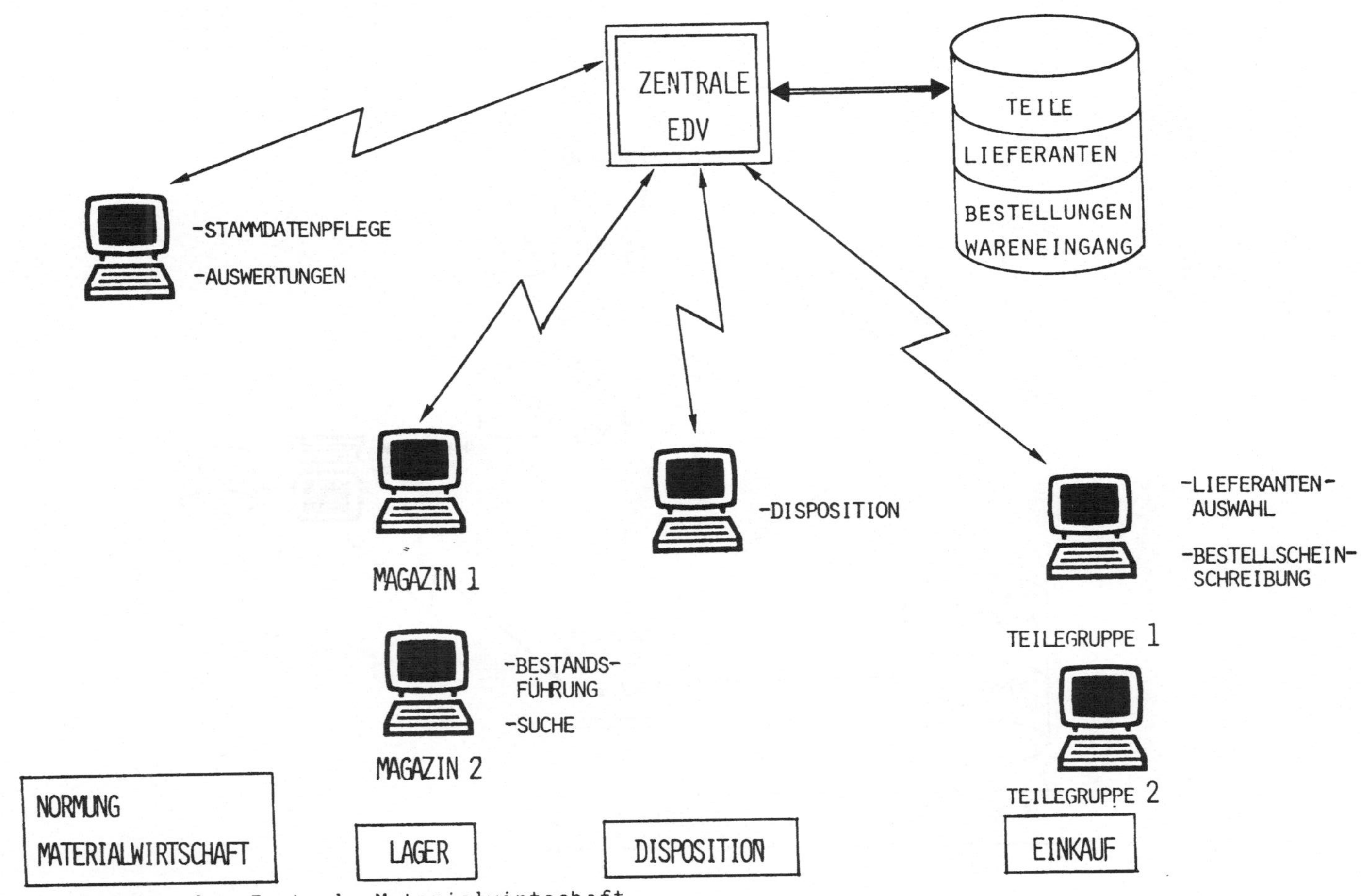

Abbildung 2: Zentrale Materialwirtschaft

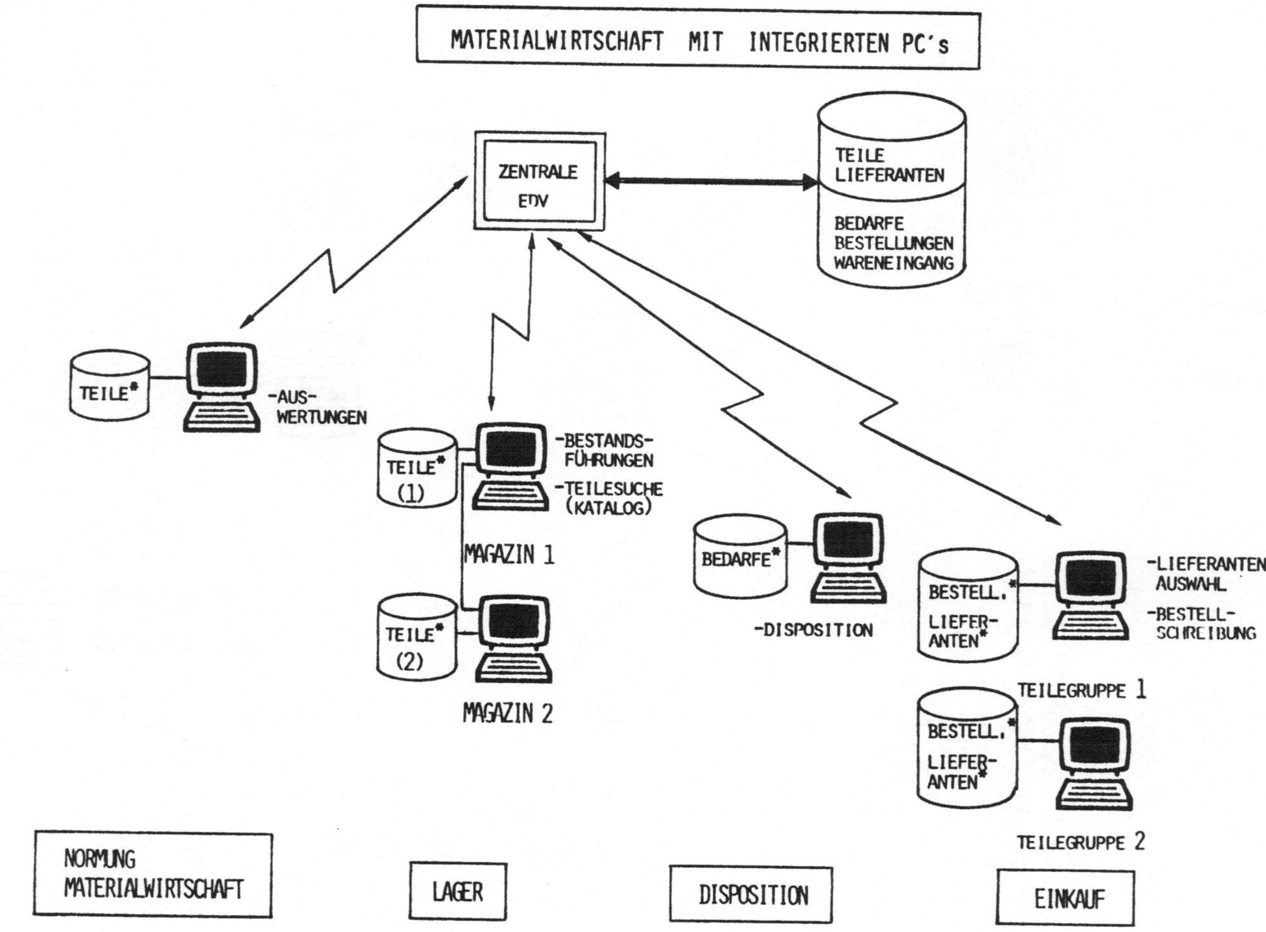

Abbildung 3: Materialwirtschaft mit integrierten PC's

WESENTLICHE VORTEILE VON PERSONAL COMPUTERN

HARDWARE	● GÜNSTIGES PREIS/LEISTUNGSVERHÄLTNIS BEI VERARBEITUNG ● GRAFIK / FARBE / SPRACHE ● ENTLASTUNG HOST / NETZ
SYSTEMSOFTWARE	● KOMMUNIKATION (OFFENES SYSTEM) ● BENUTZERFREUNDLICHE BETRIEBSSYSTEME (EINPLATZSYSTEM) ● DATENBANKSYSTEME
ANWENDUNGSSOFTWARE	● SPREADSHEETS ● INTEGRIERTE OFFICE-SOFTWARE (TEXT,DATEN,KALKULATION,GRAFIK...) ● DIFFERENZIERTE BRANCHENSOFTWARE
BENUTZERSICHT	● HOHE VERFÜGBARKEIT DES SYSTEMS ● VARIABLE AUSWERTUNGEN (WEG VON LISTEN) ● KURZE ANTWORTZEIT ● BENUTZERFÜHRUNG ● GUTE DOKUMENTATION ● HOHE MOTIVATION
ORGANISATION	● DEZENTRALISIERUNGSMÖGLICHKEIT (GERINGERE ABHÄNGIGKEIT VON ZENTRALER EDV) ● NUTZUNG ENTWICKLUNGSKAPAZITÄT DER FACHABTEILUNG

Tabelle 1: Wesentliche Vorteile von Personal Computern

DATENÜBERTRAGUNG HOST P.C.

INSERT INTO ... [ZIEL-RELATIONENNAME]

SELECT ...
FROM ... } SQL-ANFRAGE AN HOST
WHERE ...

[ORACLE]

Tabelle 2: Datenübertragung Host - Personal Computer

	HARDWARE	SYSTEMSOFTWARE	ANWENDUNGSSOFTWARE	BENUTZER	ORGANISATION
	PREIS/LEISTUNG GRAFIK/ SPRACHE ENTLASTUNG HOST ENTLASTUNG NETZ	BETRIEBSSYSTEM DATENBANKSYSTEM KOMMUNIKATION (NETZ/BTX USW.)	SPREAD-SHEETS INTEGRIERTE OFFICE-SOFTWARE BRANCHENSOFTWARE	VERFÜGBARKEIT ANTWORTZEIT BENUTZERFÜHRUNG DOKUMENTATION MOTIVATION	DEZENTRALISIERUNG ENTWICKLUNGSKAPAZ. DER FACHABTEILUNG
ISOLIERTER ARBEITSPLATZRECHNER (WORKSTATION)	● PREIS/ LEISTUNG		● SPREAD SHEETS INTEGRIERTE OFFICE SW	● DOKUMENTATION MOTIVATION	
ERGÄNZUNG ZU ÜBERGREIFENDEN E D V - SYSTEMEN	• GRAFIK		● SPREAD SHEETS INTEGRIERTE OFFICE SW	● DOKUMENTATION MOTIVATION	• ENTWICKLUNGS-KAPAZITÄT
INTEGRALER BESTANDTEIL ÜBERGREIFEDER E D V - SYSTEME	● ENTLASTUNG HOST/NETZ	• NETZ BTX		● VERFÜGBARKEIT ANTWORTZEIT MOTIVATION	• DEZENTRALISIERUNG
KOMMUNIKATIONSRECHNER		● OFFENES SYSTEM NETZ, BTX			
ENTWICKLUNGSRECHNER	• ENTLASTUNG HOST/NETZ	● BETRIEBS-SYSTEM			▲ DEZENTRALISIERUNG
"KLEINER" UNIVERSALRECHNER	● PREIS/ LEISTUNGS-VERHÄLTNIS		● BRANCHEN-SOFTWARE		

● HOCH
• MITTEL
▲ GERING

Tabelle 3: GROBE BEWERTUNG DER PC - VORTEILE FÜR UNTERSCHIEDLICHE EINSATZFORMEN

	Zentrale EDV	Hardware	Systemsoftware	Anwendungs-software	Benutzer	Organisation
Stammdaten						
- Pflege	X					
- Auswertungen		● Entlastung Host/Netz Graphik			● Verfügbarkeit	
Bestandsführung						
- Mengen (Zu-Abgänge)		● Entlastung Host	● Kommunikation		● Verfügbarkeit Antwortzeit	● Dezetralisierung
- Werte	X					
Disposition		● Entlastung Host			● Verfügbarkeit Antwortzeit	
Einkauf						
- Lieferantenauswahl	(X)					
- Bestellschreibung		● Entlastung Host		● Textverarbeitung	● Verfügbarkeit Antwortzeit	
Rechnungskontrolle/ Fibu	X					

Tabelle 4: Integrierter Einsatz von PC's in der Materialwirtschaft

PERSONAL COMPUTER - LÜCKENFÜLLER ODER ECHTE ALTERNATIVE

(Korreferat)

Jürgen Faehling

Nachdem Herr Professor Scheer die technischen und organisatorischen Fragen des "personal computing" behandelt hat, ist es meine Aufgabe, Ihnen darzulegen, mit welchen konkreten Vorstellungen und Konzeptionen eine öffentlich-rechtliche Datenverarbeitungseinrichtung auf die mit dem Personal Computer (PC) verbundenen neuen Herausforderungen reagiert.

Um unsere Reaktion deutlich zu machen, ist es erforderlich, zunächst kurz auf die derzeitige Konzeption der Datenzentrale Schleswig-Holstein einzugehen. Anschließend werde ich darstellen, welche Einsatzmöglichkeiten wir für den Personal Computer sehen, welche Erfahrungen bereits vorliegen und wie es möglicherweise weitergeht.

1. Das Verbundkonzept der Datenzentrale Schleswig-Holstein

Die Datenzentrale Schleswig-Holstein ist eine 1968 gegründete Anstalt des öffentlichen Rechts mit der Aufgabe, den öffentlichen Verwaltungen im Land Datenverarbeitung zu ermöglichen.

Als Besonderheit gegenüber den meisten anderen Datenzentralen ist hervorzuheben:

- Die Datenzentrale Schleswig-Holstein ist für das Land und für den kommunalen Bereich tätig

- sie arbeitet nach kaufmännischen Grundsätzen (aktienrechtliche Vorschriften finden Anwendung)

- sie erhebt keine Umlagen und erhält keine pauschalen Zuschüsse

- da es keinen Anschluß- und Benutzungszwang gibt, steht die Datenzentrale Schleswig-Holstein besonders im kommunalen Bereich, mit dem ich mich schwerpunktmäßig befassen werde, in einem außerordentlich harten Wettbewerb mit den Herstellern, die autonome Lösungen anbieten.

Diese Ausgangslage macht klar, daß die Datenzentrale Schleswig-Holstein darauf angewiesen ist, stets schnell auf neue technologische Entwicklungen zu reagieren. So praktiziert sie bereits seit 1975 ein Konzept der verteilten Datenverarbeitung, das die zentrale Datenverarbeitung schrittweise durch dezentrale Computerleistung ergänzt. Verlagert wurde zunächst die Datenerfassung mit gewissen Plausibilitätsprüfungen. Hierzu stellte die Datenzentrale Schleswig-Holstein den Verwaltungen Einplatzsysteme (TA 1000/1100) zur Verfügung, auf denen zusätzlich einige kleinere autonome Anwendungen ablauffähig waren (Haushaltsplanung und kleine Dateiverwaltung).

Im Jahre 1979 erweiterte die Datenzentrale Schleswig-Holstein ihr Angebot um einen breiten dezentralen Datenverarbeitungsteil. Mit Hilfe leistungsfähiger Mehrplatzsysteme (Siemens 6.6xx) können die Verwaltungen nun alle Arbeiten vor Ort erledigen, bei denen ein hohes Aktualitätsbedürfnis mit hohem Bedarf an zeitlicher und inhaltlicher Gestaltungsfreiheit gegeben ist, während die Massenarbeiten nach wie vor in der Zentrale durchgeführt werden.

Das Vertriebskonzept der Datenzentrale Schleswig-Holstein geht von dem Prinzip "alles aus einer Hand" aus, das heißt die Datenzentrale stellt den Verwaltungen Hardware mit Software für alle Anwendungsgebiete zur Verfügung. Sie unterstützt und berät bei der Einführung der neuen Verfahren und bietet den Verwaltungen ein umfangreiches Schulungsprogramm. Lediglich die Wartung der Geräte erfolgt unmittelbar durch den Hersteller. Die Notwendigkeit, auch Hardware-Entscheidungen zu treffen, ergab sich aus der Tatsache, daß die Betriebssysteme der verschiedenen Mehrplatzsystem-Anbieter nicht kompatibel sind.

2. Neue Möglichkeiten durch Personal Computer

Gerade als wir ein recht komplettes Kommunalpaket erstellt hatten, erschienen zu Beginn der achtziger Jahre Sensationsmeldungen über Personal Computer und ihre Möglichkeiten.

Diese neue preisgünstige Geräteklasse grenze ich im folgenden ab, nicht nur gegenüber zentralen Großrechnern, sondern auch von Bürocomputern, die als Mehrplatzsysteme der sogenannten mittleren Datentechnik zuzurechnen sind.

Unsere erste Reaktion war zugegebenermaßen eher zurückhaltend. Würde der Personal Computer nicht unsere gerade realisierte Verbundkonzeption in Frage stellen oder gar obsolet werden lassen? Ob erwünscht oder nicht: Uns war klar, daß auch wir nicht am Personal Computer vorbeikommen würden, und zwar nicht nur wegen der günstigen Preise, sondern auch weil die Personal Computer bei den Verwaltungen einem gewissen Unbehagen an der traditionellen DV-Organisation entgegenzukommen schienen. Um rechtzeitig mit dem Wettbewerb angebotsbereit zu sein, machte sich die Datenzentrale Schleswig-Holstein schnell an eine Analyse der Möglichkeiten des Personal Computers und verglich diese mit Leistungsumfang und Leistungsgrenzen des vorhandenen Verbundkonzeptes der Datenzentrale Schleswig-Holstein. Das Ergebnis lag Ende 1981 vor. Danach ließ sich der Personal Computer in zwei Richtungen in unsere Konzeption integrieren.

Zum einen war der Personal Computer geeignet, an die Stelle der seit 1975 vor allem in kleineren Verwaltungen stehenden Datenerfassungsgeräte zu treten. Insoweit also: Personal Computer als preisgünstige Alternative und Fortentwicklung unseres vorhandenen Angebotes für Verwaltungen, denen ein Mehrplatzsystem zu teuer ist.

Dabei ließen wir es aber nicht bewenden, denn der Personal Computer verkörperte zugleich die Möglichkeit, die bisher getrennten Bereiche "Datenverarbeitung/Büroautomation und Telekommunikation" zu verbinden. Daß die Verwaltungen bisher die neuen Technologien - auch wo es schon möglich ist - nur sehr zögernd einsetzen, liegt ja nur zum Teil an dem vielberufenen Beharrungsvermögen der Verwaltungen. Bislang fehlte es hier an technisch, wirtschaftlich und organisatorisch praktikablen Lösungen. Im Bereich "Bürokommunikation" stießen auch wir Ende 1981/Anfang 1982 bei unseren sonst so leistungsfähigen Bürocomputern noch auf deutliche Grenzen:

- Die Verknüpfung der Datenverarbeitung mit der Textverarbeitung funktionierte nicht so reibungslos, wie dies auf Hochglanzprospekten versprochen wurde,

- die Bürocomputer waren generell nicht teletex- und btx-fähig.

Alles dies sollte nun der Personal Computer leisten. Gleichzeitig sahen wir die Chance, das im Bereich der Bürocomputer zur Zeit nicht zu lösende Problem der Kompatibilität in den Griff zu bekommen. Angesichts der schnellen Weiterentwicklung der Personal Computer wollten wir auf jeden Fall eine bewährte portable Betriebssystemsoftware mit faktischem Industriestandard einsetzen, die es ermöglicht, fertige Programme zu übernehmen und die vorhandenen Programme auch bei einem Herstellerwechsel weiter zu verwenden.

Nach unserem Konzept sollte der Personal Computer also verschiedene Funktionen erfüllen, wobei zwischen größeren und kleineren Verwaltungen zu unterscheiden ist.

Bei kleineren Verwaltungen war der Einsatz des Personal Computers vorgesehen

- für die Datenerfassung und Datenvorverarbeitung mit einem maskengeführten Dialogverfahren als Nachfolgesystem für die alten Datenerfassungsgeräte

- für die Nutzung für Textbe- und -verarbeitung

- für den Einsatz autonomer Dateiverwaltungs-, Kalkulations- und Rechenprogramme

- als Nebennutzung für die Erschließung des Teletexdienstes für die Verwaltung

- und schließlich als Zugang zum Großrechner der Datenzentrale als externer Rechner über den Postdienst "Bildschirmtext".

Bei Bildschirmtext dachte die Datenzentrale Schleswig-Holstein weniger an die heute viel diskutierte Möglichkeit der Selbstdarstellung der Verwaltung und einen Informationsservice für den Bürger. Vielmehr schien Bildschirmtext für die Datenverarbeitung deshalb interessant, weil jede Dialogdatenverarbeitung sich grundsätzlich auch über Bildschirmtext abwickeln läßt.

Bei größeren Verwaltungen sollte der Personal Computer eingesetzt werden

- im Bereich der Bürotechnik

- in abgegrenzten Verwaltungsbereichen, die keine oder nur geringe Verknüpfung mit anderen Arbeitsbereichen benötigen

- als Backup-Lösung für Mehrplatzsysteme.

So beschloß der Vorstand der Datenzentrale Schleswig-Holstein im Frühjahr 1982 eine Ausschreibung für Personal Computer, die im wesentlichen folgende Anforderungen enthielt:

(1) Hardware

- Mindestens 64 KB Hauptspeicher
- möglichst 16 Bit Prozessor
- Anschlußmöglichkeit für umfangreiche Peripherie.

(2) Herstellerunabhängiges Betriebssystem

Bei der Auswahl beschlossen wir, das damals am weitesten verbreitete Betriebssystem CP/M einzusetzen. Im Nachhinein ist es kaum glaublich, daß seinerzeit (1982) das Betriebssystem MS-DOS noch keine ernstzunehmende Rolle spielte. So schnell ändern sich die Verhältnisse! Heute wären wir kaum um MS-DOS herumgekommen, denn einfach durch die Entscheidung des Marktführers für dieses System ist es zu einem quasi Industriestandard geworden, zumal die konkurrierenden Hersteller sich nicht etwa von dem Betriebssystem absetzen, sondern bemüht sind, kompatible Produkte auf den Markt zu bringen. In gleicher Weise reagieren die Softwarehäuser, so daß in kürzester Frist eine umfangreiche Programmbibliothek auf der Basis dieses Betriebssystems zur Verfügung steht. Demgemäß gehen die Empfehlungen in den meisten Bundesländern auch auf den wahlweisen Einsatz der Betriebssysteme CP/M und MS-DOS, und auch die Datenzentrale Schleswig-Holstein wird sich entsprechend anpassen.

(3) Kommunikations-Software für

- Stapelübertragung,
- Dialog mit Großrechnern,
- Teletex,
- Bildschirmtext.

Als die Auswahl eines geeigneten Gerätes Mitte 1982 stattfand, stellte sich heraus, daß nur relativ wenige Hersteller den Anforderungskatalog erfüllen konnten. Am besten erfüllte seinerzeit der Personal Computer "Alphatronic" der Firma Triumph-Adler unsere Anforderungen. So hatte er zum Beispiel als einziger die FTZ-Zulassung für den Teletex-Dienst und war zugleich bildschirmtextfähig.

Heute bieten wir kleineren Verwaltungen (unter 10.000 Einwohnern) im Rahmen unseres Verbundkonzeptes den Personal Computer in einer ersten Ausbaustufe mit folgendem Leistungsumfang an:

(1) Komfortable Datenerfassungsverfahren mit formalen und satzinternen Plausibilitätsprüfungen

- Wohngeld
- Sozialhilfe (HES-SIAS)
- Vergütung, Löhne
- Besoldung
- Einwohnerwesen.

(2) Verbundverfahren

(2.1) Haushaltsplanung und Nachtragshaushaltsplanung

Die Haushaltsplanung wird vollständig auf dem Personal Computer durchgeführt. Die Verwaltung erhält dazu aus dem zentralen Verfahren "Haushaltsvollzug" die Rechnungsergebnisse und den Ansatz des laufenden Jahres. Alle Auswertungen (Einzelpläne, Gesamtpläne, Sammelnachweise und so weiter) werden in der Regie der einzelnen Verwaltung mit dem Personal Computer erstellt. Nach Verabschiedung des Haushaltsplans werden die für die Sachbuchführung erforderlichen Daten automatisch ins zentrale Verfahren überführt. Eine dezentrale Finanz- und Investitionsplanung ist geplant.

(2.2) Haushaltsvollzug

Dezentral erfolgten die Datenerfassung, die Zeitbuchführung und der Tagesabschluß. Dabei wird eine Reihe kleiner dezentraler Dateien geführt.

(3) Autonome Verfahren

(3.1) Wahlauswertungsprogramm

Die Ergebnisse einer aktuellen Wahl werden mit den Ergebnissen von bis zu vier Vorwahlen verglichen. Bei der Eingabe erfolgt sofort eine Prüfung (zum Beispiel Anzahl der Wähler nicht größer als Anzahl der Wahlberechtigten; Anzahl der gültigen Stimmen plus Anzahl der ungültigen Stimmen gleich Anzahl der Wähler; Summe der Stimmen aller Parteien gleich gültige Stimmen). Aus den Ergebnissen repräsentativer Stimmbezirke kann eine Hochrechnung erfolgen. Neben Ergebnislisten pro Stimmbezirk oder Wahlkreis (mit Vergleichszahlen) können eine Reihe statistischer Auswertungen gewonnen werden (zum Beispiel Wahlkreise mit Wechsel; Wahlkreise mit größtem und geringstem Stimmenvorsprung; Veränderungen der Stimmanteile; gewählte Bewerber in den Wahlkreisen). Außerdem wird die Sitzverteilung ermittelt. Das Programm wurde erfolgreich bei der Bundes-, Landtags- und Europawahl beim Landeswahlleiter eingesetzt.

(3.2) Zins- und Tilgungsplan

Für die verschiedenen Darlehenskonditionen können Zins- und Tilgungspläne ausgegeben werden.

(3.3) Anlagen- und Inventarverzeichnis

Die Abschreibung der Anlagegüter kann nach Anschaffungs- oder nach Wiederbeschaffungspreisen erfolgen. Das Verfahren berücksichtigt die Belange kostenrechnender gemeindlicher Einrichtungen.

(3.4) Ein leistungsfähiges individuelles Daten-, Organisations- und Listensystem ("IDOL")

Ziel dieser Entwicklung ist es, die vielen am Arbeitsplatz geführten Karteien und ADREMA-Platteien abzulösen. Der Sachbearbeiter kann - ohne Programmierkenntnisse - seine Datenbestände einrichten und individuell, auch ad hoc auswerten. Masken- und Listenbildgestaltung werden direkt am Bildschirm vorgenommen. Die Listenbilder dürfen bis zu 196 Stellen breit sein (der Bildschirm wird horizontal verschoben). Alle Masken, Datensatzbeschreibungen, Listenbilder, Druckformate und Auswertungswünsche (Sortierungen, Gruppenwechsel und Selektionen) werden automatisch dokumentiert und können ausgedruckt werden. Der Sachbearbeiter braucht daher keine Aufzeichnungen zu führen. Auswertungen, die regelmäßig erfolgen, können unter einem Namen abgespeichert werden.

(4) Textverarbeitung

Für die Textverarbeitung wurde ein sehr leistungsstarkes Programm eines Softwarehauses übernommen. Dieses Textprogramm macht aus dem Personal Computer ein Textverarbeitungssystem, das sich mit dedizierten Textverarbeitungsanlagen durchaus messen kann.

Das System kostet zur Zeit für die Verwaltung in einer Standardkonfiguration, einschließlich Text- und Kalkulationssoftware, cirka DM 15.000,--. Hinzu kommen laufende Entgelte für die Anwendersoftware und die zentralen Datenverarbeitungsteile.

Der Teletex-Anschluß ist realisiert. Eine entsprechende Aufrüstung kostet gut DM 5.000,-- und ist damit billiger als die meisten dedizierten Teletex-Endgeräte, die weder in der Datenverarbeitung einsetzbar sind, noch in der Textverarbeitung einen entsprechenden Komfort bieten.

Damit ist ein erster Abschnitt fertiggestellt und der Personal Computer im Rahmen unseres Verbundsystems mit erheblichem Zusatznutzen gegenüber dem Einplatzsystem des Jahres 1975 einsetzbar.

3. Neue Probleme

In einem zweiten Abschnitt wollten wir usprünglich den Sachbearbeitern in kleineren Verwaltungen über den Personal Computer preisgünstig zusätzliche Datenverarbeitungsleistungen an ihren Arbeitsplatz bringen, indem wir ihnen über Bildschirmtext den Zugang zu ihren auf den Großrechnern der Datenzentrale gespeicherten Daten eröffnen. Die hierfür entstehenden Kosten schienen auch für kleine Verwaltungen tragbar. Im Bereich des Bildschirmtext-Postdienstes gilt der Nahtarif und sind sehr preiswerte Modems verfügbar. Hinzu kam die Einschätzung, daß die Gebühren für Bildschirmtext im Rechnerverbund einschließlich der Datex-P-Gebühren immer noch niedriger seien als andere Datenübertragungsalternativen. Für die Datenzentrale stellte sich die Aufgabe, ihre zentralen Datenbestände dialogfähig zu machen.

Von dieser Konzeption war ich noch ausgegangen, als mir Anfang dieses Jahres das Koreferat zum Thema "Personal Computer - Alternative oder Lückenfüller" angetragen wurde.

Inzwischen hat sich das Umfeld verändert: Die Bundespost hat eine schrittweise erhebliche Verteuerung der Datex-Dienste beschlossen, obwohl dies den technischen Fortschritt, der wesentlich mit einer Erleichterung des Datenverkehrs verbunden ist, wieder einmal behindert. Alle Proteste hiergegeben blieben erfolglos. Ja, man hat den Eindruck, daß die Post gezielt einer verstärkten Nutzung der Datex-Dienste entgegenwirken will, um neben den anlaufenden Investitionen für ISDN nicht auch noch weiter in Datex-P investieren zu müssen. Damit ist für uns die besondere Wirtschaftlichkeit der Bildschirmtext-Lösung jedenfalls mittelfristig infrage gestellt.

Zudem bietet die Post heute im Bereich der Datenübertragung im Telefonnetz mit preiswerten Modems für 1200 Baud eine neu Möglichkeit, die von uns anstelle der Bildschirmtext-Konzeption ins Auge gefaßt wird. Diese Lösung ist auch deswegen vorzuziehen, weil die Nutzung von Bildschirmtext als Übertragungsmedium im Personal Computer zur Zeit nicht über eine direkte Schnittstelle zwischen Anwenderprogramm und Bildschirmtext möglich ist, sondern nur durch Kommunikation über eine Datei. Damit ist eine benutzerfreundliche Lösung zur Zeit ausgeschlossen (unzumutbares Antwortzeitverhalten).

Sowohl die Bildschirmtext-Lösung als auch das alternative Modell zeigen indes, daß der Personal Computer eine sinnvolle Ergänzung im Verbundkonzept darstellt und zentrale Datenverarbeitungskapazitäten keineswegs überflüssig macht.

Ganz aktuell beobachten wir folgende interessante Entwicklung: Den Personal Computern erwächst unerwartete Konkurrenz seitens der Bürocomputer. Die Hersteller dieser Geräte, die durch die ständig steigende Leistungsfähigkeit der Personal Computer erheblich unter Druck geraten sind, geben ihre Position nicht kampflos auf. Sie haben Mehrplatzsysteme angekündigt, die (mit einem oder zwei Plätzen ausgestattet) preislich in die Nähe der Personal Computer kommen. Diese Entwicklung, die sich für das kommende Jahr sehr deutlich abzeichnet, dürfte dazu führen, daß viele kleinere Verwaltungen nicht - wie von uns erwartet - ein oder zwei Personal Computer einsetzen werden, sondern sich für Kleinstmehrplatzsysteme entscheiden, auf denen die verschiedensten Verfahren gleichzeitig ablaufen können und für die umfangreiche Anwendungsprogramme vorhanden sind.

Es ist allerdings auch zu erwarten, daß die Preise für Personal Computer sich nach unten entwickeln. Für unser Verbundkonzept bedeutet das, daß wir die Bildschirmtext-Konzeption zunächst aufgeben und den kleineren Kommunalverwaltungen zwei Alternativen anbieten werden, die sich in der Leistung und im Preis unterscheiden:

- Die Personal Computer-Lösung im beschriebenen Leistungsumfang mit Durchgriff auf zentral gespeicherte Daten für Auskünfte und Bescheinigungen, ohne online-Änderungsdienst, als besonders preiswertes Angebot

- die Lösung mit kleinen Mehrplatzsystemen mit Datenspeicherung in den Verwaltungen, Dialogänderungsdienst und täglicher Verbindung zu zentralen Verfahrensteilen über Wählleitungs-Abruf zu angemessen höheren Kosten.

4. Perspektiven

Allerdings ist eine weitere Steigerung der Leistungsfähigkeit der Personal Computer zu erwarten, einschließlich der wachsenden Ausstattung mit Direktzugriffsspeichern. Es ist heute jedoch nicht erkennbar, ob diese Entwicklung "von unten nach oben" nicht parallel von einer weiteren Entwicklung "von oben nach unten" begleitet werden wird, so daß wir mit den jetzt gesehenen Alternativen auch längerfristig alle Optionen behalten. Besondere Bedeutung wird dabei auch die weitere Entwicklung und Verbreitung des Betriebssystems UNIX oder seiner Derivate gewinnen, die eines Tages - das ist unsere Vermutung - die Unterscheidung Personal Computer/Mehrplatzsystem aufheben könnten.

Personal Computer - Lückenfüller oder echte Alternative? Ich meine, er ist beides: Lückenfüller vor allem im Bereich der Bürokommunikation - Alternative mit schnell zunehmender Bedeutung in vielen Bereichen der konventionellen Datenverarbeitung.

Aussprache zu den Referaten von August-Wilhelm Scheer und Jürgen Faehling

Bericht von Hinrich Bonin

Die von Eckhard Fuchs geleitete Diskussion konzentrierte sich auf den Einsatz des Personal Computers (PC) als integraler Bestandteil übergreifender DV-Systeme. In solchen Verbundlösungen mit zentraler und dezentraler Intelligenz führt der PC zu einer Verschiebung der Aufgaben des klassischen Großrechners (Host) in Richtung Datenbankmaschine. Aufgrund seiner im Vergleich zum Universalrechner günstigen Preis-/Leistungsrelation der CPU (Central Processing Unit) ist eine Entlastung des Hosts durch Übernahme von Verarbeitungsfunktionen auf den PC anzustreben. In dieser Rolle ist der PC primär nicht Lückenfüller oder Alternative zu Universalrechnern, sondern Baustein für neuartige Gesamtkonzepte, die dem Anwender insbesondere höhere Systemverfügbarkeit, kurze Antwortzeiten und bessere Benutzerführung bringen.

Ausgangspunkt dieser neuen Verbundkonzepte ist eine Arbeitsteilung zwischen Host, der die Datenvorhaltung und Datensicherung übernimmt, und dem PC, der die Aufgaben der Benutzerführung und Datenaufbereitung abwickelt. Dazu ist die jeweils benötigte Datenteilmenge aus der Gesamtdatenbasis des Host zu selektieren und auf den betroffenen PC zu laden - da zur Zeit noch keine Datenbankverwaltungssysteme für die Praxis verfügbar sind, die verteilte Datenbestände insgesamt managen können (Scheer). Mit der Dezentralisierung von Datenbeständen in Form von Teilkopien auf PC's ergeben sich gravierende Datenredundanz- und Aktualitätsprobleme (Letzel).

Zum Problem der Aktualität stellt Scheer fest, daß es häufig überbewertet wird, weil in vielen Fällen 'Teilaktualität' ausreichend ist. Beispielsweise kann es bei einer Materialwirtschaft völlig ausreichend sein, daß die Host-geführte Gesamtdatenbasis täglich ein- oder zweimal mit den modifizierten PC-Teildatenbeständen aktualisiert wird. Solche Vorgehensweise entlastet wesentlich das Kommunikationsnetzwerk und spart damit Telekommunikationskosten.

Mit der Verlagerung von Verarbeitungsprozessen vom Host auf den PC stellt sich die Frage nach der 'richtigen' PC-Programmiersprache. Die

Auswahl wird zusätzlich erschwert, weil zum Beispiel COBOL auf den verschiedenen PC-Typen nicht kompatibel ist und außerdem dem COBOL-Standard auf IBM- oder SIEMENS-Universalrechnern nicht entspricht. Darüber hinaus läuft COBOL auf PC's unvertretbar langsam (Licha). Generell ist die Wahl der Programmiersprache kein PC-spezifisches Problem, sondern stellt sich auch für die Verarbeitungsprozesse auf dem Host. Dabei soll der Fachabteilung für ihren PC keine Programmiersprache wie FORTRAN, COBOL oder PASCAL bereitgestellt werden, sondern Werkzeuge wie beispielsweise SYMPHONY (Lotus Development Corp.) oder dBASE III (Ashton Tate). Besonders vorteilhaft sind Endbenutzersprachen, die sowohl für den Teildatenbestand auf dem PC als auch für die Gesamtdatenbasis auf dem Host angewendet werden können, wie zum Beispiel ORACLE (Scheer).

Die Entscheidung für einen bestimmten PC-Typ ist aufgrund der sehr dynamischen PC-Entwicklung nicht ohne Fehlinvestitionsrisiko. Unklar ist, welches Betriebssystem sich mittelfristig durchsetzen wird (Licha). So war bei der PC-Ausschreibung der Datenzentrale Schleswig-Holstein im Frühjahr 1982 das Betriebssystem MS-DOS von MICROSOFT CORPORATION (entspricht PC-DOS, dem Betriebssystem der PC's von IBM) noch relativ bedeutungslos (Faehling). Dagegen ist schon 1984 dem vor zwei Jahren dominierenden CP/M von DIGITAL RESEARCH mit XENIX (oder anderen UNIX-Derivaten) neben MS-DOS eine weitere entscheidungsrelevante Alternative entstanden (Licha). Ausschlaggebend für die Klärung "Welcher PC-Typ mit welchem Betriebssystem setzt sich durch?" ist die Produktentscheidung der IBM. Solange hier noch Unklarheiten beziehungsweise Nichtverfügbarkeit der angekündigten IBM-Produkte (zum Beispiel IBM PC/AT) bestehen, empfiehlt Scheer, nur noch tragbare PC's zu kaufen, da diese auch nach ihrem baldigen Ersatz noch verwendbar wären - mindestens für Schulungszwecke.

Neben dem Risiko bei der PC-Hardware- und Betriebssystementscheidung stehen zur Zeit Kostenbetrachtungen einer schnellen PC-Integration in gewachsene DV-Konfigurationen entgegen. Ausgehend von einem PC-Preis von 10 - 20.000,-- DM und einem 'unintelligenten Terminal'-Preis von weniger als DM 5.000,-- erwächst den PC's durch kleinere Universalrechner - im Sinne von Computern, die vor Jahren als Anlagen der mittleren Datentechnik (MDT) bezeichnet wurden - wie zum Beispiel SIEMENS 6.6XX - ernsthafte Konkurrenz. Bei zehn Arbeitsplätzen können cirka DM 150.000,-- für eine moderne MDT-Anlage investiert werden, auf der die bisher für die verteilte Datenverarbeitung entwickelte Software unmittelbar lauffähig ist. Damit können schon getätigte Softwareinvestitionen dezentral genutzt werden, während das PC-Konzept im Regelfall eine Neuprogrammierung bedingt (Marwedel).

Mit dem Einzug der hochintegrierten Chip-Technologie bei den klassischen MDT-Anlagen (Bürocomputern) ist eine Tendenz der Entwicklung von "oben nach unten" feststellbar, die komplementär zur PC-Leistungserhöhung im Sinne einer Entwicklung von "unten nach oben" betrachtet werden kann (Faehling). Sowohl die Leistungssteigerung beim PC zur Mehrplatzfähigkeit wie die Kostenreduktion bei den modernen MDT-Anlagen wird zu einem Zusammenwachsen der Entwicklung "von oben nach unten" mit der "von unten nach oben" führen. Bei der Ankündigung von PC's mit 3 MB-Arbeitsspeicher und 20 MB-Direktzugriffsspeicher (zum Beispiel IBM-AT) ist das PC-Leistungspotential schon weit in den Bereich der Universalrechner eingedrungen, so daß schon bald überschneidungsbereiche der beiden skizzierten Entwicklungslinien vorhanden sein werden (Scheer). Dieser Prozeß wird durch die Verfügbarkeit von LOCAL AREA NETWORKS (LAN) wesentlich beeinflußt. Dabei stellt Scheer fest, daß zur Zeit LAN-Konzepte für den praktischen Wirkbetrieb noch viele ungeklärte Fragen aufwerfen.

Eine Analyse der PC-Ausbreitung bei der Verwaltungsautomation vermittelt den Eindruck, als ob die großen DV-Zentralen die PC-Möglichkeiten quasi immer erst im Nachhinein entdecken - analog zum Hase/Igel-Phänomen (Seibel). Diese langsam erscheinende Integration der PC-Welt in das Leistungsspektrum der DV-Zentralen läßt sich nur anhand des spezifischen Hintergrundes der jeweiligen Zentrale erklären (Faehling). Einerseits ist zuzugeben, daß die hochdynamische PC-Entwicklung sicherlich in Teilbereichen (zum Beispiel Textverarbeitung) einen Teil der DV-Zentralen unvorbereitet getroffen hat. Andererseits werden auch PC-Lösungen nur dann vom Anwender akzeptiert, wenn diese besser sind als der bisher mit MDT-Anlagen und/oder Zentralrechnern erreichte Leistungsstandard. So ist zu beobachten, daß Kommunen, die eine zeitlang Erfahrungen mit eigenständigen PC-Lösungen gesammelt haben, wieder zur Nutzung des Leistungsangebotes einer DV-Zentrale zurückfänden, insbesondere, da inzwischen die DV-Zentralen auch autonome PC-Lösungen im Angebot haben (Faehling).

Im Mittelpunkt der Diskussion stand weder die eindeutige Beantwortung der Thematik: PC - Lückenfüller oder echte Alternative?, noch die eingangs von Fuchs aufgeworfene Frage: PC - Traum oder Alptraum? Vielmehr verdeutlichte die Aussprache, daß der PC als neue Gestaltungsoption ein wichtiger Baustein in fortentwickelten DV-Konzepten sein wird. Dabei wird der PC einerseits als (relativ) autonomer "kleiner" Universalrechner Lücken im derzeitigen Leistungsspektrum schließen, andererseits als integraler Bestandteil im übergreifenden DV-System dienen. In beiden Funktionen setzt ein wirkungsvoller PC-Einsatz im Rahmen der Verwaltungsautomation jedoch neue (Gesamt-)Konzepte voraus.

DIE FÜNFTE GENERATION DER INFORMATIONSTECHNIK
- WAS DIE ÖFFENTLICHE VERWALTUNG ZU ERWARTEN HAT

Roland Traunmüller

1. Einleitung

Die fünfte Generation in der Informationstechnik ist unter dem Titel der japanischen Herausforderung aktuell geworden. Hinter dem Schlagwort verbirgt sich ein breit angelegter Vorstoß auf eine neue Computertechnologie hin, der vor allem von Japan und Amerika getragen wird. Als Folge dieser Entwicklung wird eine neue Basissoftware entwickelt: Logische Deduktion statt üblicher Programmierung und Wissensbasen statt Datenbanken. Diese bilden zugleich mit neuen Formen der Mensch-Maschine-Kommunikation und (computergestützter) Entwurfsmethoden die Grundlagen neuer Einsatzformen. Mit ihnen verändern sich Gestaltungsmöglichkeiten und Auswirkungen der Informationstechnik grundlegend. Der Tagung entsprechend sollen Möglichkeiten und Auswirkungen in den öffentlichen Verwaltungen antizipiert werden.

2. Die fünfte Generation in der Informationstechnik

2.1 Der Generationsbegriff in der Informationstechnik

Mit jedem Sprung in der Gerätetechnik (Röhren, Transistoren, verschiedene Stufen von Integration und Miniaturisierung) haben sich Methoden und Einsatz der Datenverarbeitung verändert. Somit hob sich die Datenverarbeitung nach dem Eindringen einer neuen Technik derart von der früheren Form ab, daß dieser qualitative Sprung in anthropomorpher Weise als neue Generation bezeichnet wurde. Daß diese Änderung nicht nur die Technik, sondern auch die Methodik umfaßte, kommt in der japanischen Generationszählung gut zum Ausdruck:

- Rechnen
- Nichtnumerische Anwendungen
- Datenbanken
- Micros und Netze
- Wissensverarbeitung

Diese Neuerungen stießen auch im Anwendungsgebiet Entwicklungen von Methoden und Paradigmen an, worauf die Rechtsinformatik betreffend der Tagungsbeitrag von Fiedler eingeht <1>.

Die in diesem Beitrag angesprochene fünfte Generation ist die erste, bei der man sich vor ihrem Erscheinen am Markt Gedanken machen kann, wie Einsatz, Gestaltungsmöglichkeit und Auswirkungen aussehen könnten. Dies ist umso bedeutungsvoller, wird doch gerade die Generation der Wissensverarbeitung das Einsatzgebiet mehr noch als die bisherige Computergeneration verändern. Die Zeitperspektive für den Vollausbau ist 1990, doch werden viele Funktionen schon in naher Zukunft zur Verfügung stehen.

2.2 Wissensverarbeitung als fünfte Generation der Informationstechnik

Die fünfte Generation in der Informationstechnik ist durch Wissensverarbeitung gekennzeichnet. Aus einer Wissensbasis können Programme, die in Logikkalkülen geschrieben sind, neues Wissen ableiten. Die Abbildung 1 zeigt das Beispiel eines solchen Dialogs mit einem Expertensystem, wie es im kommunalen Beratungsdienst eingesetzt werden könnte.

Das Funktionsschaubild eines solchen Computers der fünften Generation bringt Abbildung 2. Die wesentlichen Punkte sind:

- eine schnelle Hardware durch hohe Integration und durch teilweise Parallelverarbeitung als Grundlage <2>

- logische Inferenz und Wissensbasen als methodische Neuerung <3>

- Mensch-Maschine-Kommunikation in natürlicher Sprache <4>

- eine Mithilfe des Computers bei dem Entwurf neuer Anwendungssysteme <5>.

Zu jedem Punkt sind Literaturstellen zur Vertiefung gegeben, wobei die Auswahl teils Standardwerke einschließt, teils unter dem Kriterium einer breiteren Verständlichkeit vorgenommen wurde. Auf die einzelnen Module wird im nächsten Abschnitt eingegangen.

3. Funktionsblöcke der fünften Generation

3.1 Der Rechner der fünften Generation

Kontinuierliche technische Weiterentwicklungen führen zu einem Rechner neuer Qualität, der wie folgt beschrieben werden kann:

- Eine neue Generation von Chips, noch kompakter und noch schneller, bildet das Herzstück der fünften Generation.

- Datenflußrechner und Datenbankmaschinen bieten eine Architektur, die parallele Verarbeitung ausnützt.

- Inferenzmaschinen verlagern aufwendige Operationen auf die Hardwareebene.

- Neuartige Speicher und Ein-Ausgabe-Geräte wie zum Beispiel Bubblespeicher oder Sprachausgabe, erweitern den Einsatz.

- Eine den Kinderschuhen entwachsene Telematik vervollständigt das technische Spektrum.

3.2 Programmieren mit Logikkalkül

Programmieren mit Logikkalkülen wird zur neuen Form der anwendungsbezogenen Programmierung. Der Zuwachs an interner Verarbeitungsgeschwindigkeit erlaubt es, mit diesen Ressourcen verschwenderisch umzugehen. Es ist nicht mehr notwendig, Sprachen zu benützen, die sich den Konzepten der Verarbeitung anpassen (Schleifen, Sprungbefehle, satzweise Verarbeitung). Das Beispiel Abbildung 3 zeigt eine solche Programmierung mittels Logikkalkül. Dadurch ergeben sich wesentliche Vorteile:

- Die im Rechner ablaufenden Prozeduren ("Gehe zu Befehl XY") stehen nicht mehr im Vordergrund.

- Die Darstellung konzentriert sich auf die Angabe von Normen und Sachverhalten.

- Diese deklarative Darstellung entspricht besser dem vorgegebenen Problem.

- Die Formulierung der Kalküle hat eine gewisse Entsprechung in der natürlichen Sprache.

- Programmiersprachen, die auf dem Prädikatenkalkül aufbauen (PROLOG), erlauben logisches Schließen (Inferenz). Dadurch kann aus vorhandenem Wissen neues Wissen abgeleitet werden.

3.3 Wissensbasen statt Datenbasen

Logik als Programmiersprache ist nur die Hälfte des großen methodischen Fortschritts. Ihm entspricht auf der Datenseite der Schritt von Datenbasen zu Wissensbasen:

- Bereits der Übergang von der Datei zur Datenbank war ein Versuch, Querbeziehungen ins System einzubauen. Durch Vervielfachung dieser Beziehungen und Einbeziehung des Kontextes entstehen Semantische Netze (Abbildung 4).

- Frames und Slots halten stereotype Situationen und ihnen entsprechende Rollen fest.

- Scripts liefern mögliche Handlungsabläufe, wie sie zum Beispiel in Abbildung 5 für das Beispiel der Antragstellung gezeigt werden.

- Aktionsregeln stoßen Aktivitäten des Systems an (Prüfe bei 15 Prozent Abweichung).

- Vages Wissen ist typisch für Expertensysteme (Zu 85 Prozent erfolgt beim Grenzübergang Walserberg keine Überprüfung).

3.4 Mensch-Maschine-Kommunikation

Die Mensch-Maschine-Kommunikation ist, darauf deutet die altehrwürdige Bezeichnung hin, ein lange bestehendes Forschungsgebiet.

Wesentliche Punkte des nunmehr erzielten Fortschritts sind:

- Sprachverstehende Systeme beherrschen die natürliche Sprache über einen eingegrenzten Wortschatz. Diese Systeme bauen auf der Forschung zur automatischen Übersetzung auf. Eine Vorstellung der dabei auftretenden, jedoch vielfach gelösten semantischen Probleme möge die Abbildung 6 geben.

- Partner-Modelle setzen Ergebnisse der Cognitive Science-Forschung um und ermöglichen dem System, sich auf Dialogpartner unterschiedlichen Wissensstandes einzustellen.

- Nicht zuletzt gilt der gerätetechnische Fortschritt aus Spracheingabe, Sprachausgabe und Erkennung von Schriftzeichen diesen Entwicklungen der Mensch-Maschine-Kommunikation zusätzlichen Auftrieb.

3.5 Entwurf eines neuen Systems

Der vorangegangene Abschnitt über Mensch-Maschine-Kommunikation betrachtet den Dialog mit einem bestehenden System. Vielfach steht aber kein fertiges System zur Verfügung, sondern dieses muß erst entworfen und implementiert werden. Es gilt, den Computer als Hilfe für den Entwurf des neuen DV-Systems heranzuziehen, wie dies für den Entwurf im Maschinenbau (CAD) schon längst der Fall ist. Durch die Möglichkeiten der Rechnerunterstützung erhält die Software jene Qualität in Entwurf, Dokumentation und Wartung, wie sie im Sinn erhöhter Zuverlässigkeit unabdingbar wird.

Der computergestützte Entwurf setzt automatisierbare Methoden voraus, auf die sich auch derzeit die Forschungsarbeiten über Informationssysteme und Software-Engineering konzentrieren. Erschwerend wirken Methodenvielfalt und terminologische Inkonsistenzen. Trotzdem ist der Fortschritt sichtbar. Allerdings ist man von der automatischen Programmierung noch sehr weit entfernt. Das Wunschbild eines Nürnberger Trichters in der Systementwicklung scheint schwer machbar und ist vielleicht auch gar nicht erstrebenswert.

Mit dem Fortschritt der Methodenforschung verlagern sich die Probleme des Entwurfs in das Vorfeld. Im Systementwurf bedeutet dies Formalisierung eines Arbeitsgebietes als Vorstufe der Informatisierung. Will sich Partizipation in der Systemgestaltung wirklich durchsetzen, muß die Formalisierung eine Domäne der Fachabteilungen werden.

4. Expertensysteme

4.1 Aufbau eines Expertensystems

Ein Experte ist ein Spezialist für ein bestimmtes, eingegrenztes Gebiet. Expertensysteme sollen die Tätigkeiten solcher menschlicher Experten simulieren. Sie sind ein angewandtes Gebiet der künstlichen Intelligenz-Forschung und werden als Technik der Wissensverarbeitung (knowledge engineering) klassifiziert.

Den Aufbau eines Expertensystems gibt die Abbildung 7 wieder. Zu den bereits in Abschnitt 3 besprochenen allgemeinen Komponenten eines Rechners der fünften Generation kommen Erklärungskomponente und Wissenserwerb als Spezifika der Expertensysteme dazu.

Erklärungskomponenten sorgen für die Begründung einer Recherche und stellen die Durchschaubarkeit des Systems sicher. Das im System akkumulierte Wissen der Fachleute ist erst in einer langen Testphase widerspruchsfrei zu ordnen, was nur durch Verfolgung der Schlußketten geschehen kann.

Die Wissensaquisition ist ein zweiter, anfangs unterschätzter Bereich. Da es sich um heuristisches Wissen - oft vage formuliert - vieler Experten handelt, ist Wissenserwerb eine überaus aufwendige wie auch kritische Phase. Somit wurde hier die Erfahrung anderer Fachgebiete nachvollzogen, die ebenfalls einer Fehleinschätzung der Datenproblematik verfallen sind, wofür administrative Informationssysteme und statistische Datenbanken zwei Beispiele sind.

4.2 Anwendung von Expertensystemen

Expertensysteme finden sich in zwei Einsatzformen:

- Beratungssysteme (self contained systems) können im Dialog konsultiert werden (vgl. Abbildung 1).

- Module (embedded systems) werden als wissensbasierte Komponente in konventionelle Verarbeitungsformen eingebaut, wofür Textsysteme für rechtspflegende Berufe als Beispiel genannt seien.

Typische Anwendungsformen von Expertensystemen sind:

- Interpretation von Spektren in der Chemie
- Versuchsplanung in der Molekulargenetik
- Diagnose von Blutkrankheiten in der Medizin
- Interpretation seismischer Daten in der Geologie
- Vorschläge für Reparaturen in Autowerkstätten
- Auskünfte in natürlicher Sprache für Hotelbuchungen.

4.3 Expertensysteme im Recht

Zum Fragenkomplex Formalisierung und Expertensysteme im Recht sei auf die Literatur verwiesen <6>. Hier seien exemplarisch folgende Entwicklungen genannt:

- TAXMAN als erste AI-Anwendung im Recht <7>

- frühe Pilotprojekte dedizierter Systeme wie LEGOL <8>, ASVG-DEMO <9> und OECD-CERI <10>

- langjährige Grundlagenforschung zur Formalisierung durch die Forschungsgruppe Fiedler an der Gesellschaft für Mathematik und Datenverarbeitung (GMD) <11>

- ein laufendes Projekt am Wissenschaftlichen Zentrum Heidelberg, natürlichsprachliche Systeme im Recht einzusetzen.

5. Neue Beziehung Mensch - Computer

Die aus den oben andiskutierten Entwicklungen resultierende Beziehung Mensch - Computer ist am besten als Antithese zu formulieren: Der Computer wird vermenschlicht, aber das Gesamtsystem wird immer stärker vom Computer abhängig.

Beispiele für die Vermenschlichung des Computers sind:

- der Dialog in natürlicher Sprache
- verständnisvolle Partnermodelle
- die Emanzipation vom DV-Fachmann weg
- die Dominanz des Laien in der Systemgestaltung.

Die entstehende Abhängigkeit hat viele Facetten:

- eine amicale im Kollegen Computer
- eine dominante durch zusätzliche Kontrollen
- eine verunsichernde durch Abhängigkeit von der Technik
- eine bedrohliche durch Verdrängung vom Arbeitsplatz.

"Wer lange genug lebt, erlebt vieles und von allem das Gegenteil". Dieser Ausspruch Talleyrands spiegelt dessen Erfahrung mit mehreren Generationen an Menschen und Ideen vom Ancien Regime bis zum Vormärz. Vielfach gilt Ähnliches für Computergenerationen. Gerade dies macht die Prognose so schwer, werden doch viele Generationen der Informationstechnik nebeneinander bestehen. Dies bedeutet für den in 6.3 besprochenen Fall der Bescheiderstellung, daß Systeme der dritten Generation mit extremer Standardisierung und DV-Orientierung neben solchen der fünften Generation bestehen werden, bei denen die Vereinheitlichung einer Individualisierung gewichen ist.

6. Was die Verwaltung zu erwarten hat

6.1 Antizipation der Veränderung als Chance

Von der Prognose gilt das Apercu, daß sie schwierig sei, wenn sie auf die Zukunft gerichtet ist. Nun gilt es, nicht nur das Erscheinungsbild der fünften Generation, sondern auch deren Implikationen auf die öffentlichen Verwaltungen vorherzusehen: das ist Prognose zum Quadrat.

Des ungeachtet ist diese Antizipation essentiell - hat doch die Verwaltung zum ersten Mal die Chance, Einsatz, Gestaltungsmöglichkeiten und Folgen einer Großtechnik vor ihrer Anwendung zu diskutieren, statt wie bisher a posteriore die Fehlentwicklungen zu beklagen. Diese Chance ist zu nützen - die nächsten Jahre sind in dieser Hinsicht kostbare

Zeit, die es gilt auszukaufen. Die folgenden punktuellen Beispiele mögen dieser Diskussion einen Ansatz geben.

6.2 Informationsmanagement

Auf die bereits jetzt zentrale Frage des Informationsmanagement wurde im Grundsatzreferat zur Tagung <12> eingegangen. Grundsätzlich trifft sich die Entwicklung sehr gut mit der dort geforderten offenen Automationsstruktur, wenngleich sich manche zusätzliche Frage stellt:

- Es wird schwieriger denn je, Führungsauftrag und Einzelinitiativen aufeinander abzustimmen. Diese Frage ist durch Reglementierung schwer zu lösen, will man die Initiativen nicht unterdrücken.

- Die DV-Infrastruktur ist den neuen Entwicklungen anzupassen. Eng verbunden ist damit die Parallelität verschiedener Generationen und Konzepte, deren friedliche Koexistenz nicht selbstverständlich ist.

- Auch manche technische Frage ist noch offen; man denke nur an die Koppelung von Expertensystemen und bestehenden IuD-Systemen.

6.3 Verwaltungsverfahren

Die Wechselwirkung zwischen Informationstechnik und Verwaltungsverfahren ist ein Hauptthema der Tagung <13>. Die Computer der fünften Generation bringen eine Lösung für jene Schwierigkeiten, die ihre Ursache in der Rigidität der derzeitigen DV-Verfahren haben:

- Die Unterrichtung erfolgt nur mangelhaft.
- Verständlichkeit und Zugang sind eingeschränkt.
- Die Bescheide werden unzulänglich begründet.
- Die Erfassung der Information richtet sich mehr nach der Datenverarbeitung, statt sich am Einzelfall zu orientieren.
- Die vom Gesetzgeber vorgesehene Typisierung wird eigenmächtig verfeinert.
- Ermessensspielräume werden durch Kasuistik ersetzt.

Der Trend zur Individualisierung schafft aber auch neue Probleme:

- Die Einheitlichkeit der Rechtsanwendung ist gefährdet.
- Der Nachvollzug der Entscheidungen wird schwieriger.
- Die Möglichkeiten der Anfechtung potenzieren sich.
- Der große Fragenkomplex Haftung ist noch kaum andiskutiert.

6.4 Verwaltungsbeamte

Die Informationstechnik beeinflußt Status und Rolle der Verwaltungsbeamten stark <14>. Diese Tendenz verstärkt sich durch den Einsatz von Expertensystemen. Eine Schlüsselstellung kommt dabei folgenden Fragen zu:

- Wie kann durch Aus- und Fortbildung die Qualifikation den Bedürfnissen angepaßt werden?

- Kann der hohe soziale Status des Beamten erhalten bleiben, wenn wesentliche Agenden von der Maschine übernommen werden?

- Ist in einer solchen Entwicklung (die aus verschiedenen Gründen sehr wünschenswerte) Absicherung durch Unkündbarkeit aufrechtzuerhalten?

- Wie wird dem Beamten ein positiver emotionaler Zugang zum Computer vermittelt?

- Kann Synergie erreicht werden, wenn die Situation von Konkurrenz geprägt ist?

Anmerkungen:

<1> Vgl. Fiedler 1985

<2> Vgl. o.V. 1984 d

<3> Vgl. Bibel und Siekmann 1982; Retti u.a. 1984; Schneider 1983

<4> Vgl. Blaser und Zoeppritz 1983; Schauer und Tauber 1983 und 1984; van der Veer, Tauber, Green und Gorny 1984

<5> Vgl. Lockemann, Schreiner, Trauboth und Klopprogge 1983; Schulz 1982; Traunmüller 1984 a, Traunmüller 1984 b

<6> Vgl. Fiedler, Barthel und Voogd o.J.; Traunmüller 1982

<7> Vgl. Lucas, Izbicki und Kalod 1979

<8> Vgl. Stamper 1976

<9> Vgl. McCarthy 1976

<10> Vgl. Strigl und Traunmüller 1974

<11> Vgl. Fiedler, Barthel und Voogd o.J.

<12> Vgl. Reinermann 1985

<13> Vgl. Grimmer 1985; Lenk 1985

<14> Vgl. zum Beispiel Dollenbacher 1985

XPS: Guten Morgen, ich bin das Beratungssystem des Magistrates. Was kann ich für Sie tun?

BEN: Mein Sohn besucht die Schule, kann aber kein öffentliches Verkehrsmittel benutzen.

XPS: Möchten Sie Auskünfte über Verkehrsverbindungen?

BEN: Nein, nicht nötig. Es gibt keine günstigen.

XPS: Es ist möglich, daß Sie dann Anspruch auf Schulfahrtbeihilfe statt einer Schülerfreifahrt haben.
Wo wohnen Sie?

BEN: Thalheim, Kirchenstraße 10.

XPS: Welche Schule besucht Ihr Sohn?

BEN: BRG Wels

XPS: Das Bundesrealgymnasium in der Schauerstraße oder in der Wallererstraße?

BEN: In der Schauerstraße.

XPS: Sie haben in diesem Fall Anspruch auf eine Beihilfe von monatlich S 150,--. Allerdings dürfte dies nicht die günstigste Lösung sein.

BEN: Wieso?

XPS: Ihr Sohn hätte für den Hinweg zur Schule eine gute Verbindung. Der Postautobus hält um 7 Uhr 25 an der Haltestelle Schloß Traunegg, nur 300 m von Ihrer Wohnung entfernt. Es dürfte somit günstiger sein, die Schülerfreifahrt zu beantragen.
Benötigen Sie weitere Auskünfte?

Abbildung 1: Expertensysteme im Bereich des Beihilfenwesens. Beispiel eines Beratungsdialogs.

5. GENERATION RECHNER	5. GENERATION METHODEN	MENSCH-MASCHINE-KOMMUNIKATION
VLSI Parallelverarbeitung Inferenzmaschine	Programmieren mit Logikkalkülen	Sprachverstehende Systeme Kognitive Modelle
	Wissensbasen statt Datenbasen	ENTWURF Formalisierung Computergestützter Entwurf
Telematik		

Abbildung 2: Funktionsschaubild eines Computers der fünften Generation

V x (Alter x = 14) → Beihilfe x

∧ Alter L u c i a = 8

→ Beihilfe L u c i a

Wenn gilt:

Für alle jene, deren Alter kleiner oder gleich 14 ist, folgt ein Anspruch auf Beihilfe

Und L u c i a ist 8 Jahre alt

So folgt: L u c i a hat Anspruch auf Beihilfe.

Abbildung 3: Programmieren in Logikkalkül

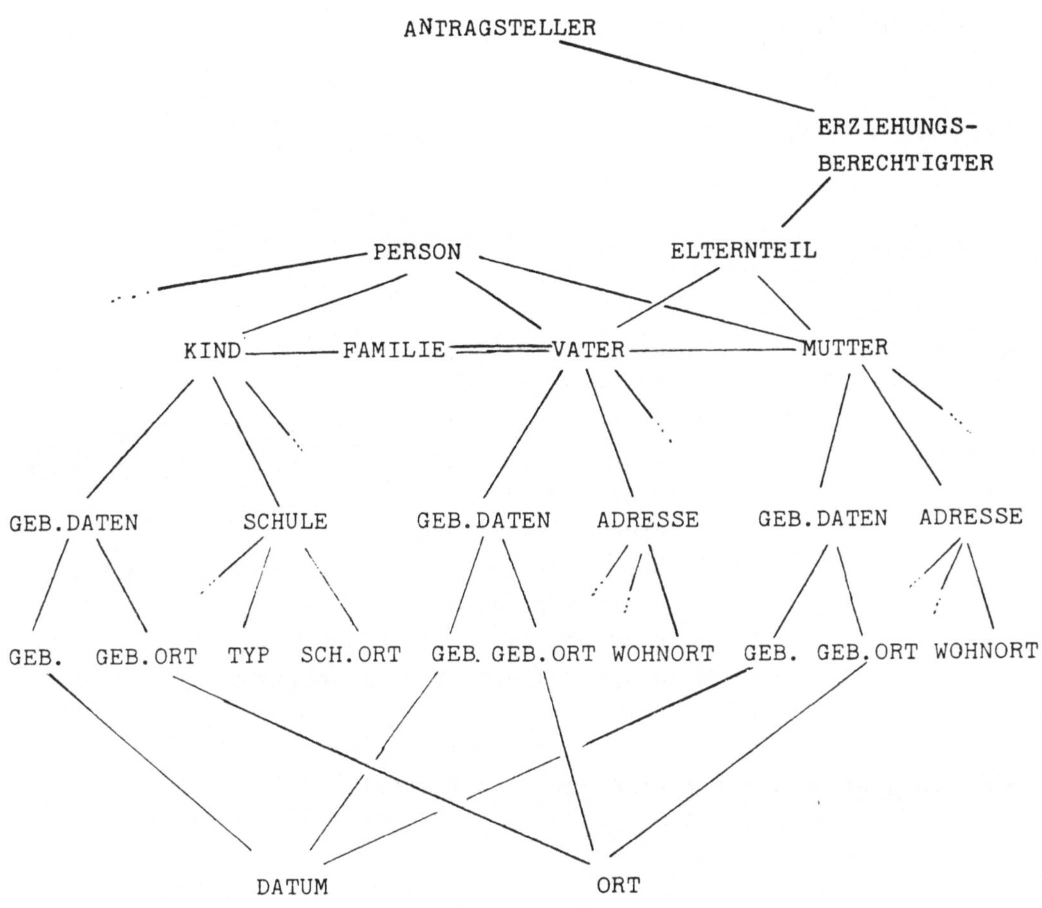

Abbildung 4: Ausschnitt aus einem Semantischen Netz

Skript: Schulfahrtbeihilfe

Beteiligte Personen: Elternteil, Anspruchsberechtiger, Kind

Beteiligte Objekte: Wohnort, Schulort, Beihilfe, Schule

Ereignisse:

1. Kind besucht Schule
2. Elternteil stellt Antrag
3. Elternteil wird zum Anspruchsberechtigten
4. Kind unterbricht Schulbesuch für länger als vier Wochen
5. Kind wechselt Schule
6. Anspruchsberechtigter wechselt (zum Beispiel wegen Scheidung)
7. Kind beendet Schulbesuch
8. Anspruchsberechtigung erlischt

Abbildung 5: Skript für eine Schulfahrtbeihilfe

Einfache semantische Beziehungen (Kasusrahmen)

Agent/Aktor (Urheber einer Handlung):

Elternteil stellt Antrag

Objekt (Gegenstand, der von einer Handlung betroffen ist):

Elternteil stellt Antrag

Instrument (Mittel einer Handlung):

Antrag wird mittels Btx gestellt

Ausgangspunkt:

Schüler kommt aus dem Nachbarort

Ziel:

Schüler fährt zur Schule

Komplexe semantische Ausdrücke

Vage Quantoren: einige, viele...
Natürlichsprachliche Junktoren: nicht nur...sondern auch
Komplexe Qualifikationen: ungefähr 20 Prozent der über 3.000 Buchungen
Deiktische Ausdrücke: nunmehr, gleich, später...
Konjunktion von Termen:...wir gingen und sie warteten...
Kontinua und Abstrakta: Luft, Kommunikation, Verständnis...
Modalpartikel: selbstverständlich, glücklicherweise...
Fragepartikel: weshalb, wodurch...

Abbildung 6: Beispiel zur Semantik von natürlichsprachlichen Ausdrücken

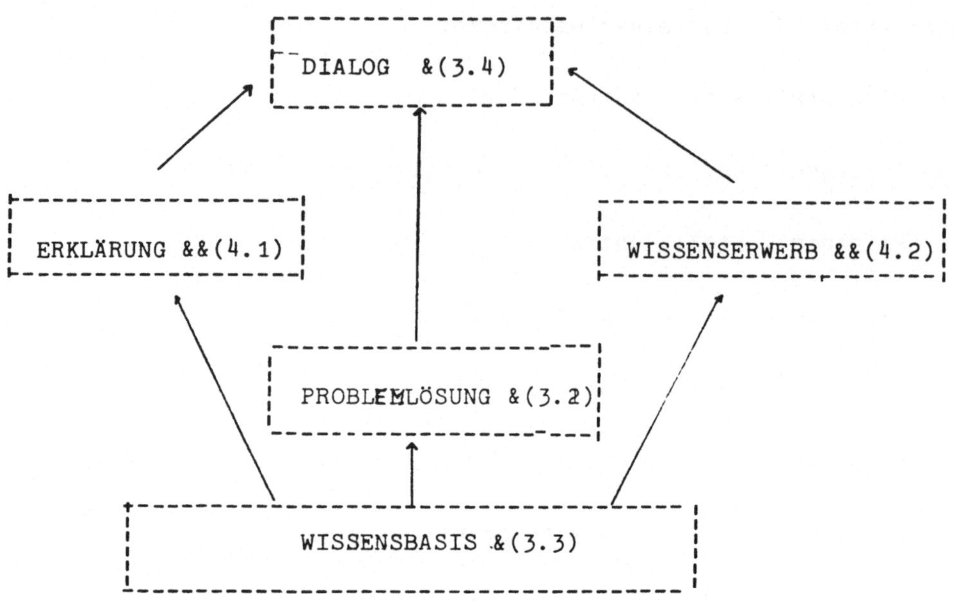

& Allgemeine Funktion des Rechners der 5. Generation (im Abschnitt 3 behandelt)

&& Spezifische Komponente eines Expertensystems (im Abschnitt 4 behandelt)

Abbildung 7: Funktionsschaubild eines Expertensystems

Aussprache zum Referat
von Roland Traunmüller

Bericht von Hinrich Bonin

Das im Rahmen der Tagung in vielen Beiträgen verwendete Schlagwort "Fünfte Generation" - einerseits zur Bezeichnung der Hardwarerevolution, andererseits zur Kennzeichnung der Softwareentwicklung (Fiedler) - wurde in der von Eckhard Fuchs geleiteten Aussprache primär als Verfügbarkeit von Expertensystemen interpretiert. Derartige Expertensysteme haben Zugang zu einer Wissensbasis und können Schlußfolgerungen aus dem darin enthaltenen Wissen ziehen, um die gestellten Benutzerprobleme lösen zu können.

Die Software solcher Expertensysteme basiert auf einer zur derzeitigen Programmierung andersartigen Erstellungsmethode. In einem traditionellen DV-Verfahren ist der Weg zur Lösung der Aufgabe vom Systemdesigner präzise vordefiniert; die Exaktheit kommt beispielsweise darin zum Ausdruck, daß Flußdiagramme benutzt werden, um die Programmabläufe zu dokumentieren, das heißt es werden feste Bahnen definiert, aus denen kein Ausbruch möglich ist (Ausnahme: ungewollter Programmabbruch). Bei der Konstruktion des Expertensystems vermittelt der Designer seinem System alle Hilfsmittel, die zur Problemlösung benötigt werden, das heißt Regeln, wie es sich in bestimmten Situationen verhalten sollte. Er formuliert sein Wissen, das ihn als Experten ausweist. Die Konfrontation seines Systems mit der Beschreibung eines aktuellen (Problem-)Zustandes (= Eingabedaten) ergibt entweder eine akzeptierbare Lösung oder verdeutlicht, daß noch mehr oder besseres Wissen benötigt wird. Das Softwareerstellungsparadigma der fünften Generation fußt somit im wesentlichen auf der Abbildung von Regeln und Fakten (Logik als Programmiersprache, zum Beispiel PROLOG). Es wird daher eine Emanzipation der Verwaltungsfachleute gegenüber dem traditionellen DV-Fachmann (Programmierer) bewirken (Traunmüller).

Dieses logikgeprägte Denkmodell der fünften Generation wirft die Frage der Übergangsproblematik auf (Rosenberger). So ist anzunehmen, daß noch eine, relativ zur Hardwareentwicklung, lange Übergangszeit Systeme der verschiedenen Generationen gleichzeitig im Einsatz sein werden. Durch diese Parallelität wird die Fülle der verschiedenen Verfahren in der Verwaltungsautomation noch weiter steigen (Traunmüller). Ein schneller, quasi schlagartiger Ersatz von traditionellen Systemen durch wissensbasierte ist nicht zu erwarten. Als eine der ersten Auswirkungen für die Verwaltungsautomation wird zunächst die Verbesserung der Mensch-Maschine-Schnittstelle bisheriger Softwarepakete prognostiziert. Eine Anpassung der Dialogführung an den jeweiligen Kenntnisstand des Benutzers im Sinne eines ersten Schrittes in Richtung zu einem Partner-Modell ist zunächst zu vermuten (Traunmüller).

Die Diskussion über Begriffe der Künstlichen Intelligenz (KI) und über Erfahrungen mit Expertensystemen zeigte, daß abgesehen von der Annahme, daß im militärischen Bereich Expertensysteme schon eingesetzt würden, kaum Rückkopplungen der aktuellen KI-Forschung auf die derzeitige DV-Praxis in öffentlichen Verwaltungen erkennbar sind. Der augenblicklich noch sehr kleine Kreis von Fachkundigen ist dringend zu vergrößern (Wagner). Ein Beitrag dazu kann eine breite Diskussion über Bedarf, Notwendigkeit und Auswirkungen leisten (Traunmüller). Einzubeziehen sind auch Gedanken über den Erhalt unserer Grundordnung bei Einsatz von Expertensystemen (Fuchs).

Die von Fuchs im Schlußwort in den Raum gestellte Frage, ob und wann aus dem Personalcomputer das wissensbasierte Supersystem wird, bleibt weiterhin offen.

DRITTER TEIL: INFORMATIONSVERWALTUNG

INFORMATIONSPROBLEME BEI DER LIEGENSCHAFTSVERWALTUNG IM LÄNDLICHEN RAUM

Wolfgang Rettberg

1. Projekt "Kleine Kommunen"

Die Forschungsgruppe Verwaltungsautomation hat in den Jahren 1981 bis 1983 ein vom Bundesminister für Forschung und Technologie gefördertes Projekt mit dem Thema "Der Einsatz von dezentraler Informationstechnologie in Kommunalverwaltungen der unteren Größenklassen" bearbeitet. Es wurden im Rahmen dieses Projektes vornehmlich kleine Verwaltungen in Nordhessen, Ostwestfalen und eine Verwaltung in Baden-Württemberg untersucht. Ausgangspunkt waren Fragestellungen nach Einsatzmöglichkeiten von Informationstechnik in kleinen Kommunalverwaltungen. Die Abschätzung der Einsatzmöglichkeiten von Technik und ihrer Folgen setzten dabei eine Analyse der Binnenstruktur und Außenbeziehungen der Gemeindeverwaltung, ihrer Aufgaben und Aufgabenerledigungsprozesse, ihrer personellen und sachlichen Ausstattung und schließlich auch der Gemeinde selbst voraus wie ihrer Position in der Region und im Verwaltungsgefüge.

Dabei ging es um

- die Besonderheiten kleiner Gemeindeverwaltungen, die im Bürobereich weniger als 20, oft weniger als 10 Beschäftigte haben, gegenüber größeren Verwaltungen

- die Vielfalt und Komplexität der Aufgaben einer Gemeindeverwaltung gegenüber der relativ hohen Spezialisierung anderer Verwaltungen (zum Beispiel Finanzverwaltung, Sozialversicherung) oder auch vergleichbarer Dienstleistungsbetriebe wie Banken und Versicherungen

- die Unterschiede zwischen kleinen Gemeinden aufgrund ihrer regionalen Lage, ihrer sozialen Struktur und ökonomischen Situation, ihrer kommunalpolitischen Bedingungen, die stärker auf die Verwaltungen durchschlagen als die entsprechenden Merkmale großer Kommunen.

Es ist ein Irrtum, aus der geringen Größe (gemessen an Bevölkerungszahl, Wirtschaftskraft, Arbeitsplätzen, Gebiet, Verwaltungspersonal und ähnlichen Indikatoren) auf eine geringe Komplexität wie auch geringere Differenziertheit sowohl des sozialen Gebildes kleiner Gemeinden wie ihrer Verwaltungen zu schließen. Gemeinde wie Verwaltung sind kaum einfacher strukturiert als Städte und ihre Verwaltungen; sie weisen untereinander jedoch erhebliche Unterschiede auf.

Diese Gründe wie auch der bedeutungsvolle Anteil von Gemeinden unter 10.000 Einwohner an der Gesamtheit bundesdeutscher Kommunen sowie auch der Anteil der dort lebenden Bevölkerung (in Hessen zum Beispiel über 26 Prozent) ließen kleine Kommunen als bedeutungsvolles Untersuchungsobjekt erscheinen, da diese auch von der Aufgabenstruktur her einen bedeutsamen Teil der kommunalen Verwaltung in der Bundesrepublik umfassen.

Die organisatorischen Probleme kleiner und kleinster Kommunalverwaltungen finden auch heute noch weder in Politik- und Verwaltungswissenschaft noch in empirischer Organisations- und Betriebswirtschaftslehre, sofern sie sich überhaupt mit der öffentlichen Verwaltung befassen, ausreichende Beachtung. Auch die Wirkungsforschung hat diesen Problembereich bisher nicht zum Thema gemacht, obwohl mit einiger Sicherheit anzunehmen ist, daß die gegenwärtigen technologischen Trends einen spürbaren Einfluß auf kleine Verwaltungseinheiten nehmen werden.

Unser Projekt wollte diese Leerstelle mit einer empirischen Analyse schließen und herausfinden, welche neuen Kommunikationsformen und Leistungsangebote und welche qualitativen Verbesserungen bisheriger Leistungen der kleinen und kleinsten Kommunalverwaltungen durch Mittel der Informations- und Kommunikationstechnik möglich sind und in welchen organisatorischen Abläufen und Strukturen sie sich am besten realisieren lassen.

Das Projekt möchte damit nicht zuletzt einen Beitrag leisten zum Abbau struktureller Benachteiligung des ländlichen Raums sowie zur Sicherung gleicher Lebensverhältnisse in der Bundesrepublik Deutschland.

2. Grundstücksbezogene Informationen

Zu Beginn unserer Untersuchungen in den Verwaltungen von cirka 20 Gemeinden haben wir festgestellt, daß in den meisten auch Informationen zu den zum Gemeindebereich gehörenden Grundstücken verwaltet werden. Wir wurden dabei bereits sehr früh auf Unzulänglichkeiten und Mängel der zur Verfügung stehenden Möglichkeiten bei der Verwaltung und Nutzung von grundstücksbezogenen Informationen hingewiesen. Wir haben dieses Problem daher in unser Untersuchungskonzept aufgenommen und in den zu untersuchenden Gemeinden eine Erhebung des Ist-Zustands mit daraus folgender Bedarfs- und Defizitanalyse durchgeführt. Hieraus leiten sich am Schluß Empfehlungen zur Verbesserung der Situation unter anderem auch mit Technikunterstützung ab.

Zunächst möchte ich jedoch den Begriff 'Grundstücksbezogene Informationen' oder auch 'Grundstücksdaten' etwas näher erläutern. Als Grundstücksdaten lassen sich grundsätzlich alle mit Grundstücken zusammenhängenden Informationen bezeichnen. Unserer Meinung nach kann man solche Informationen in drei Kategorien aufteilen (vgl. Tabelle 1):

- Informationen, die sich direkt auf die Grundstücksfläche, also die kleinste Einheit der Erdoberfläche beziehen. Es handelt sich dabei hauptsächlich um Angaben zur Grundstücksgröße. Hinzu kommen Informationen, die die Lage dieser Fläche definieren.

- Informationen, die sich auf die vom Grundstück ausgehende dritte Dimension beziehen, das heißt es geht um sämtliche Gegenstände oberhalb und unterhalb der Oberfläche des Grundstücks.

- Daten rechtlichen Charakters; es handelt sich hier um Informationen, die weder am Grundstück selbst, noch an den dort befindlichen Gegenständen sichtbar sind.

Um den Stellenwert von grundstücksbezogenen Informationen für die Verwaltung kleiner Kommunen zu verdeutlichen, will ich kurz auf deren Aufgabenbereiche eingehen. Wir unterscheiden dabei zwischen 'Weisungsgebundenen Kernaufgaben' (Pflichtaufgaben) und 'nicht weisungsgebundenen Aufgaben'. Ich orientiere mich dabei am Bundesland Nordrhein-Westfalen, andere Länder unterscheiden sich hiervon nur wenig.

Aufgrund der vielfältigen zu erfüllenden kommunalen Aufgaben, die auf grundstücksbezogene Informationen aufbauen, besteht bei kleinen Gemeinden durchweg großes Interesse an einem möglichst aktuellen Bestand an Grundstücksdaten (vgl. Tabelle 2). In der Mehrzahl (wie bereits zu Beginn erwähnt) der von uns untersuchten kleinen Gemeindeverwaltungen werden Grundstückskarteien geführt, wobei diese sowohl in den einzelnen Bauämtern wie auch in der Hauptverwaltung beziehungsweise in einem Fall in der Kämmerei geführt werden.

Die meisten der vorgefundenen Grundstückskarteien sind im Rahmen der Gebietsreform, das heißt nach der Neuordnung der einzelnen Gemeindeverwaltungen aufgebaut worden. Charakteristisch ist dabei, daß diese Karteien außerhalb der 'normalen' Verwaltungsarbeit erstellt wurden, was insbesondere mit der knappen personellen Ausstattung der einzelnen Verwaltungen begründet wurde (die Karteien wurden mit im Rahmen von AB-Maßnahmen beziehungsweise von ehrenamtlichen Mitarbeitern aufgebaut).

Das große Interesse bei den untersuchten Gemeindeverwaltungen an einer Verbesserung der Möglichkeiten zur Verwaltung der Grundstückskarteien leitet sich aus den zur Zeit sehr begrenzten Möglichkeiten der Gemeinden ab. Die manuell geführten Karteien sind häufig unübersichtlich, beinhalten meist nicht alle benötigten Informationen, es gibt nur eingeschränkte Such- und Selektionsmöglichkeiten (häufig findet man Informationen nur durch einen einzigen Suchbegriff, zum Beispiel den Eigentümernamen, das Auffinden von Grundstücksinformationen über andere Merkmale, zum Beispiel Straßenname, Flurbezeichnung und so weiter ist schwierig, manchmal unmöglich), einzelne Suchvorgänge sind mühsam und zeitintensiv (häufig müssen für eine Information mehrere Karteien durchgesucht werden).

Ein weiteres Problem für kleine Gemeindeverwaltungen bei der Verwaltung von Grundstücksinformationen besteht in der Beschaffung aktueller Daten, die aus vielfältigen Quellen von grundstücksbezogenen Informationen bezogen werden (vgl. Abbildung 1).

Wie man sieht, sind die Datenquellen für Grundstücksinformationen vielfältig und unterschiedlich strukturiert, sie reichen von übergeordneten Behörden, für die die Gemeinde teilweise auch eine Zuträgerfunktion für grundstücksbezogene Informationen hat, bis hin zu privaten Institutionen.

Welche Informationen in welcher Form ausgetauscht werden, zeigt die Tabelle 3.

Der Informationsaustausch kleiner Gemeinden mit den beschriebenen Stellen ist mit vielschichtigen Problemen behaftet. Zunächst einmal hat jede Stelle eigene Methoden, Informationen abzubilden beziehungsweise darzustellen. So ist zum Beispiel das meisteingesetzte Medium beim Katasteramt die sogenannte Flurkarte, die jedoch zur Zeit immer noch in unterschiedlichen Darstellungsformen (als Inselkarte, Rahmenkarte usw.) und unterschiedlichen Maßstäben vorkommt. Eine angestrebte Vereinheitlichung dürfte noch einige Zeit auf sich warten lassen. Ergänzt wird das Kartenwerk durch differenzierte Datensammlungen, deren Umfang gerade durch Automatisierungsbestrebungen noch erheblich zunehmen dürfte und für den Bedarf kleiner Kommunen viel zu groß ist (neueste Publikationen zum Thema Grundstücksdatenbank unterscheiden zum Beispiel zwischen mehr als 1.000 verschiedenen Nutzungsarten von Grundstücken). Auch Informationen aus dem Grundbuch sind schon aus Gründen der Rechtssicherheit umfangreich und vielschichtig. Die Verwaltung einer kleinen Gemeinde benötigt für ihre Zwecke nur einen Bruchteil der bei den genannten Stellen vorgehaltenen Informationen. Auch Grundstücksdaten weiterer Stellen wie Bauaufsicht, Finanzverwaltung und so weiter sind teilweise sehr komplex und unübersichtlich und daher in die Grundstücksdateien kleiner Gemeinden nicht direkt übertragbar. Es wäre denkbar, für den Informationsbedarf kleiner Kommunen eine Art Raster zu entwickeln, nach dem dann die einzelnen Stellen relevante grundstücksbezogene Informationen herausfiltern.

Weitere Probleme bestehen auf der Ebene der Kommunikation. Häufig werden Informationen nur auf einen detaillierten Antrag hin herausgegeben, aus Gründen der personellen Kapazitäten bei den Kommunen unterbleibt dann häufig die Anforderung eigentlich wichtiger Daten (die Grundstückskartei wird dann eben nur alle zwei bis drei Jahre aktualisiert, statt ständig erneuert). Viele Stellen geben Informationen gar nicht heraus, der Informationsbedarf in den Gemeinden wird dann meist recht umständlich zum Beispiel "Vor-Ort-Termine" oder über persönliche Kontakte der jeweiligen Sachbearbeiter gedeckt (Zitat eines befragten Sachbearbeiters: "Ich habe bei dem Elektrizitätsversorgungsunternehmen einen guten Schulfreund, der informiert mich dann schon mal über die Lage von Versorgungsleitungen").

Bevor ich nun auf einige technische Möglichkeiten zur teilweisen Lösung der zuvor beschriebenen Probleme komme möchte ich noch einmal kurz zusammenfassen:

Kleine Kommunen haben großes Interesse an einem aktuellen Bestand an grundstücksbezogenen Informationen. Es sind zahlreiche Verwaltungsbereiche auf Grundstücksdaten angewiesen:

Beispiele:

Finanzwesen (Steuern und Gebührenerhebung)
Planung (Entwicklungsplanung, Bauleitplanung)
Statistik (Bodenverkehr, Bodenwertstatistik usw.)
Bauwesen (Baugenehmigungsverfahren)
Ordnungsverwaltung (Nachbarrecht, Umweltschutz)
Technische Infrastruktur

Weiterhin haben kleine Gemeindeverwaltungen Zuträgerfunktionen für Grundstücksdaten beim Baugenehmigungsverfahren, im Rahmen des Bodenverkehrs und in der Planung für übergeordnete Behörden.

Probleme bestehen bei den unterschiedlichen Methoden der Informationsaufbereitung bei den als Datenquellen fungierenden Stellen, bei der Informationsbeschaffung durch die Gemeindeverwaltung und bei der Datenverarbeitung und Pflege in den kleinen Kommunalverwaltungen.

3. Lösungsansätze durch Informations- und Kommunikationstechnik

Zunehmend sind bei den Behörden, die Grundstücksdaten ermitteln und verwalten Bestrebungen im Gang, die Verwaltung von grundstücksbezogenen Informationen zu automatisieren. Solche Konzepte wie zum Beispiel Grundstücksdatenbanken in den Kataster- und Vermessungsbehörden sind in der Regel aber auf die spezifischen Bedürfnisse dieser Behörden selbst zugeschnitten, berücksichtigen also den Bedarf insbesondere kleiner Gemeindeverwaltungen wenig oder gar nicht. Nach unserer Meinung lassen die zur Diskussion stehenden technischen Möglichkeiten es zu, Informationen so aufzubereiten (zu filtern), daß sie von den betroffenen kleinen Verwaltungen direkt weiterverarbeitet werden können. So könnte man sich zum Beispiel auf eine Regelung einigen, nach der bestimmte Informationen in ausgewählter Form automatisch weitergegeben werden. Erste Ansätze hierzu haben wir bei einer Katasterbehörde besichtigt, in der in bestimmten Fortführungsintervallen Grundstücksdaten gemeindeweise sortiert und an die betreffenden Gemeinden weitergegeben werden. Dies geschieht dort auf dem Wege der Mikroverfilmung, das heißt Flurkarten, Katasterauszüge und so weiter werden zentral mikroverfilmt (die technische Ausstattung ist aufgrund der Größe der Kreisbehörde vorhanden), nach unterschiedlichen Kriterien sortiert und an die betreffenden Gemeinden weitergegeben.

Die Gemeinde benötigt dann lediglich ein Rückvergrößerungsgerät. Ähnliches ist auch für Informationen aus den Grundbuchämtern, der Bauaufsicht, der Finanzverwaltung und so weiter denkbar. Vorstellbar ist auch der Informationsaustausch in digitalisierter Form, das heißt die ohnehin stattfindende und in der Regel recht aufwendige Ermittlung, Erfassung und Pflege der Daten findet in den zuständigen Behörden statt, die Übermittlung der auf den Bedarf der Gemeinden zugeschnittenen Daten erfolgt digitalisiert über eventuelle neue Kommunikationssysteme oder mittels Datenträgeraustausch. Die Weiterverarbeitung und Pflege erfolgt dann vor Ort mittels dezentraler Systeme.

Das Problem der Datenübertragung wiegt dabei nicht so schwer, ist aber dennoch verbesserungswürdig. Durch neue technische Möglichkeiten ist es denkbar, kleine Gemeindeverwaltungen quasi näher an übergeordnete Behörden als Datenquellen und Informationsempfänger heranzurücken. Moderne Kommunikationstechnik bietet Möglichkeiten, deren Nutzung gerade für Verwaltungen im ländlichen Raum mit weit verbreitetem Siedlungsgebiet und erschwerten Verkehrsverhältnissen neu zu überlegen ist.

Zum Schluß möchte ich noch kurz auf Einsatzmöglichkeiten von Informationstechnik in kleinen Kommunalverwaltungen eingehen:

Neben den Randbedingungen in den Gemeinden haben sich insbesondere auf technischer Ebene in den letzten Jahren erhebliche Veränderungen eingestellt. Neben der DV-Technik und der Kommunikationstechnik hat die Technik der Textverarbeitung Entwicklungssprünge gemacht; die drei bisher genannten Technikzweige vereinigen sich zur Informationstechnik mit vielfältigen Kombinationsmöglichkeiten.

Neben die Großcomputer sind leistungsfähige kleine Rechner getreten, die nur noch wenig Anforderungen an die Arbeitsumgebung stellen, das gleiche gilt für Ein- und Ausgabegeräte wie auch für Speicher.

Sinkende Preise für Hardware - nicht aber für Software - führen zu ganz neuen Perspektiven auch und gerade für kleine Kommunen.

Verbesserte Möglichkeiten zur Verwaltung von Grundstücksdateien, wie sie in kleinen Gemeindeverwaltungen geführt werden, bieten zum Beispiel auf Mikrocomputern installierte Datenbanksysteme. Solche Systeme lassen sich bereits mit relativ geringen Kosten installieren. Wichtige Voraussetzung dafür ist eine Anwendersoftware, die für eine Vielzahl weiterer Aufgabenbereiche DV-Lösungen auch ohne Einschaltung zentraler Datenverarbeitung erlaubt.

Wichtigste Anforderungen an solche Systeme sind einfaches Handling für die betroffenen Sachbearbeiter, komfortable Such- und Selektionsmöglichkeiten, Flexibilität beim Aufbau von Dateien zum Beispiel durch variable Datensatzlängen und parallele Dateiverwaltung mit vielfältigen Verknüpfungs- und Auswertungsmöglichkeiten.

Ich komme zum Schluß: Der Einsatz angepaßter, überschaubarer, dezentraler Informationstechnik erscheint uns, wie das Beispiel Grundstücksdatei zu beschreiben versucht, dann sinnvoll, wenn er zur Verbesserung der Handlungsfähigkeit kleiner Verwaltungen führt. Durch die am Anfang erwähnte Vielschichtigkeit der vorhandenen Verwaltungsaufgaben erscheint uns die Gefahr von Rationalisierungstendenzen mit all ihren Folgen (von der Monotonisierung der täglichen Arbeit bis hin zum Verlust von Arbeitsplätzen) weniger groß zu sein, als in großen arbeitsteiliger organisierten Verwaltungen und Behörden.

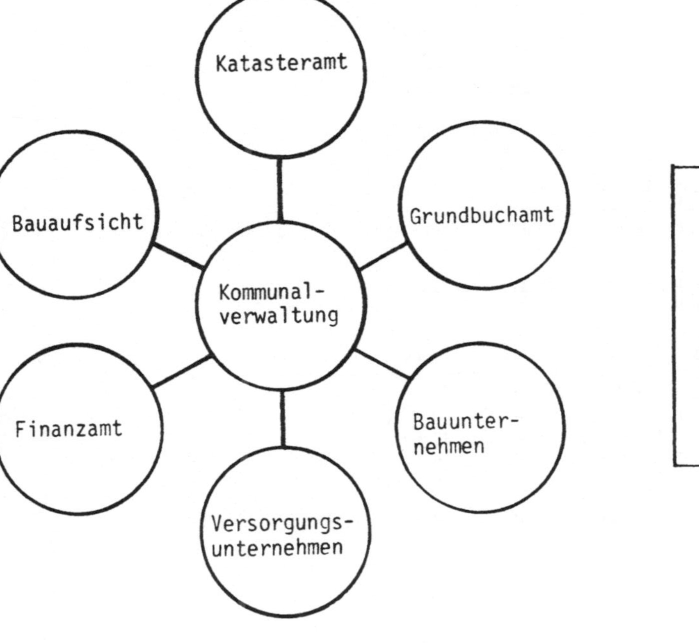

Abbildung 1: Quellen grundstücksbezogener Informationen

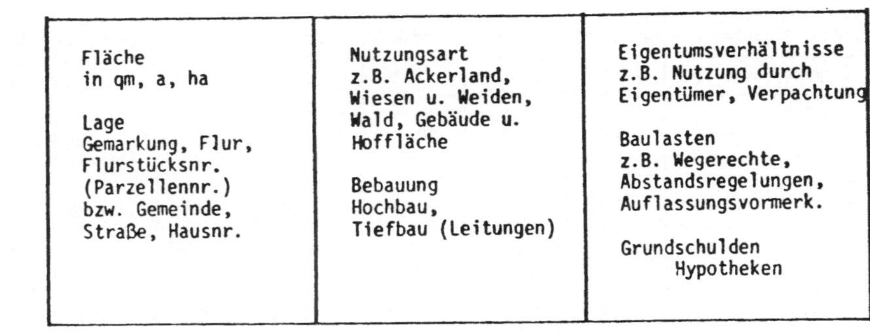

Fläche in qm, a, ha Lage Gemarkung, Flur, Flurstücksnr. (Parzellennr.) bzw. Gemeinde, Straße, Hausnr.	Nutzungsart z.B. Ackerland, Wiesen u. Weiden, Wald, Gebäude u. Hoffläche Bebauung Hochbau, Tiefbau (Leitungen)	Eigentumsverhältnisse z.B. Nutzung durch Eigentümer, Verpachtung Baulasten z.B. Wegerechte, Abstandsregelungen, Auflassungsvormerk. Grundschulden Hypotheken

Tabelle 1: Grundstücksdaten

	Emstal	Oberweser	Wahlsburg	Ludwigsau	Oberaula	Battenberg	Frankenau	Twistetal	Schwarzenborn	Meißner	Borgentreich
Anzahl der reg. Grundstücke	1420	1750	1180	2668	o. Ang.	11717	o. Angabe	1618	326	unvollst	3100
Bestandteile d. Kartei	1420 Lochk. 47 Flurk.	1750 Karteik. 30 Flurk.	1180 Karteik. 35 Flurk.	2668 Karteik. o. Ang.	o. Ang. 79 Flurk.	11717 Karteik. 125 Flurk.	DV-Liste	1618 Karteik. Flurk.	326 Karteik. 1 Flurk.	- -	3100 Karteik. Flurk. Microf.
Suchbegriffe	Name Eig. Flur-Flst.Nr.	Name Eig. Flur-Flst.Nr.	Name Eig. Flur-Flst.Nr.	Name Eig. Liegb.-Nr.	Name Eig. Flur-Flst.Nr.	Name Eig. Flur-Flst.Nr. Strassen	Name Eig. Flur-Flst.Nr.	-	Name Eig. Flur-Flst.Nr.	Name Eig. Flur-Flst.Nr.	Grundb.-blatt-Nr Flur-Flst.Nr. Nutz-art
Häufigkeit Zugriff	10-20x/W.	selten	10x/W.	20 x/W.	5 x/W.	10-15x/W.	20x/W.	-	20x/W.	350x/Jahr	5x/W.
Gründe Zugriff	Baug.Verf. Eig.Wechs. Auskünfte Neuvermessungen Grundst.-teilungen	Eig.Wechs. Grundst.-teilungen Nutz.Änd. Grundst.-teilungen Neuvermessungen	Eig.Wechs. Auskünfte Neuvermessungen	Auskünfte Eig.Wechs.	Eig.Wechs. Auskünfte Grundst.-teilungen	Eig.Wechs Grundst.-teilungen Baug.Verf Beiträge Gebühren	Eig.Wechs. Auskünfte Verpacht. Jagdang.	Auskünfte Baug.Verf. Grundst. teilungen Neuvermessungen Beiträge	Eig.Wechs. Umlegung. Grundst. teilungen Auskünfte	Eig.Wechs. Auskünfte Grundst. teilungen Grenzregelungen Beiträge	Eig.Wechs. Grundst. teilungen Verpacht. Neuvermessungen
Häufigkeit Veränderungen	5-10x/W.	selten	2-3x/W.	o. Ang.	3x/Monat	5x/W.	10x/W.	36x/Jahr	3x/W.	300x/Jahr	2x/W.

Tabelle 2: Grundstückskarteien in einem Teil der untersuchten kleinen Kommunalverwaltungen

DATENQUELLEN	INFORMATIONEN
KATASTERAMT	Pläne, Flurkarten, Katasterauszüge mit Angaben zu - Eigentumsverhältnissen - Lage der Grundstücke - Nutzungsarten - vorh. Flächen - Bodenklassen, usw.
GRUNDBUCHAMT	Bestandsverzeichnisse, Grundbuchblätter (versch. Abteilungen) mit Angaben zu - Eigentumsverhältnissen (mit Grundlage der Eintragung) - Lasten und Beschränkungen - Hypotheken, Grundschulden, Rentenschulden
BAUAUFSICHT	Bauanträge, Baugenehmigungen mit Angaben zu - Veränderungen durch Bebauung - Veränderungen der vorhandenen Bebauung - Abbrüche
FINANZAMT	Meßbescheide als Grundlage zur Erhebung von Grundsteuern
VERSORGUNGSUNTERNEHMEN	Planunterlagen, Aufmaßblätter mit Angaben zur Lage von Versorgungsleitungen (Elektro, Wasser, Telefon, usw.)
BAUUNTERNEHMEN	Planunterlagen, Aufmaßblätter mit Angaben zur Lage von Ver- und Entsorgungsleitungen (Wasser, Abwasser, usw.)
EIGENE VERWALTUNG	Planunterlagen, Texte, usw. zur Bauleitplanung, Hochbau, Tiefbau

Tabelle 3: Datenquellen und Informationen

INFORMATIONSPROBLEME BEI DER BAFöG-Verwaltung

Karl Kleinschroth

1. Gesetzliche Grundlagen und allgemeine Einführung

Auf individuelle Ausbildungsförderung besteht für eine der Neigung, Eignung und Leistung entsprechende Ausbildung seit 1971 ein Rechtsanspruch nach Maßgabe des Bundesausbildungsförderungsgesetzes (BAföG), wenn dem Auszubildenden die für seinen Lebensunterhalt und seine Ausbildung erforderlichen Mittel anderweitig nicht zur Verfügung stehen.

Die Problemdarstellung beschränkt sich auf den Hochschulbereich, wo inzwischen der Schwerpunkt der gesetzlichen Förderung liegt.

Auf den "gesetzlichen Bedarf" sind Einkommen und Vermögen des Auszubildenden, seines Ehegatten und seiner Eltern in dieser Reihenfolge anzurechnen.

Der Bedarf beträgt ab Herbst 1984 für bei den Eltern wohnende Studenten monatlich DM 560,--, ansonsten DM 690,--. Hinzu kommt bei auswärtiger Miete, wenn diese höher als DM 190,-- ist, ein Zuschuß von 75 Prozent des Mehrbetrages bis zum Höchstbetrag von DM 60,-- (= DM 270,-- Miete). Ferner wird gegebenenfalls ein Zuschuß zur Krankenversicherung von DM 38,-- bezahlt. Demnach kann der auswärts wohnende Student bis zu DM 788,-- monatlich erhalten. Bei einer anerkannten Ausbildung im Ausland kommen hierzu gegebenenfalls noch Erhöhungsbeträge für Studiengebühren, Fahrtkosten sowie ein "Auslandszuschlag".

Für die Einkommen der Unterhaltsverpflichteten gibt es gestaffelte feste Freibeträge, Zusatzfreibeträge nach Vonhundertsätzen und eine Aufteilung des anzurechnenden Betrages auf mehrere Auszubildende. Dadurch erhalten auch Studenten, deren Eltern im mittleren Einkommensbereich liegen, häufig noch Förderung nach BAföG.

Die Förderungsdauer ist je nach Studiengang unterschiedlich; sie beträgt zwischen 4 bis 14 Semestern. Dies bedeutet, daß ein Förderungsfall nicht von kurzer Dauer ist. Die Durchschnittsstudienzeit beträgt cirka fünf Jahre, umfaßt also einen Zeitraum, in welchem immer wieder gleichartige Informationen angefordert werden müssen.

Die Förderungsleistungen sind im Bundesgebiet für den Hochschulbereich beträchtlich. So wurden beispielsweise im Jahr 1979 im Durchschnitt 450.455 Studenten mit einem Aufwand von DM 1.725 Mrd. und 1982 bereits 480.861 Studenten mit einem Aufwand von DM 2.006 Mrd. gefördert. Insgesamt gaben Bund und Länder 1983 DM 3.294 Mrd. an Förderungsleistungen aufgrund des BAföG aus; ab 1984 werden es jährlich cirka DM 2.340 Mrd. sein.

In einer Untersuchung "Auswirkungen der Studienfinanzierung nach dem BAföG auf den Studienverlauf" vom November 1982 stellt HIS (Hochschul-Informations-System GmbH, Hannover) fest, daß BAföG-Geförderte die Ursachen ihrer Finanzierungsprobleme unter anderen in der "langwierigen und komplizierten Abwicklung der BAföG-Anträge beziehungsweise Auszahlung" sehen.

Die Informationsprobleme bei der BAföG-Verwaltung gewinnen somit an Bedeutung. Es ist daher durchaus gerechtfertigt, zunächst die derzeitige Abwicklung darzulegen und anschließend die Möglichkeiten einer modernen Informationswirtschaft zu untersuchen. Dies ist in der Kürze der zur Verfügung stehenden Zeit nur ansatzweise möglich. Es soll versucht werden, Denkanstöße zu geben und Lösungsansätze aufzuzeigen.

2. Derzeitige Abwicklung

Förderung wird derzeit nur gewährt, wenn ein formgerechter Antrag gestellt wird. Der Ablauf des derzeitigen BAföG-Verfahrens zeigt Abbildung 1. Bei der "Normalfamilie" (Antragsteller ist gemeinsames Kind von Eltern, die miteinander verheiratet sind und zusammenleben - cirka 70 Prozent aller Anträge) müssen für einen Antrag auf Ausbildungsförderung ausgefüllt werden:

- Vom antragstellenden Studenten	5 DIN A4-Seiten
- von Vater und Mutter, soweit Einkommen vorhanden,	je 2 DIN A4-Seiten
- von der Universitätsverwaltung	2 DIN A4-Seiten
- insgesamt also	11 DIN A4-Seiten.

Dabei muß der Student neben den Hinweisen auf den Vordrucken noch Erläuterungen auf weiteren vier DIN A4-Seiten beachten; bei Vater und Mutter sind es jeweils nur zwei Erläuterungsseiten.

Diese Papierflut mag nicht gerade ermutigend wirken. Die Einteilung der geforderten Angaben nach ihrem Informationsgehalt zeigt Tabelle 1.

Es kann vom Bürger als lästig empfunden werden, immer wieder im Grunde dieselben Angaben bei Beantragung einer staatlichen Leistung machen zu müssen, zumal das Amt für Ausbildungsförderung das Recht hat, Angaben des Antragstellers zu überprüfen. Auch ist allgemein bekannt, daß die Bearbeitung von Anträgen bis zur Auszahlung der laufenden Förderung oft lange dauert. Ursachen hierfür können sein:

- zu wenig Personal bei den Ämtern
- fehlerhafte oder ungenaue Angaben bei der Antragstellung
- fehlende Unterlagen bei der Antragstellung.

Deshalb werden oft zeitraubende Rückfragen notwendig.

Vom Gesetzgeber wird bei der erstmaligen Antragstellung eine Frist von maximal zehn Kalenderwochen bis zur ersten Auszahlung toleriert (§ 51 Absatz 2 BAföG). Gleichzeitig ist bestimmt, daß bei Folgeanträgen eine ununterbrochene Förderung zu erfolgen hat, wenn der Folgeantrag im wesentlichen vollständig zwei Kalendermonate vor Ablauf des Bewilligungszeitraumes gestellt worden ist.

Neben der Optimierung der Bearbeitung durch eine moderne Informationswirtschaft bei der erstmaligen Antragstellung könnten unter anderem weitere Aufgabenbereiche verbessert werden:

- vereinfachte Antragstellung bei Folgeanträgen
- vereinfachte Lösung des Problems der "Amtswechsler"
- Verbesserung der Darlehensverwaltung
- Verhinderung von Mißbrauchsmöglichkeiten (mehrfache gleichzeitige Antragstellung, fehlende Studienleistung)

3. Mögliche künftige Informationswirtschaft

3.1 Allgemeines

Es müßte möglich sein, unter Nutzung moderner Techniken die Bearbeitung von Anträgen effektiver zu machen, hierbei den Antragsteller zu entlasten und damit "bürgerfreundlicher" zu werden.

Grundsätzlich sollte der Antragsteller keine Unterlagen und Einzeldaten beibringen müssen, die sich das Amt für Ausbildungsförderung selbst beschaffen kann. Es geht dabei selbstverständlich nur um eine gezielte Informationsbeschaffung für die Aufgabenerfüllung "BAföG". Der Bürger hat meines Erachtens ein Recht darauf, daß mit hohen Kosten geschaffene Datenspeicher und Datennetze letztlich auch dazu dienen, die Verwaltungsarbeit effektiver und weniger fehleranfällig zu machen.

Hier können nur Denkanstöße gegeben und Lösungsansätze aufgezeigt werden. Zur Verwirklichung ist viel, sehr viel Arbeit, vermutlich auch die Änderung von Gesetzen, notwendig.

Wenn der "politische Wille" zum Aufbruch in die moderne Informationswirtschaft, zur Reform des altehrwürdigen Verwaltungshandelns aktiviert werden kann, läßt sich in Stufen viel erreichen.

3.2 Nutzung vorhandener Informationsquellen

3.2.1 Hochschule

Die Immatrikulation wird in der Regel mit Hilfe der Datenverarbeitung durchgeführt. Der Bundesminister für Bildung und Wissenschaft (BMBW) läßt es bereits zu, daß anstelle des Formblattes 2 entsprechende maschinell erstellte Bescheinigungen verwendet werden. Der Schritt zur Lieferung dieser Daten durch Datenübertragung bietet sich an. Auch die Bescheinigung nach § 48 BAföG (Formblatt 5, Leistungsnachweis in der Regel nach vier Semestern) könnte durch Datenübertragung erteilt werden.

3.2.2 Einwohnermeldeamt

In den Dateien des Einwohnermeldeamtes sind personenbezogene Daten (Namen, Anschriften und so weiter) gespeichert. Angaben über den Familienverband können dort abgelegt werden. Ein maschineller Zugriff hierauf ist denkbar.

3.2.3 Finanzamt

Soweit ein Lohnsteuerausgleich oder eine Einkommensteuerveranlagung durchgeführt wird, verfügt das zuständige Finanzamt über die maßgeblichen Einkommensdaten. Es ist deshalb grundsätzlich denkbar, daß das Amt für Ausbildungsförderung die für die BAföG-Berechnung erforderlichen Daten im Einzelfall abrufen kann.

Genauso wäre es denkbar, daß das Finanzamt vom Einwohnermeldeamt maschinell übermittelt erhält, für wen eine Lohnsteuerkarte ausgestellt worden ist. Wenn Steuergerechtigkeit auch darauf beruht, daß jeder Bürger nach den gesetzlichen Bestimmungen besteuert wird, so wäre dies ein Beitrag zur Steuergerechtigkeit.

3.2.4 Rentenversicherungsträger (Rentenrechnungsstelle)

Über die von Rentenversicherungsträgern gezahlten Renten gibt es einen Auskunftsdienst, der von Behörden im Rahmen der Aufgabenerfüllung beziehungsweise nach Zustimmung der Rentenbezieher genutzt werden kann. Es wäre denkbar, diesen Dienst auch für die BAföG-Bearbeitung zu nutzen, soweit Antragsteller oder Haushaltsangehörige Renten beziehen.

3.2.5 Kindergeldkasse

Hier gilt ähnliches wie bei den Rentenversicherungsträgern. Durch die eingeführte einkommensabhängige Staffelung von Kindergeld könnte eine solche Information besonders zweckmäßig sein - es sei denn, der Gesetzgeber verzichtet bei der Gewährung von Ausbildungsförderung ganz auf die Anrechnung der Sozialleistung Kindergeld.

3.3 Vorschlag für eine künftige Informationswirtschaft bei der Antragstellung

Zur Durchführung des Bundesausbildungsförderungsgesetzes könnte eine künftige Informationswirtschaft unter Nutzung moderner Kommunikationstechniken bei der erstmaligen Antragstellung durch den Auszubildenden wie folgt ablaufen:

Alle Formblätter werden so umgestaltet, daß Antragsteller und sonstige Personen nur noch die Angaben machen müssen, die es dem Amt gestatten, sich die jeweiligen Informationen aus den vorhandenen Dateien zu beschaffen. Hierzu bedarf es jeweils des Einverständnisses, soweit dies nicht durch eine gesetzliche Regelung entbehrlich wird.

Das Amt für Ausbildungsförderung hat dann die Möglichkeit, direkt von den verschiedenen Stellen wie

- Hochschule
- Einwohnermeldeamt
- Finanzamt
- Rentenrechnungsstelle
- Kindergeldkasse

die erforderlichen Angaben zu beschaffen, wie dies unter 3.2 beschrieben wird.

Die Bearbeitung eines Antrages ist damit durch den Sachbearbeiter in Kommunikation mit Dateien am Bildschirm im Grunde ohne Unterbrechung möglich, so daß sich die Bearbeitungszeit wesentlich abkürzen läßt. Sollten jedoch trotzdem noch Rückfragen notwendig werden, könnten diese durch eine Verbindung mit moderner Textverarbeitung und gegebenenfalls Nutzung des Mediums Bildschirmtext kurzfristig abgewickelt werden.

Dadurch wäre es möglich, die Bearbeitung schneller, effektiver und wirtschaftlicher durchzuführen, wie dies auch Abbildung 2 zeigt.

3.4 Voraussetzungen für eine künftige Informationswirtschaft

Eine künftige Informationswirtschaft kann nur dann effektiver gegenüber dem jetzt auf manuelle Arbeit gestützten Ablauf sein, wenn eine Reihe von Voraussetzungen geschaffen sind.

3.4.1 Direkt-Verarbeitungs-Verfahren

Es müßte dem Amt für Ausbildungsförderung möglich sein, einen Antrag im Dialog mit der Maschine abzuwickeln und nicht wie bisher in der Form, daß zunächst alles manuell vorbereitet und aufbereitet wird, Erfassungsbelege signiert werden und schließlich einmal monatlich ein Verarbeitungslauf stattfindet. Eine moderne Informationswirtschaft setzt eine Direktverbindung zwischen dem Sachbearbeiter und dem maschinell geführten Bestand einschließlich der jederzeitigen Nutzung der Verfahrensfunktionen voraus.

Dabei braucht hier nicht untersucht zu werden, ob das Wesen des Föderalismus darin besteht, für ein einziges Bundesgesetz elf oder mehr verschiedene DV-Verfahren zu entwickeln und zu pflegen oder ob es nicht sinnvoll wäre, für eine einheitlich gestellte Aufgabe ein leistungsfähiges DV-Verfahren bereitzustellen, welches dann von allen Ländern eingesetzt wird. Hiervon unberührt bleibt die Frage, ob ein zentraler Bestand geführt wird oder ob dezentrale Bestände unter der Regie zentraler Programme verwaltet werden. Diese Grundfrage stellt sich in vielen Bereichen.

3.4.2 Datenverbund mit anderen Ämtern/Stellen

Es ist durchaus denkbar, daß die öffentliche Hand insgesamt in absehbarer Zeit ein "Behörden-Daten-Kommunikations-Netz" aufbaut, um ihre Aufgaben besser und zeitentsprechender erfüllen zu können. Mit den bereits mehrfach genannten Stellen könnte ein Datenverbund vereinbart werden. Jedes Amt für Ausbildungsförderung hätte dann die Möglichkeit, sich die zur Antragsbearbeitung notwendigen Daten selbst zu beschaffen. Künftige Veränderungen von für die Bearbeitung erforderlichen Daten könnten dann automatisch mitgeteilt werden (zum Beispiel Geburt eines Geschwisters).

3.4.3 Wahrung der Datenschutzbelange

Es erscheint durchaus möglich, eine solche Informationswirtschaft so auszugestalten, daß die Belange der Datensicherheit und des Datenschutzes gewahrt bleiben.

Diebold widmet sich in seinem Management Report Nr. 4/1984 ausführlich diesem Problem und sieht es als lösbar an. Weitere Literaturangaben zur Datensicherheit und zum Datenschutz sind dort ebenfalls zu finden.

Ferner wird auf eine Abhandlung von Dr. Lotte Tuner verwiesen <1>.

Beispielsweise wird eine gut programmierte Antwort des Finanzamtes weitaus weniger Daten offenbaren, als aus dem derzeit vorzulegenden Einkommensteuerbescheid ersichtlich sind.

3.5 Weitere Optimierungen durch moderne Informationswirtschaft

3.5.1 Folgeanträge

Es ist denkbar, bei Folgeanträgen künftig eine wesentlich DV-gestützte Hilfestellung zu geben, indem beispielsweise ein Prüfungsbogen ausgedruckt wird und der Antragsteller sowie die Einkommensbezieher lediglich anzugeben haben, was sich gegenüber bisher verändert hat, wobei die neuen Einkommensdaten direkt vom Finanzamt und so weiter abgerufen werden können. Auch die Nutzung von Bildschirmtext ist denkbar.

3.5.2 Amtswechsel

Wechselt ein Student die Ausbildungsstätte und damit die Zuständigkeit in der Bearbeitung, dann könnte der DV-Bestand übergeben werden (falls kein zentraler Bestand geführt wird). Das neue Amt hätte dann den gesamten Vorgang ohne erneute Eingaben im Zugriff. Übernahmefehler und zeitliche Verzögerungen unterbleiben.

3.5.3 Darlehensverwaltung

Wenn der maschinelle DV-Bestand eines geförderten Studenten über alle Amtswechsel hinweg erhalten bleibt, könnte auch die Darlehensverwaltung wesentlich vereinfacht werden. Es ist dann möglich, statt der jährlichen Meldung von Darlehensteilbeträgen die Darlehensmeldung an das Bundesverwaltungsamt erst dann vorzunehmen, wenn die Förderung abgeschlossen und die Bescheide rechtskräftig sind.

3.5.4 Verhinderung von Mißbrauchsmöglichkeiten

Es gab in den letzten Jahren einige Betrugsfälle, wo es Auszubildenden gelang, gleichzeitig bei mehreren Ämtern für Ausbildungsförderung rechtswidrig Förderungsleistungen zu erschleichen. Bei einer zentralen Bestandsführung beziehungsweise einer zentralen Vergabe der Förderungsnummern (ähnlich der Versicherungsnummer bei der Rentenversicherung) wäre diese Betrugsmöglichkeit stark erschwert.

Auch könnte die Ausbildungsstätte maschinell ermitteln und mitteilen, wenn ein Student nach seiner Einschreibung keine Studienleistung erbracht hat.

3.6 Mögliche Vorgehensweise

Eine moderne Informationswirtschaft der aufgezeigten Art wird sich nicht leicht verwirklichen lassen. Es sind hierbei viele Probleme, aber auch viele Vorurteile zu überwinden. Dazu gehören unter anderem:

3.6.1 Werbung um Verständnis

Der öffentliche Dienst muß erkennen, daß er sich der technischen Entwicklung nicht verschließen kann. Nicht nur die Industrie, auch Behörden müssen modernisieren. Das Abgehen vom Federkiel zur Schreibmaschine genügt nicht, die modernen Kommunikationstechniken müssen genutzt werden.

Es bedarf einer guten Überzeugungsarbeit gegenüber den Bediensteten im öffentlichen Bereich und der Allgemeinheit, um Verständnis für notwendige Umstellungen zu wecken, um Verwaltungskosten "im Griff" zu halten.

Der "politische Wille" muß vorhanden sein beziehungsweise geweckt werden.

3.6.2 Aufbau eines flächendeckenden Informationsnetzes

Genauso, wie es seit langem ein Telefonnetz gibt, welches ein Amt mit dem anderen verbindet, müßte es künftig möglich sein, daß Behörden gegenseitig im Rahmen ihrer Aufgabenerfüllung Informationen durch Zugriff auf Datenbestände erhalten.

Mißbrauchsmöglichkeiten gibt es beim jetzigen Ablauf, sie werden nie ganz verhindert werden können. Allerdings kann die "Schwelle" bei einem Informationsnetz sehr hoch gesetzt werden.

3.6.3 Entwicklung von Stufenplänen

Es ist nicht möglich, eine solche Änderung in einem Zuge durchzuführen - das wäre wie der Übergang von der Steinzeit zum Düsenzeitalter. Deshalb müssen Stufenpläne entwickelt werden, die unter Berücksichtigung der erforderlichen Investitionsmittel den Übergang schrittweise ermöglichen.

4. Zusammenfassung

4.1 Die konsequente Nutzung vorhandener Informationen, die Einführung einer Informationswirtschaft, bietet die Möglichkeit, eine neue Dimension der Sachbearbeitung zu erreichen.

4.2 Es ist denkbar, durch Zugriff auf Dateien den Bürger von vielen Angaben in Formularen zu entlasten.

4.3 Damit verbunden ist eine Beschleunigung und Verbesserung der Bearbeitung.

4.4 Gleichzeitig können damit wichtige Kontrollaufgaben erfüllt werden, die eine mißbräuchliche Inanspruchnahme öffentlicher Mittel weiter erschweren.

4.5 Ferner lassen sich weitere Rationalisierungsmöglichkeiten eröffnen, beispielsweise bei der Darlehensverwaltung.

4.6 Die Risiken können beherrscht und die Schwierigkeiten gemeistert werden. Der stufenweise übergang auf eine moderne Informationswirtschaft stellt für die öffentliche Verwaltung eine gewaltige Herausforderung dar, der sie sich nicht entziehen kann. Diese Aufgabe sollte rasch angepackt werden.

Anmerkungen:

<1> Tuner 1984 a

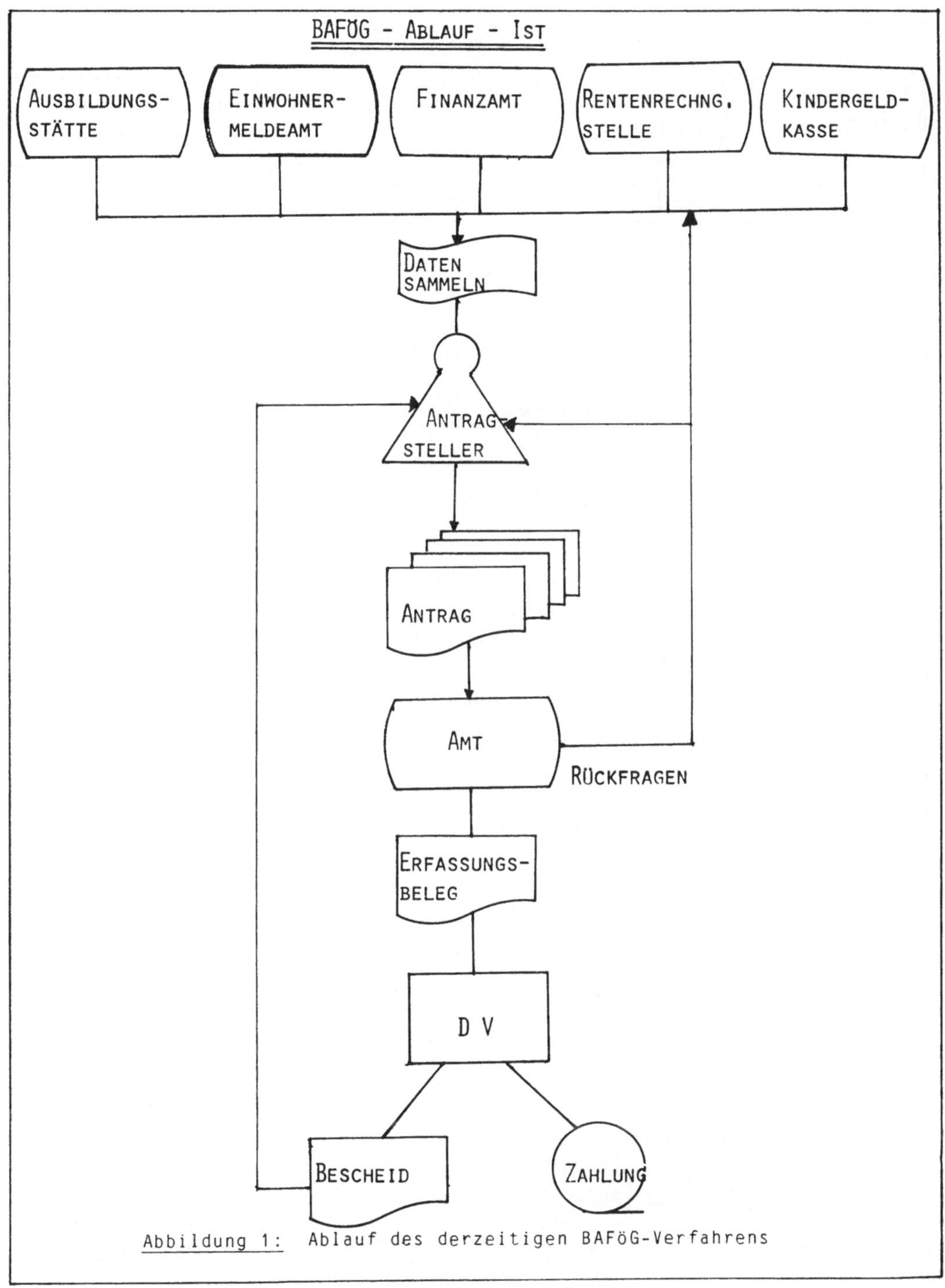

Abbildung 1: Ablauf des derzeitigen BAFöG-Verfahrens

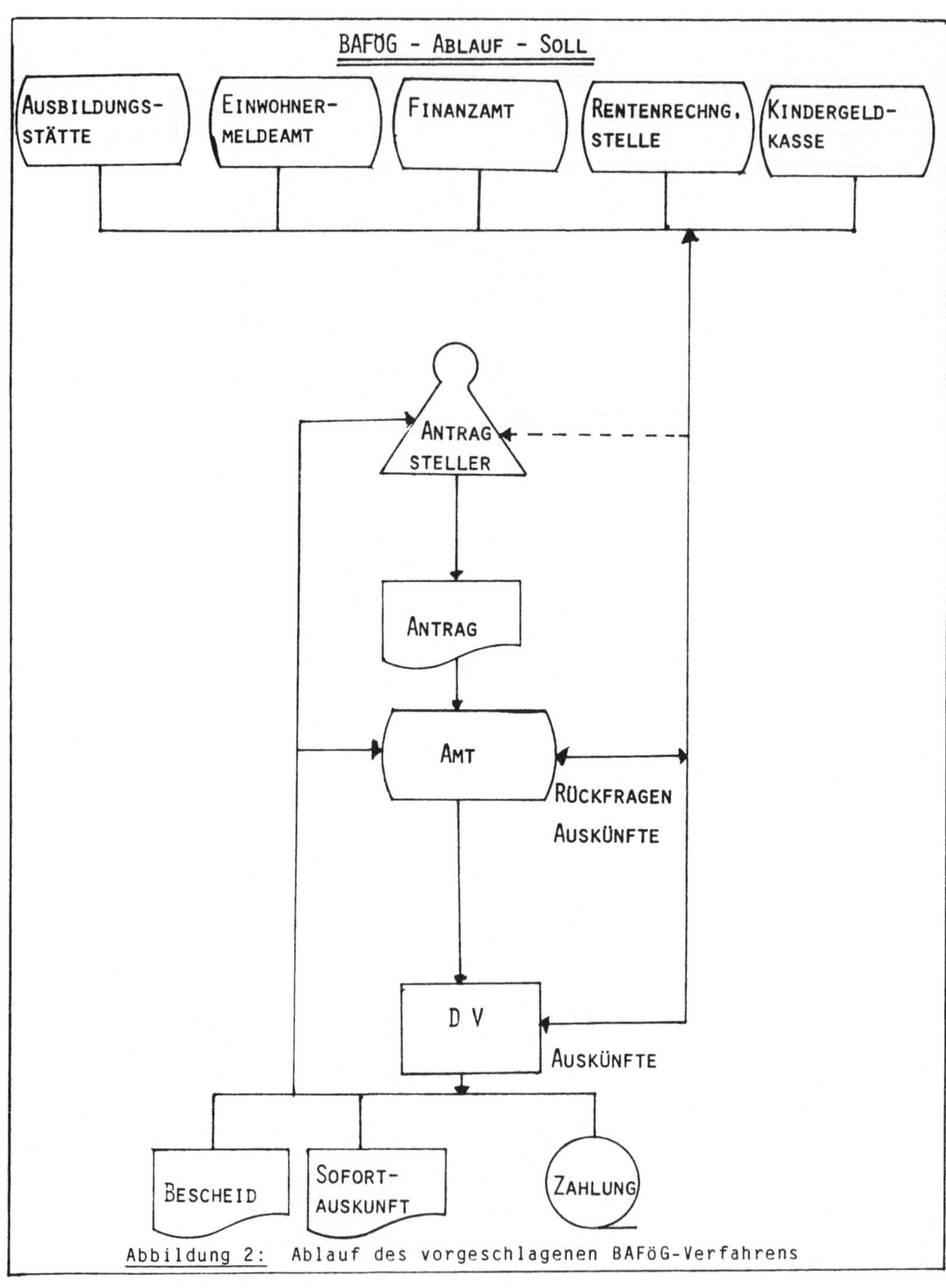

Abbildung 2: Ablauf des vorgeschlagenen BAFöG-Verfahrens

B A F Ö G - NOTWENDIGE DATEN

VERLANGTE ANGABEN ÜBER	GESPEICHERT BEI
- BESUCHTE AUSBILDUNGSSTÄTTE / NACHWEIS EINER STUDIENLEISTUNG	- DER AUSBILDUNGSSTÄTTE
- NAME, ANSCHRIFTEN DES FAMILIENVERBANDES	- DEM EINWOHNERMELDEAMT
- EINKOMMEN UND VERMÖGEN	- DEM FINANZAMT
- RENTEN	- DER RENTENRECHNUNGSSTELLE
- KINDERGELD	- DER KINDERGELDKASSE
USW.	USW.

Tabelle 1: Zur Antragsbearbeitung benötigte Daten und ihre Quellen

INFORMATIONSPROBLEME IN DER KOMMUNALEN WIRTSCHAFTSFÖRDERUNG

Hiltrud Naßmacher

"Information als Voraussetzung des Verwaltungshandelns und der Planung wird immer öfter als Problemfaktor empfunden und daher ins Bewußtsein gehoben. Betrachtet man...Information als Ressource, so liegt es nahe, die Versorgung mit dieser Ressource zu organisieren" <1>. Dies scheint bislang noch recht unzureichend zu geschehen <2>. Informationsbeschaffung und -verarbeitung sind durch die spezifische Aufgabenstellung einzelner Dienststellen geprägt. Am Beispiel der kommunalen Wirtschaftsförderung soll dargestellt werden, daß durch traditionelle Bearbeitungsstrategien die Informationsaufnahme und -bearbeitung begrenzt bleiben und wie eine Veränderung herbeigeführt werden kann.

1. Traditionelle Strategien der kommunalen Wirtschaftsförderung

Im Mittelpunkt der Wirtschaftsförderung steht traditionell das Bemühen, gewerbliche Ansiedlungsinteressenten für die eigene Gemeinde zu gewinnen. Gerade eine auf Ansiedlung neuer Betriebe gerichtete Wirtschaftsförderung reduziert ihren Beitrag zur Stadtentwicklung vorrangig auf den finanzwirtschaftlichen Erfolg: Die angestrebte Erhöhung des Gewerbesteueraufkommens ermöglicht vielfältige Maßnahmen der Stadtentwicklung. Neuerdings kommt als Motivation die Sorge um neue Arbeitsplätze hinzu.

Die bei Maßnahmen kommunaler Wirtschaftsförderung angestrebte Ansiedlung neuer Betriebe im Gemeindegebiet macht die betreffende Gemeinde zum Anbieter auf nationalen und regionalen "Standortmärkten" <3>. Erfahrungsgemäß können verlagerungswillige Unternehmen zwischen den Angeboten verschiedener Gemeinden wählen. Die Gemeinden agieren also - auch in wirtschaftlich günstigen Zeiten - auf einem "Käufermarkt"; die aufmerksame Beobachtung einschlägiger Aktivitäten konkurrierender Nachbargemeinden prägt Problemwahrnehmung und Aktivitätsspektrum der Akteure. Dem von der Gemeinde und ihren führenden Repräsentanten angestrebten Ziel (Ansiedlungserfolg) werden Liegenschaftspolitik, Flächenausweisung und normalerweise auch die Festsetzung von Steuern, Gebühren und Beiträgen untergeordnet. Ein wirtschaftsfreundliches Klima gilt als selbstverständliche Voraussetzung für den Ansiedlungserfolg.

Zu den üblichen Einzelmaßnahmen der Standortgemeinden gehören regelmäßig:

- planerische Vorbereitung und baurechtliche Ausweisung von Gewerbe- und Industriegebieten (Aufstellung und Inkraftsetzung von Bebauungsplänen)
- Durchführung der für die Umsetzung der gewerblichen Nutzung erforderlichen Grundstücksumlegungen
- Veräußerung gemeindeeigener Flächen oder Vermittlung privater Grundstücke an Ansiedlungsinteressenten
- Erschließung der gewerblich nutzbaren Flächen, Vorfinanzierung der Erschließungskosten und Stundung der Erschließungsbeiträge.

Die Bearbeitung der Probleme geschieht einzelfallorientiert und durch konsekutive Zweierbeziehungen, zumindest durch:

- informelle Absprache mit dem Planungsamt über potentielle Gewerbegebiete
- Ankauf der Grundstücke, wobei der Wirtschaftsförderer selbst meist im Hintergrund bleibt
- Vermittlung der Grundstücke an Interessenten.

In den letzten Jahren sind die Aktivitäten der Wirtschaftsförderung in den Gemeinden immer weniger von sichtbaren Erfolgen begleitet. Die bisherige Politik stößt auf vielfältige Grenzen. Gesamtwirtschaftlich gesehen konkurrieren die Gemeinden miteinander nach Art eines Nullsummenspiels: Der Ansiedlungserfolg einer Gemeinde ist der Wachstumsverlust einer anderen. Dabei ist freilich zu berücksichtigen, daß insbesondere die Kernstädte in Ballungsgebieten längst nicht mehr über genügend freie Flächen verfügen, um den Flächenbedarf des örtlichen Gewerbes zu befriedigen. Dennoch haben sie im letzten Jahrzehnt zunehmend versucht, Betriebsverlagerungen über die Stadtgrenze hinweg zu verhindern. Die von Standortgemeinde und Betrieb gemeinsam betriebene Teil- oder Vollverlagerung bildet gewissermaßen die Gegenstrategie der alten Industriestädte zur Abwehr der aus betrieblicher Stadtflucht resultierenden Ansiedlungserfolge von Umlandgemeinden. Von den Wirtschaftsförderern wird diese Strategie als Bestandspflege bezeichnet.

2. Aufgabenwandel bei traditionellem Informationsmanagement

Für erfolgreiche innerstädtische Verlagerungen brauchten die Wirtschaftsförderer ihre Arbeitsschwerpunkte nicht zu ändern. Auch hier gilt die Bereitstellung quantitativ und qualitativ ausreichender Flächen für die gewerbliche Nutzung (insbesondere Gewerbe- und Industriegebiete), deren Ausweisung, Erschließung und Aufsiedlung als wichtigste Voraussetzung. Für Verlagerungen steht bei den Gemeinden meist ein umfangreiches Serviceangebot bereit. Neben Vermittlungsdiensten in der örtlichen Verwaltung und zur Erlangung direkter Finanzhilfen von Bund und Land sind Städte auch bereit, eine befristete Befreiung von der Gewerbesteuer oder die Stundung von Erschließungsbeiträgen zu erwägen. Die Standortgemeinde war aber nur dann im Werben um das verlagerungswillige Unternehmen erfolgreich, wenn die Unternehmer die Bemühungen um den Betrieb auch wahrnahmen. Der umfassende Service endete meist bei Inbetriebnahme der neuen Fertigungsstätte.

Aber selbst die innerörtlichen Verlagerungsaktivitäten bringen nicht mehr die gewünschten Erfolge.

- Große Betriebe können wegen ihrer Verfestigung am Standort in der Regel aus Kostengründen nicht mehr verlagert werden.

- Bei der Verlagerung von kleinen Betrieben besteht vor allem wegen der Verbindung von Wohnsitz und Betriebsstandort sowie wegen der Kundenkontakte kein Wunsch nach einer Verlagerung.

Die Wirtschaftsförderer erfahren von potentiellen Interessenten nur zufällig; diese werden dann - je nach Problemdruck (erhebliche Vorräte an freien Gewerbeflächen) - um fast jeden Preis zu einer Verlagerung animiert. Ob sich die finanziellen Vorleistungen der Gemeinde in einer nachträglich durchgeführten Kosten-Nutzen-Analyse als wirtschaftlich sinnvoll erweisen, muß vielfach bezweifelt werden. Solange eine Neuausweisung von Flächen auf der "grünen Wiese" für gewerbliche Nutzungen unproblematisch erschien, konnten die erzielten Planungsgewinne zwischen den alten Grundstückseigentümern und den neu angesiedelten Betrieben geteilt werden. Die "Umzugskosten" einer innerstädtischen Verlagerung wurden regelmäßig über die höherwertige Nutzung des ehemaligen Betriebsgeländes (für Wohnzwecke oder Dienstleistungen) finanziert. Die ökologischen und stadtwirtschaftlichen Folgen wurden lange in Kauf genommen, zumindest sind die Grenzen dieser Politik erst allmählich erkennbar geworden.

Die Neuausweisung von "grünen Wiesen" für Gewerbeansiedlung wird immer schwieriger. Begierig greifen Wirtschaftsförderer daher neue Modelle auf, die im Prinzip nichts anderes beinhalten, als eine Ansiedlung nicht mehr auf der "grünen Wiese", sondern in fertige Gebäude mit dem entsprechenden Serviceangebot. Durch Konzepte wie Gewerbeparks (Anfang der siebziger Jahre groß propagiert), Handwerkerhäuser, Gewerbehöfe und Technologieparks werden einzelne (kleine) Unternehmer dann stark begünstigt, wenn sie sich selbst beim städtischen Wirtschaftsförderer melden. Andere Betriebe oder Unternehmen können dagegen gar nicht zur Kenntnis genommen werden. Möglicherweise werden sie sogar durch den normalen Verwaltungsvollzug in ihrer Entwicklung behindert.

Unter dem Eindruck der eigenen Anstrengungen geriet vielfach die wirtschaftliche Ursache erfolgreicher Ansiedlungen aus dem Blickfeld kommunalpolitischer Akteure: In einer wachsenden Wirtschaft erweitern Betriebe den Umfang ihrer Geschäftstätigkeit. Dabei benötigen sie in aller Regel zusätzliche Flächen, die entweder durch Standortteilung oder Standortwechsel beschafft werden. Andere Betriebe reduzieren ihre Geschäftstätigkeit, geben auf oder werden zur Aufgabe gezwungen. Einzelne Unternehmen setzen also ständig Gewerbeflächen frei, andere haben nicht genügend Platz am Standort. Von dieser ganzen Dynamik erfährt der Wirtschaftsförderer nur in Einzelfällen und zufällig. Traditionell werden größere Unternehmen mehr wahrgenommen. Dies geschieht aber auch dann, wenn der Betrieb bei der Verwaltung aktenkundig wird, dabei eine gewisse Aufmerksamkeit erregt, und die Verwaltung zu einer Entscheidung zwingt. Die städtische Verwaltung wird in der Regel diskontinuierlich und reaktiv tätig, wenn eine überörtliche Fachbehörde sie zum Einschreiten gegen bestimmte Betriebe auffordert oder der Betrieb selbst mit konkreten Anliegen (meist Bauanträgen) an sie herantritt. Im Mittelpunkt steht dann die Bewältigung des aktuellen Falles im Rahmen der Zuständigkeit (Einzelfallbearbeitung), nicht etwa die mittelfristige Bewältigung einer Problemkonstellation oder gar die Sicherung der Entwicklungsmöglichkeiten des betreffenden Gebietes <4>.

3. Probleme des Informationsmanagements

Mit der Bearbeitung der Probleme aktenkundig gewordener Betriebe, insbesondere den potentiellen Verlagerungsfällen, ist das Amt für Wirtschaftsförderung, in der Regel ein Einmannbetrieb, schon ausgelastet. Für den regelmäßigen Abruf von Informationen und deren Verarbeitung fehlt einfach die Zeit.

3.1 Strategien zur Vermeidung von Informationsüberlastung

Wenn der Wirtschaftsförderer einzelne Fachämter regelmäßig um Informationen bittet, zum Beispiel über Bauanträge, Auflagen, ist die Informationsschwelle zwangsläufig hoch angelegt, damit eine Informationsüberlastung vermieden wird. Dabei kann davon ausgegangen werden, daß Wirtschaftsförderer, in der Regel auch durch die Autorität des Verwaltungschefs abgesichert, alle angeforderten Informationen erhalten. Zum Nachdenken darüber, welche Aspekte für die Arbeit noch wichtig sein könnten, bleibt in der Regel keine Zeit. Der hohe Handlungsdruck, der durch die Thematisierung der Probleme in politischen Gremien weiter verstärkt wird, gestattet keine intensive Beschäftigung mit zukunftsweisenden Strategien. Die normale Aufgabenbewältigung hat Vorrang und muß auf jeden Fall weiterlaufen. Die "Herrschaft über die Strategie" darf nicht verlorengehen <5>.

Daten aus dem Verwaltungsvollzug können bei dieser Vorgehensweise nicht systematisch zur Fundierung von Entscheidungsprozessen herangezogen werden. Kontakte zu Fachbehörden und Institutionen, deren Aufgaben auch die Wirtschaftsförderung tangieren, zum Beispiel GAA, IHK, Handwerkskammer, Arbeitsamt, Katasteramt, werden auf das Notwendigste beschränkt oder sind überhaupt nicht vorhanden. Da kein Konsens über die Bedeutung einzelner Informationen für Wirtschaftsförderungsaktivitäten besteht, können Routinesitzungen, die verwaltungsintern (zum Beispiel Verkehrsgesprächsrunde) mit den politischen Gremien (Wirtschaftsausschuß) oder auch zwischenbehördlich (zum Beispiel Verwaltungsausschuß des Arbeitsamtes) durchaus üblich sind, zum Teil eine gesetzliche Grundlage haben, zum Beispiel auf Eigeninitiativen der Verwaltungen beruhen, aber nicht für einen relevanten Informationsaustausch genutzt werden. Nach wie vor gelten bei einzelnen städtischen Ämtern und sonstigen Akteuren noch Verlagerung und Neuansiedlung als Aufgaben der Wirtschaftsförderung.

So sind die Informationen, die einzelne im weitesten Sinne mit Wirtschaftsförderung befaßte Dienststellen nach eigenem Ermessen an den Wirtschaftsförderer als Koordinationsstelle weitergeben, wenn sie selbst einen Bearbeitungsbedarf für den Wirtschaftsförderer erkennen, mengenmäßig gering. Informationen geben am ehesten städtische Ämter weiter und nur dann, wenn der Wirtschaftsförderer durch gute persönliche Kontakte die einzelnen Mitarbeiter in den Fachämtern schon entsprechend sensibilisiert hat oder die Entscheidung eines Amtes bei den Betroffenen auf Widerstand stößt. Es ist anzunehmen, daß regelmäßig eine Informationsweitergabe nur dann gelingt, wenn die Betriebe (von sich aus) neue Standorte oder Finanzhilfen anstreben. Die sporadische Informationsweitergabe ist sehr aufwendig und erfolgt je nach Dringlichkeit per Telefonat oder Aktenvermerk, bringt aber häufig eine Koordinationssitzung mit sich <6>.

3.2 Aufwendige Informationsbeschaffung zur Bewältigung aktueller Krisen

So bleibt der Wirtschaftsförderer mit hoher Wahrscheinlichkeit über folgende Problembestände uninformiert:

- Ausdehnungsschwierigkeiten kleiner Gewerbebetriebe, die wegen vorhandener Kundenkontakte am Standort bleiben, im Extremfall Verdrängung dieser Betriebe; häufig finden sich solche Betriebe in Gemengelagen, also städtebaulichen Situationen, deren (meist recht lange) Entwicklungsgeschichte zu einer Mischung von gewerblicher Nutzung mit der Wohnnutzung geführt hat

- Ausdehnungsprobleme von Betrieben in Gewerbegebieten, während Nachbarbetriebe Vorrats-/Erweiterungsflächen und ungenutzte Betriebsgebäude vorbehalten oder fehlnutzen

- Untergang kleinerer Handelsbetriebe, verbunden mit einer Verschlechterung der quartierspezifischen Versorgung, die insbesondere durch die Baugenehmigung für Märkte mittlerer Größe eingeleitet wird

- Veränderung der Situation kleiner Handels- und Gewerbebetriebe durch private Sanierungsbemühungen oder öffentliche Investitionen, zum Beispiel in bezug auf Erreichbarkeit für Kunden und Zulieferer

- Behinderung der Geschäftstätigkeit am traditionellen Standort durch Sonderinteressen (zum Beispiel Denkmalschutz, Landschaftsschutz)

- Wiedernutzung brachgefallener Gewerbeflächen in privater Hand.

Die Verwaltung argumentiert meist, daß sie sich nicht um all diese Probleme kümmern könne oder wolle. Sie wird aber zum Teil dazu gezwungen und meist zu einem Zeitpunkt, in dem nur noch mit hohem Aufwand Belastungen der Stadtentwicklung in Grenzen zu halten sind. Das sporadische Konfliktmanagement bindet zwangsläufig sehr viel Verwaltungskapazität. Denn eine Vielzahl unterschiedlicher Akteure hat in Erfüllung der Pflichten ihres jeweiligen Aufgabenbereiches nach durchaus unterschiedlichen Zielen und jeweils eigenen Orientierungen Maßnahmen getroffen, die die wirtschaftliche Entwicklung einzelner Betriebe oder der gesamten Gemeinde wesentlich beeinflussen. Die Akteure handeln damit im Bereich "Wirtschaft", ohne ihn jedoch (anders als beim Wohnen oder beim Verkehr) als eigenes Politikfeld wahrzunehmen. Durch Kooperation mit allen Beteiligten muß ein Konfliktmanagement zelebriert werden, in dem die Probleme durch eine möglichst gerichtsfeste Lösung vom Tisch geschafft werden. Dies ist auch deshalb die bevorzugte Lösungsstrategie, weil die Beteiligung sehr vieler Instanzen einen so hohen Konsensbedarf mit sich bringt, der zur Selbstblockierung führen kann. Die Orientierung an einer nächsthöheren Autorität (die Aufsicht wird in solche Koordinationsbemühungen zum Teil schon einbezogen) erhöht den Einigungszwang. Damit ist die Entscheidungsfindung allerdings einseitig ausgelegt; die betriebswirtschaftlichen, volkswirtschaftlichen und stadtwirtschaftlichen Aspekte werden weniger beachtet. Konfliktfähige Klienten können ihre Vorstellungen besser zur Geltung bringen.

3.3 Zwischenbilanz

Bei frühzeitiger Information über die Problementstehung wären in den meisten Fällen andere Lösungsstrategien denkbar gewesen. So heißt es im Solinger Bericht zur Wirtschaftsförderung: "Mehr denn je wird in der Zukunft das Bemühen der Wirtschaftsförderung dahin gehen müssen, betriebliche Entwicklungsprozesse sorgfältig zu beobachten". "Wenn die

Wirtschaftsförderung die Bestandspflege ernst nimmt, muß sie darum bemüht sein, sowohl über die betrieblichen als auch die städtebaulichen Probleme hinreichend zu informieren. Dies erfordert engen Kontakt einerseits zu den Betrieben, andererseits zu anderen städtischen und außerstädtischen Dienststellen. Die kontinuierliche Beobachtung betrieblicher Entwicklungsprozesse ist zwar schwierig, aber außerordentlich wesentlich. Kleinere und mittlere Betriebe können im allgemeinen ihre Planungen nicht ohne Beratung und Unterstützung realisieren. Kommunale Wirtschaftsförderung muß sich insbesondere bei diesen Betrieben auch als Beratungsinstanz verstehen" <7>.

Die Informationsaufnahme und deren Weitergabe innerhalb der einzelnen mit Wirtschaftsförderung befaßten Dienststellen und bei sonstigen halböffentlichen Akteuren sind bisher nicht so angelegt, daß diese Zielvorstellungen verwirklicht und Probleme bei der Bearbeitung vermieden werden. Einzelne Informationswege scheinen verstopft zu sein. Die Ankoppelung des Wirtschaftsförderers an relevante Informationen muß also verbessert werden. Überall gehen Informationen unter,

- weil der Wirtschaftsförderer sich nicht mit Informationen überlasten will, aber auch

- weil Fachbehörden/Dienststellen im Zusammenhang mit der Weitergabe von Informationen eine Beschneidung ihrer Kompetenzen befürchten

- weil Übermittler von Informationen (zum Beispiel Ratsmitglieder, einzelne Bürger) kaum Sanktionen gegen eine nicht aufnahmebereite und untätige Dienststelle haben

- weil vielfach die Bedeutung einzelner Informationen für die Wirtschaftsförderung noch nicht erkannt wird.

Denn genauso wichtig oder letztlich wichtiger als intakte Informationswege ist der Inhalt der Informationen <8>. Die Akteure sind auch deshalb nur beschränkt handlungsfähig, weil sie keine geeigneten Vorstellungen darüber haben, wie bestimmte Informationen zukunftsorientiert genutzt werden können. Die Verwaltung oder einzelne Mitarbeiter sehen sich einer Informationsflut gegenüber und sind kaum in der Lage, die wichtigen Informationen auszuwählen.

Häufig werden bei einzelnen Fachämtern Informationen aufgenommen, die sich für die verschiedenen Bearbeitungszusammenhänge als irrelevant erweisen,

- weil die Entwicklung der Erhebungsformulare wenig praxisorientiert und problemnah erfolgt
- weil nicht langfristig vorhersehbar ist, welche Probleme bei Kenntnis verschiedener Informationen und deren Zusammenschau lösbar sind
- weil eine Anpassung/Aktualisierung (bei kontinuierlicher Bearbeitung von Aufgaben in der Verwaltung) nur selten vorgenommen werden kann.

Zuweilen fehlen Informationen völlig,

- weil sich noch kein relevanter Akteur für deren Erhebung eingesetzt hat
- weil kein Konsens darüber besteht, wie relevant bestimmte Informationen für die Wirtschaftsförderung sind.

4. Perspektiven zur Lösung der Probleme

Es gilt also, den öffentlichen und halböffentlichen Akteuren in der Wirtschaftsförderung Empfehlungen für eine gezielte Informationsaufnahme und -weiterleitung (die immer auch Entlastung von irrelevanten Informationen einschließt) und deren zukunftsorientierte Handhabung zu geben.

4.1 Veränderte und erweiterte Problemwahrnehmung

Die wirksame Problembearbeitung erfordert vor allem eine grundlegend veränderte und erheblich erweiterte Wahrnehmung der Probleme der örtlichen Wirtschaft. Die Stichworte "Querschnittsaufgabe" und "Prozeßorientierung" eignen sich in besonderer Weise, um jenen Bewußtseinswandel systematisch zu erschließen und akzentuiert zu beschreiben, um beim Umgang mit Informationen von der traditionellen Wirtschaftsförderung zu einer neuen Gewerbepolitik voranzuschreiten. Dazu zählt zunächst die Einsicht, daß nur durch ein koordiniertes Zusammenwirken einer Vielzahl von öffentlichen und halböffentlichen Akteuren (Ämtern,

Dienststellen und Behörden, Kammern und anderen Organisationen) bei der Gewerbepolitik Erfolge erzielbar sind. Darin offenbart sich zugleich deren Querschnittscharakter.

Neue Gewerbepolitik verlangt zudem die Einsicht, daß öffentliche Politik Entwicklungsprozesse gestaltet. Konkrete Probleme der örtlichen Betriebe entstehen weitaus weniger plötzlich, als allgemein angenommen. Das Problem entwickelt sich oft über Jahre und erscheint, wenn es schließlich aktuell wird, zuweilen unlösbar. Eine Gewerbepolitik, die wirtschaftliche Entwicklungen mittel- und langfristig verfolgt und auf kurzfristige Problemlösungsversuche verzichtet, unterscheidet sich deshalb von der traditionellen Wirtschaftsförderung durch ihre Prozeßorientierung. Die neue Akzentuierung

- erfordert einen stärkeren Arbeitsaufwand bei den Verwaltungsmitarbeitern für Beobachtungs- und Betreuungsaufgaben bei den Betrieben sowie für Koordinationsaufgaben zwischen den verschiedenen Akteuren (mit der Anzahl der Unternehmen, die Gegenstand der Wirtschaftsförderung sein sollen, wächst natürlich auch die Fülle der Informationen)

- verlangt Kenntnisse über die Standortanforderungen und Problemlösungsstrategien der Betriebe (konkrete Standortprobleme der Betriebe sind zwar jeweils individueller Natur, aber keineswegs Einzelfälle, für die es keine Ähnlichkeiten zu anderen Fällen gibt).

Wie in anderen Bereichen ist eine sachgerechte Aufbereitung und Auswahl der Informationen zu bewältigen <9>. Dabei sind auch die technischen Hilfen mitzubedenken, um die Informationsflut zu meistern.

4.2 Definition der Problembereiche

Wenn überlegungen in bezug auf technische Hilfen nicht recht vorankommen, so liegt das auch daran, daß sich die Akteure nicht darüber im klaren sind, daß es sich auch bei der Wirtschaftsförderung um Aufgaben handelt, die sich in gewisser Weise wiederholen <10>. Darauf deutet das Stichwort "Prozeßorientierung" bereits hin. Wirtschaftsförderungsaufgaben werden dagegen eher den innovativen Aufgaben der Verwaltung zugeordnet, bei denen die Bewältigung eines Falles neue Ideen erfordert. Voraussetzung für die prozeßorientierte Gestaltung der Wirtschaftsförderung ist, daß bei den einzelnen mit Wirtschaftsförderung befaßten Akteuren mit unterschiedlicher Problemnähe

- ein Konsens über wirtschaftsentwicklungsrelevante Tatbestände erzielt wird (typische Problemsituationen von Betrieben und Gebieten, wie sie in vergleichenden Forschungsvorhaben herausgearbeitet werden konnten, werden unterschiedlich intensiv in anderen Städten je nach geographischer Lage und Wirtschaftsstruktur auftreten und mit unterschiedlicher Dringlichkeit zu lösen sein);

- Informationen bestimmt werden, die als Indikatoren für die Problementwicklung dienen können.

Durch deren Verknüpfung sind Frühwarnsysteme zu entwickeln. Es handelt sich dabei um Informationssysteme, "die für ihren jeweiligen Benutzer mögliche Gefährdungen mit zeitlichem Vorlauf signalisieren und diesen damit in die Lage versetzen sollen, noch rechtzeitig geeignete Gegenmaßnahmen zur Abwehr oder Minderung der signalisierten Gefährdungen ergreifen zu können" <11>. Ziel der Frühwarnsysteme ist es also, durch frühzeitige Problemerkenntnis Handlungsoptionen zu gewinnen. Für die Gewerbebestandspflege sind als Frühwarnsysteme geeignete Informationssysteme erforderlich, die möglichst kleinräumige Aussagen über den Stand der betrieblichen und flächenmäßigen Entwicklung bereithalten. Zugleich brauchen die örtlichen Verwaltungen Informationen darüber, inwieweit die gesetzten Ziele erreicht wurden und ob die eingesetzten Maßnahmen die geplanten Wirkungen oder unerwünschte Nebenwirkungen ausgelöst haben. Immer häufiger geht es darum, durch möglichst zielgenauen Mitteleinsatz die gewünschten Wirkungen hervorzurufen und vor allem Mehrausgaben zu vermeiden.

Während es für Unternehmensführungen im Bereich der Privatwirtschaft als selbstverständlich gilt, entsprechende Informationen zur Beurteilung von Umsatz-, Kosten-, Gewinn- und Finanzstrukturentwicklung bereitzustellen, um mit Hilfe von Soll-Ist-Vergleichen Beurteilungen vornehmen, Entwicklungen einschätzen und begründete Entscheidungen treffen zu können <12>, sind solche Techniken in der öffentlichen Verwaltung keineswegs verbreitet. Bezeichnend ist, daß die ersten Frühwarnsysteme für die betriebliche Entwicklung von Gläubigern, Eigenkapitalgebern und potentiellen Anlegern entwickelt wurden, nicht aber aus der Sicht einer Verwaltung der öffentlichen Hände.

4.3 Indikatoren zur Früherkennung der Problembereiche

Bei kommunalen Dienststellen, staatlichen Sonderbehörden und Organisationen der Wirtschaft fällt eine Fülle von direkt oder indirekt gewerbepolitisch relevanten Informationen über Betriebe und Quartiere an, die sich im Rahmen eines fünfjährigen Forschungsvorhabens als wichtige Indikatoren erwiesen haben. Ihre Relevanz wurde beim Studium von Akten, die die gesamte Entwicklungsgeschichte von fast 40 Unternehmen widerspiegeln, durch Panelinterviews mit den an der Entwicklungsgeschichte beteiligten Akteuren und durch die Begehung von Gewerbequartieren während eines nunmehr siebenjährigen Beobachtungszeitraums erkannt. Ihr Wert als Indikatoren zur Verwendung in einem Frühwarnsystem wurde in zwei Vergleichsräumen getestet. Die Informationen sind, für sich genommen oder kumuliert, Anhaltspunkte für eine Einschätzung der Situation eines Einzelbetriebes, eines Quartiers, möglicherweise einer gesamten Stadt oder einer Region. Die beobachtbaren Indikatoren gehen einem Ereignis mit mehr oder weniger großem Abstand voran und können nicht nur zur Aufdeckung von Realfaktoren, sondern auch von Zufallsfaktoren führen. Der Erklärungswert der Indikatoren ist demnach entscheidend geringer als jener von Ursachen. Die meisten Probleme werden durch Ursache-Wirkungsketten bestimmt. Die Aufdeckung von Ursache-Wirkungs-Gliedern ist daher die vordringlichste Aufgabe der Forschung <13>. Indikatoren können sowohl Ursachen wie Symptome anzeigen.

4.3.1 Vorhandene Informationen über Betriebe und Quartiere <14>

Die auf einen Betrieb bezogenen Informationen umfassen Angaben über dessen - möglichst aktuelle - Merkmale; sie fallen bei den verschiedenen Ämtern als Vollzugsdaten an (die einzelnen Dienststellen sind in Klammern hinter der jeweiligen Information genannt):

- Daten über Eigentümer, eventueller Sitz der Hauptfirma, Branchenzugehörigkeit, Datum und Anlaß der Verlagerung (Ordnungsamt, eventuelle Handwerkskammer, IHK)

- Daten über die Situation am Standort des Betriebes: baurechtliche Möglichkeiten, tatsächliche Nutzung (Planungsamt, Bauordnungsamt)

- Daten über die quantitative Entwicklung des Unternehmens: letzter Bauantrag und dessen Realisation (Bauordnungsamt, Katasteramt), Entwicklung der Beschäftigtenzahlen (Arbeitsamt), Entwicklung des Fahrzeugparks (Kfz-Meldestelle).

- Nachbarbeschwerden (Gewerbeaufsichtsamt, Ordnungsamt).

Die Organisation von gebietsbezogenen Informationen (zur quartierspezifischen Ergänzung der Betriebsdaten) intendiert eine Gesamtschau typischer betrieblicher Umfeldsituationen. Folgende quartierspezifische Informationen, die bei Fachämtern anfallen, können über Zustand und Verwertungsmöglichkeit eines Gebietes als Indikatoren Auskunft geben (die einzelnen Dienststellen sind wiederum in Klammern hinter der jeweiligen Information genannt):

- Tatsächliche Nutzung eines Gebietes: Nutzungsabweichungen, Unternutzung, Kümmernutzung (Bauordnungsamt, Katasteramt)

- Zustand der Gebäude - Art der Bebauung (Planungsamt) -

- Eigentümer der Grundstücke - hilfreich zum Beispiel für die Einschätzung von Nutzungsabsichten oder Verkaufsbereitschaft (Katasteramt)

- Technische Infrastruktur des Gewerbegebietes - beeinflußt den Wert und die Nutzungsmöglichkeiten der Flächen (Tiefbauamt).

4.3.2 Ergänzungs- und Aufbereitungsprobleme der Indikatoren

Die Relevanz einzelner betrieblicher Indikatoren wurde bereits durch die betriebswirtschaftliche Forschung bestätigt. So gilt es zum Beispiel als erwiesen, daß

- unselbständige Betriebsstätten gerade in wirtschaftlich problematischen Zeiten ständig zur Disposition stehen

- das Schicksal der Unternehmung zumindest langfristig mit der Entwicklung der wichtigsten Produkte verbunden ist

- Unternehmen, die auf verschiedenen Märkten operieren, weniger gefährdet sind

- zu schnelles Wachstum problematisch ist <15>.

Andere Indikatoren müssen erst unter Mithilfe von städtischen und halböffentlichen Akteuren entwickelt werden, zum Beispiel Indikatoren über Flächenqualitäten einzelner Quartiere und Standorte, die sich orientieren an den Erfordernissen einzelner Branchen oder Betriebe; Indikatoren, die anzeigen, welche Standorte die Voraussetzungen zur Ansiedlung oder Bestandsförderung einzelner Betriebsarten haben. Weiterhin fehlen weiche Daten, über deren Standardisierung eine Einigung wahrscheinlich noch schwerer erzielt werden kann.

Probleme mit Dateien, die aus dem Verwaltungsvollzug stammen, gibt es deshalb, weil jedes Amt für seine Zwecke den Datenbestand aufbereitet hat. Für andere Verwendungen sind daher die Dateien nicht vollständig. So enthält die Grundsteuerdatei nicht die nichtbesteuerten Grundstücke, die Gewerbesteuerdatei nicht die nichtbesteuerten Betriebe, die Datei des Arbeitsamtes nicht die Selbständigen und Beamten, die Datei des Katasteramtes nicht den Gebäudezustand. Auch in bezug auf die tatsächlich fertiggestellten Gebäude ist die Datei ergänzungsbedürftig (Bauherren melden die Baufertigstellung nicht immer). Zusatzerhebungen, zum Beispiel durch Begehungen, werden zum Teil unverzichtbar sein <16>. Innerbetriebliche Entwicklungen, soweit sie nicht an Bauanträgen ablesbar sind, müssen durch Betriebsbesuche, Informationen von Ratsmitgliedern, Zeitungsberichte (zum Beispiel Teilung von Betriebsstandorten, Übernahmen) ergänzt werden. Zentrale Figur bei Aufbau und Ergänzung von Dateien kann nur der Wirtschaftsförderer sein. Bei der Erarbeitung sollte beachtet werden, daß die mit der laufenden Fortschreibung verbundenen Probleme eine Beschränkung auf die wichtigsten Dateien gebieten.

4.3.3 Technische Hilfen bei der Informationsaufbereitung

Der Informationsfluß, die Organisationsstruktur und die technischen Möglichkeiten der Gemeindeverwaltungen bilden den Rahmen, in den Vorschläge für die (technische) Verknüpfung der Indikatoren und Empfehlungen für den Zugriff darauf einzupassen sind. Dem Trend der technischen Entwicklung folgend werden auch kleinere Verwaltungen in einigen

Jahren in der Lage sein, die Indikatoren EDV-technisch aufzubereiten und auf sie zurückzugreifen.

Anspruchsvolle Informationssysteme sind kaum ohne Hilfe der Informationstechnik realisierbar. Bislang wird allerdings nur in einigen Städten die EDV zur Fundierung vorausschauender Entscheidungen auch tatsächlich genutzt <17>. In den vorhandenen Informationssystemen sind bisher Wirtschaftsförderungsaktivitäten nicht berücksichtigt. Obwohl in der Regel zunächst versucht wurde, Informationssysteme für viele Bereiche gleichzeitig voranzutreiben, haben die mit dem Aufbau beschäftigten Ämter bisher nicht realisiert, daß für Wirtschaftsförderer die Aufbereitung von massenhaft anfallenden Daten interessant sein könnte. Die Vorgehensweise, möglichst viele Bereiche gleichzeitig in ein Planungsinformationssystem einzubeziehen, mag inzwischen eine Ernüchterung bewirkt haben <18>. Die bisherige Bearbeitungspraxis der Rechenzentren hat zudem bei den einzelnen städtischen Fachämtern den Eindruck erweckt, als sei eine zügige Informationsbearbeitung ohnehin nicht gewährleistet <19>. In der Vergangenheit standen bei Lösungsstrategien immer die Anforderungen der Technik im Vordergrund, nicht die Anforderungen der Fachverwaltungen <20>. Dies hat immer schon zu gewissen Vorbehalten der Fachämter gegenüber der EDV geführt und Eigenentwicklungen in der Verwaltung gefördert. Allerdings scheint hier wieder die Wirtschaftsförderung nicht betroffen.

Die einzelnen staatlichen Behörden sind im Hinblick auf die Möglichkeit, kleinräumige Informationen mit EDV-technischer Hilfe abzurufen, unterschiedlich weit entwickelt. In den Gewerbeaufsichtsämtern wird eine solche Problemlösung überhaupt noch nicht vorangetrieben <21>, im Arbeitsamt ist sie erst in den Entwicklung. Nur bei der staatlichen Katasterverwaltung sind Daten bereits kleinräumig für städtische Bezirke verfügbar. An diese EDV-technisch aufbereiteten Datenbestände, die für Belange der Gewerbebestandspflege zu unvollständig sind, werden von den Akteuren aber keine Fragen gestellt, die Entscheidungen in der Gewerbebestandspflege besser fundieren könnten. Dies hat wiederum zur Folge, daß Informationen, die für städtische Entscheidungsprozesse wichtig wären, aus der laufenden Raumbeobachtung herausfallen.

4.4 Nutzung der Informationen aus dem Frühwarnsystem

Dennoch bleibt als zentrales Problem nicht die Ermittlung relevanter Informationen, deren technische Verknüpfung und Auswertung, sondern deren übermittlung und vor allem die optionenreiche Reaktion. Dies verlangt, daß die einzelnen Indikatoren zu Falltypen zusammengefaßt und dabei die Optionen erkennbar gemacht werden. Derzeit geschieht dies nur in einer Entscheidungssituation, wobei unmittelbar eine Lösung gefunden werden muß. Damit aus der Reaktion eine Aktion werden kann, gilt es, Frühwarninformationen und Handlungszeitpunkt zeitlich möglichst weit zu entkoppeln. Der so gewonnene Zeitraum kann für eine politische und administrative Bewertung der erkennbaren Handlungsmöglichkeiten genutzt werden. Für die Bearbeitung der Erkenntnisse aus dem Frühwarnsystem können nicht Modelle mit ressortübergreifendem Zuschnitt und eindeutige Handlungsanweisungen vorgegeben werden. Es geht vielmehr um die Entwicklung rahmenförmiger Problemlösungsvorgaben. "Diese Vorgaben werden dabei so offen gehalten, daß die Regelung eines Sachverhaltes "vor Ort noch unter Berücksichtigung situationsspezifischer Erfordernisse erfolgen kann". Ziele und Instrumentarium müssen eindeutig bestimmt sein, "nicht jedoch die Regelungen für den Einzelfall vorgegeben werden" <22>.

Bei den Modellen zur Ableitung von Problemlösungen haben sich die betrieblichen und quartierspezifischen Lebensgeschichten und deren Verdichtung zu Entwicklungsphasen <23> oder -zyklen sowohl für Quartiere (Aufsiedlung neuer Gewerbeflächen, partielle übernutzung, Umnutzungsdruck, Umnutzung) wie für Betriebe (Experimentier-, Expansions-, Ausreifungs- und Rückbildungsphase) als hilfreich erwiesen. Sie erleichtern die Beurteilung der aktuellen Situation <24>.

4.4.1 Entwicklungsphasen von Betrieben und Handlungsbedarf

Für die Förderung von Betrieben in der Experimentierphase (erkennbar am Gründungsdatum, der Gewerbeanmeldung) ist überwiegend ein aufmerksames "Abwarten" zu empfehlen. Allerdings ist ein (langfristig gesehen) "falscher" Standort ein wichtiger städtebaulicher und gewerbepolitischer Risikofaktor, der spätestens in der Expansionsphase der Unternehmen (erkennbar an einer raschen Abfolge von Bauanträgen, Umnutzungsanträgen, wachsender Nachfrage nach Arbeitskräften) angegangen werden muß. Es empfiehlt sich eine Verlagerung des Betriebs an einen geeigneten Standort. Muß ein expandierender Betrieb zur Erfüllung seines Betriebszwecks (zum Beispiel Versorgung) am Standort bleiben, so sollte der Wirtschaftsförderer als Vermittler zu den Eigentümern von Grundstücken und Nachbargebäuden auftreten oder (aus dem eigenen Bestand) ein anderes Grundstück zum Tausch anbieten. Die betriebliche Aktivität in der Ausreifungsphase (erkennbar an nur noch sporadisch auftretenden Bauanträgen, Vorratsflächen auf dem bestehenden Betriebsgrundstück, Entlassung von Arbeitskräften, überproportionalem Anwachsen der Gewerbekapitalsteuer gegenüber der Gewerbeertragssteuer und Unternehmenszusammenschlüssen auf überörtlicher Ebene) verlangt immer dann Aktivitäten vom Wirtschaftsförderer, wenn Gewerbeflächen knapp sind. Das Problem der betrieblichen Vorratsflächen kann die Gemeinde am besten in den Griff bekommen, wenn sie bei der Aufsiedlung selbst Veräußerer der Grundstücke war und über Rückkaufsrechte die Weitergabe regeln kann.

Die Rückbildungsphase (erkennbar am völligen Ausbleiben von Bauanträgen, der Nichtrealisierung bereits genehmigter Bauvorhaben, Anträgen auf Umnutzung von Vorratsflächen sowie Abnahme von Gewerbeertragssteuer und Beschäftigtenzahl) ist kommunalpolitisch besonders heikel. Die Absicht eines Unternehmens, nicht mehr benötigte Vorratsflächen zu veräußern, um Liquiditätsengpässe zu überwinden, bringt Kommunalverwaltungen in nötigungsähnliche Situationen: Hilft die Gemeinde bei der Umnutzung (regelmäßig für Wohnzwecke), schafft sie eine Gemengelage; lehnt die Gemeinde diese Entwicklung aus städtebaulichen Gründen ab, verweigert sie trotz ihres Interesses an der Erhaltung des Betriebes eine dringend erforderliche Liquiditätshilfe (und gefährdet damit die Existenz des Unternehmens). Die einzig sinnvolle Gewerbepolitik besteht in der rechtzeitigen Vermittlung geeigneter Folgenutzer, die eine Wiedernutzung des Geländes und der Gebäude sicherstellen.

4.4.2 Quartierzustand als Orientierung

In den einzelnen Quartieren befinden sich Betriebe in unterschiedlichen Entwicklungsphasen. Dennoch kann davon ausgegangen werden, daß in neuen Gewerbegebieten der Betriebsbesatz jünger ist und daß in älteren Quartieren Unternehmen entsprechenden Alters überwiegen. Neue Betriebe haben hier meist einen recht vorläufigen Standort. Nur zuweilen nutzen junge Betriebe verlassene Betriebsgebäude an alten Standorten neu. Zentraler Indikator für die quartierspezifische Entwicklung ist der

Bodenpreis, der sowohl Resultat der tatsächlichen Nutzungen in einem Gebiet, der öffentlichen Vorleistungen und der Aktivitäten von öffentlichen und privaten Investoren ist. Die öffentliche Hand hat über alle drei genannten Faktoren Steuerungsmöglichkeiten hinsichtlich der kommunal gewünschten, an den Zielen der Stadtentwicklung orientierten Nutzung der Flächen, da sie sowohl bestimmte Nutzungen fördern als auch verhindern, ihre Vorleistungen entsprechend ausrichten und - allerdings eingeschränkt durch die eigenen Haushaltsmittel - investieren kann.

Bestimmte Nutzungsformen, wie sie verstärkt insbesondere bei älteren Gewerbegebieten anzutreffen sind, führen zu einem Funktionsverlust des Gebietes für gewerbliche Zwecke. Das erhöhte Umnutzungsrisiko solcher Flächen wirft sozusagen seine Schatten voraus. So sind Bauanträge, die den planerischen Festsetzungen zuwider laufen, ein Anzeichen für die Fehlnutzung einer Fläche; Bauanträge, die die Fläche nur teilweise nutzen sollen, deuten auf eine Kümmernutzung hin, während im Gegenzug überdimensionierte Nutzungsvorhaben auf eine Übernutzung der betrieblichen Fläche schließen lassen. Will die Stadt das Gewerbegebiet erhalten, so muß sie rechtzeitig, zum Beispiel durch das Angebot geeigneterer Standorte oder Bauberatung gegensteuern. Den neuen Gewerbegebieten wird - insbesondere dann, wenn die Städte noch viele Freiflächen haben - ohnehin mehr Aufmerksamkeit geschenkt. Aber auch hier gilt es, frühzeitig Fehlnutzungen (zum Beispiel Wohngebäude) zu verhindern, damit der Landschaftsverbrauch in Grenzen gehalten wird.

5. Schlußbemerkung

Generell scheint Konsens darüber zu bestehen, daß den Implementationsproblemen mehr Aufmerksamkeit zu widmen ist <25>. Die zu erwartenden Schwierigkeiten sind nicht so sehr technischer, sondern vielmehr organisatorischer Art. Die hier angestrebte Lösung soll die Grundlagen schaffen für eine bessere und andersartige Wahrnehmung bisheriger Aufgaben sowie für die Wahrnehmung neuer Aufgaben.

Dafür fehlt ein unmittelbarer Anreiz, zum Beispiel durch eine (veränderte) gesetzliche Grundlage. Vielmehr wird durch die Datenschutzdebatte eine Verunsicherung bewirkt. Für die Änderung der Arbeitsweisen ist primär die Einsicht der Akteure maßgebend. Von Bedeutung kann hier durchaus sein, daß es die Akteure als mißlich ansehen, daß sie nur auf die an sie herangetragenen Probleme reagieren können. Damit das Vorgehen tatsächlich akzeptiert wird, sind Fortbildungsveranstaltungen zumindest mit den potentiellen Promotoren von Bedeutung. In ihren Beratungsleistungen und bei der Suche nach Problemlösungen müssen sich die Akteure auf sehr kleine Betriebe einstellen. Problemlösungen sollten bei Erwägung der öffentlichen Optionen unter Mobilisierung des nötigen Sachverstandes aller an Wirtschaftsförderung beteiligten Institutionen gefunden werden.

Anmerkungen:

<1> Lenk 1984 a, S. 337

<2> Reinermann 1981, S. 550

<3> Die folgenden Ausführungen sind Ergebnisse aus dem Stadtforschungsprogramm der Robert-Bosch-Stiftung (1978-1983); vgl. Robert-Bosch-Stiftung 1984, einer Pilotstudie zur Wirtschaftsförderung in niedersächsischen Mittelstädten sowie erste Erkenntnisse aus dem Forschungsvorhaben "Kommunale Informationssysteme für die Gewerbebestandspflege" des Instituts für vergleichende Politikforschung der Universiktät Oldenburg, gefördert durch den Niedersächsischen Minister für Wissenschaft und Kunst.

<4> Naßmacher o.J.

<5> Vgl. Lenk 1981, S. 628; derselbe 1980, S. 6

<6> Vgl. die Unterscheidung unterschiedlicher Formen der Informationsweitergabe bei Reinermann 1981

<7> Stadt Solingen 1983, S. 12 f

<8> Reinermann 1981, S. 553

<9> Ostermann 1980, S. 313

<10> Die Unterscheidung zwischen operativen Aufgaben, also solchen, in denen massenhaft gleichgerichtete Anforderungen an die organisatorische Gestaltung gerichtet werden im Gegensatz zu innovativen Aufgaben (wie beispielsweise bei Wittkämper 1981, S. 588) erscheint zu grob.

<11> Hahn 1979, S. 25

<12> Zum Stand der Entwicklung von betrieblichen Frühwarnsystemen siehe Albach, Hahn und Mertens 1979. Zu beachten ist freilich, daß viele Daten für ein Frühwarnsystem nicht besonders geeignet erscheinen, weil sie Fehlentwicklungen zu spät anzeigen (Lachnit 1984; vgl. Uhlir 1979, S. 96). Müller-Merbach verweist dagegen auf Untersuchungen, die das Ergebnis erbrachten, daß aus veröffentlichten Jahresabschlüssen und daraus gebildeten Kennzahlen bereits mehrere Jahre im voraus akute Krisen prognostizierbar sind. (Müller-Merbach 1979, S. 151 ff.).

<13> Uhlir 1979, S. 90

<14> Naßmacher und Schmidt o.J.

<15> Hahn 1979, S. 32; Albach 1979, S. 16 ff

<16> Solche sind in anderen Bereichen durchaus üblich, zum Beispiel wurde dies den örtlichen Verwaltungen im Verfahrenserlaß zum Kleinbautenerlaß des Innenministers Baden-Württemberg vom 21. November 1973 auferlegt.

<17> Rinsche 1983, S. 7

<18> Bereits vor Jahren wurde von negativen Erfahrungen mit dieser Vorgehensweise aus den USA berichtet. (König 1975, S. 108)

<19> Ostermann 1980, S. 312

<20> Brinckmann 1981, S. 349

<21> Mayntz u.a. 1983, S. 55

<22> Koch 1983, S. 99

<23> Bullinger und Naßmacher o.J., S. 126-150

<24> Naßmacher 1982, S. 196 ff

<25> Lenk 1981, S. 631

INFORMATIONSPROBLEME BEI DEM VERKEHRSZENTRALREGISTER

Wolfgang Bruns

1. Einleitung

1.1 Ausgangssituation

Das Verkehrszentralregister (VZR) ist ein bundesweites zentrales Register, das seinen Ursprung (die ersten Vorläufer bereits vor dem Ersten Weltkrieg) im Abbau von Informationsdefiziten bei örtlichen Registern hatte. Aus dieser Motivation heraus sind sicher mehrere zentrale Register entstanden. Insofern ließe sich das Thema auf "Informationsprobleme bei zentralen Registern" erweitern. Die sich sicher anbietende überlegung, unter den nunmehr verfügbaren technischen Möglichkeiten eine "Redezentralisierung" zu betreiben, sollen hier nicht vertieft werden, weil dieses meines Erachtens dazu führen müßte, erneut über die Informationsprobleme bei dezentralen Registern nachzudenken.

An dieser Stelle sollen vielmehr Informationsprobleme aus der Sicht eines zentralen Registers beleuchtet werden, wobei es eine besondere Rolle spielt, daß es sich um ein bereichsspezifisches Register handelt, das neben anderen - für andere Fachaufgaben eingerichteten - Registern steht.

1.2 Aufgaben des Verkehrszentralregisters

Mit seiner Errichtung im Jahre 1951 wurde dem Kraftfahrt-Bundesamt (KBA) die zentrale Erfassung von Verwaltungsentscheidungen über Versagungen und Entziehungen der Fahrerlaubnis sowie über Verbote, ein Fahrzeug zu führen, übertragen. Daneben gab es bei den Verkehrsbehörden sogenannte Verkehrssünderkarteien, in denen Verkehrsübertretungen (heute: Verkehrsordnungswidrigkeiten) erfaßt wurden. Die Unzulänglichkeiten dieser Registrierung ergaben sich schon daraus, daß Verkehrsverstöße einzelner Verkehrsteilnehmer an verschiedenen Orten des Bundesgebietes begangen und auch dort in den einzelnen örtlichen Karteien erfaßt wurden. Verkehrsteilnehmer, die in verschiedenen Landkreisen und Städten unterwegs waren und dort auffielen, waren gegenüber den weniger mobilen im Vorteil. Um eine einheitliche Behandlung sicherzustellen, kam es dann im Jahre 1957 zur Errichtung des VZR.

Nach dem Willen des Gesetzgebers ist das VZR die allein zuständige Erfassungs- und Auskunftsstelle der für die Belange der Verkehrssicherheit bedeutsamen gerichtlichen und verwaltungsbehördlichen Entscheidungen. Das Ziel des VZR besteht hauptsächlich darin, den zuständigen Stellen das erforderliche Tatsachenmaterial zu verschaffen, damit sie im Interesse der Verkehrssicherheit die notwendigen verkehrserzieherischen und verkehrspolitischen Maßnahmen treffen können.

Eine besondere Bedeutung des VZR liegt darin, daß es nicht nur auf Anfrage tätig wird, wie es auch bei anderen Registern der Fall ist, sondern von sich aus in Form von Auskünften von Amts wegen die Verwaltungsbehörden informiert. Die Bedeutung dieser Auskünfte, die bei Erreichen bestimmter Punktschwellen vom VZR gegeben werden, liegt darin, daß die Verkehrsbehörden unter sorgfältiger Prüfung der Gesamtpersönlichkeit des betroffenen Kraftfahrers, rechtzeitig geeignete Maßnahmen einleiten sollen, um von der Allgemeinheit drohende Gefahren, die von disziplinlosen und ungeeigneten Kraftfahrern ausgehen, abzuwenden <1>.

Eintragungen im VZR dürfen nach § 30 StVG für Zwecke der Strafverfolgung, der Verfolgung wegen Ordnungswidrigkeiten, für Verwaltungsmaßnahmen aufgrund bestimmter Gesetze sowie zur Vorbereitung von Rechts- und allgemeinen Verwaltungsvorschriften auf dem Gebiet des Straßenverkehrs verwertet werden.

Auch Privatpersonen erhalten auf schriftlichen Antrag Auskunft über den sie betreffenden Inhalt des Registers.

2. Einbindung des Verkehrszentralregisters und Informationsfluß

2.1 Einbindung des Verkehrszentralregisters in den Aufgabenkontext des Kraftfahrt-Bundesamtes

Das Kraftfahrt-Bundesamt (KBA) ist eine Bundesoberbehörde des Verkehrsbereichs. Es führt neben dem Verkehrszentralregister das zentrale Fahrzeugregister, das vom Umfang und von der Anfragefrequenz eine weitaus größere Bedeutung hat, das aber in der Öffentlichkeit nicht die Bekanntheit genießt wie das VZR. Im zentralen Fahrzeugregister werden alle in der Bundesrepublik Deutschland zugelassenen Fahrzeuge mit amtlichen Kennzeichen und mit Versicherungskennzeichen sowie deren Halter geführt. Auch dieses Register wird im Zuge der Verkehrsüberwachung sehr stark in Anspruch genommen; so werden pro Monat etwa 1,2 Millionen Anfragen an das zentrale Fahrzeugregister gestellt. Diese große Zahl hat ihre Ursachen in dem sehr dichten Straßenverkehr mit über 30 Millionen Fahrzeugen auf sehr engem Raum und der Vielzahl der Maßnahmen im Straßenverkehr, die durch eine Kennzeichenanzeige ausgelöst werden. Dabei geht es darum, den zunächst noch anonymen Halter eines Fahrzeugs durch das Kraftfahrzeugkennzeichen zu identifizieren.

Dem auf die Fahrzeuge hin ausgerichteten Registern steht das Personenregister - also das Verkehrszentralregister - gegenüber. Da die meisten Zuwiderhandlungen im Straßenverkehr von Kraftfahrzeugführern, die auch gleichzeitig Halter eines Kraftfahrzeugs sind, begangen werden, sind cirka 95 Prozent der im VZR eingetragenen Personen auch als Halter eines Fahrzeugs im zentralen Fahrzeugregister vorhanden.

Die Erkenntnisse aus dem VZR fließen in die statistische und wissenschaftliche Bearbeitung beim KBA ein.

2.2 Einbindung in das Fahrerlaubnisrecht

Das deutsche Fahrerlaubnisrecht geht im Grundsatz von einem Führerschein auf Lebenszeit aus. Als flankierende Maßnahme gibt es jedoch eine laufende Bewährungskontrolle. Verkehrsteilnehmer, die mit Verstößen einer bestimmten Schwere auffallen, werden in das VZR beim KBA eingetragen. Sofern der Verkehrsteilnehmer bis zum Ablauf einer "Bewährungszeit" von 2, 5 oder 10 Jahren nicht wieder aufgefallen ist, werden die Eintragungen getilgt. Bei wiederholten Verstößen kommt es nach dem sogenannten Mehrfachtäterpunktsystem zur Unterrichtung der zuständigen Straßenverkehrsämter, die dann geeignete Maßnahmen (zum Beispiel Ermahnung, Aufforderung zur Wiederholung der Prüfung, medizinisch psychologisches Gutachten und so weiter) einleitet.

Das VZR ist ein Instrument des Fahrerlaubnisrechts, denn es enthält Informationen über straßenverkehrsrelevante Entscheidungen. Entsprechend dem grundsätzlich spezialpräventiven Ansatz beschränkt sich das Register auf Informationen über Personen, denen eine Fahrerlaubnis versagt oder wieder entzogen worden ist beziehungsweise die durch ihr Verhalten im Straßenverkehr auffällig geworden sind. Gleichzeitig bietet das VZR damit die Möglichkeit, gezielte Maßnahmen zur Nachschulung oder zum Führerschein auf Probe zu unterstützen <2>.

Die Informationen im Verkehrszentralregister stehen den Straßenverkehrsbehörden sowie den Bußgeldstellen der Polizei und der Justiz als Informationsquelle zur Verfügung. So benötigen die Führerscheinstellen Informationen über einen Fahrerlaubnisantragsteller, um beurteilen zu können, ob dieser zum Führen eines Fahrzeugs geeignet ist, oder ob grundsätzliche Hinderungsgründe bestehen. Bußgeldstellen und Gerichte fragen das Register ab, um Informationen über Wiederholungstäter zu bekommen, weil bei einschlägigen Voreintragungen bereits weiterreichende Maßnahmen angezeigt sind. Die Polizei letztendlich ist bei der Verkehrskontrolle auf schnelle Informationen darüber angewiesen, ob jemandem der Führerschein entzogen wurde und es ihm somit nicht erlaubt ist, ein Fahrzeug zu führen. Derartige Verdachtsmomente können bei Verkehrskontrollen auftreten, wenn der Fahrzeugführer entweder keinen Führerschein vorweisen kann oder bei dem Führerschein der Verdacht entsteht, es könne sich um eine Fälschung handeln.

2.3 Einbindung in das Verkehrswesen

Das zentrale Fahrzeugregister, aber insbesondere das Verkehrszentralregister beim KBA, ist als zentrale Erkenntnisquelle in das Verkehrswesen eingebunden. Man kann dieses sehr leicht in Form eines Regelkreises beschreiben:

Ein Bürger stellt einen Antrag auf Erteilung einer Fahrerlaubnis und nimmt parallel dazu am Fahrschulunterricht teil. Die Straßenverkehrsbehörde, die den Führerschein vorbereitet, fragt beim Verkehrszentralregister an, ob bereits Negatives über den Betroffenen vorliegt. Wenn dieses nicht der Fall ist, was in der Regel so ist, und die Führerscheinprüfung bestanden wird, erhält er einen Führerschein und nimmt damit am Straßenverkehr teil. Fällt er nunmehr als Verkehrsteilnehmer, insbesondere als Fahrer eines Kraftfahrzeugs im Straßenverkehr negativ auf, so kommt es zu Bußgeld- oder Gerichtsverfahren und die Entscheidungen dieser Stellen werden im Verkehrszentralregister eingestellt und nach Punkten gewichtet. Bei Erreichen bestimmter Schwellwerte reagiert das Verkehrszentralregister und informiert die örtlich zuständigen Straßenverkehrsämter, die dann steuernd auf den betroffenen Verkehrsteilnehmer einwirken. Wenn der Verkehrsteilnehmer nunmehr sein Verhalten im Straßenverkehr bessert und während einer "Bewährungszeit" nicht mehr auffällt, werden die im VZR vorhandenen Eintragungen getilgt. Unabhängig von diesem normalen Regelkreis gibt es natürlich noch die präventive Wirkung, die sich darin ausdrückt, daß der Verkehrsteilnehmer bereits sein Verhalten ändert, weil er weiß, daß bestimmte Fehlverhaltensweisen im Verkehrszentralregister eingetragen werden, oder weil er weiß, daß bereits eine Eintragung für ihn vorhanden ist.

2.4 Informationswege

Das Verkehrszentralregister erhält seine Informationen von Bußgeldstellen und bei einer bestimmten Art von Delikten, nämlich wenn es zu einem Strafverfahren gekommen ist, auch von Gerichten. Außerdem gehen Mitteilungen von Verwaltungsbehörden ein, zum Beispiel dann, wenn eine Fahrerlaubnis versagt worden ist oder durch die Verwaltungsbehörde entzogen wurde.

An das VZR werden Anfragen von Führerscheinstellen (bei der Erteilung einer Fahrerlaubnis), von Bußgeldstellen und von Gerichten gerichtet. Die Anfragen können auf verschiedenen Wegen übermittelt werden, so auf Beleg im Wege der Datenübertragung im Stapelbetrieb oder auf Datenträgern. Die Negativauskunft aus dem VZR kann auf dem gleichen Wege zurückübertragen werden. Eine Positivauskunft ist nur schriftlich möglich.

3. Problembeschreibung

3.1 Kompetenzüberschneidungen

Im Bereich des Straßenverkehrs gibt es einen fließenden Übergang von der Ordnungswidrigkeit zum Strafverfahren; wobei dieser Übergang häufig zufällig ist, denn er hängt nicht von der Tat, sondern nur von den Tatfolgen ab. Kommt es zum Beispiel bei einer Vorfahrtverletzung zu einem Unfall mit Sachschaden, so wird dieses als Ordnungswidrigkeit behandelt. Kommt es jedoch zu einem Unfall mit Personenschaden, so ist es als fahrlässige Körperverletzung oder gar Tötung ein Kriminaldelikt. Damit gibt es auch eine doppelte Zuständigkeit bezüglich einer zentralen Registrierung. So werden alle Entscheidungen in Strafsachen beim Bundeszentralregister in Berlin geführt. Handelt es sich jedoch um eine Verkehrszuwiderhandlung, so müssen diese Informationen auch beim Verkehrszentralregister verfügbar sein. Wegen der unterschiedlichen Aufgaben der beiden Register im Justizbereich beziehungsweise im Verkehrsbereich und wegen der unterschiedlichen Informationsbedürfnisse der jeweiligen anfragenden Stellen, erscheint eine "Doppelspeicherung" zunächst auch sinnvoll. Auch werden die Informationen aus beiden Registern unter Zugrundelegung verschiedener Maßstäbe weitergeleitet. So liegt dem Bundeszentralregistergesetz der Resozialisierungsgedanke zugrunde und dementsprechend gibt es in dem Bereich auch eine sehr zurückhaltende Auskunftserteilung <3>. Insbesondere werden Auskünfte aus dem Erziehungsregister nur in sehr wenigen Fällen gegeben. In ein Führungszeugnis werden zum Beispiel Eintragungen des Erziehungsregisters nur aufgenommen, wenn es sich um eine Jugendstrafe ohne Bewährung oder von über zwei Jahren Freiheitsentzug handelt. Das VZR dagegen liefert den anfrageberechtigten Behörden des Verkehrsbereichs alle die Informationen, die zur Beurteilung der Fahreignung von Bedeutung sind. Dabei werden auch die Jugendlichen nicht gesondert behandelt. Dieses erscheint auch richtig, weil aus der Sicht der Verkehrssicherheit jugendliche Fahranfänger eine ganz besonders gefahrenträchtige Rolle spielen.

3.2 Unterschiedliche Meldewege zu den Registern

Durch die Existenz verschiedener bereichsspezifischer Register ergibt sich in den Fällen, in denen aus demselben Anlaß Mitteilungen an beide Register gegeben werden, die Notwendigkeit von sogenannten Doppelmitteilungen. Die damit verbundene Mehrarbeit bei den meldenden Stellen wird häufig als Problem angesehen. Hinzu kommt, daß nicht immer einheitliche Meldewege vorhanden sind, sondern die verschiedenen Register individuell bedient werden müssen.

3.3 Anforderung von Auskünften aus verschiedenen Registern

Die örtlichen Verwaltungen sind häufig darauf angewiesen, Informationen aus verschiedenen Quellen zu beziehen, um ihre Sachbearbeitung voranzutreiben. Im Nebeneinander von VZR und Bundeszentralregister liegt ein solcher Fall in der Bearbeitung von Führerscheinanträgen bei den örtlichen Straßenverkehrsämtern vor. Zur Bearbeitung eines Führerscheinantrags muß einerseits eine Auskunft aus dem Verkehrszentralregister vorliegen, die von der Führerscheinstelle eingeholt wird, und zum anderen muß der Antragsteller selbst ein Führungszeugnis aus dem Bundeszentralregister beibringen. Da diese beiden Unterlagen in der Regel nicht zum gleichen Zeitpunkt beim Sachbearbeiter der örtlichen Behörde vorliegen, führt dieses zu einer Mehrarbeit.

3.4 Aktualitätsverlust

Ein zentrales Register hat gegenüber dezentralen Registern den Nachteil, daß ein gewisser Aktualitätsverlust eintritt. Gerade wegen der Mobilität der Bevölkerung ist es erforderlich, daß die Informationen im zentralen Register auf einem möglichst aktuellen Stand gehalten werden. Da anfragende Stellen und meldende Stellen häufig nicht identisch sind, ist dieses Problem den mitteilenden Stellen nur schwer zu vermitteln. Häufig ist es so, daß innerhalb eines Geschäftsganges die Mitteilungen an das beziehungsweise an die zentralen Register zuletzt erledigt werden.

4. Würdigung des Problems

4.1 Verhältnis örtlicher Verwaltungen zu zentralen Registern

Der Bürger, der in Kontakt mit der Verwaltung tritt, hat es in der Regel mit einer Vielzahl für ihn nur schwer zu durchschauenden Behörden beziehungsweise Ämtern zu tun. Für den mit der Verwaltung ungeübten Bürger ist dieses häufig verwirrend. Es gibt in diesem Zusammenhang interessante Modelle; dabei sei hier nur auf das hinlänglich bekannte Konzept eines Bürgeramtes in der Stadt Unna hingewiesen <4>. Hierbei erscheint die Verwaltung - in diesem Fall die Kommunalverwaltung - mit ihren verschiedenen Ämtern als eine einheitliche "Benutzeroberfläche", die durch das Bürgeramt vertreten wird. Beim Verhältnis örtlicher Behörden zu zentralen Registern gibt es eine gewisse Analogie zum Verhältnis des Bürgers zu den Ämtern einer Kommunalverwaltung.

4.2 Unterschiedliche Zugangswege

Durch die verschiedenen rechtlichen Bestimmungen der bereichsspezifischen Register gibt es sehr unterschiedliche Zugangswege zu den zentralen Registern. Das Verkehrszentralregister kennt zum Beispiel nur die Anfrage einer anfrageberechtigten Behörde sowie die Anfrage einer Privatperson für eigene Zwecke. Die Anfrage der Behörde kann auf Formblatt oder in Form eines definierten Datensatzes übermittelt werden, die des Bürgers kann formlos mit Beglaubigung der Unterschrift gestellt werden.

Beim Bundeszentralregister dagegen gibt es auch im Verkehr mit Behörden eine Vielzahl unterschiedlicher Anfrage- und Auskunftsarten. Die unbeschränkte Auskunft an Gerichte, Staatsanwaltschaften und bestimmte Behörden, das Führungszeugnis zur Vorlage bei einer Behörde, das Behördenführungszeugnis sowie das Führungszeugnis für private Zwecke. Die Führungszeugnisse müssen formgerecht vom Betroffenen über das zuständige Ordnungsamt beantragt werden. Unter bestimmten Voraussetzungen <5> kann eine Behörde selbst ein Behördenführungszeugnis beantragen.

4.3 Meldungen in mehrfacher Ausfertigung

Ebenso wie beim Verhältnis Bürger/Verwaltung gibt es auch bei der Beziehung zwischen örtlichen und zentralen Behörden kein Verständnis für die Fertigung von mehreren Exemplaren (mehreren Durchschlägen) bei einem Antrag, einer Mitteilung und so weiter. So wie der Bürger häufig wenig Verständnis dafür hat, daß innerhalb einer kommunalen Verwaltung mehrere Ämter existieren, die alle ihre Informationen brauchen und häufig nicht untereinander Informationen austauschen und auch wohl aus datenschutzrechtlichen Gründen nicht austauschen sollen, so gibt es auf der Ebene der örtlichen Behörden auch wenig Verständnis dafür, daß im Bereich der Bundesverwaltung verschiedene bereichsspezifische Register angesiedelt sind, die ebenfalls ihre Informationen nicht miteinander austauschen und entsprechend den gesetzlichen Bestimmungen und den verschiedenen Zielsetzungen dieses auch nicht tun sollen.

Die datenschutzrechtliche Problematik, die sich aus einer einheitlichen "Benutzeroberfläche" und den dahinter stehenden Verknüpfungen ergibt, ist beim Projekt Bürgeramt schon erkannt aber wohl noch nicht abschließend gelöst worden <6>.

4.4 Bereichsspezifische Arbeit

Die Arbeit in bereichsspezifischen Registern, wie auch die in Ämtern mit einem bestimmten Aufgabenzuschnitt verlangt eine Trennung. Dieses führt jedoch dazu, daß die jeweiligen Register in einem bestimmten Überschneidungsbereich auch mit gleichlautenden Informationen versorgt werden müssen. Um noch einmal das Beispiel Verhältnis Bürger zur Kommunalverwaltung aufzunehmen: Von dem Bürger wird zum Beispiel auch erwartet, daß er bei Änderung bestimmter privater Daten verschiedene Ämter wie das Einwohnermeldeamt und das Sozialamt unterrichtet.

5. Lösungen

5.1 Aufgabenkritik

Eine der Problemursachen war, daß örtliche Behörden Informationen aus verschiedenen zentralen Registern (unter anderem aus dem Verkehrszentralregister) benötigen. Der erste Ansatzpunkt zur Problemlösung wäre sicherlich eine Art Aufgabenkritik, wobei zu prüfen wäre, ob Behörden im örtlichen Bereich mit einem bestimmten Aufgabenzuschnitt (zum Beispiel Führerscheinstellen) Informationen verschiedenster Register benötigen oder ob die für den jeweiligen Zweck in einem bereichsspezifischen Zentralregister gesammelten Informationen ausreichen. Diese Frage ist zum Beispiel hinsichtlich der Führerscheinstellen dahingehend beantwortet worden, daß die Information aus dem Zentralregister des Verkehrsbereichs für die Beurteilung der Fahreignung in der Regel ausreicht. Danach bedarf es also gar nicht unbedingt einer "Regelanfrage" beim Bundeszentralregister. Vielmehr können sich solche Anfragen auf den begründeten Einzelfall beschränken.

5.2 Technikeinsatz

Wenn aber die Aufgabenkritik zu keiner weiteren Reduzierung der Informationsbeschaffung führt, bleibt nur noch die Vereinfachung durch einen erweiterten Technikeinsatz. Hierzu müssen zunächst einmal die Übermittlungswege vereinheitlicht werden, um dem Informationsbedarfsträger die Informationsbeschaffung zu erleichtern. Sofern eine Anfrage im online-Betrieb abgesetzt werden kann, wäre es sinnvoll, wenn sich verschiedene zentrale Register dem Benutzer über eine Oberfläche darstellen würden. Wenn der Sachbearbeiter vor Ort sich nicht mit verschiedenen DV-Systemen auseinandersetzen müßte, sondern über eine Datenverbindung ohne große Eingabemodalität sowohl das eine als auch das andere Register abfragen könnte, wären die Nachteile, die durch die Führung zweier Register entstehen, sehr reduziert. Auch hier zeigt sich eine gewisse Parallelität zu dem Modell "Bürgeramt", wo der "Kunde der Verwaltung" nicht unbedingt verschiedene Ämter aufsuchen muß, sondern sich an eine Stelle wenden kann und dort die für ihn bedeutsamen Informationen erhält.

Eine andere Möglichkeit der DV-gestützten Zusammenarbeit wäre eine Lösung, in der der Ansprechpartner für die örtliche Behörde, die jeweils dem gleichen Aufgabenbereich zugehörige zentrale Behörde wäre. Im Straßenverkehrswesen wäre der Ansprechpartner der örtlichen Straßenverkehrsämter das KBA beziehungsweise für spezielle Fragen das VZR. Die zentrale Behörde würde die Anfragewünsche entgegennehmen und, soweit möglich, aus dem eigenen Register beantworten. Sofern jedoch auch Auskünfte aus anderen Registern gewünscht würden, würden die Anfrageinformationen auf der Ebene der zentralen Register ausgetauscht und die Ergebnisse von einer auskunftgebenden Stelle wieder zusammengefaßt.

Bei Anfragen und Mitteilungen, die im Stapelbetrieb abgewickelt werden, zeichnet sich auch heute schon eine Lösung dahingehend ab, daß durch dezentrale Systeme (zum Beispiel beim Projekt Geschäftsstellenautomation der Staatsanwaltschaften in Schleswig-Holstein - GAST) dem Benutzer ebenfalls eine einheitliche Oberfläche dargestellt wird. Da Anfragen beziehungsweise Mitteilungen an die verschiedenen zentralen Stellen bei der Nachbearbeitung im Stapelbetrieb erzeugt werden, wird der Sachbearbeiter in der Geschäftsstelle dadurch nicht zusätzlich belastet.

Anmerkungen:

<1> BVerwG, Urteil vom 17. Dezember 1976 - VII C 28.74 (Bremen)

<2> Vgl. Kommission für Verkehrssicherheit 1982; vgl. Verkehrssicherheitsprogramm 1984

<3> Vgl. Götz 1977

<4> Vgl. Projektgruppe "Bürgeramt" 1983

<5> Vgl. Götz 1977

<6> Vgl. Tuner 1984 b

INFORMATIONSVERWALTUNG - DER RICHTIGE UMGANG MIT INFORMATION UND KOMMUNIKATION ALS FÜHRUNGSAUFGABE UND WAS IHRER VERWIRKLICHUNG IM WEGE STEHT

Hans Brinckmann

1. Verengungen und Verzerrungen der Informationsperspektive

In den öffentlichen Verwaltungen hat sich längst Ernüchterung, vielleicht auch enttäuschte Liebe zur Informations- und Kommunikationstechnik (IuK-Technik) verbreitet. Dennoch sind positive wie negative Erwartungen gegenüber Konzepten der Informationsverwaltung, des Informationsmanagements oder des Information Resources Managements weiterhin durch eine reduzierte, zu wenig komplexe Sicht der Verwaltung und ihrer Traditionen, ihrer Organisations- und Personalstruktur, ihrer Aufgaben und Ressourcen, ihrer internen und externen Handlungsbedingungen gekennzeichnet. Was für betriebliche Strategien bemerkt wurde <1>, gilt ebenso und wohl noch verstärkt für die unterschiedlichen öffentlichen Verwaltungen. Die mechanistische Sicht der Verwaltung als informationsverarbeitendes System wurde zwar immer kritisiert <2>, die Verengungen und Verzerrungen einer solchen Perspektive sind aber - vielleicht sogar unvermeidlicher - Begleiter der durch den technischen Wandel in Gang gehaltenen Diskussion über Informationsverwaltung.

1.1 Fiktion des rationalen Entscheidens

Wie selbstverständlich gehen wir davon aus, daß Verwaltungshandeln besser wird, wenn die dem Handeln, insbesondere dem Entscheiden zugrunde gelegte Information besser wird. Wir sehen damit Verwaltungshandeln, genauer das Handeln der Amtswalter, als rational orientiertes Zweckhandeln, versuchen, es rational zu deuten, seinen Sinn evident zu machen und "das reale, durch Irrationalitäten aller Art...beeinflußte Handeln als 'Abweichung' von dem bei rein rationalem Verhalten zu gegenwärtigenden Verlauf zu verstehen" <3>.

Konzepte der Informationsverwaltung sind systematisches Bemühen um die Sicherung und Verbesserung der Verfügbarkeit des Wissens, das für zweckrationales Handeln erforderlich ist, also Bemühungen um Wissen für die Orientierung an Zwecken, Mitteln und Nebenfolgen, für die Abwägung der Mittel gegen die Zwecke, der Zwecke gegen die Nebenfolgen wie auch der Zwecke untereinander. Doch: "Absolute Zweckrationalität des Handelns ist ... nur ein im wesentlichen konstruktiver Grenzfall" <4>.

Die erste Verengung von Konzepten der Informationsverwaltung besteht also darin, diesen konstruktiven Grenzfall als Ideal des Verwaltungshandelns zu verstehen und Rationalität im Sinne "vollständiger Kenntnis und Voraussicht aller möglichen Konsequenzen, die sich bei jeder Wahl ergeben" <5>, anzustreben. Dennoch: Es gilt, das Verwaltungshandeln auf der Grundlage ausreichenden Wissens "rational zu legitimieren, kontrollierbar zu machen und damit den Raum der Willkür zu verringern" <6>.

1.2 Ausblendung des Herrschaftsaspekts

Das durch Wissen rationalere und damit besser legitimierte Handeln der Verwaltung ist auf den ersten Blick kontrollierbarer, aber nur auf den ersten Blick: "Die bürokratische Verwaltung bedeutet: Herrschaft kraft Wissen: dies ist ihr spezifischer rationaler Grundcharakter. über die durch Fachwissen bedingte gewaltige Machtstellung hinaus hat die Bürokratie (oder der Herr, der sich ihrer bedient) die Tendenz, ihre Macht noch weiter zu steigern durch das Dienstwissen: die durch Dienstverkehr erworbenen oder 'aktenkundigen' Tatsachenkenntnisse" <7>.

Eine zweite Verengung bei Konzepten der Informationsverwaltung besteht also darin, rationale Fundierung von Verwaltungshandeln durch Wissen zugleich als Beitrag zur besseren Kontrolle zu sehen, zu wenig aber dabei zu betonen, daß sich damit mehr oder weniger ungewollt zugleich Machtpositionen verschieben.

1.3 Problemerzeugung als Folge technischer Prolemlösungen

Die Verwaltungen versuchen, der öffentlichen Kritik an Leistungsfähigkeit, an Effektivität und Effizienz des Verwaltungshandelns durch Einsatz modernster Technik zu entgehen. Daß die Erwartungen, die IuK-Technikanwendungen würden die Produktivität der Verwaltung entscheidend steigern, sich nicht überall und schon gar nicht im erwarteten Umfange erfüllten <8>, führte nicht etwa zum Nachlassen des Modernisierungsdrucks und zu einer Zurückhaltung gegenüber Erweiterungen des Technikeinsatzes. Nahezu überall besteht die Hoffnung, der nächste Schritt der Technik werde das bringen, was die vorangehenden noch nicht gebracht haben. Auch die Diskussion über Informationsverwaltung hat ein starkes technisches Bias; sie setzt, nimmt man den Querschnitt der Veröffentlichungen, im wesentlichen nicht an den Informationsproblemen, sondern an technischen Lösungen für solche Probleme an.

Die dritte Verengung der Konzepte für Informationsverwaltung besteht folglich darin, Information für Verwaltungshandeln gerade deshalb als Problem zu sehen, weil IuK-Technik neuartige Problemlösungen verspricht, und gerade solche Probleme in den Vordergrund zu rücken, für die technische Lösungen machbar erscheinen. Die heute auf dem Markt befindliche Technik ist jedoch ganz zweifellos nicht einem intensiven Studium der Informationsprobleme öffentlicher Verwaltungen in der Bundesrepublik zu verdanken; vielmehr ist der gegenseitige Anpassungsprozeß mühsam, kostenträchtig und langwierig: Er erzeugt fast so viel Probleme wie die funktionierende Technik löst.

1.4 Umdefinition anderer zu Informationsproblemen

Bei einer im vorigen Jahr durchgeführten Erhebung in zwölf unterschiedlichen Fachverwaltungen wurde nach Tatbeständen gefragt, "die in den unterschiedlichsten Bereichen gleichermaßen für eine effektive Aufgabenerledigung als problematisch wahrgenommen werden" <9>. Mit einer Ausnahme verwiesen alle Verwaltungen auf "Probleme mit der Verfügbarkeit von entscheidungsrelevanten Informationen", während die übrigen sechs Problembereiche, die der Befragung zugrunde gelegt wurden, nicht derart gleichverteilt auftraten. Dieses Erhebungsergebnis muß man nicht unbedingt so interpretieren, daß gerade die Information das zentrale Problem der Verwaltungen ist. Zwar ist anzunehmen, daß es überall schwierig ist, die handlungsrelevanten Informationen zusammenzutragen. Es können sich hinter der generellen Artikulation eines solchen Problems aber genausogut ganz unterschiedliche und jeweils spezifische Probleme verbergen, die lediglich durch den unscharfen Begriff Information verknüpft sind und denen man also fachspezifisch nachzugehen hätte.

So betrachtet, verweisen die Klagen über Informationsprobleme in den Verwaltungen nicht auf ein gemeinsames Problem, an dem eine übergreifende Problemlösungsstrategie einzusetzen hätte, sondern auf jeweils spezifische Probleme, vielleicht sogar auf die ganze Breite interner wie externer Schwierigkeiten heutiger Verwaltungen. Informationsverwaltung wäre dann auf jeden Fall überfordert, wenn sie in die Rolle des integrierten Problemlösers geriete.

1.5 Illusion der universellen Brauchbarkeit von Wissen

Weil für jedes Verwaltungshandeln Wissen benötigt wird, so wie sachliche und personelle Mittel erforderlich sind, weil man also Informationen als Ressource verstehen kann, liegt es nahe, Informationsverwaltung parallel zur Verwaltung von Geld, von Personal, von Sachmitteln zu gestalten. Diese Sicht des Wissens als universeller Ressource liegt den alten Integrationsvorstellungen vom Einmalerheben und Einmalspeichern zugrunde und erfährt Verstärkung durch die universelle Struktur der IuK-Technik. Aber die Analogie Geld/Information und damit die Parallelisierung von Haushalts-, Kassen- und Rechnungswesen zu Beschaffen, Verarbeiten und Weitergeben von Wissen stimmt aus vielerlei Gründen nur zum Teil <10>.

So ist unsere Verwaltung kein monolithischer Block, sondern ein Gefüge kooperierender und auch konfligierender Einheiten, die sich jeweils auf bestimmte Bereiche der gesellschaftlichen Realität beziehen. Sie von diesen direkten Bezügen, die auch informationelle Bezüge sind, abzuschneiden und auf eine wie Steuern zentral erhobene und auch übergreifend verteilte Ressource Wissen zu verweisen, dürfte nur dort unproblematisch sein, wo es um vergleichsweise triviales Wissen geht <11>. Wo die Grenzen für derartige gemeinsame Wissensbestände zweckmäßigerweise zu ziehen sind, ist allerdings weniger trivial.

Information und Kommunikation als Führungsaufgabe würden aber jedenfalls ihr Ziel verfehlen, wenn sie sich allzu stark an der Analogie

Geld/Information orientierten, wenn sie die Eigenentwicklung von jeweils spezifischen Arten des Wissens und der Wissensbeschaffung unterschätzten, wenn sie an die Stelle der jeweils relevanten gesellschaftlichen Realität ein zentral geschaffenes Bild dieser Realität für das Verwaltungshandeln setzen würden.

1.6 Vernachlässigung der Verwaltungsgeschichte(n)

Öffentliche Verwaltungen sind keine Klein- oder Mittelbetriebe, in denen nur das richtige Management, hier also das Informationsmanagement fehlt, um neue Perspektiven für Information und Kommunikation zu eröffnen. Verwaltungen sind Organisationen mit zumeist langer Geschichte, jeweils in einem spezifischen rechtlich wie politisch diffizilen Handlungsrahmen eingespannt, einer kaum durch Management und Marketing beeinflußbaren Klientel gegenüber. Dies wird schon daran deutlich, daß die Managementdiskussionen der siebziger Jahre in den Verwaltungen so gut wie keine Spuren hinterlassen haben, soweit es nicht gelang, die betriebswirtschaftliche Problemsicht und Problemlösung ins "Publizistische" zu übersetzen, etwa in die Sprache der Funktionalreform.

Konzepte der Informationsverwaltung stehen damit vor der Gefahr, Managementphilosophien in einer Sprache und mit Zielen und Inhalten zu entwickeln, die die Kluft zwischen den normativen Kategorien der Betriebswirtschaftslehre und der historisch gewachsenen Realität des Verwaltens nicht zu überbrücken vermögen <12>.

2. Grundlagen der Informationsverwaltung

Das eigentlich Faszinierende an der Debatte über Informationsverwaltung ist das ausgesprochen dürftige Wissen über ihre möglichen und notwendigen Grundlagen. Wieviel Geld welche Investition oder Leistung erfordert, läßt sich berechnen: Ermittlungs- und Kontrollverfahren sind ausgebaut und organisationswissenschaftlich fundiert. Welche Qualifikationen im öffentlichen Dienst vorhanden sein sollten, war und ist Gegenstand intensiver Forschung, welche Arbeitsleistung jeweils erwartet werden kann, weiß der Personalmanager. Aber wer wann wieviel von welcher Information benötigt, ist für die Verwaltungswissenschaft so gut wie kein Thema <13>.

Zwar haben inzwischen die Differenzierungen der formalen Entscheidungstheorie wie auch die Methodenlehre der empirischen Sozialforschung Eingang in die Verwaltungswissenschaft gefunden <14>. Aber dieser Zugriff hat eher die normative Sicht verstärkt; die notwendige verwaltungswissenschaftliche Grundlegung, Ergebnisse empirischer Entscheidungsforschung und die Spezifizierung normativer Ansätze für einzelne Handlungen im Alltag der Verwaltung fehlen völlig.

Auch der bisherige Einsatz der IuK-Technik gab erstaunlicherweise keine Anstöße für eine empirische Erforschung von Informationsvoraussetzungen und Informationsverhalten. Entweder blendeten die Automationsvorhaben die Frage nach der erforderlichen Information einfach aus und reduzierten sie zum Datenerfassungsproblem (so etwa bei den Verfahren der Steuer- oder Sozialverwaltung, des Personalwesens und bei den Ordnungswidrigkeiten) oder man elektrifizierte genau die Wissensbestände, die nach bisherigen Regeln vorgehalten wurden (zum Beispiel im Einwohnerwesen, im Kraftfahrzeugregister und beim Kataster); ob sie nun so notwendig oder hinreichend sind oder nicht, war keine relevante Frage. Nur wenige Ausnahmen bestätigen die Regel: Die Ausweitung der Wissensbestände wurde sehr ausgeprägt im Bereich der Polizei betrieben, in Ansätzen auch im Bereich der Arbeitsverwaltung und der Rentenversicherung. Hier wurden IuK-technische Systeme aufgebaut, die diese, zum Teil neu formulierten, zum Teil stark erweiterten Wissensbestände verfügbar machten.

Dort, wo man sich intensiver um die Erweiterung der Wissensbasis bemüht, fehlt eine theoretische wie empirische Begründung für die Konzeption dieser Basis. Da keine Klarheit darüber besteht, welches Wissen für vage oder gar nicht programmierte Entscheidungen erforderlich ist, mußten Informationssysteme - weil ins Ungewisse hinein konzipiert - unbefriedigend bleiben <15>. Ein Beispiel hierfür ist der Planungsbereich, wo sowohl die Erweiterung der informationellen Handlungsbasis wie auch die Nutzung von IuK-Technik in Anfängen steckengeblieben sind.

Für eine systematische Informationsverwaltung ist jedoch eine theoretische wie auch empirische Grundlegung erforderlich. Die meisten Konzepte für Informationsverwaltung vermeiden diese Frage systematisch und betrachten sie damit entweder als gelöst oder als irrelevant. Beides aber dürfte nicht stimmen.

2.1 Wissen - Information - Wissen

Um uns dem Verhältnis von Information und Verwaltungshandeln etwas zu nähern, sind einige terminologische Vereinbarungen nützlich: Wir wollen für diese Diskussion die semantische und pragmatische Ebene - die syntaktische Ebene können wir in unserem Zusammenhang außer acht lassen - und damit Wissen und Information unterscheiden: "Information ist ... die Teilmenge des Wissens, die innerhalb einer Organisation für einen Handlungsträger in einer problematischen Situation neu und relevant ist beziehungsweise diejenige, welche für den Adressaten eines Verwaltungsaktes solche Eigenschaften hat" <16>.

Von diesem Ausgangspunkt können wir für Verwaltungshandlungen vier Situationen unterscheiden:

- Das notwendige Wissen ist nicht vorhanden.

- Das notwendige Wissen ist vorhanden, aber innerhalb des Handlungsrahmens nicht erreichbar.

- Das erreichbare Wissen wird im konkreten Falle zur Erarbeitung von Information nicht genutzt.

- Das Wissen ist vorhanden, erreichbar und wird beim Handeln als Information umgesetzt.

Aufgabe einer Informationsverwaltung wäre es demnach, für jede Verwaltungshandlung die Voraussetzungen zu schaffen, damit der in Punkt 4 gekennzeichnete Zustand für jeden Beschäftigten in jeder Handlungssituation erreicht ist. Daraus ergeben sich drei Aspekte der Informationsverwaltung <17>:

- Der Aspekt der Erzeugung und Bereitstellung von Wissen: Informationsressourcen-Aspekt

- der Aspekt der Zugänglichkeit des vorhandenen Wissens: Informationsorganisations-Aspekt

- der Aspekt des Zugriffs und der Umsetzung von Wissen in Information für Verwaltungshandeln: Informationsnutzungs-Aspekt

2.1 Erzeugung von Wissen für Verwaltungshandeln

Erzeugung und Bereitstellung von Wissen als Grundlage von Verwaltungshandeln ist sicher nicht allein Aufgabe der Verwaltung; vielmehr gibt es je nach Typ des Wissens wie auch des Verwaltungshandelns einen jeweils spezifischen Verantwortungsbereich <18>.

Sicher ist das Wissen über die interne Welt der Verwaltung ausschließlich ihr zugeordnet, also auch die Erzeugung und Bereitstellung von Wissensbeständen für das Verwaltungshandeln:

- Gesetze, Verordnungen, Verwaltungsvorschriften, Dienst- und Arbeitsanleitungen, also das gesamte Wissen über die eigene Steuerung und Organisation

- Wissen über Finanzen, über personelle und sachliche Mittel

- Wissen über durch Anwendung von Recht erzeugte Sachverhalte von Gerichtsurteilen über öffentliche Bücher bis hin zu Grenzwerten in technischen Regeln

Neben diesem Wissen über die Eigenwelt der Verwaltung gibt es den viel ausgedehnteren Bereich des Wissens über die Außenwelt. Hier ist grundlegend zu entscheiden, für welchen Ausschnitt von Wissen aus welchen Gründen wem die Erzeugung und Bereitstellung zuzuordnen ist. Die eine Möglichkeit besteht in eigener Forschung und Entwicklung, eigenen Erhebungen und Sammlungen von Wissen über Personen, Sachen und Umwelt, über soziale, ökonomische, kulturelle und weitere Sachverhalte durch die Verwaltung selbst. Dies kann in einer systematischen Erhebung und Sammlung auf Vorrat geschehen (zum Beispiel Statistik, Planungsinformationssysteme, Inventare) oder durch einzelfallbezogene Recherchen (Expertisen, Gutachten, kriminalpolizeiliche Observation, Erhebung eines Sachverhalts vor Erlaß eines Verwaltungsaktes).

Die Alternative zu der verwaltungseigenen Wissenserzeugung und -bereitstellung besteht in Informationslasten, die den Interessenten an bestimmten Verwaltungshandlungen auferlegt werden: So hat etwa der Antragsteller bei Genehmigungsvorbehalten alle Unterlagen in prüffähiger Form beizubringen. Dies gilt für große Projekte (etwa im Baurecht, im Fachplanungs- und im Umweltschutzrecht) ebenso im Bereich von Alltagsentscheidungen, wie dem Steuer- und dem Sozialrecht. Mitwirkungspflichten fordern vom Bürger Wissenserzeugung und überfordern ihn dabei nicht selten.

Ein Konzept für Informationsverwaltung kann sich nicht einfach damit begnügen, die vorfindliche Verteilung von Aufgaben der Wissenserzeugung hinzunehmen und nur die nachfolgenden Probleme zu behandeln. Immerhin finden wir hier schon - angestoßen durch die technischen Möglichkeiten - einige wenige, aber doch tiefgreifende Verlagerungen von Lasten: Ein wichtiges Beispiel ist das Melde- und Speicherungssystem bei den Rentenversicherungen, das den Versicherten von eigener Wissenserhebung und -verwaltung weitgehend entlastet.

Um ein solches Konzept im Bereich der Erzeugung von Wissen zu fundieren, sind folgende Fragen klärungsbedürftig:

- Welche Bereiche und Situationen des Verwaltungshandelns sind besonders wissensabhängig, welche weniger?

- Reicht das extern erzeugte Wissen für das Verwaltungshandeln aus, so daß die Verwaltung lediglich auf externe Quellen zurückzugreifen braucht, oder muß die Verwaltung selbst die Erzeugung teilweise oder ganz übernehmen?

- Welche Verwaltungshandlungen sind auf Wissenserzeugung auf Vorrat angewiesen, für welche ist Vorratshaltung nützlich, für welche nicht effizient oder sogar problematisch?

- Für welche Bereiche des Verwaltungshandelns sollten die Bürger Lasten der Wissenserzeugung zu tragen haben, und was sind die relevanten Gesichtspunkte (Eigeninteresse, Wirtschaftlichkeit der Verwaltung, Zugänglichkeit der Realität)?

Wären diese und möglicherweise noch weitere Fragen beantwortbar, so ließe sich eine Analyse der Verwaltung erstellen im Hinblick darauf, wie sensibel welche Bereiche des Verwaltungshandelns auf Änderungen der Wissenserzeugung reagieren. Diese Sensibilitätsanalyse könnte zu einem Katalog von Prioritäten für die Politik von Informationsverwaltung führen. Denn: Je stärker Verwaltungshandlungen durch das Vorhandensein von Wissen geprägt werden, desto folgenreicher sind Maßnahmen der Informationsverwaltung. Je weniger relevant das Wissen in einem Bereich von Handlungen - immer im Verhältnis zu anderen Verwaltungshandlungen - ist, desto weniger dringlich sind Maßnahmen in diesem Bereich.

2.2 Zugänglichkeit des Wissens

Der Aspekt der Zugänglichkeit des intern wie extern vorhandenen Wissens steht gegenwärtig im Mittelpunkt der Überlegungen der Informationsverwaltung, insbesondere soweit sie über den Einsatz von IuK-Technik reflektiert. Da Übermittlung von Wissen, sofern es nicht eigenes Wissen der Sachbearbeiter ist, notwendig Kommunikation erfordert, läßt sich Informationsverwaltung nur als Informations- und Kommunikationsverwaltung konzipieren <19>. Zugänglichkeit von Wissen herzustellen und aufrechtzuerhalten, heißt also nicht allein, Quellen sprudeln zu lassen, sondern heißt vornehmlich, adäquate Kommunikation herstellen und aufrechterhalten: adäquate Darstellung des Wissens als Text, Daten, Sprache oder Bilder, adäquat den Anforderungen des Verwaltungshandelns und der Handlungssituationen, adäquat auch den konkreten Bedürfnissen der jeweils Handelnden und deren Kommunikationspartner.

Bei den bisherigen Automationsschritten in der öffentlichen Verwaltung ist jedenfalls der kommunikative Aspekt so gut wie unbeachtet geblieben, so daß Folgen, die durch Veränderung der Medien, der Symbole und Sprachen, der Kontakte mit internen und externen Partnern entstanden sind, vielfach vernachlässigt werden.

Angesichts der großen Bandbreite von Adäquanzbedingungen gerät eine Informationsverwaltung, die sich auf ein technisch-organisatorisches Modell des Zugriffs kapriziert, schnell in Schwierigkeiten. Wie man an den weitgehend durchautomatisierten Verfahren in der öffentlichen Verwaltung ablesen kann, kann ein Sachbearbeiter dort dem System direkt kaum ausweichen. Er muß es nutzen, anders als eine Führungskraft, die ein inadäquates Informationssystem einfach beiseite läßt. Konsequenzen inadäquater Zugriffsformen sind zum Beispiel aufwendige Ergänzung durch andere Zugriffswege, Verlust von Flexibilität, Motivation und Innovationsbereitschaft, hohe Fehlerquoten durch eine fehlgerichtete Loyalität <20>.

Von zentraler Bedeutung scheint mir die Frage, inwieweit es erforderlich ist, das Wissen für einen Typ von Verwaltungshandlungen insgesamt auf Vorrat zu halten, wo eine solche Vorratshaltung nützlich ist oder wo es eher effektiv ist, Suchprozesse in vielfältigen Speichern und auch in der Realität jeweils erneut durchzuführen: Von der Einheit der Personalakte, der Vollständigkeit des Grundbuchs bis hin zu Fachinformationssystemen mit disziplinär geordnetem Wissen geht schon heute die Palette der Angebote. In welche Richtung ein Konzept der Informationsverwaltung weiter zu arbeiten hätte, ist aber erst noch zu bestimmen.

2.3 Tatsächliche Nutzung des Wissens

Die Frage nach der Umsetzung verfügbaren Wissens in handlungsbezogene Information ist eine Frage nach informations- und kommunikationsadäquater Gestaltung der Verwaltungsaufgaben, nach entsprechender Arbeitsorganisation und Qualifikation der Handelnden.

Die juristische Sicht, der Sachbearbeiter erhebe genau den gesetzlich vorgegebenen Sachverhalt, erweist sich schnell als Vorurteil. Von diesem Vorurteil nimmt jedoch die Verwaltungsrechtslehre so gut wie keine Notiz. Es wird zwar anerkannt, daß das Sachprogramm das Erhebungsprogramm bestimmt, aber welche Breite und Tiefe diese Erhebung tatsächlich hat, welche Elemente die Überzeugung des Sachbearbeiters von der Richtigkeit einer Information bestimmen, welche Beweismittel wie zu würdigen sind, wird mit Hinweis auf das Prozeßrecht nicht klarer <21>, weil sich gerade bei Routineentscheidungen die Entscheidungsbedingungen kaum vergleichen lassen.

Der nächste Schritt empirisch begründeter Informationsverwaltung heißt: Die Arbeit muß so gestaltet sein, daß zugängliches Wissen auch tatsächlich in der Handlungssituation abgefragt wird. Kuhlen hält es für notwendig, zumindest bei hochspezialisierten Tätigkeiten die Informationsverarbeitung zu professionalisieren: "Es muß speziell für Informationsprobleme ausgebildetes Personal vorhanden sein" <22>. Er stellt dieser Forderung nach Professionalisierung und damit Spezialisierung die Forderung nach arbeitsplatzbezogener Informationshoheit gegenüber und verweist auf das daraus entstehende "informationelle Dilemma".

Diesem Dilemma kann man nur durch Differenzierung entgehen, indem man Handlungssituationen heraushebt, in denen eine spezielle Zuständigkeit für Informationsaufgaben effektiv ist. Damit stellt sich die Frage nach der Organisation des Handlungsablaufs: Läßt man die Verwaltungshandlung an den Trägern von jeweils erforderlichem Wissen vorbeilaufen im Sinne eines Aktendurchlaufs durch verschiedene Abteilungen, organisiert man die Wissensspeicher sternförmig um den einen relevanten Arbeitsplatz herum und ermöglicht den Zugriff von diesem Arbeitsplatz aus oder weist man schließlich einem Sachbearbeiter hierarchisch untergeordnete Zuarbeiter zu, die für diesen einen Arbeitsplatz die Erarbeitung von Information und deren Weiterbehandlung besorgen <23>.

Um unter den gegebenen Organisationsalternativen begründet wählen zu können, müßte man Genaueres über bereichsspezifisches Verhalten von Sachbearbeitern wissen: Welche Wissensquellen benutzen sie tatsächlich und warum? Was halten sie für glaubwürdig und warum? Wie intensiv sind Suchprozesse und welche Gestaltungselemente der Arbeit beeinflussen sie? Wann und warum werden Erhebungen in der Realität bevorzugt, wann Wissensspeicher, die der Sachbearbeiter selbst pflegt, gegenüber solchen, die von anderen - innerhalb oder außerhalb der Verwaltung - gepflegt werden? Welche Qualifikationen sind für die Erarbeitung von Informationen erforderlich und werden sie ausreichend vermittelt? Gibt es entsprechende Weiterbildungsangebote und werden sie genutzt?

Auch beim Nutzungsaspekt zeigt sich also deutlich, daß Konzepte der Informationsverwaltung häufig technische Vorschläge auf den Tisch legen, bevor ausreichendes Erfahrungswissen über die Verwaltung vorhanden ist.

3. Erscheinungsformen der Informationsverwaltung

Informationsverwaltung ist sowohl aus der Sicht der Aufgaben wie der Organisation und der Ausbildung für die öffentliche Verwaltung, wie Lenk hervorhebt, nichts Neues <24>: Weil Verwaltungshandeln ohne Information als input, throughput oder output nicht denkbar ist, ist eigentlich Informationsverwaltung auch nur eine neue Beleuchtung traditioneller Aufgaben und Aufgabenvollzüge.

Um zu entscheiden, ob Informationsverwaltung als ein besonderer Aspekt des Verwaltens herausgehoben werden kann, möchte ich sechs Aufgabenkomplexe, die man als Erscheinungsformen von Informationsverwaltung verstehen kann, unterscheiden. Für deren eingehende Darstellung fehlt hier leider Zeit und Raum.

3.1 Fallbezogene Erarbeitung und Weiterverwendung

Hier steht die Fachaufgabe im Vordergrund: Beschaffung, Verarbeitung und Verwaltung des erforderlichen Wissens sind hier nur Hilfsfunktion für die Bearbeitung des jeweiligen Falles, fordern aber zumeist den größten Teil des Aufwandes. Mit jeder Sachbearbeitung wird das Anlegen beziehungsweise Hervorsuchen, das Bearbeiten und anschließend das Ablegen von Akten verknüpft, und gerade in dieser Aktenmäßigkeit - verbunden mit dem Original- beziehungsweise Urkundencharakter der Akte - liegen entscheidende Probleme der Informationsverwaltung in einer arbeitsteilig organisierten Verwaltung.

3.2 Verselbständigte Wissensvorräte

Verwaltungen sind in vielfältiger Weise zur Anlage und Pflege besonderer Wissensvorräte verpflichtet - entweder, und damit in gleitendem Übergang zur ersten Gruppe, im Zusammenhang mit bearbeiteten Fällen oder aber als verselbständigte Aufgabe, um unterschiedlichen Interessen an Informationen zu genügen. Man kann folgende Typen unterscheiden:

- Verzeichnisse, die dazu dienen, rechtlich relevante Sachverhalte festzuhalten (Beispiele: Grundbuch, Kataster, Schiffsregister; Personenstandsbücher; Handelsregister; Dateienregister; Waldverzeichnis; Landgüterrolle). Manche der Eintragungen in die Listen haben konstitutiven Charakter (Eigentum durch Grundbucheintragung), manche deklaratorischen, manche begründen eine Vermutung, auf die man sich stützen kann, die aber widerleglich ist.

- Verzeichnisse von besonderen behördlichen Entscheidungen. Auch hier kann man zwischen konstitutiven und deklaratorischen Eintragungen unterscheiden (Beispiele: Verkehrszentralregister, Bundeszentralregister, Erziehungsregister, Gewerbezentralregister als zentralisierte Verzeichnisse über Sanktionen aller Art; das Denkmalbuch, das Register naturschutzrechtlich geschützter Gegenstände, Liste jugendgefährdender Schriften, Baulastenverzeichnis, Wehrstammrolle, Wählerverzeichnis).

- Mitgliederverzeichnisse öffentlich-rechtlicher Körperschaften, häufig mit Leistungsmerkmalen (Beispiele: Mitgliederverzeichnisse bei Sozialversicherungen, also die Versicherungsverläufe bei den Rentenversicherungsträgern, Mitglieder- und Leistungskarte der Krankenkassen, Mitglieder von Hochschulen, Liste der Architekten, der Heilberufe, Lehrlings- und Handwerksrolle). Im weiteren Sinne kann man hierzu auch das Melderegister, das die jeweiligen Einwohner von Gebietskörperschaften zusammenfaßt, hinzuzählen.

- Verzeichnisse, die Gattungen und Regeln zusammenfassen (Beispiele: das Deutsche Lebensmittelbuch und die amtliche Sammlung von Untersuchungsverfahren nach dem Lebensmittel- und Bedarfsgegenständegesetz, die Kriegswaffenliste, das Gewässerverzeichnis, die Berufsliste für Wehrpflichtige für bestimmte Aufgaben, Verzeichnisse von Richt- und Grenzwerten sowie Verfahren im Gewerbe- und Umweltrecht).

- Verzeichnisse über personelle und sachliche Mittel der Verwaltung, über öffentliche Sachen und Einrichtungen (Beispiele: Straßenverzeichnisse, Hochschulinformationssysteme, Zentralkataloge nach dem Universitätsgesetz, zentraler Bettennachweis, Übersichten über Personal, über Räume, Inventare aller Arten, Schlüsselverzeichnisse).

3.3 Führungs- und Kontrollinformationen

Informationsverwaltung wird ja nicht selten unter dem Aspekt der Führung und Kontrolle akzentuiert, teilweise hat sich auch hier der Begriff des controlling eingebürgert, der aus der Betriebswirtschaftslehre übernommen wurde: "Gemeint ist die Gesamtheit aller Funktionen, welche die Verbesserung der Informationsversorgung von Führungsinstanzen, hier der Verwaltungsführung, zum Gegenstand haben" <25>. Hinzuzunehmen wären auch die Informationsprobleme, die sich für interne und externe Kontrollinstanzen stellen, etwa für die Rechnungsprüfung, die Widerspruchsbehörden und Gerichte und schließlich auch die parlamentarischen Instanzen.

Ein zentraler Bereich ist die Eigenkontrolle der Verwaltungseinheiten in ihrem jeweiligen Aufgabenbereich: Ein- und Ausgänge, Zahl und Stand von Verfahren, Verbleib von Akten, Termine, Kontakte und ähnliches als notwendiger Bestandteil der Sachbearbeitung selbst, zugleich aber auch als Informationsbasis für das mittlere Management, also Sachgebiets-, Abteilungs- und Amtsleitung.

Weitgehend rechtlich geregelt sind die Kontrollmechanismen im Bereich des Haushalts-, Kassen- und Rechnungswesens, wo Haushaltsüberwachungslisten, Abschlüsse für den Tag, den Monat, das Jahr, Haushaltsabrechnungen und ähnliches einen wesentlichen Teil der Verwaltungsaufgabe ausmachen.

Es gibt eine Fülle von verwaltungsinternen, von gesetzlichen und auch politischen Anweisungen zu Berichten, die der administrativen oder der politischen Spitze einen Überblick über die Aufgabenentwicklung geben sollen. Hier auf gut gepflegte Wissensvorräte zurückgreifen zu können, ist eine wichtige Anforderung von Verwaltungschefs an die Informationsverwaltung.

3.4 Systematische Erzeugung von Wissen

Dies erfolgt vornehmlich durch Einheiten der wissenschafts- und technikbezogenen Fachverwaltung: Bundes- und Landesforschungsanstalten, Überwachungs- und Prüfeinrichtungen, Rechtsabteilungen, wissenschaftliche Dienste, Beratungsstäbe. In derartigen Einheiten werden Experten quer zu Fachaufgaben konzentriert, hier wird systematisch Wissen erzeugt oder aus der fachlichen Umwelt zusammengetragen.

3.5 Verteilung von Informationen

Verwaltungseinheiten ist die Publizierung von Vorgängen als besondere Aufgabe zugewiesen, wie etwa das Publikationswesen im Bereich von Gesetzen, Verordnungen und sonstigen Vorschriften. Die Verfahren sind jedoch völlig ungeeignet, Bürger und Verwaltung über den Stand der Regelung über ein bestimmtes Problem auch nur einigermaßen zu informieren <26>. Ebenso unsystematisch und mehr an der vorfindlichen Form der Presse orientiert ist die Verbindung zwischen Verwaltungen und Öffentlichkeit. Auch hier hätte eine systematische Informationsverwaltung ein weites Aufgabenfeld.

3.6 Informationsverwaltung durch Organisation

Unbeschadet dieser spezifischen Erscheinungsform von Informationsverwaltung sollte bedacht werden, daß Organisation der Verwaltungen abhängig ist von den erforderlichen Wissensbeständen, die input oder output des jeweiligen Verwaltungshandelns sind. Gliederungskriterien wie Objekte, Zielgruppe, Verrichtung, Sachverstand und ähnliches sind auch Kriterien des Wissens über Objekte, Zielgruppen, Technik, also der spezifischen Sach- und Fachkenntnis. Geht man etwa das Gutachten der Kommunalen Gemeinschaftsstelle für Verwaltungsvereinfachung zur "Verwaltungsorganisation der Gemeinden" <27> durch, so spielt bei den Aufgabenhauptgruppen wie den Aufgabengruppen immer der Aspekt einer möglichst breiten gemeinsamen Wissensbasis eine wichtige Rolle - dieser Aspekt wird nur nicht explizit gemacht. In ähnlicher Weise läßt sich der Aufbau einer Verwaltung, die horizontalen und vertikalen Verknüpfungen als Kommunikationsstruktur interpretieren, nicht nur als institutionelle oder funktionale Ordnung <28>.

Was aber für die interne Gliederung von Verwaltungseinheiten gilt, dürfte für die horizontale und vertikale Differenzierung in Einzelverwaltungen nur sehr eingeschränkt gelten. Die Aufgliederung in die vier Ebenen Bund, Land, Kreis, Gemeinde, die Ressortgliederung, die Verselbständigung von Verwaltungseinheiten in Körperschaften und Anstalten wie Sozialversicherungsträger, Rundfunkanstalten, Grundschulen haben mit der Organisation um erforderliches Wissen herum so gut wie nichts zu tun. Die Datenschutzgesetze und auch das Bundesverfassungsgericht ziehen daraus die Konsequenz, daß die Grenzen zwischen Verwaltungseinheiten mit spezifischen Aufgaben auch zugleich Informationsgrenzen sind, deren Überschreitung jeweils besonderer Legitimation bedarf.

4. Rechtlicher Rahmen für Informationsverwaltung

Das Recht der Informationsverwaltung hat viele Schichten. Es ist (noch) nicht zu einem eigenen Rechtsgebiet entwickelt, wie wir es bei anderen Ressourcen der öffentlichen Verwaltung zumindest im Ansatz finden, zum Beispiel öffentliches Dienstrecht, Finanzrecht mit Haushalts-, Kassen- und Rechnungswesen oder auch Recht der öffentlichen Sachen.

Für Information als Ressource müssen wir dagegen das gesamte Organisations- und Verfahrensrecht wie auch das Sachrecht durchgehen und nach Regelungselementen suchen. Einzig für personenbezogene Informationen hat sich mit dem Datenschutzrecht eine Querschnittsregelung entwickelt, für die das Urteil des Bundesverfassungsgerichts zum Volkszählungsgesetz die Maßstäbe setzte: "Freie Entfaltung der Persönlichkeit setzt unter den modernen Bedingungen der Datenverarbeitung den Schutz des einzelnen gegen unbegrenzte Erhebung, Speicherung, Verwendung und Weitergabe seiner persönlichen Daten voraus. Dieser Schutz ist daher von dem Grundrecht des Artikel 2 Absatz 1 in Verbindung mit Artikel 1 Absatz 1 GG umfaßt" <29>, also vom allgemeinen Persönlichkeitsrecht, das das BVerfG als Recht auf informationelle Selbstbestimmung spezifiziert.

Dieses Recht ist nicht schrankenlos; Beschränkungen bedürfen aber "einer (verfassungsmäßigen) gesetzlichen Grundlage, aus der sich die Voraussetzungen und der Umfang der Beschränkungen klar und für den Bürger erkennbar ergeben" <30>. Daraus folgt als für die Informationsverwaltung zentraler Grundsatz, daß für jeden informationellen Eingriff <31> "der Gesetzgeber den Verwendungszweck bereichsspezifisch und präzise bestimmt und daß die Angaben für diesen Zweck geeignet und erforderlich sind....Auch werden sich alle Stellen, die zur Erfüllung ihrer Aufgaben personenbezogene Daten sammeln, auf das zum Erreichen des angegebenen Ziels erforderliche Minimum beschränken müssen. Die Verwendung der Daten ist auf den gesetzlich bestimmten Zweck begrenzt. Schon angesichts der Gefahren der automatischen Datenverarbeitung ist ein - amtshilfefester - Schutz gegen Zweckentfremdung durch Weitergabe- und Verwertungsverbote erforderlich. Als weitere verfahrensrechtliche Schutzvorkehrungen sind Aufklärungs-, Auskunfts- und Löschungspflichten wesentlich" <32>.

Diesen verfassungsmäßigen Rahmen für Informationsverwaltung wollen wir nachzeichnen und dabei Regelungen, die einen sachlichen Bereich von Informationen und deren Verwaltung regeln, von solchen unterscheiden, die als Querschnittsregelung immer dann eingreifen, wenn unabhängig von den Inhalten bestimmte Typen von Informationen beziehungsweise Informationsverwaltungshandlungen auftreten.

Dabei müssen wir jeweils zwischen Wissen, das in den Bereich des informationellen Selbstbestimmungsrechts fällt, und anderem Wissen unterscheiden. Für den ersten Bereich gilt der Gesetzesvorbehalt, sowohl in bezug auf Umfang und Methode der Ersterhebung wie auch für die weitere Verwendung des Wissens. Die durch ein Gesetz abstrakt-generell eingeräumten Befugnisse zur Erhebung wie zur Weiterverwendung von Wissen sind bei jedem individuell-konkreten Einzelfall zudem durch den Grundsatz der Verhältnismäßigkeit begrenzt. Für das nicht-personenbezogene Wissen und seine Verwaltung gilt der Vorrang des Gesetzes: Sofern gesetzliche Regelungen fehlen, kann die Verwaltung im Rahmen ihrer Organisationsgewalt verwaltungsinterne Regelungen treffen; deren Reichweite ist durch die der jeweiligen Organisationsgewalt bestimmt.

4.1 Regelungen der handlungsbezogenen Wissensbeschaffung

Die umfangreichste Menge sachlicher Regelungen befaßt sich mit der aufgabenbezogenen Umschreibung des erforderlichen Wissens und den jeweiligen Befugnissen zum Informationseingriff. Gemeint sind all die Vorschriften, die das Handeln der Verwaltung an tatbestandliche Voraussetzungen binden, den Tatbestand umschreiben und zugleich auch regeln, wie der Tatbestand zu erheben ist und was mit dem - sozusagen gebrauchten - Tatbestand dann zu geschehen hat.

Soweit Verwaltung gesetzesgebunden handelt, handelt sie immer unter tatbestandlichen Voraussetzungen, also unter der Notwendigkeit, zunächst zu prüfen, ob der reale Sachverhalt dem gesetzlichen Tatbestand entspricht. Diese Abhängigkeit einer Verwaltungshandlung von tatbestandlichen Voraussetzungen rechtfertigt aber nicht jeden Zugriff zu dem erforderlichen Wissen. Vielmehr formuliert der Gesetzgeber aufgabenbezogen all die Handlungen, die für die Erfüllung der Aufgabe zulässig sind, also auch die jeweils zulässigen Befugnisse zur Beschaffung des erforderlichen Wissens. Was der einen Behörde im Zusammenhang mit der ihr zugeordneten Aufgabe an Befugnissen zur Beschaffung und Bearbeitung von Wissen eingeräumt ist, steht einer anderen nicht schon deshalb zu, weil auch für deren Aufgabenerfüllung dieses Wissen nützlich wäre. Der Schluß von der Aufgabe auf die Befugnisse gilt auch in dem Bereich der Wissensbeschaffung nicht <33>. Damit ist eine entscheidende Hürde für querschnittsmäßige Organisation von gemeinsamem Wissen formuliert.

Mit der Befugnis zur Erhebung von Wissen ist auch nicht die Befugnis zur unbegrenzten Weitergabe verknüpft, noch nicht einmal zur unbegrenzten Speicherung und Wiederverwendung im jeweils eigenen Zuständigkeitsbereich: Die strenge Zweckbindung erlaubt nur die Speicherung der Dokumentation des einen Falles, für den das Wissen Handlungsgrundlage war, denn hier sind die internen wie die externen Kontrollforderungen eine ausreichende Legitimation. Schon nicht mehr unproblematisch ist die Verwendung des benutzten Wissens für den nächsten Fall, also etwa die der Informationen der letzten Einkommensteuerfestsetzung für die des folgenden Jahres. Dies ist zweifelsfrei nur dann der Fall, wenn das alte Wissen - wie etwa die Grundinformation Adresse, Bankverbindung und so weiter - für die Verwaltungshandlung erforderlich ist. Wird das früher benutzte Wissen aber primär zur Kontrolle der Angaben des Bürgers verwendet - etwa um Plausibilitätsprüfungen im Bereich von Einkommen, Werbungskosten und so weiter durchzuführen oder um eine erneute eigene Erhebung zu vermeiden - , dann wird genauer zu untersuchen sein, welchen Umfang die durch das Sachgesetz eingeräumte Befugnis zum Informationseingriff eigentlich hat.

Ein ähnlicher Maßstab regelt die Art der Ordnung des anfallenden Wissens, wo über folgende Alternativen zu entscheiden ist:

- Bleibt das genutzte Wissen dem einen Fall zugeordnet - wie etwa bei der einzelnen Ordnungswidrigkeit, die nicht an das Zentralregister gemeldet werden muß

- wird es einem Objekt für eine Vielzahl von zeitlich aufeinander folgenden Verwaltungshandlungen zugeordnet - wie etwa bei einer auf ein Grundstück bezogenen Bauakte

- wird es in eine auf eine Person bezogene Akte eingeordnet - hier entweder für einen örtlichen oder sachlichen Zuständigkeitsbereich oder gar in eine diese Grenzen überschreitende Individualakte.

Eine örtliche und sachliche Zuständigkeiten überschreitende Individualakte bedarf ganz zweifellos der gesetzlichen Grundlage und nähert sich bedenklich den durch das Bundesverfassungsgericht präzisierten Grenzen staatlicher Informationsgewalt, weil hier - selbst wenn den einzelnen Verwaltungen nur Zugriffsrecht auf die ihnen jeweils zugerechneten Wissensbereiche zugestanden wird - die Zweckentfremdung, die Gefahr einer Verletzung des Persönlichkeitsrechts organisatorisch nicht gebändigt ist. Informationsverwaltung hat - so das Bundesverfassungsgericht - "mehr als früher auch organisatorische und verfahrensrechtliche Vorkehrungen zu treffen, welche der Gefahr einer Verletzung des Persönlichkeitsrechts entgegenwirken" <34>.

Während das Sachgesetz Aufgabe und Befugnisse, also Erhebungsprogramm und Erhebungsmittel regelt, regelt das Verfahrensrecht - wenn auch spärlich - das weitere Schicksal des Wissens. So folgt etwa aus dem Recht auf Akteneinsicht gemäß § 29 VwVfG die reziproke Pflicht der Verwaltung "zur Konzentration aller relevanten Unterlagen in dieser einen Akte oder zur Aufklärung des einsichtsbegehrenden Bürgers über das Vorliegen von zusätzlichen Unterlagen an anderer Stelle" <35>, was zumindest das Wissen über diese anderen Akten voraussetzt. Da dieses Recht zur Geltendmachung oder Verteidigung rechtlicher Interessen gewährt ist, findet es sein Ende mit dem Ende des Verfahrens. Hier endet dann auch diese Verpflichtung der Verwaltung <36>. Damit sind allerdings auch schon die Aussagen des Verwaltungsverfahrensrechts über die Weiterverwendung von einmal erhobenem Wissen erschöpft. Der Rest ist in verwaltungsinternen Regelungen zur Aktenführung und Archivierung niedergelegt.

Erhebung und Verwendung von Wissen, das nicht zum Eingriffsbereich zu rechnen ist, also Wissen über sachliche Verwaltungsmittel, über nichtpersonenbezogene Aspekte von Gesellschaft und Umwelt, Ergebnisse von Forschung und Entwicklung und so weiter stehen unter dem Vorrang des Gesetzes, wie - von wenigen Ausnahmen abgesehen - die Gesamtheit der innerorganisatorischen Regeln der Verwaltung. Verfassungsrechtliche Grenzen sind nicht erkennbar. Jede Verwaltung ist danach befugt, im Rahmen der Gesetze derartiges Wissen zu erheben und weiterzuverwenden; sie ist befugt, inneradministrativ die Erhebung, Speicherung, Pflege und Weiterverwendung derartigen Sachwissens zu regeln. Das heißt zugleich, daß diese Regelungen nur innerhalb der jeweiligen Hoheitsbereiche von Gebietskörperschaften gelten, während für die informationelle Zusammenarbeit über die Grenzen fachlicher Weisungsgewalt hinweg gesetzliche Regelungen erforderlich sind.

4.2 Regelung für verselbständigte Wissensbestände

Vielfältig ist - wie oben gezeigt - die Führung von Registern, Verzeichnissen, Karteien, Katastern, Rollen, Büchern und so weiter zur Verwaltungsaufgabe erklärt, wobei jeweils Inhalte, Rechtsfolgen, Erhebungswege, Zugriffsrechte, Publizitätspflichten spezifisch geregelt sind. Diese Wissensbestände betreffen zu einem erheblichen Teil personenbezogene Daten.

Das Bundesverfassungsgericht geht auf diese Vorschriften zur Bevorratung von Wissen nicht näher ein und erklärt lediglich, daß mit den entwickelten Grundsätzen "die Sammlung von nicht anonymisierten Daten auf Vorrat zu unbestimmten oder noch nicht bestimmbaren Zwecken nicht zu vereinbaren" wäre <37>. Indem es also für Wissensbestände mit Personenbezug eine enge und konkrete Zweckbindung fordert, stellt es ein Kriterium auf, das - nimmt man es wörtlich - von vielen Sachgesetzen zur Wissensbevorratung jedenfalls nicht explizit erfüllt wird. Das gleiche gilt für die geforderten Weitergabe- und Verwertungsverbote. Denn: Im Gegensatz zum Datenschutzgedanken verfolgen viele der Wissensspeicher eher Publizitätsziele. Öffentlichkeit als überwiegendes Allgemeininteresse hat beim Bundesverfassungsgericht aber sehr viel weniger Aufmerksamkeit gefunden als das individuelle und auch administrative Geheimhaltungsinteresse in Konsequenz des informationellen Selbstbestimmungsrechts <38>. Jedenfalls bedarf die Zweckbindungsklausel für den Gesamtbereich verselbständigter Wissensbestände mit Personenbezug noch genauerer Untersuchungen.

4.3 Sachregelungen über statistische Daten

Ein Spezialfall von Wissensspeichern sind die Sammlungen statistischer Angaben. Die Statistik zeichnet sich gegenüber den verselbständigten Wissensbeständen, die eben erwähnt wurden, dadurch aus, daß sie Wissen aus ganz unterschiedlichen Bereichen erfaßt, daß also die Regelung nicht an Inhalten ansetzt, sondern an der spezifischen Art von Wissen und Erhebung, eben der Statistik. Zwecke der Erhebung und Verwendung des Wissens bleiben weitgehend offen: "Es gehört zum Wesen der Statistik, daß die Daten nach ihrer statistischen Aufbereitung für die verschiedensten, nicht von vornherein bestimmbaren Aufgaben verwendet werden sollen" <39>.

Die offenen statistischen Zwecke rechtfertigen nun nicht Erhebungen in jedem Wissensbereich; vielmehr ist auch hier die Abwägung zwischen möglichen Verwendungen im Rahmen öffentlicher Aufgaben und Individualrechten erforderlich. Doch wird ein relativ weiter Rahmen für Erhebung und Speicherung dadurch gerechtfertigt, daß die Statistik gegenüber dem Verwaltungsvollzug wirksam abgeschottet bleibt <40>. Diesen abgeschotteten Bereich der Statistik dürfen die Daten grundsätzlich nur nach wirksamer Anonymisierung oder Aggregierung verlassen <41>.

4.4 Querschnittsregelung für einzelfallbezogene und kontinuierliche Informationshilfen

Neben den drei eben geschilderten Regelungen für Wissensbeschaffung und -weiterverwendung finden wir informationsbezogene Querschnittsgesetze, die den Rahmen der Informationsverwaltung spezieller abzustecken versuchen, und zwar die Regelung über Amtshilfe in §§ 4-8 VwVfG und die Regelung der Datenübermittlung in § 10 BDSG sowie den parallelen Landesvorschriften. Diesen Komplex kann man als Recht der Informationshilfe bezeichnen <42>.

Beide Regelungen stehen in einem nicht ganz klaren Verhältnis zueinander: Für die Amtshilfe, also die Informationshilfe im Einzel- und Ausnahmefall, ist das VwVfG eine besondere Rechtsvorschrift, die auch auf in Dateien gespeicherte personenbezogene Daten anzuwenden ist, denn Amtshilferegelungen des Verwaltungsverfahrensgesetzes gehen dem Datenschutzrecht gemäß § 47 BDSG vor <43>. Dort, wo Informationshilfe nicht als Amtshilfe zu qualifizieren ist, gilt die Spezialität des Amtshilferechts nicht. Dort sind die Regelungen des Bundesdatenschutzgesetzes anzuwenden, soweit es sich um personenbezogene Daten in Dateien handelt; sonst fehlt es an einer generellen Querschnittsregelung für Informationshilfe.

Für die informationelle Amtshilfe sind insbesondere § 5 Absatz 1 Ziffer 3 und 4 und Absatz 2 Ziffer 1 und 2 VwVfG maßgeblich. Ein Ersuchen auf informationelle Amtshilfe kann eine Behörde dann stellen, wenn sie zur Durchführung ihrer Aufgabe

- auf die Kenntnis von Tatsachen angewiesen ist, die ihr unbekannt sind und die sie selbst nicht ermitteln kann oder

- Urkunden und sonstige Beweismittel benötigt.

Beides muß sich bei der ersuchten Behörde befinden, die aber nur dann informationelle Amtshilfe leisten darf, wenn sie aus rechtlichen Gründen hierzu in der Lage ist. Sie ist insbesondere dann nicht in der Lage, wenn Vorgänge nach einem Gesetz oder ihrem Wesen nach geheimgehalten werden müssen. Danach ist informationelle Amtshilfe als Aufgabe der Informationsverwaltung nur dann zulässig, wenn das Wissen, um das die eine Behörde ersucht, nicht materiell geheimhaltungsbedürftig ist, was entweder eindeutig feststeht (Fall des § 5 Absatz 2 Satz 1 Nummer 1 VwVfG) oder das Ergebnis einer Abwägung der ersuchten Behörde ist (Fall des § 5 Absatz 2 Satz 2 VwVfG). Neben einzelgesetzlichen Geheimhaltungsvorschriften <44> statuiert § 30 VwVfG eine allgemeine Pflicht zur Geheimhaltung, die auch bei der informationellen Amtshilfe zu beachten ist <45>.

Soweit Behörden gleiche Aufgaben und gleiche informationelle Eingriffsbefugnisse haben, ist eine Verletzung des allgemeinen Zweckentfremdungsverbots nicht zu befürchten, so daß dann informationelle Amtshilfe verwaltungsverfahrensrechtlich auch bei materiell geheimhaltungsbedürftigem Wissen zulässig ist: Denn was eine Behörde rechtmäßig selbst erheben und verwerten darf, sollte sie auch aus zweiter Hand erfahren dürfen, es sei denn, daß ausdrückliche gesetzliche Vorschriften entgegenstehen <46>. Umgekehrt gibt es auch spezielle gesetzliche Regelungen, die die weitergehende informationelle Amtshilfe zulassen, wobei man Öffnungsregeln für Wissensbestände - also passive Regeln - und Ansprüche auf Informationshilfe - also aktive Regeln - unterscheiden kann <47>.

Auf die kontinuierliche, routinemäßige Nutzung von Wissensbeständen anderer Behörden ist die Amtshilferegelung nicht anzuwenden. Eine ausdrückliche gesetzliche Regelung fehlt, so daß man sowohl auf allgemeine Grundsätze des Verfahrens- und Organisationsrechts als auch auf spezielle sachliche und verfahrensmäßige Regelungen zurückgreifen muß. Aus dem allgemeinen verwaltungsrechtlichen Prinzip, daß jede Behörde ihre Aufgaben mit den ihr zugewiesenen Befugnissen grundsätzlich selbst ausübt und nur im Ausnahmefall um Amtshilfe ersuchen kann, folgt, daß es ein generelles Prinzip der gemeinsamen Nutzung aller Wissensbestände durch alle Behörden - also eine informationelle Einheit der Verwaltung - nicht gibt. Eine solche Einheit der Verwaltung ist nicht erst durch das Datenschutzrecht und den besonderen Persönlichkeitsschutz in Form des informationellen Selbstbestimmungsrechts aufgehoben; sie hat es nie gegeben. Es bedarf vielmehr ausdrücklicher Vorschriften, um diese Regel der prinzipiellen Selbständigkeit bei der Erfüllung von Aufgaben im Rahmen der zugewiesenen Befugnisse zu durchbrechen.

§ 10 BDSG durchbricht dieses Prinzip für den Bereich der Wissensverteilung, der dem Datenschutzrecht unterliegt, nämlich personenbezogene Daten in Dateien und übermittlungsvorgänge gemäß § 2 Absatz 2 Ziffer 2 BDSG. Für diesen, zunehmend bedeutsamen Bereich von Wissensbeständen regelt § 10 Absatz 1 Satz 2, 2. Alternative, BDSG die übermittlung von Wissen einer Behörde an andere Behörden; von dem - für was auch immer erhobenen - Wissen darf all das an andere Behörden weitergeleitet werden, was diese selbst für den Zweck, für den sie das Wissen übermittelt haben wollen, auch selbst hätten erheben dürfen. Im Geltungsbereich des § 10 BDSG gilt also die gleiche Regelung wie bei der Amtshilfe: "Nur wenn eine Behörde selbst erheben und speichern könnte, soll auch an sie weitergegeben .... werden können. Nur das ist zur rechtmäßigen Erfüllung der .... Aufgaben erforderlich" <48>.

Für personenbezogene Daten, die einem Berufs- oder besonderen Amtsgeheimnis unterliegen, bringt § 10 Absatz 1 Satz 2 BDSG die absolute Zweckbindung wieder zur Wirkung, für die sonst § 10 BDSG eine generelle Ausnahme im Rahmen der Datenschutzregelung und des generellen Prinzips der Selbständigkeit von Wissenserhebung und -verwendung gibt.

Für nicht-personenbezogene Daten bedarf es für eine kontinuierliche Informationshilfe besonderer Regelungen, die das Prinzip der Selbständigkeit der Aufgabenerfüllung und des engen Bezugs von Aufgabe und Befugnis für die jeweilige informationelle Zusammenarbeit durchbrechen. Wie erwähnt, stehen derartige Regelungen nicht unter dem Gesetzesvorbehalt: Die Exekutive ist also in der Lage, solche Regelungen, solange der Gesetzgeber nichts angeordnet hat, selbst zu treffen. Allerdings gelten derartige Regelungen nur für den Hoheitsträger, der die Regel erlassen hat. Kontinuierliche Informationshilfe zwischen rechtlich selbständigen Einheiten der öffentlichen Verwaltung sind grundsätzlich durch Gesetz zu regeln. Soweit kraft gesetzlicher Regelungen bei der Ausführung bestimmter Aufgaben fachliche Weisungen über die Grenzen von Verwaltungseinheiten hinaus erteilt werden können (zum Beispiel Auftragsangelegenheiten zur Erfüllung nach Weisung), umfaßt das Weisungsrecht auch Regelungen über die Art und Weise der Erhebung wie der Weiterverwendung von Wissen. Im Bereich nicht-personenbezogener Daten ist damit einer querschnittsbezogenen Informationsverwaltung ein breites, durch Verfassungsrecht kaum begrenztes Feld eröffnet.

5. Der richtige Umgang mit Information und Kommunikation

5.1 Prinzip des minimalen Eingriffs

Die Frage, die der Vortragstitel stellt: Was steht dem richtigen Umgang mit Information und Kommunikation im Wege? dürfte nach alldem kaum zu beantworten sein. Erst wenn wir wissen, was der richtige Umgang mit Information und Kommunikation ist, können wir zur Antwort darauf vordringen, was dessen Verwirklichung im Wege steht und wie die Führungsaufgabe zu organisieren ist.

Reinermann stellte Informationsmanagement auf der Makroebene dem auf der Mikroebene gegenüber: Dort ist Informationsmanagement "erforderlich, wenn es etwa um gesellschaftliche Folgewirkungen der Automation und um grundsätzliche Weichenstellungen geht". Er zählt hierzu auch die "Weiterentwicklung der Infrastruktur an Gemeinschaftseinrichtungen für Datenverarbeitung, vor allem die Sicherung ihrer Funktionalität und ihrer Dienstleistungseinstellung den Benutzerverwaltungen gegenüber" <49>. Für das Management auf der Mikroebene entfaltet er ein ganzes Aufgabenbündel mit "allen Tätigkeiten der Zielsetzung, Steuerung und Kontrolle, die auf Informationsverarbeitung gerichtet sind. Aufgabe des Informationsmanagements ist es, kurz gesagt, die gesamten Datenströme innerhalb einer Verwaltung sowie zwischen dieser und ihrer Umwelt zu erfassen, zu bewerten und optimal zu gestalten" <50>. Die Crux des Ganzen liegt, wie natürlich Reinermann auch nicht verkennt, in der Konkretisierung.

Grundsätzlich wird jedes Konzept der Informationsverwaltung - und das meint ja auch die Aufgabe auf der Makroebene - mit einer hohen Sensibilität der Bürger für das Informationsverhalten von Verwaltungen zu rechnen haben. Dies gilt für alle Phasen - von der Erhebung bis zur endgültigen Tilgung. Dabei sind die Interessen - was die Frage nach dem richtigen Umgang noch schwieriger zu beantworten macht - völlig gegenläufig. Im Begriff Überwachung treffen sich Erwartungen und Befürchtungen: Überwachung meint

- positiv Sicherheit, Prävention im sozialen und gesundheitlichen Bereich, aktiver Umweltschutz etc. und

- negativ Kontrolle, Einschränkung der Handlungsfreiheit, Intransparenz, Machtungleichgewicht etc.

Informationsverwaltung wird sich also nicht darauf beschränken können, den vorfindlichen Stand des Umgangs der Verwaltung mit Information und Kommunikation zu optimieren und zu maschinisieren; sie wird vielmehr angesichts der Potentiale der Technik prinzipiell neue Konzepte zu entwickeln und zu begründen haben.

So manche Beiträge zur Informationsverwaltung verfolgen ein Idealbild: Das für das Verwaltungshandeln - auf der Ebene der Führung wie der Routine - benötigte Wissen liegt, von unsichtbarer Hand herbeigeholt, wohlgeordnet und aktuell gehalten, bereit. Die Erarbeitung von Informationen verursacht keine Verzögerungen durch Such- und Prüfprozesse, nötig ist nur noch die Bewertung. Um das entstehende neue Wissen brauchen sich Führungskraft und Sachbearbeiter nicht zu kümmern; dies nimmt ihnen die Informationsverwaltung ab und baut damit die Wissensbestände für den nächsten Bedarf weiter aus. Sozusagen ein informationelles Schlaraffenland: Der Mühe ledig, können sich Führungskräfte wie Sachbearbeiter ihren qualifizierten Aufgaben zuwenden.

Diese Perspektive kommt uns allen irgendwie bekannt vor, und wir erinnern uns an viele Texte aus der Anfangszeit der Datenverarbeitung. Aber nicht nur die praktischen Umsetzungsprobleme sollten uns veranlassen, für die Informationsverwaltung nach 1984 andere Zielvorstellungen zu entwickeln: Dem Prinzip der vollständigen Information ist das Prinzip des minimalen Eingriffs, der sparsamen Information gegenüberzustellen. Denn das Bild vom Schlaraffenland stimmt nur halb: Der Bedarf an Wissen ist grundsätzlich grenzenlos, so daß der Zustand der zufriedenen Sattheit unerreichbar bleibt.

Heute ist die Aufmerksamkeit im Rahmen der Deregulationsdebatte der Seite der Normen und ihrer Reduktion gewidmet. Aber die Seite des Wissens, der erforderlichen Information und Kommunikation hängt eng damit zusammen, denn wenn etwa im Wohnungsbau der Feuchtigkeitsschutz nicht mehr Baugenehmigungsvoraussetzung ist, dann entfällt mit der Prüfungspflicht der Bauaufsicht auch der gesamte Aufwand an Bereitstellung von Wissen; die Bauakte reduziert sich. Wenn von einem bestimmten Alter an jeder in der Bundesrepublik die gleiche Altersrente erhält, so entfällt ein gewaltiger Berg zu sammelnden und zu verarbeitenden Wissens; ein großer Teil des sozialen Informationssystems - von Krankenkassen über die Datenstelle zu den Rentenversicherungsträgern, die Jahresverdienstbescheinigungen und so weiter und so weiter - wäre überflüssig.

Aus dem Prinzip des minimalen Eingriffs, der sparsamen Information folgt also die Wahl von Regeln, die mit möglichst einfachen Tatbeständen arbeiten und damit die Informationsdichte senken. Aber auch innerhalb bestehender Aufgaben besteht Spielraum für den Umfang des herbeizuziehenden Wissens. Für die Aufgabe Arbeitsvermittlung gibt das Gesetz nur in weitem Rahmen vor, welche Informationen über Stellen und Bewerber gesammelt und bearbeitet werden sollen. Der Verwaltung ist also die Möglichkeit gegeben, in der Umsetzung eines solchen Gesetzes das Prinzip des minimalen Eingriffs, der sparsamen Information zu realisieren.

Denn es gibt zumindest zwei wichtige verwaltungspolitische Gründe, die Anforderungen an die Menge des erforderlichen Wissens und damit der erforderlichen Kommunikation möglichst gering zu halten:

- Je höher die informationellen Anforderungen, desto geringer sind Transparenz und Kontrollierbarkeit, denn im Zweifel stehen nicht allen Beteiligten gleichermaßen das Wissen und die Informationserarbeitungskapazitäten zur Verfügung.

- Je höher die Anforderungen an das erforderliche Wissen, desto größer ist die Abweichung des tatsächlichen vom rechtlich geforderten Verwaltungshandeln, weil Vollständigkeit der Information ein "konstruktiver Grenzfall" bleibt.

Hilft man aber dem zweiten Problem durch aufwendige Informationsverwaltung ab, so erzeugt man das nächste Problem: Je organisierter Wissen zur Verfügung steht, je besser der Abruf von Wissen überprüfbar ist, desto größer ist der Druck von Politik und Dienstaufsicht auf vollständige Ausschöpfung der Quellen. Denn weder der zu hohe Aufwand des Zugriffs noch die Unergiebigkeit von Quellen können den frühzeitigen Abbruch von Suchprozessen rechtfertigen. Es muß also das ganze Recht unter Erhebung des gesamten Sachverhalts angewendet werden - und das schon dürfte dramatische Folgen für Verwaltung wie Verwaltete haben: Gut funktionierende Erzeugung und Bereitstellung von Wissen erhöhen die Vollzugsdichte.

Wenn heute Gesetze aufgrund mangelnder Kenntnis der Realität vielleicht zu 30 Prozent durchgeführt werden, so führt eine intensivierte Informationsverwaltung schnell auf Steigerungen von 50 bis auf 100 Prozent, eben weil Vorschriften und Fakten bekannt sind und die Anwendung des Rechts damit unausweichlich wird. Aber auf eine solche durchgängige Anwendung von Rechtsvorschriften ist unser Rechtssystem und auch unsere Verwaltung überhaupt nicht vorbereitet. Sicher: Die 100prozentige Kenntnis von Bränden sollte die Feuerwehr nicht am Eingriff hindern; aber schon im Bereich von Ordnungswidrigkeiten - etwa im Straßenverkehr - oder bei leichter Kriminalität ist 100prozentiges Wissen sicher eher bedrohlich als segensreich. 100 Prozent Inanspruchnahme von Leistungen dürfte die Haushalte erheblich durcheinanderbringen - so wichtig es ist, daß gerade die Sozialleistungen ihr politisches Ziel erreichen.

Diese Fragen können nicht aus der Sicht der Informationsverwaltung allein beantwortet werden; die Informationsverwaltung muß aber auf Konsequenzen hinweisen. Denn es handelt sich hier nicht um das eher triviale Problem des information overload, sondern vielmehr um das Problem der Verschärfung von Eingriffstiefe und Handlungsintensität des Staates allein durch optimale Organisation der Ressource Information und damit um eine neue Problematik des Überwachungsstaates. Datenschutz zeigt sich hier von einer ganz anderen Seite; zugleich wird aber auch deutlich, daß die Institute des Datenschutzes nicht greifen, weil sie sich auf die rechtliche Regelung der Zugriffe auf Wissensbestände beschränken und die gesetzlichen Grundlagen für deren Erzeugung, Bereitstellung und Bevorratung außen vor lassen. Will man aber das politische Ziel des Datenschutzes erreichen, dann müssen von den Konzepten der Informationsverwaltung Impulse ausgehen für Minimierung informationeller Eingriffe, für einen sparsamen Umgang mit Information und Kommunikation.

5.2 Informationsverwaltung als Querschnittsaufgabe

Was wäre der für eine Querschnittsaufgabe Informationsverwaltung gemeinsame Aspekt? Wie eingangs angedeutet, trägt die Analogie Geld/Wissen nicht sehr weit; auch die Tatsache, daß jeder Wissen benötigt, sagt wenig über die Aufgaben, die einer Querschnittsorganisation zuzuweisen sind. Verlassen wir die diskutierte Ebene der Ziele, so scheinen sich auf der Mittelebene jedenfalls drei Themenbereiche herauskristallisiert zu haben:

- der Bereich des Wissens
- der Bereich der IuK-Technik
- der Bereich der Qualifikation.

In diesen drei Bereichen gibt es grundsätzliche Alternativen mit vielfältigen Zwischenlösungen:

- Beim Wissen die Querschnittsaufgabe von der bloßen Erschließung von Zugängen bis hin zur querschnittsmäßigen Erzeugung und Bereitstellung von Wissen für eine Vielfalt von Aufgaben;

- bei der IuK-Technik von dem beliebigen Zugriff jeder Verwaltungseinheit zu jedweder Technik bis hin zur querschnittsmäßigen Verwaltung von Auswahl, Standards, Vertragsgestaltung, Einführung und Betrieb;

- bei der Qualifikation von der bloßen Aufzählung der Probleme und dem Hinweis auf Aus- und Weiterbildungsmöglichkeiten bis hin zur querschnittsmäßigen Organisation der Vermittlung bereichsspezifischer Kenntnisse und Fertigkeiten oder der Bereitstellung entsprechender Experten.

Klar ist, daß sich richtiger Umgang mit Information und Kommunikation nicht naturwüchsig, als selbstverständlicher Teil des richtigen Verwaltungshandelns einstellt. Aber ebenso ist auch klar geworden, daß Aktivitäten einer Informationsverwaltung in den Bereichen Wissen, Technik und Qualifikation nicht ohne weiteres Verbesserungen bringen, sondern sich immer wieder zu verselbständigen drohen und damit die Verwaltung vom Ziel des richtigen Umgangs mit Information und Kommunikation bisweilen entfernen.

Anmerkungen:

<1> Szyperski 1980, S. 144

<2> Vgl. Brinckmann, Grimmer, Lenk und Rave 1974, S. 24 f

<3> Weber 1976, S. 2

<4> Ebenda, S. 13

<5> Thieme 1981, S. 23

<6> Ebenda, S. 24

<7> Weber 1976, S. 129 fährt fort: "Der nicht nur, aber allerdings spezifisch bürokratische Begriff des 'Amtsgeheimnisses'....entstammt diesem Machtstreben", und gibt damit einen hochaktuellen Beitrag zur gegenwärtigen Datenschutzdiskussion.

<8> Daß dies nicht nur für die Bundesrepublik, sondern auch in anderen Industriestaaten gilt, zeigen King und Kraemer 1981, S. 93 ff.

<9> Mayntz u.a. 1983, S. 83 ff

<10> Siehe Burkert 1976, S. 140

<11> Historisch und dogmatisch aufgearbeitet von Schlink 1982, insbesondere S. 11 ff. Siehe auch Brinckmann 1976, S. 239 ff.

<12> Siehe auch die kritische Distanz zu Entscheidungslehren der Betriebswirtschaft bei Püttner 1982, S. 325 ff.

<13> Das belegt ein Blick in zwei neuere verwaltungswissenschaftliche Übersichtswerke: von Mutius 1984 widmet der Entscheidungslehre eine Randziffer (siehe S. 752). Püttner 1983 springt in dem, den Instrumenten der Aufgabenerfüllung gewidmeten Band 3 gleich in die technischen Mittel; eine Entscheidungslehre wird nicht geboten.

<14> Vgl. etwa Thieme 1981, S. 123 ff

<15> Anschaulich schildert Schraeder 1973, S. 298 die Ratlosigkeit der Planer, als die Datenverarbeiter sie nach Daten und Verarbeitungskonzepten fragten.

<16> Kuhlen 1984 b, S. 6. Eingehend die Analyse von knowledge, information und data bei Horton 1979, S. 53 ff.

<17> Vgl. die "Stufen der Planung und Steuerung der tatsächlichen Informations-Infrastruktur" bei Syzperski 1980, S. 146.

<18> Lenk 1984 a, S. 336

<19> Szyperski 1980, S. 142

<20> Automation hat jedenfalls nicht zur fehlerfreien Entscheidung geführt. Dies belegen unsere Untersuchungen bei Rentenversicherungen; vgl. Horn 1983; wie auch die in den Bemerkungen des Bundesrechnungshofs 1983, S. 79, zum Beispiel bei Wohngeld festgestellten Fehlerquoten von bis zu 50 Prozent.

<21> Diesen Hinweis bringt zum Beispiel Püttner 1982, S. 328. Unergiebig sind auch die Kommentierungen der einschlägigen Vorschriften §§ 26, 27 VwVfG.

<22> Kuhlen 1984 b, S. 17; siehe auch Müller 1982, insbesondere S. 110 ff.

<23> Siehe hierzu Reichwald 1984, S. 197 ff.

<24> Lenk 1984 b

<25> Zum Controlling als Unteraufgabe der Informationsverwaltung siehe Reinermann 1984 b S. 85 ff.

<26> Vgl. Kummer 1982, S. 133: Die Verfügbarkeit des Normwissens sei zwar "selbstverständliches Postulat, allerdings auch ein besonderes Problem der Ablaufgestaltung".

<27> KGSt 1979

<28> Kuhlen 1984 c, S. 68 ff; Brinckmann 1984, S. 25 ff.

<29> Bundesverfassungsgericht, Urteil zum Volkszählungsgesetz, BVerfGE, Band 65 1984, S. 1-71

<30> BVerfGE 65, 1 (44)

<31> Zur Lehre vom Informationseingriff vgl. Schwan 1984, S. 4 ff. mit zahlreichen Nachweisen (insbesondere FN 14).

<32> BVerfGE 65, 1 (46)

<33> Schlink 1982, S. 85 ff

<34> BVerfGE 65, 1 (44)

<35> Meier und Borgs 1976, § 29 Rdnr. 8

<36> Ebenda, S. 29 Rdnr 11

<37> BVerfGE 65, 1 (46)

<38> Vgl. hierzu Brinckmann 1973, S. 77 ff; Schwan 1984, S. 90 ff

<39> BVerfGE 65, 1 (47)

<40> BVerfGE 65, 1 (51 f)

<41> BVerfGE 65, 1 (49 f)

<42> Schlink 1982, insbesondere S. 237 ff., S. 246 ff

<43> Zur Konkurrenz eingehend Schlink 1982, S. 251 f

<44> Verbote materieller Geheimhaltung finden sich etwa in § 30 AO; § 35 Absatz 1 SGB I; § 139 b Absatz 1 Satz 3 GewO; § 9 Absatz 1 KreditwesenG; § 10 Personalvertretungsgesetz; § 50 Schwerbehindertengesetz; §§ 5 Absatz 1, 6 Postgesetz; §§ 10, 11 Fernmeldeanlagengesetz; § 161 StPO; § 49 Bundeszentralregistergesetz; § 16 Absatz 2, 3 Personenstandsgesetz; im übrigen vgl. § 45 BDSG

<45> Dies ist allerdings umstritten; vgl. Schlink 1982, S. 241, und die dort in FN 131 gegebenen Hinweise. Das BVerfG betont, daß bei personenbezogenen Dateien, die § 30 VwVfG sicher mit umfaßt, ein "amtshilfefester" Schutz gegen Zweckentfremdung geboten ist (BVerfGE 65, 1 (46).

<46> Es muß also auch die Weitergabe zwischen den Bediensteten einer Behörde begrenzt sein, wie etwa bei §§ 5 Absatz 1, 6 Postgesetz und §§ 11, 12 Fernmeldeanlagengesetz; vgl. hierzu Schlink 1982, S. 243, FN 137.

<47> Gesetzliche Regelungen zur Informationshilfe finden sich etwa in § 20 Bundesdisziplinarordnung; § 21 Absatz 2-4 Unterhaltssicherungsgesetz; § 40 Absatz 3 Lebensmittel- und Bedarfsgegenständegesetz; § 4 Absatz 1 Vereinsgesetz; § 102 Absatz 2 Bundesbeamtengesetz; §§ 19 Absatz 4, 26 Absatz Wehrpflichtgesetz; § 135 Absatz 1 Flurbereinigungsgesetz; § 152 Bundesbaugesetz; § 15 Absatz 1 Bundesleistungsgesetz; § 68 Arzneimittelgesetz; § 18 Melderechtsrahmengesetz; daneben die besonderen Regelungen der Rechtshilfe, die Einsichtsrechte in die oben aufgeführten öffentlichen Verzeichnisse, Register, Bücher und so weiter; vgl. hierzu Schlink 1982, S. 210, FN 24; S. 213, FN 34 und 36; S. 243, FN 138.

<48> So Schlink 1982, S. 248 und FN 152

<49> Reinermann 1984 a

<50> Reinermann 1984 a

<51> Zur Vollzugsdichte als ein verwaltungspolitisch und verwaltungswissenschaftlich unkultiviertes Feld vgl. Lenk 1985.

Podiumsdiskussion

Informationsverwaltung - Wie wird die Zukunft angegangen?

von Wulf F. Roewer

In der von Renate <u>Trost</u> geleiteten Diskussion ging es zunächst um die durch den informationstechnischen Fortschritt bewirkten veränderten Systembedingungen im Bereich der Informationsverarbeitung und Kommunikation. Diese haben der öffentlichen Verwaltung einerseits neue Handlungschancen eröffnet, andererseits aber auch wegen der mit dem Einsatz der Technik sich insgesamt verändernden Aktionsparameter zu nicht unerheblichen Handlungszwängen geführt. Vor dem Hintergrund dieser Entwicklung ist sowohl von seiten der Verwaltungspraxis wie von seiten der Verwaltungswissenschaft eine Intensivierung der Bemühungen erkennbar, sich der veränderten Situation im Interesse der Steigerung und Bewahrung der administrativen Leistungsfähigkeit anzunehmen und nach neuen Lösungswegen für die Bewältigung der anstehenden Probleme und Aufgaben zu suchen. Besonderes Interesse im Zusammenhang mit diesen Bemühungen findet die Idee von der Schaffung einer "Informationsverwaltung". Sie basiert auf der Erkenntnis, daß es eines grundlegenden "Umdenkungsprozesses" in bezug auf den Umgang mit der Ressource "Information" bedarf, den es - gleichsam in konsequenter Fortführung des vorgenannten gedanklichen Lösungsansatzes - im Rahmen einer Informationsverwaltung zu vollziehen gilt. Versucht man das dem Begriff der Informationsverwaltung zugrunde liegende Konzept näher zu kennzeichnen, so läßt sich dieses wie folgt skizzieren: Es beinhaltet den geplanten funktionellen und strukturellen Wandel im Informationssystem der öffentlichen Verwaltung und zielt auf eine systematische Gestaltung und Steuerung aller in der öffentlichen Verwaltung ablaufenden Informationsverarbeitungsprozesse. Damit dürfte zugleich deutlich geworden sein, daß "Informationsverwaltung" in jedem Fall mehr beinhaltet als nur eine neue Begrifflichkeit für die im herkömmlichen Sinne in der öffentlichen Verwaltung seit jeher geleistete Informationsarbeit.

Die zur Diskussion gestellte Frage "Informationsverwaltung - Wie wird die Zukunft angegangen?" befaßte sich folglich mit einer ebenso bedeutsamen wie aktuellen Thematik. Dies gilt umso mehr, als der Begriff der Informationsverwaltung noch recht unbestimmt und ausfüllungsbedürftig ist und vor allem die Realisierung einer Informationsverwaltung, nicht zuletzt wegen der damit implizierten weitreichenden Konsequenzen, eine Vielzahl von Fragen aufwirft. Daß indessen im Rahmen der Diskussion und der zur Verfügung stehenden Zeit nicht sämtliche Fragen beantwortet werden konnten, liegt in der Natur der Sache. Gleichwohl gelang es, ganz wesentliche Zukunftsaspekte einer Informationsverwaltung aufzuzeigen und eine handlungsorientierte Verständigung darüber zu erzielen, welche Anforderungen im Hinblick auf eine zukünftige Informationsverwaltung vordringlich zu erfüllen sind. Dazu trug nicht zuletzt der Umstand bei, daß die offen formulierte Fragestellung den sich aus sehr unterschiedlichen Bereichen der Wissenschaft und Praxis zusammensetzenden Diskussionsteilnehmern die Möglichkeit eröffnete, jeweils aus ihrem eigenen Tätigkeits- und Erfahrungsbereich heraus die zentralen Probleme, Erwartungen und Perspektiven in bezug auf eine zukünftige Informationsverwaltung darzulegen.

Im folgenden soll versucht werden, die wesentlichen Aussagen eher "ergebnisorientiert" zusammenzufassen und unter Einbindung der eigenen Problemsicht erläuternd darzustellen. Soweit dabei der chronologische Ablauf der Diskussion sowie einzelne durchaus interessante, aber nicht streng auf die Fragestellung ausgerichtete Aspekte vernachlässigt werden, bittet der Verfasser um Verständnis.

1. Informationsverwaltung als Wandel im Problem- und Aufgabenverständnis

Die in der öffentlichen Verwaltung geleistete Informationsarbeit - die im übrigen eng verknüpft ist mit der administrativen Leistungsfähigkeit - ist abhängig von den Bedingungen, unter denen sie erfolgt. Diese hingegen werden bestimmt durch eine Vielzahl von Einzelfaktoren, die zu alledem noch in einer Wechselbeziehung zueinander stehen. So ist beispielsweise für das Ergebnis der geleisteten Informationsarbeit keineswegs allein entscheidend der erreichte Automationsgrad, wenn nicht zugleich auch die anderen Faktoren, die die "Informationsverarbeitungsleistung" bestimmen, den sich mit der informationstechnischen Entwicklung verändernden Ziel- und Handlungsparametern angepaßt werden oder auch umgekehrt das konkrete Automationsvorhaben nicht mit den übrigen Kontextfaktoren des Informationsverarbeitungsprozesses in Einklang gebracht wird.

Im Rahmen einer Informationsverwaltung wird es daher in Zukunft darum gehen, sich primär an den Erfordernissen der Informationsverarbeitungsprozesse selbst zu orientieren. Dabei bedarf es - darüber waren sich alle Diskussionsteilnehmer einig - aus den vorgenannten Gründen einer Abkehr von einer modularen, insbesondere vornehmlich "instrumentalen" Betrachtungsweise hin zu einem "ganzheitlichen" Problem- und Aufgabenverständnis. Im Sinne eines solchen "Perspektivenwechsels" erstreckt sich der Aufgabenbereich einer Informationsverwaltung somit nicht mehr "nur" auf die Implementierung innovativer Informationstechniken. Denn mit der Beschränkung allein auf diesen Aspekt würde - wie Bullinger es formulierte - "das Hilfsmittel Technik zu sehr in den Vordergrund gestellt". In gleicher Weise konstatierten denn auch Trost und Below, daß "einseitige technische oder ökonomische Betrachtungsweisen versagen würden".

Das erklärte Ziel einer Informationsverwaltung muß es daher sein, sämtliche Kontextfaktoren, die die Informationsverarbeitung mittelbar oder unmittelbar beeinflussen, in ein Gesamtkonzept einzubinden. Nur so wird es gelingen, auf Dauer die Informationsverarbeitung im Sinne eines effektiven und rechtsstaatlichen Verwaltungshandelns zu "optimieren".

Das Spektrum der Problem- und Aufgabenbereiche, denen es sich im Rahmen einer Informationsverwaltung dabei zukünftig anzunehmen gilt, läßt sich nun grob wie folgt skizzieren:

Zunächst beinhaltet das Konzept von der Informationsverwaltung - wie bereits von Brinckmann in seinem der Diskussion vorausgegangenen Referat dargelegt wurde - auch das systematische Bemühen um die Sicherung und Verbesserung der Verfügbarkeit des Wissens, das für zweckrationales Handeln erforderlich ist. Der damit gekennzeichnete "informationslogistische" Aufgabenbereich umfaßt alle jene Tätigkeiten, die der Gewinnung, Aufbereitung und Bereitstellung von Informationen als Grundlage des Verwaltungshandelns dienen und damit letztlich darauf abzielen - wie Kuhlen es formulierte -, "die internen und externen Informationsressourcen für die Verwaltungsarbeit nutzbar zu machen". Hierzu gehört beispielsweise der Aufgabenbereich der Statistik, das Registerwesen, der Auf- und Ausbau von Fachinformationssystemen. Zu denken ist aber auch an die Verwirklichung von sogenannten Sozialindikatoren-Modellen.

Im Bereich des Aufgabenfeldes der Technik gilt es auf breiter Ebene, die Informations- und Kommunikationsprozesse zu unterstützen. Dabei reicht es in Anbetracht der sich abzeichnenden informationstechnischen Entwicklung nicht aus, sich wie bisher allein auf den Datenverarbeitungsaspekt zu beschränken. Das von Albrecht genannte "Zusammenwachsen von Nachrichtentechnik und Datenverarbeitung" (sowie Textverarbeitung) kennzeichnet diese Entwicklung ebenso wie die von Below angeführte "Entwicklung hin zur dezentralen Datenverarbeitung bei gleichzeitiger Vernetzung der Arbeitsplätze".

Eng verbunden mit dem Technologieaspekt ist der Problem- und Aufgabenbereich "Personal". Hier steht vor allem die zu lösende Frage der Aus- und und Weiterbildung im Vordergrund, desweiteren aber auch beispielsweise Fragen in bezug auf die benutzergerechte Gestaltung der Arbeitsplätze bis hin zur Frage des Einsatzes ergonomer Technik.

Die besondere Abhängigkeit des informationsverarbeitenden und kommunizierenden Systems der öffentlichen Verwaltung von einer funktionierenden Zusammenarbeit mit dem Bürger einerseits sowie die aus der anhaltenden Bürokratiekritik resultierende Verpflichtung der Verwaltung andererseits, sich mehr als bisher an den Interessen des Bürgers zu orientieren, kennzeichnen einen weiteren Breich im Aufgabenspektrum einer zukünftigen Informationsverwaltung. Hierzu gehören beispielsweise eine Revision des Formularwesens, die "bürgergerechte" Ausgestaltung von Computerbescheiden, aber vor allem auch die von Trost angeführte "ganzheitliche Sachbearbeitung", durch die erst eine Transparenz des Verwaltungshandelns gewährleistet und die bestehende Inkongruenz zwischen Verantwortung und Verantwortlichkeit überwunden werden kann.

Zu der - wie Albrecht bemerkte - "Fülle von Aufgaben", die es im Rahmen einer Informationsverwaltung zukünftig anzugehen gilt, gehören auch die Aufgaben im Organisationsbereich, wobei diesen sogar eine ganz zentrale Bedeutung beigemessen werden muß. So spricht Trost beispielsweise im Zusammenhang mit der Informationsverwaltung von der Notwendigkeit "tiefgreifender organisatorischer Veränderungen", während Bullinger wohl auch im Hinblick auf den bereits angesprochenen notwendigen Perspektivenwechsel im Problem- und Aufgabenverständnis die Forderung aufstellte, der organisatorische Aspekt müsse in jedem Fall Vorrang gegenüber den technischen Aufgaben besitzen ("Organisation vor Technik, nicht statt Technik"). Zu den in diesem Bereich wahrzunehmenden Aufgaben gehören - ohne daß sie hier abschließend aufgezählt werden können - beispielsweise die im Hinblick auf die Informationsverarbeitungsprozesse auszurichtende Ablauforganisation, Strukturorganisation, Arbeitsplatzorganisation und Sachmittelorganisation.

Bei alledem bleibt die öffentliche Verwaltung aufgefordert, dafür Sorge zu tragen, daß die durch die Rationalisierung der Informationsarbeit verursachten Kosten nicht außer Verhältnis stehen zu dem Nutzen des geplanten strukturellen und funktionellen Wandels im Informationssystem. Aus eben diesem Grunde weist Nowak darauf hin, daß Klarheit darüber bestehen muß, welche "finanziellen Belastungen vorher und welche nachher bestehen".

Nicht ausdrücklich erwähnt, gleichwohl im Interesse der Vollständigkeit nachzutragen bleibt schließlich der rechtliche Aufgabenaspekt einer Informationsverwaltung. Ziel einer Informationsverwaltung muß es nämlich auch sein, sich der drängenden Probleme des Datenschutzes anzunehmen beziehungsweise - noch umfassender - die Rechtmäßigkeit der Informationsverarbeitungsprozesse in bezug auf die jeweils geltenden normativen Regelungen im Bereich des Informationswesens zu sichern.

2. Informationsverwaltung als Problem systemgerechter Implementierung

In Anbetracht der komplexen Problem- und Aufgabenbereiche, die den grundlegenden Wandel im Informationssystem der öffentlichen Verwaltung charakterisieren, bestand bei den Diskussionsteilnehmern Übereinstimmung darüber, daß die Implementation einer Informationsverwaltung nicht "konzeptionslos" erfolgen darf, sondern im Interesse ihrer Systemverträglichkeit und Akzeptanz als "geplanter Wandel" vollzogen werden muß. Denn nur dann, wenn bei der Implementierung bereits konkrete Vorstellungen auf der Ziel- und Handlungsebene vorliegen, kann auch eine problemlose Einbindung einer Informationsverwaltung in das Verwaltungssystem gewährleistet werden. Dies bedeutet zunächst für den Bereich der Verwaltungswissenschaft, daß sie gerade auch in bezug auf die Fragen der Implementierung einer Informationsverwaltung ihr Erkenntnisinteresse darauf ausrichten muß, möglichst solche Lösungsvorschläge zu unterbreiten, die sie als Implementierungsstrategien empfehlenswert erscheinen lassen und Wege in Richtung auf eine kontinuierliche Systementwicklung aufzeigen. Einer solchen Hervorhebung bedarf es insbesondere deshalb, weil - dies hat die Diskussion ebenfalls deutlich werden lasssen - zumindest in der Vergangenheit mitunter nicht unerhebliche Schwierigkeiten auf seiten der Verwaltungspraxis bestanden, die von der Wissenschaft angebotenen Lösungskonzepte in praktische Verwaltungsarbeit umzusetzen. So kennzeichnete beispielsweise Below die Situation wie folgt: "Wir stehen vor dem Dilemma, gutgemeinte Änderungsvorschläge zu realisieren".

Vor diesem Hintergrund war man denn im Sinne einer konstruktiv geführten Diskussion auch darum bemüht, die Anforderungen in bezug auf die zukünftigen Forschungsaktivitäten - nicht zuletzt gerade auch im Hinblick auf die Verwirklichung einer Informationsverwaltung - zu konkretisieren. Zusammenfassend kann dabei als Ergebnis festgehalten werden:

Zunächst bedarf es einer Rückbesinnung darauf, daß die Praxisorientierung Grundvoraussetzung für die Verträglichkeit und Akzeptanz von Systementwicklungen ist. Deshalb muß es als Mangel angesehen werden, wenn herkömmliche organisationswissenschaftliche Untersuchungen zu schematisch und modellhaft sind und ohne konkreten Bezug auf den Gültigkeitsbereich bleiben. Um stattdessen der spezifischen Situation und den Bedürfnissen der betreffenden Institutionen gerecht zu werden, ist vorab daran zu denken - wie im Rahmen von Beiträgen aus dem Plenum angeregt wurde -, hinsichtlich den angewandten Erkenntnisverfahren "induktive Strategien" zu entwickeln (<u>Lenk</u>) sowie insbesondere eine "management-orientierte" Forschung in den Vordergrund zu stellen (<u>Fiedler</u>). Desweiteren gilt es schon im Hinblick auf den im Zusammenhang mit der Informationsverwaltung notwendigen Perspektivenwechsel in Richtung auf ein "ganzheitliches" Problem- und Aufgabenverständnis auch im Bereich der Forschung von rein dezisionistischen Lösungsansätzen Abstand zu nehmen. Denn es wird, dies hat die im Rahmen der Diskussion geäußerte Kritik erkennen lassen, gerade auch von seiten der Verwaltungspraxis als wesentlicher Mangel empfunden, wenn Empfehlungen gelegentlich zu einseitig ausgerichtet sind und nur Teilaspekte der Gesamtproblematik behandeln. Diesem Umstand kann in Zukunft wohl nur dadurch wirksam begegnet werden, indem man, wie von <u>Bullinger</u> gefordert, einen interdisziplinären Forschungsansatz wählt.

Zugleich wurde aber davor gewarnt, die Anforderungen und Erwartungen an die Wissenschaft, insbesondere auch in bezug auf die Frage der Implementierung einer Informationsverwaltung, zu hoch anzusetzen. Dabei wurde vor allem auf zwei wesentliche Gesichtspunkte hingewiesen: Zum einen muß berücksichtigt werden, daß sich die mit der Informationsverwaltung erfolgte konzeptionstheoretische Ausrichtung der Institution der öffentlichen Verwaltung am "Informationsphänomen" unter den Bedingungen eines Forschungsprozesses als Objektbereich der Wissenschaft erst konstitutiert und deshalb - wie Bullinger es formulierte - "in einem neuen Gebiet der Rucksack noch nicht gefüllt ist". Zum anderen bedarf es aber auch einer realistischen Einschätzung dessen, was die Wissenschaft zu leisten vermag, beziehungsweise einer Rückbesinnung auf den ihr zugrundeliegenden Forschungsauftrag. Gerade in bezug hierauf gilt es aber, worauf Lenk mit Nachdruck aufmerksam machte, ein grundlegendes Mißverständnis auszuräumen: Bei organisationswissenschaftlichen Untersuchungen - selbst im Bereich der angewandten Wissenschaften - geht es nicht darum, der Verwaltung bereits "fertige Handlungsanweisungen" anzubieten oder etwa sogar ein "fertiges normatives Konzept" an die Hand zu geben. Ein derartiges Konzept müßte notwendigerweise die systembezogenen Besonderheiten in der Problem- und Aufgabenstellung der jeweiligen Institution unberücksichtigt lassen, denn aufgrund der Vielgestalt der Institution "öffentliche Verwaltung" kommen organisationswissenschaftliche Empfehlungen nicht umhin, in einem gewissen Maße zu generalisieren und abstrakt zu bleiben. Für die Planung und Durchsetzung organisatorischer Veränderungen ist daher in jedem Fall eine "individuelle Problem- und Lösungsidentifikation" unerläßlich oder mit anderen Worten, es fällt gerade auch in den Aufgaben- und Verantwortungsbereich der Verwaltung, bei der Realisierung von Konzepten "vom Modell zum Prozeß" zu gelangen. Damit aber ist zugleich ein weiterer wesentlicher Aspekt im Zusammenhang mit einer zukünftigen Informationsverwaltung angesprochen.

3. Informationsverwaltung als Herausforderung an die Führungsverantwortung des Verwaltungsmanagements

Bereits zu Beginn der Diskussion war von Albrecht darauf hingewiesen worden, daß der Begriff "Informationsverwaltung" primär auch als "Informationsmanagement" verstanden werden müsse. Diese Äußerung, die speziell wohl auch als Hinweis auf ein "strategisches Management" gemeint war und insoweit später von den übrigen Diskussionsteilnehmern wieder aufgegriffen wurde, kennzeichnet den generellen Appell an das Verwaltungsmanagement, die Realisierung einer Informationsverwaltung auch insbesondere als Herausforderung an seine Führungverantwortung zu begreifen. Denn die Notwendigkeit, sich im Zusammenhang mit der Informationsverwaltung anstehender Führungsaufgaben anzunehmen, ergibt sich zunächst schon - wie dargelegt - aus der im Bereich der Verwaltung verbleibenden Verantwortlichkeit, organisationswissenschaftliche Handlungskonzepte situationsgerechten und praktischen Lösungen zuzuführen, darüber hinaus aber sicherlich auch - wie besonders betont wurde - aus dem im Hinblick auf die komplexen Problem- und Aufgabenbereiche einer Informationsverwaltung hohen Integrations- und Koordinationsbedarf. So erinnerte Nowak an die im Zusammenhang mit einer Informationsverwaltung zu leistende "nicht unerhebliche Integrationsarbeit" und wies auf das Erfordernis hin, "individuelle Anpassungsstrategien" zu entwickeln. Demgegenüber kann Albrechts Äußerung, das Problem der Implementierung sei vor allem ein "Problem des Gesamtüberblicks" und insoweit müßten "irgendwo die Fäden zusammenlaufen" zunächst als Hinweis auf die erforderliche Koordination der Einzelaktivitäten verstanden werden. Neben den genannten Führungsaufgaben geht es gleichwohl auch beispielsweise um Tätigkeiten wie das Initiieren, Planen, Durchsetzen, Steuern, Kontrollieren der Systemveränderungen, schlicht um die Wahrnehmung aller Funktionen, die von der Problemerkenntnis bis hin zur Erfolgskontrolle eingeschlagener Lösungswege erforderlich sind.

Bei alledem müssen zunächst die Voraussetzungen dafür geschaffen werden, die das Verwaltungsmanagement in die Lage versetzen, die ihr im Zusammmenhang mit einem Informationsmanagement obliegenden Führungsaufgaben wahrzunehmen. Vor diesem Hintergrund kann die zuletzt genannte Äußerung Albrechts auch als Hinweis verstanden werden auf die erforderliche Einbindung eines "Kompetenzsystems" im Sinne eines institutionalisierten Managements, welches sich der anstehenden Aufgaben anzunehmen hat. Soweit Albrecht dabei an eine umfassende Delegation der Aufgaben an ein Rechenzentrum gedacht hat, bleibt fraglich, ob damit das Verwaltungsmanagement aus seiner Verantwortung entlassen wird; unproblematisch erscheint indessen ein Rückgriff auf das Dienstleistungsangebot der Rechenzentren, etwa im Falle einer Funktionsüberlastung.

Desweiteren gilt es aber auch, die Bewußtseinslage der Führungskräfte hinsichtlich der mit der Informationsverwaltung verbundenen Mandatserteilung an das Verwaltungsmanagement zu verändern und das nicht unerhebliche Wissensdefizit in bezug auf die weitreichenden Konsequenzen der informationstechnologischen Entwicklung abzubauen. Trost und Below sprechen in diesem Zusammenhang von einem "eklatanten Führungsproblem". Es bedarf daher auch insoweit eines forcierten Lernprozesses. Denn Argumente wie der Hinweis darauf, daß die Folgen der informationstechnologischen Entwicklung noch nicht voll abzusehen sowie die Erkenntnisprozesse in bezug auf die Problemlösungskonzepte noch nicht abgeschlossen seien, vermögen im Hinblick auf die in ihrer Eigendynamik sich beschleunigende Tendenz der informationstechnischen Entwicklung ein weiteres Zuwarten nicht zu rechtfertigen.

VIERTER TEIL: ORGANISATIONS- UND PERSONALPOLITIK

VERWALTUNGSAUSBILDUNG UND INFORMATIONSTECHNOLOGIE - SIND UNSERE MITARBEITER GERÜSTET?

Emil Dollenbacher

1. Begriffe

MITARBEITER sollen alle Personen sein, die - gleichgültig auf welcher Hierarchieebene und in welcher Funktion - in der öffentlichen Verwaltung mitarbeiten, damit soll gesagt sein, daß beispielsweise auch die Ausbildung der Führungskräfte diskutiert werden muß. AUSBILDUNG soll bedeuten die Vermittlung von Fachwissen vor Beginn der beruflichen Tätigkeit; FORTBILDUNG entspricht der Notwendigkeit, die Kenntnisse der Berufstätigen an die Ausbildungskenntnisse der Neueintretenden anzupassen. INFORMATIONSTECHNOLOGIEN soll bedeuten Geräte und Betriebssoftware, zugleich aber auch die Technologie der Anwendungsentwicklung - eine Betrachtungsweise, wie sie im Rahmen dieser Tagung von Herrn Professor Traunmüller dargestellt wurde.

2. Notwendigkeiten

Die öffentliche Verwaltung kann sich der Nutzung neuer Informationstechnologien nicht entziehen, weil auch sie volkswirtschaftlichen Zwängen unterliegt. Dazu Gerhard Wittkämper: "Wenn eine Industrienation wie die Bundesrepublik Deutschland wegen ihrer außenwirtschaftlichen Verflechtung nicht auf Rationalisierung verzichten kann, kann es auch nicht die öffentliche Verwaltung. Es kann keinen unrationell arbeitenden öffentlichen Sektor in einer im übrigen zu strenger Rationalität verpflichteten Volkswirtschaft geben". Die öffentliche Verwaltung müßte aber aus sich selbst heraus

- unabhängig von diesen Zwängen
- wegen der immer komplizierter werdenden Aufgabenerledigung,
- wegen einer sich ständig verbreiternden Basis von Daten für die Planung und die Entscheidungsfindung,
- Daten, die in der Verwaltung vorhanden sind, aber deren Bereitstellung zum richtigen Zeitpunkt immer schwieriger wird,
- aber auch zur besseren Gesamtschau der Verwaltungsabläufe

an der Verwendung neuer Informationstechnologien interessiert sein.

Die öffentliche Verwaltung müßte insbesondere der verbreiteten Technikfeindlichkeit und dem Mißtrauen in der Bevölkerung gegenüber der Verwendung von Techniken in der Verwaltung (Stichwort Volkszählungsschock) durch einen beispielhaften sachgerechten Einsatz neuer Informationstechnologien entgegenarbeiten. Es müßte eine Informationsverwaltung geschaffen werden, so Heinrich Reinermann, "das heißt Ausloten und Abwägen eines magischen Vierecks aus Bürgerservice, Verwaltungseffizienz, Humanisierung des Arbeitslebens und Rechtmäßigkeit. Informationsverwaltung heißt Einordnen der modernen Informationstechnik in das Gefüge unserer öffentlichen Verwaltungen, ja, in unser gesellschaftliches Wertsystem. Technik ist Mittel zum Zweck. Ihr Einsatz ist also von den Zwecken her zu bestimmen".

Dazu muß neben die bisher weitgehend das Verwaltungsgeschehen bestimmende Fachaufgabe die Gestaltungsaufgabe treten: eine stetige Verbesserung und Weiterentwicklung der Ablauforganisation, eine menschengerechte Gestaltung des Arbeitsplatzes und ein flexibles Reagieren auf die Einflüsse der Bürger, auf die Einflüsse der Umwelt.

3. Bisheriger Stand der Ausbildung

Die bisherige Verwaltungsausbildung reicht nicht aus, um die Gestaltungsaufgabe wahrzunehmen, es gilt in der Literatur die Arbeitshypothese, daß ein junger Verwaltungsbeamter des höheren Dienstes mit der Ausbildung des Einheitsjuristen für seinen Beruf nicht ausreichend ausgebildet ist. Noch immer überwiegen die juristischen Ausbildungsinhalte und in der Prüfung der "allseits verwendbaren Volljuristen" wird verwaltungsbezogenes Wissen gerade noch geprüft. Einführungsfortbildung soll den jungen Beamten fähig für den Verwaltungsdienst machen.

Die jüngste Novellierung des Deutschen Richtergesetzes wurde zu einer wesentlichen Veränderung der Ausbildungsinhalte nicht genutzt, vielleicht fehlte den Innenministerien, für die Beamtenausbildung zuständig, die Vorstellung, der Wille und auch das Durchsetzungsvermögen zu wesentlichen Änderungen.

Bei den nichtjuristischen Ausbildungsgängen für den höheren Dienst wird die Gestaltungsaufgabe der Organisation ebenfalls unzureichend gelehrt. Am ehesten erhalten noch die Betriebswirte Kenntnisse über die Einsatzmöglichkeiten von Informationstechnologien.

Die Fachhochschulen für die öffentliche Verwaltung, denen die Ausbildung für den gehobenen nichttechnischen Verwaltungsdienst obliegt, haben seit ihrer Gründung Datenverarbeitung oder Informationsverarbeitung als Ausbildungsfach vorgesehen. Eine Erhebung aus dem vergangenen Jahr zeigt, daß von 70 Prozent der 21 Fachhochschulen bis zu 50 Unterrichtsstunden im Fach Daten- oder Informationsverarbeitung während eines Studiums gehalten werden sollen; an einer Fachhochschule sind es sogar 150 Stunden. In Baden-Württemberg sind für die Fächer Organisation, Informationsverarbeitung, Soziologie und Psychologie nicht einmal 10 Prozent der Gesamtstudienzeit vorgesehen. Dafür umfaßt der Rechtslehrstoff 70 Prozent der Unterrichtszeit.

Bei der Ausbildung für den mittleren Dienst und die Verwaltungsangestellten liegen die Verhältnisse ähnlich. Doch neue Ausbildungsinhalte werden wenigstens für die Fachhochschulen diskutiert. Folgende Themen stehen an:

- Schulung in der persönlichen Handhabung von Informationstechnik

- Informationsmanagement, Gestaltung von Informations- und insbesonders Bürokommunikationssysteme

- Auswirkungen des IT-Einsatzes auf den Arbeitsplatz und das Verhältnis der Verwaltung zum Bürger

- Integration des Fachgebietes Informationsverarbeitung mit anderen Lehrfächern.

Für solche überlegungen ist es höchste Zeit, denn der im Juli dieses Jahres herausgegebene Bericht des Ministeriums für Kultur und Sport des Landes Baden-Württemberg "Neue Medien und moderne Technologien in der Schule" nennt folgende konkrete Ziele der Vermittlung von Grundkenntnissen über Computer und Informatik. Der Schüler soll:

- die Fähigkeit erwerben, für einfache Aufgaben Lösungen zu finden, die mit einem Computer ausgeführt werden können

- außerdem lernen, die gefundenen Lösungsabläufe systematisch zu beschreiben

- exemplarisch die wichtigsten Elemente einer geeigneten Benutzersprache kennenlernen und einfache Programme auch selbst erstellen

- verschiedene Einsatzbereiche des Computers wie Verarbeitung von Daten, Steuern von Geräten, Simulation und die Lösung mathematischer Aufgaben praktisch kennenlernen und dabei den Rechner als universell programmierbar, aber auch seine Grenzen kennenlernen

- schließlich etwas über die Auswirkungen der modernen Formen der Datenverarbeitung auf Gesellschaft und Arbeitswelt erfahren.

Wenn es derzeit in den Schulen auch noch an ausgebildeten Lehrern mangelt, so ist doch abzusehen, wann junge Kräfte mit Grundkenntnissen der Informationstechnologien in die Verwaltung hineindrängen. Die Verwaltungsausbildung auf den vorhandenen Grundkenntnissen aufzubauen, wird unerläßlich sein. Es kann aber nicht gewartet werden, bis diese Generation in der Verwaltung tätig sein wird. Notwendig ist eine Anpassungsfortbildung für alle Mitarbeiter der öffentlichen Verwaltung.

4. Künftige Ziele der Ausbildung

Bei einem in jüngster Zeit geführten Gespräch zwischen Verwaltungswissenschaftlern und Verwaltungspraktikern wurde auch die Verwendung neuer Informationstechnologien diskutiert. Zu meiner Aussage, die Verwaltung müsse durch entsprechende Aus- und Fortbildungsmaßnahmen die Voraussetzungen schaffen, um unabhängig von den Herstellern die anstehenden Probleme, insbesondere im Blick auf die Auswirkungen auf die betroffenen Mitarbeiter und die Bürger lösen zu können, erklärte ein hoher Verwaltungsbeamter, die öffentliche Verwaltung sei nicht in der Lage, die anstehenden Probleme zu lösen. Der öffentlichen Verwaltung fehlen die Fachleute für den Technikeinsatz, die die Möglichkeiten der Anlagen sehr genau kennen. Da nur die Experten der Herstellerfirmen über diese Kenntnisse verfügen, müsse man diesen die Aufgabe mitteilen, um das gewünschte Ergebnis zu erhalten. Zusätzlich benötigt man noch Beratungsfirmen.

Ich fürchte, diese Auffassung ist kein Einzelfall. Denn es fehlt doch noch weithin die Einsicht, daß als Voraussetzung für den sachgerechten Einsatz neuer Informationstechnologien verwaltungspolitische Zielsetzungen formuliert und ihre Realisierung herbeigeführt werden muß. Die DV-Planung muß zum Informationsmanagement getrimmt werden, wie es jüngst Heinrich Reinermann formulierte. Dazu sind Personen erforderlich, die mit der nötigen Problemkenntnis und der Kompetenz kraft ihrer Führungsverantwortung ausgestattet sind. Es werden problemnahe Praktiker gebraucht, die Einfluß nehmen auf die Weiterentwicklung des Technikeinsatzes in der Verwaltung. Es fehlt aber auch an der Einsicht, daß neue Informationstechniken als Auslöser für eine umfassende Organisationsentwicklung, zur Entbürokratisierung, ja für eine innere Reform der Verwaltung genutzt werden müßten.

Doch die mit dem Einzug neuer Informationstechnologien zu lösenden Fragen setzen nicht nur neues Wissen über technische Möglichkeiten für eine effiziente, bürgernahe, mitarbeitergerechte und rechtmäßige Verwaltung voraus.

5. Technischer und sozialer Wandel

Es wird Wissen zu vermitteln sein, daß technischer Wandel sozialen Wandel auslösen kann, wie die Untersuchungen der Soziologen Michel Crozier und Erhard Friedberg ergeben haben. Technischer Wandel kann einen sozialen Wandel zur Folge haben. Menschen würden sich verändern, nicht individuell, sondern in ihren Beziehungen zueinander und in ihrer sozialen Organisation. Es sei zu befürchten, daß es zu einem Bruch oder einer Krise durch die Veränderungen kommt, die in der Organisation Anpassungsmechanismen oder kurzfristige Regressionen, das heißt einen Rückfall in frühere Entwicklungsabschnitte auslösen. Es sei jedoch nicht sicher, daß sozialer Wandel Erneuerungsmechanismen auslösen wird. Wolle man dies, müsse man zu einem geplanten Wandel kommen.

Geplanter Wandel beihaltet zum einen einen Wandel einer Tätigkeit, einer Funktion, eines Verfahrens, einer Technik im Hinblick auf wirtschaftliche, soziale oder finanzielle Ziele. Auf der anderen Seite ist er zugleich auch Veränderung der Merkmale und Regulierungsweisen eines Systems. Daraus resultiert, daß eine Dimension des Wandels von grundlegender Bedeutung ist, nämlich das Erlernen, das heißt die Entdeckung, ja sogar die Schöpfung und der Erwerb neuer Denkweisen, neuer

Beziehungsmodelle, kurz neuer kollektiver Fähigkeiten durch die jeweils betroffenen Akteure.

Wer wollte leugnen, daß wir uns schon mitten in einem durch technischen Wandel ausgelösten sozialen Wandel befinden:

- Unzufriedenheit in der Verwaltung mit den starren zentralistischen Organisationsformen des DV-Einsatzes mit mangelnder Flexibilität und Anpassungsfähigkeit

- Mißtrauen gegenüber der Verwendung von Technik bei der geplanten Volkszählung 1983

- eine gewisse Verweigerung der Gewerkschaften gegenüber der Nutzung neuer Informationstechniken.

Geplanten Wandel kann man nicht anordnen und man kann das Rezept hierfür auch nicht bei einer Beratungsfirma kaufen. Geplanter Wandel kann sich nicht aus zufälligen Anstößen oder aus einer Reihe kaum auffälliger Einzelmaßnahmen ergeben. Geplanter Wandel muß politisch gewollt sein, er muß von den Führungskräften gesteuert werden.

Wichtigster Schritt muß aber sein, alle Mitarbeiter in die Lage zu versetzen, an den Veränderungsprozessen im Grade ihrer Betroffenheit mitzuwirken; sie sollen an der Entwicklung partizipieren können. Dazu Ekkehard Kappler: "Partizipieren-Wollen muß Partizipieren-Können zur Voraussetzung haben. Daß es bereits am Wollen fehle, ist ein beliebtes Gegenargument gegen jede Form von Mitbestimmung. Weil aber Partizipation nicht wollen kann, wer partizipieren nicht können kann, ist zu klären, inwieweit Partizipierungsmöglichkeiten ergriffen werden, wenn die individuellen und gesellschaftlichen Beteiligungskapazitäten eine Verbesserung erfahren. Abgesehen von intellektuellen Kapazitätsunterschieden sind es interdependente Interessen-, Informations- und Schichtschwellen, die überwunden werden müssen".

Mitarbeiterbeteiligung darf nicht als Ersatz für die im Personalvertretungsrecht festgelegten Beteiligungsrechte angesehen werden. Eher das Gegenteil ist der Fall: Mitarbeiterbeteiligung bedarf der Anstöße, der Förderung und der Kontrolle durch die Personalräte, die ihrerseits dafür sorgen müssen, daß die am einzelnen Arbeitsplatz erreichten Veränderungen innerhalb einer Dienststelle zu einem sinnvollen Ganzen zusammengeführt werden. Damit wird die Mitbestimmung des Personals auf der Basis seiner Interessen realisiert - im Gegensatz zu der immer mehr um sich greifenden Mitbestimmung der Funktionäre, von denen Helmut Schelsky sagte, daß sie die Organe der Entmündigung der Menschen sind, da sie diesen die Lebendigkeit ihrer Interessenvertretung nicht nur abnehmen, sondern sie zu einem vormundschaftlich von ihnen, den Funktionären, erregten und gesteuerten Konflikten führen. Es scheint, so Crozier und Friedberg, als sei allen großen Umwälzungen der Zivilisation die Bildung neuer organisatorischer oder systematischer Fähigkeiten vorausgegangen. Und wenn sich diese Fähigkeiten einmal durchgesetzt hatten, vollzog sich die Veränderung, wie es scheint, viel schneller als wir wahrhaben mögen, die wir durch das Bild einer unwandelbaren Vergangenheit geblendet sind. Neue organisatorische und systematische Fähigkeiten zu vermitteln, so daß diese von den Mitarbeitern der öffentlichen Verwaltung selbst weiterentwickelt werden können, muß daher das oberste Ziel einer Verwaltungsausbildung sein. Sie werden fragen, ob und wie sich dieses Ziel verwirklichen läßt.

Lassen Sie mich dazu ein Wort von John F. Kennedy zitieren: "All das, was wir uns vornehmen müssen, wird nicht in den ersten Tagen vollendet werden, ja, nicht einmal zu unseren Lebzeiten; doch laßt uns beginnen".

Ich füge hinzu: Laßt uns beginnen - jeder an seinem Platz.

VERWALTUNGSAUSBILDUNG UND INFORMATIONSTECHNOLOGIE - QUALITÄTSANFORDERUNGEN AN DIE BESCHÄFTIGTEN -

Werner van Treeck

1. Verwaltungsausbildung vor dem Hintergrund lebenslangen Lernens

Trivial, aber nicht selbstverständlich: daß man versucht, Fragen der Qualifikation, und darin des Zusammenhanges von Verwaltung und Informationstechnologie, auf einen Kontext lebenslangen Lernens zu beziehen. Betrachtet man die in unserem Zusammenhang einschlägigen Curricula für die Ausbildungsprogramme der verschiedenen Angestellten- und Beamten-Kategorien des öffentlichen Dienstes, bekommt man den Eindruck einer spezifischen Blickverengung: Sie fangen alle mit ihrem Gegenstand "Automatisierte Datenverarbeitung" ab ovo, von Grund auf neu an und versuchen, so etwas wie einen Gesamtüberblick zustandezubringen; so als gebe es nichts davor und nichts danach, nichts im allgemeinbildenden Schulwesen und nichts in der Weiterbildung. Nun ist dieser Eindruck ja nicht völlig irreal: In der Tat gibt es für viele Beschäftigte in der Verwaltung, was den Gegenstand "Automatisierte Datenverarbeitung" betrifft, nichts davor und nichts danach; und wenn doch, dann keineswegs verzahnt und aufeinander bezogen. Seinen Bildungsweg über den jeweiligen Bildungsabschnitt hinaus zu planen, in dem er sich gerade befindet, ist für einen Verwaltungsbeschäftigten heute fast nicht möglich. Daher die eigentlich triviale, aber nicht selbstverständliche Überlegung, die Qualifikationsanforderungen, die der Zusammenhang von Verwaltung und Informationstechnologie stellt, nicht bloß auf jeweils eine Aus- oder Weiterbildungsphase zu beziehen, sondern ihnen in dem weiteren Horizont des lebenslangen Lernens Rechnung zu tragen.

2. Basisqualifikationen im Bereich der Informationstechnologie

Das allgemeinbildende Schulwesen hätte dann, so könnte man vielleicht sagen, Basisqualifikationen zu vermitteln. Ich will mich hier nicht dabei aufhalten, was alles darunter zu verstehen ist. Basisqualifikation wäre für mich der gelungene Versuch, ein Verständnis von Informationstechnologie als historischem Prozeß zu entwickeln, das heißt, Informationstechnologie in den Zusammenhang einer Geschichte der menschlichen Arbeit und der Arbeitsmittel zu stellen, um den Bruch, das qualitativ Neue dieser Technologie gegenüber früheren mechanischen oder elektromechanischen Technologien herauszuarbeiten. Es sollten aber auch die gesellschaftlich-ökonomischen Grundlagen der Informationstechnik herausgestellt werden, daß sie nicht einfach da, sondern geworden ist, daß sie sich Problemstellungen und Antrieben verdankt, die anders nicht einzulösen gewesen wären. Gibt es so etwas wie eine Logik der Entwicklung? Warum hat sich Informationstechnologie so und nicht anders entwickelt? Gibt es Einflußmöglichkeiten und Alternativen in dieser Entwicklung? Welche Perspektiven eröffnen sich in der Zukunft und wie wollen wir arbeiten und leben? Das wären meines Erachtens einige spannende Fragestellungen, deren Bearbeitung eine Basisqualifikation fundieren könnte.

3. Ausbildungsanforderungen der Informationstechnologie

Die Berufsausbildung könnte stärker als sie das bislang tut, die Informationstechnologie mit ihren fachlichen Gegenständen vermitteln. Verzichtbar wären dann die in sämtlichen Curricula offenbar obligatorischen Einstiege "Grundbegriffe aus der Datenverarbeitung" oder "Technische Grundlagen der ADV", die dann in der Regel auf jenes berüchtigte (und des öfteren schon kritisierte) "Gemisch aus Rechner-, Datenträger- und Codierungskunde" hinauslaufen. Auflösbar wäre aber auch jene ebenfalls sämtliche Lehrpläne durchziehende Unsicherheit, wo man denn nun mit dem Lernfeld Informationstechnologie hin soll, ob man es zum Rechnungswesen schlagen oder in eine (wie auch immer verstandene) Verwaltungsbetriebslehre einbinden soll. Wo man Informationstechnologie als apartes Fach konstituiert, schafft man sie sich umgekehrt in der fachlichen Ausbildung vom Hals. Man behandelt etwa das kommunale Haushalts-, Kassen-, Rechnungswesen so, als würden Zeit- und Sachbuch noch mit der Hand geschrieben, als seien nicht längst in der beruflichen Praxis alltägliche Rechtsfragen als DV-Aufgaben zu lösen. Wenn die Informationstechnik die berufliche Praxis der Verwaltungsbeschäftigten durchdringt, warum dann nicht auch die berufliche Ausbildung?

Die Integration der Informationstechnologie in die fachlichen Aufgabenfelder der beruflichen Ausbildung verlangt die Thematisierung des Verhältnisses von Technik und Fachaufgabe. Die Computerisierung von Verwaltungshandeln ist nicht bloß eine technische Lösung vorgegebener

Probleme; sie ist eine Form der Problemstellung selbst. Die mit ihr notwendigerweise verbundenen Erkenntnis- und Handlungsmittel wie Algorithmisierung, Modellbildung etc. bedeuten - auf ein vorhandenes Problem angewandt - dessen Umformulierung und Verschiebung. Die Entwicklung eines Informationssystems ist ein "Errechnen" von Wirklichkeit, ein konstruktiver Eingriff in ein Problem, das möglicherweise ganz anders gestellt werden muß und das sich möglicherweise im Laufe der Zeit verändert. In diesem Prozeß einer Informationssystementwicklung werden Modelle über stoffliche, energetische, wertmäßige, informationelle etc. Bewegungszusammenhänge formuliert, die zu den übrigen Modellen, Vorstellungen oder Regeln der menschlichen Problemlöser Gemeinsamkeiten, aber auch Differenzen bilden. Es kommt also darauf an, Auszubildende zur Untersuchung von Fragestellungen zu befähigen wie zum Beispiel: Wie sind Fachaufgabe und Informationstechnologie sinnvoll aufeinander zu beziehen? Will ich die mit der Informationstechnologie verbundenen Problemverschiebungen und Folgeprobleme? Repräsentieren sie reale betriebliche oder gesellschaftliche Problemlagen beziehungsweise Problementwicklungen? Werden überhaupt relevante, veränderte, neuartige betriebliche und gesellschaftliche Probleme funktionsangemessen erfaßt und bearbeitet?

Wie die Verwaltungsbeschäftigten in ihrer beruflichen Praxis mit Informationssystemen für fachliche Aufgabenstellungen zu tun haben, so sollten sie in ihrer beruflichen Ausbildung lernen, wie, mit welchen Erkenntnis- und Handlungsmitteln solche Informationssysteme für fachliche Aufgabenstellungen gemacht werden und was in diesem Prozeß mit den fachlichen Aufgabenstellungen geschieht. Und wie die Entwicklung von Informationssystemen im Verhältnis zu den fachlichen Aufgabenstellungen nicht bruchlos geschieht, so sollte auch in der beruflichen Ausbildung das Verständnis für das gebrochene Verhältnis von Technik und Fachaufgabe, und die Fähigkeit, produktiv damit umzugehen, vermittelt werden. Hierher gehört das Verständnis dafür, unter welchen Bedingungen Informationstechnik nützlich einsetzbar ist. Dazu gehört auch, wie die Bedingungen verändert werden müssen, damit ein Problem mit Hilfe dieser Technik sinnvoll bearbeitet werden kann beziehungsweise bei welchen Problemen diese Technik an ihre Grenzen stößt: nämlich bei der Bearbeitung von Besonderheiten, Abweichungen, Zufällen und Zweifelsfällen. Die Bestimmung der Grenzen der Informationstechnologie verlangt immer auch die Ausbildung von Fähigkeiten zum Umgang mit Erfahrungsweisen und Lebenswelten, die jenseits dieser Grenzen lokalisiert sind, das heißt die Fähigkeit, soziale, situative, zeitliche und räumliche Kontexte berücksichtigen sowie Besonderheiten, Abweichungen, Zweifelsfälle und Störungen bearbeiten zu können.

4. Verwaltungsinterne Veränderungen und Konsequenzen für die Ausbildung

Die Entwicklung und der Einsatz informationstechnischer Systeme haben nicht nur Konsequenzen für die Organisation der Arbeit, sie sind gleichsam fest verdrahtete (oder auch frei programmierte) organisatorische Optionen, wie gearbeitet werden soll. Ich begnüge mich mit einigen schlichten und sicherlich bekannten Beispielen zur Verdeutlichung: Die Entwicklung von Datenbanksystemen verlangt nicht nur eine vorgängige Analyse von betrieblichen Entscheidungszusammenhängen und Organisationsabläufen, um die Informationsbeziehungen zwischen den Entitytypen der verschiedenen Anwendungsbereiche in die Datenbank einbringen zu können, sie verlangt zugleich eine integrative Betrachtungsweise der betrieblichen Funktionen und die Entwicklung von durchgehenden Vorgangsketten. Hier werden traditionelle Abteilungsgrenzen, Arbeitsteilungslinien und Arbeitskompetenzen überschritten, stellen sich neuartige organisatorische Gestaltungsaufgaben. Die Ablösung der Stapel- durch Dialogverarbeitung schafft die Möglichkeit der organisatorischen Zusammenlegung bislang getrennter Funktionen an einem Arbeitsplatz. Die organisatorische Zusammenlegung bedeutet überdies eine gravierende Veränderung von Planungs- und Entscheidungsprozessen: War etwa Planung zuvor auf fixe Zeitpunkte und Zeiträume ausgerichtet, so kann sie jetzt an Ereignissen wie gravierenden Datenänderungen, unvorhergesehenen Fällen und Abweichungen etc. orientiert werden. Solche Beispiele zeigen, daß es eine notwendige Anforderung für die Integration von Informationstechnologie in die berufliche Ausbildung ist, technische Fragen als organisatorische Fragen entziffern und bewerten zu lernen.

5. Informationssysteme zur Schulung von Endnutzern

Für das Feld der beruflichen Weiterbildung hebe ich nur einen Gedanken hervor, der im Verlauf von eineinhalb Jahrhunderten industrialisierter Arbeit verschwunden beziehungsweise zum Privileg intellektuell schöpferischer Arbeit geschrumpft zu sein scheint: daß Arbeitsprozesse Lernprozesse sind beziehungsweise sein sollten. Für diese Forderung ergeben sich im Rahmen der Entwicklung und der Arbeit mit informationsverarbeitenden Systemen Einlösungsmöglichkeiten, deren Verwirklichung bislang freilich keineswegs selbstverständlich ist: Rapid prototyping oder die Simulation der zukünftigen Arbeitsplätze und -abläufe sind auch als Lerninstrument zu begreifen. Informationssysteme kann man so aufbauen, daß sie den Anwender im Anwendungsprozeß selbst qualifizieren, daß er im Durchgang durch verschiedene Modi des Systems entsprechende Lernfortschritte erzielt, daß Schulung gleichsam in das System selbst inkorporiert ist. Es gibt eine zunehmende Zahl von Softwarewerkzeugen und Sprachen für Endbenutzer oder Anwendungsexperten von unterschiedlicher Mächtigkeit und Komplexität. Sie erlauben die Abfrage von Datenbeständen, die Erstellung von Auswertungen und in vielen Fällen auch die Generierung von Anwendungen, die Datenbestände aufbauen, prüfen, verändern und weitergeben. In Gestalt von Very-High-Level-Programmiersprachen erreichen sie den Leistungsumfang höherer Programmiersprachen. Denkbar wäre, mit dem Einsatz von Endbenutzerwerkzeugen unterschiedlicher Mächtigkeit und Komplexität Lernketten zunehmender Software-Kompetenz in den Anwenderverwaltungen zu bilden. (Was auf diesem zuletzt angesprochenen Felde geschieht und welche Möglichkeiten hier bestehen wird von uns in einem im Sommer 1984 begonnenen und vom Bundesminister für Bildung und Wissenschaft finanzierten Projekt untersucht.)

6. Die Folgen für die zentrale DV-Infrastruktur

Eine Schlüsselrolle für die Qualifikation der Verwaltungsbeschäftigten im Spannungsfeld von Informationstechnologie und Verwaltung nehmen die Datenzentralen und Gemeinschaftsrechenzentren ein, nicht nur, weil sie sich historisch als Monopolisten der Informationstechnologie herausgebildet haben, sondern auch, weil sie bislang schon einen erheblichen Anteil an den Aus- und Weiterbildungsmaßnahmen für die öffentliche Verwaltung getragen haben. Das Verhältnis zwischen Datenzentralen beziehungsweise Rechenzentren und öffentlichen Verwaltungen ist traditionell durch strikte Funktionstrennung und einseitige Abhängigkeit geprägt. Dieses Verhältnis ist unter dem Druck technischer und gesellschaftlicher Entwicklungen im Laufe der siebziger Jahre nicht unberührt geblieben. Mit einiger Verspätung hat am Ende des letzten Jahrzehnts eine Institution wie die KGSt die neuen Bruchlinien registriert und zur bewußten Funktionsveränderung der kommunalen und regionalen Rechenzentren aufgefordert. Und wiederum einige Jahre später, nicht zuletzt provoziert durch Überlegungen zu den Einsatzmöglichkeiten von Mikrocomputern, haben einige Rechenzentren damit begonnen, die Orientierung der KGSt partiell in ihre Politik aufzunehmen. Die Notwendigkeit von Funktionsveränderungen im Selbstverständnis und in den Aufgabenschwerpunkten der Rechenzentren wird immer dringlicher:

- Beschränkung der Allzuständigkeit für die Entwicklung und den Betrieb von informationstechnischen Systemen auf Informationsaufgaben, welche die Mitglieder-Verwaltungen umfassen

- Bereitstellung informationstechnischer Infrastruktur für die Mitglieder-Verwaltungen (übergreifende Datenbestände, Standards und Methoden, Kommunikationsnetze, Basissoftware, Softwarewerkzeuge)

- Unterstützung, Beratung und Schulung der Verwaltungen bei der Inanspruchnahme dieser Infrastruktur.

Was eine solche Unterstützung, Beratung und Schulung konkret bedeuten kann, will ich zum Abschluß an einem im März 1983 erhobenen Fallbeispiel zu zeigen versuchen: Anläßlich der Entwicklung und Realisierung eines DV-Konzeptes zur Unternehmensplanung richtete die DV-Abteilung des Posttechnischen Zentralamtes in Darmstadt eine Umstellungs- und Schulungsgruppe ein, die nach Beendigung dieses Projektes als ständige Beratungsgruppe für "Endbenutzer" (organisatorisch in Form eines Referates) institutionalisiert wurde. Diese Gruppe berät Sachbearbeiter, Referenten und wissenschaftliche Mitarbeiter der Fachabteilungen, "selbständig mit teilweise eigenen Programmen und eigenen Dateien ihre Fachprobleme mit speziellen 'Endbenutzer'-Sprachen (zu) lösen". Zu diesem Zweck führt sie wöchentliche (in Zukunft zweiwöchentliche) Schulungen durch, vor allem in APL, nebenher auch in BASIC, und zwar zentral in Darmstadt, aber auch am Arbeitsplatz (hier vor allem Aufbauschulungen). DV-Laien, so wird berichtet, verbeißen sich leicht in Details. Es mangele an Überblick und Strukturierungsvermögen. Eine der wichtigsten Aufgaben sei die Analyse und Strukturierung der Probleme, die aus der Alltagspraxis erwachsen. Ziel der Schulungen ist es, mit den Beschäftigten der Fachabteilungen DV-Lösungen zu erarbeiten, die sie in ihrem Fachgebiet brauchen und die ihnen dann ablauffähig zur Verfügung stehen. "Oft war das der Ausgangspunkt für weitere, ähnlich gelagerte Programme, die der 'Endbenutzer' anschließend selbständig programmiert hat".

Ein Beispiel für ein auf diese Weise entwickeltes Endbenutzerprogramm ist die Anpassung der Mieten von Postwohnungen: "Die Post verwaltet im Bereich einer Oberpostdirektion bis zu einigen Tausend posteigene Wohnungen. Alljährlich ist hier eine Miete unter Berücksichtigung der einschlägigen Gesetzesvorschriften neu festzusetzen, und die Mieter sind davon schriftlich zu unterrichten. Durch Schulung des zuständigen Sachbearbeiters in APL entwickelte dieser innerhalb von vier Tagen ein Programm, das nach Eingabe der Veränderungsmerkmale die Anschreiben an die Mieter mit der neuen Miete ausgibt...Zusätzlich dazu ist in den Anschreiben die Abrechnung der Heizkosten mit enthalten". - Ein anderes Beispiel ist die Planung und Verwaltung von Lehrgängen an den Fernmeldeschulen: Das in der Fernmeldeschule einer Oberpostdirektion entwickelte Programm soll auch von anderen Schulen übernommen und den jeweiligen Bedingungen entsprechend modifiziert werden können.

"Draußen" sind für solcherlei Anwendungen gegenwärtig cirka 70 Bildschirme installiert; an den meisten von ihnen arbeiten im Durchschnitt zwei bis drei Personen. Das ergibt für die Beratungsgruppe eine Klientel von rund 150 Personen. Die Ausbildergruppe zählt fünf Personen. Gemessen an den Aufgaben, zu denen nicht nur Beratung und Schulung, sondern auch Entwicklungsarbeiten gehören (Aufbau einer Methodenbank, Prüfung anderer Sprachen auf ihre Verwendbarkeit etc.), sei die Zahl zu gering. Die Leiterin des Referates verweist darauf, daß dieses Beratungs- und Schulungskonzept im eigenen Hause nicht unumstritten sei: "Wir haben uns mit unserer Arbeit unbeliebt gemacht". Die Auseinandersetzung mit der traditionellen Orientierung auf zentralistische informationstechnische Entwicklungen wird nicht ohne Konflikte abgehen.

Der Beitrag von Thomas Barthel lag bis Redaktionsschluß nicht vor.

Aussprache zu den Referaten von
Emil Dollenbacher
Werner van Treeck
und Thomas Barthel

Bericht von Roland Greve

Bei der Suche nach wissenschaftlichen Fachtagungen, die einer Durchdringung der in der Praxis existierenden Aus- und Fortbildungsprobleme auf dem Gebiet der Informationstechnik in der öffentlichen Verwaltung breiteren Raum geben, wird man nicht leicht fündig. Mag es nun dem Verdienst der Veranstalter oder dem in Wissenschaft und Verwaltung wachsenden Problembewußtsein zuzuschreiben sein - auf jeden Fall war es in höchstem Maße erfreulich und notwendig, ein an sich gar nicht so neues Thema dort zu diskutieren, wo sich führende Vertreter von Wissenschaft und Verwaltung unmittelbar begegnen, statt über die Fachliteratur und deren Fußnoten. So war es auch nicht verwunderlich, daß die Rolle der Führungskräfte in der funktionellen Verzahnung von Fachaufgabe, Organisation und Informationstechnik einen hohen Stellenwert einnahm.

Schon die Einführungsreferate am Eröffnungstag, aber auch Beiträge im weiteren Verlauf der Tagung waren geeignet, auf den hier zu behandelnden Programmteil einzustimmen. Unter der Diskussionsleitung von <u>Stierschneider</u> blieb es zunächst <u>Dollenbacher</u> vorbehalten, eine nicht gerade Optimismus verbreitende Diagnose zu stellen bei seinem Referat "Verwaltungsausbildung und Informationstechnologie - Sind unsere Mitarbeiter gerüstet?". Wenngleich nicht jede Führungskraft sich gern als "Mitarbeiter" apostrophiert sähe, gelte ihnen - genauer: deren Ausbildungsgängen - seine erste Kritik. So sei der "Einheitsjurist" für seinen Beruf nicht ausreichend ausgebildet; noch immer werde der "allseits verwendbare Volljurist" in erster Linie auf juristische Inhalte, auf verwaltungsbezogenes Wissen "gerade noch" geprüft. Bei den nichtjuristischen Ausbildungsgängen für den höheren Dienst werde die Gestaltungsaufgabe der Organisation "ebenfalls unzureichend" gelehrt.

Bei den "Einheits-Verwaltungswirten" - um im vorgezeichneten Sprachgebrauch zu bleiben - sieht es schon besser aus. Dies zeigt das am 8. April 1983 zusammengestellte Ergebnis einer Erhebung, die von der

Datenzentrale Baden-Württemberg im Auftrag des KoopA ADV länderübergreifend durchgeführt worden ist. Dennoch verhehlt Dollenbacher nicht seinen Mißmut auch über die Situation in der Ausbildung für den gehobenen nichttechnischen Verwaltungsdienst. Insbesondere bemängelt er den geringen Anteil von Unterrichtsstunden, der für das Fach Datenverarbeitung vorgesehen ist. Nimmt man allerdings die Fächer Organisation, Informationsverarbeitung, Soziologie und Psychologie zusammen, so ergibt sich aus dem Studienplan von Baden-Württemberg eine Zahl von 297 Stunden (von insgesamt 1.980). Mit dem Fach "Planen und Entscheiden" - ohne dies geht es bei der Entwicklung informationstechnischer Systeme bekanntlich nicht - kommt man auf ein Soll von 363 Unterrichtsstunden für das Fachgebiet "Verwaltungslehre" (ohne "Personalwesen"). Im dienstzeitbegleitenden Unterricht während der praktischen Ausbildung, die dem Fachstudium vorgeschaltet ist, sind außerdem 74 Stunden für Aufbau- und Ablauforganisation der EDV vorgesehen.

Ist vielleicht, zumindest beim gehobenen nichttechnischen Verwaltungsdienst, doch nicht alles so betrüblich, wie sich die Situation dem ersten Anschein nach darstellt, auch wenn man im Fachstudium unter EDV im engeren Sinne "nur" 44 Stunden (so in Baden-Württemberg) findet? Allerdings werden hier zu einem nicht unwesentlichen Teil elementare Grundfunktionen der Informationstechnik vermittelt, und wenn man den weiteren Ausführungen, auch des Koreferenten, folgen will, stellt sich die Frage, ob hier nicht "tote Last" mitgeführt wird, die zugunsten der dringend geforderten "integrierten", Informationstechnik und Fachaufgabe verbindenden, Wissensvermittlung abgeworfen werden müßte. Andererseits sind die Inhalte und Methoden der Wissensvermittlung bei den Fachhochschulen durch die Studienpläne im einzelnen gar nicht so festgelegt, daß nicht bereits jetzt Spielraum gegeben wäre für eine "den Anforderungen der Verwaltungspraxis entsprechende" Ausfüllung der rund 400 Unterrichtsstunden, die in Baden-Württemberg für die vielleicht antiquierte Fachgebietsbezeichnung "Verwaltungslehre" zur Verfügung stehen. Und es könnte - wenn man weitere Lichtpunkte sucht - angemerkt werden, daß es mittlerweile doch einige Fachhochschulen gibt, die trotz aller zeitlichen Enge das Fach Informationsverarbeitung in vorbildlicher Weise anbieten. Dennoch gibt es Anlaß, mit dem Erreichten nicht zufrieden zu sein und noch weniger mit dem nicht Erreichten. Daß man sich hier zielstrebig nach vorn bewegen will, beweisen die derzeitigen koordinierten Aktivitäten von KoopA-ADV, Fachhochschulen für öffentliche Verwaltung und des Arbeitskreises "Verwaltungsausbildung und Informatik" im Fachbereich "Informatik in Recht und Verwaltung" der Gesellschaft für Informatik e.V.

Bei der Ausbildung für den mittleren Verwaltungsdienst und für die Verwaltungsangestellten sieht es - so Dollenbacher - noch "sehr viel schlechter" aus.

Bei den überlegungen, wie die Verwaltungsausbildung im Hinblick auf Informationstechnik nachhaltig verbessert werden kann, sei zu berücksichtigen, daß künftig schon in der Schule Grundkenntnisse über Computer und Informatik vermittelt werden. Dann brächten die Nachwuchskräfte diese Kenntnisse mit, was erfordere, die Verwaltungsausbildung darauf aufzubauen - ein Aspekt, der im Koreferat nochmals aufgegriffen wurde. Man könne allerdings nicht warten, bis diese Generation in unsere Verwaltung hineinwachse. Deshalb stelle sich die Frage, was mit den "Alten" geschieht, die dann "hoffnungslos mit ihrem Unwissen dieser jungen Generation ausgeliefert" seien. Damit verband Dollenbacher den Aspekt der in Organisation und Organisationswissen immanenten Macht. Wissensvermittlung auf allen Ebenen, organisatorisches und systematisches Wissen, schaffe Führungskraft, und Machtmißbrauch könne nur durch Führungskraft auf allen Ebenen verhindert werden.

Dieser Punkt, der an die verantwortungsvolle Rolle der Führungskräfte erinnern sollte, wurde von den Diskussionsteilnehmern wieder aufgegriffen. Herbert König sah dieses Problem auch vor dem Hintergrund des Verhaltens der Führungskräfte selbst, die - in der Verwaltung wie in der Wissenschaft - sich fachlich zu wenig gegenseitig informieren. Und gerade dann, wenn "die Institutionen starr sind, sollten wenigstens die Kanäle dazwischen flexibel gehandhabt werden".

Koloseus vertrat die Auffassung, daß angesichts des enormen Wandels in allen Lebensbereichen "flexible Systeme mit kurzen Zykluszeiten" entwickelt werden müssen, die sich den Veränderungen besser anpassen können und "Sachzwänge herstellen, die zu Managementhandlungen zwingen". Dazu meinte Dollenbacher, solche Sachzwänge seien vorhanden, würden aber nicht gesehen. Der Sitzungsleiter Stierschneider stellte die Frage, ob man bei den vorhandenen Führungskräften nicht den Versuch machen sollte, die Wissensvermittlung zur Informationstechnik auf "das für den Anwendungsbereich unbedingt notwendige Maß zu beschränken", weil sie fehlendes technisches Wissen eventuell durch hohes Sach- und Fachwissen ausgleichen könnten. Dollenbacher wollte darin keine befriedigende Lösung sehen; bei Führungskräften müsse zumindest das "organisatorische, systematische Wissen vorhanden sein, um Informationstechnik sinnvoll einplanen zu können". Van Treeck sah darin eine "Zwickmühle" und das Problem, bei der Nachvermittlung von informationstechnischem Wissen an Führungskräfte akzeptable Kompromisse zu finden.

Während Mitarbeiter, die ihre in den tarif- und dienstrechtlichen Vorschriften niedergelegten Fortbildungspflichten ignorieren, zur Wissenserweiterung gezwungen werden können, ist das Problem bei den Führungskräften anders gelagert. Hier muß zwischen Fortbildungsangebot und Fortbildungsbereitschaft differenziert werden (der Fortbildungsbedarf ist ja unbestritten). Wilhelmi lenkte den Blick auf die Angebotsseite, indem er bemerkte, man finde "im Jahrgangsprogramm der Bundesakademie für öffentliche Verwaltung zu dem hier angesprochenen Thema so gut wie gar nichts"; im Vergleich dazu enthalte der Katalog der Firma Siemens "über 2.000 Veranstaltungen auf den unterschiedlichsten Niveaus". Dieser quantitative Vergleich hinkt allerdings insofern ein wenig, als das Jahresprogramm der Bundesakademie doch etliche Führungskräfteseminare ausweist und außerdem durch das GMD-Programm ergänzt wird. Es fragt sich, ob das Fortbildungsproblem der Führungskräfte wirklich auf der Angebotsseite liegt.

Wilhelmi empfahl, bei der Planung von Bildungskonzepten mehr zum Instrument des Modellversuchs zu greifen. Dieser Vorschlag wurde auch unter Hinweis auf gelungene Maßnahmen des Bundesministeriums für Bildung und Wissenschaft begründet, muß sich allerdings entgegenhalten lassen, warum die Verordnung für den "Geprüften Wirtschaftsinformatiker" vom 20. Dezember 1983, über deren Stoffinhalt kontrovers diskutiert wird, nicht einem solchen Modellversuch unterzogen worden ist, bevor sie am 1. April 1984 in Kraft gesetzt wurde.

Van Treeck führte in seinem Koreferat aus, daß Fragen der Qualifikation, und darin des Zusammenhangs zwischen Verwaltung und Informationstechnologie, auf einen "Kontext lebenslangen Lernens" zu beziehen seien. Dies sei zwar trivial, aber deshalb nicht selbstverständlich. Denn die gegenwärtigen Curricula der Verwaltungsausbildung litten unter "spezifischer Blickverengung": Sie fingen stets von Grund auf neu an, so als "gäbe es nichts davor, nichts danach, nichts in allgemeinbildenden Schulen und nichts in der Weiterbildung".

Wer allerdings bei der Betrachtung der kritisierten Curricula deren Entstehungszeitpunkte einbezieht, wird einräumen, daß man seinerzeit noch gar nicht so viel vorfand, als daß man von bereits vermitteltem Basiswissen hätte ausgehen können. Unterstellt man aber einmal das Vorhandensein ausreichender informationstechnischer Grundkenntnisse schon vor der Berufsausbildung, so müßte den Curriculumentwicklern für den mittleren Verwaltungsdienst und für die Verwaltungsangestellten nachträglich ein besonderer Weitblick attestiert werden. Denn sie haben sich bei der Lehrstoffplanung durch Selbstbeschränkung ausgezeichnet, indem sie (in Baden-Württemberg zum Beispiel) nur bis zu 12 Unterrichtsstunden für die "Einführung in die EDV" vorsahen. Und genau das wird ja wiederum als zu wenig kritisiert. Was die Schnittstelle der Verwaltungsausbildung zur Weiterbildung anbetrifft, fragt sich, ob die Curriculumentwickler davon ausgegangen sind, daß "nichts danach" kommt. Könnte es nicht sein, daß man zu sehr auf die Nachvermittlung informationstechnischen Wissens durch die Fortbildungsträger vertraute? Andernfalls hätte es auf dieser Fachtagung und anderswo gewiß weniger Anlaß gegeben, die Informationstechnik als in der Ausbildung zu gering ausgeprägt zu diskutieren.

Aus seiner Aussage, "das allgemeinbildende Schulwesen hätte Basisqualifikation zu vermitteln", folgerte van Treeck: "Die Berufsausbildung könnte dann stärker als bisher die Informationstechnologie mit den fachlichen Gegenständen vermitteln". Grundbegriffe und technische Grundlagen der Datenverarbeitung seien dann als Einstieg verzichtbar. "Wenn Informationstechnik also die berufliche Verwaltungspraxis der Beschäftigten durchdringt, warum dann nicht auch die berufliche Ausbildung?" So einleuchtend das auch ist, so sehr werden die Curriculumentwickler an ihre Grenzen stoßen, wenn sie beachten wollen (und das tun sie), daß der diplomierte Verwaltungswirt in der Praxis nicht nur in der engen Funktion als Informationstechnik-Anwender tätig werden soll. Es gibt noch eine Menge anderer Funktionsbilder in der Verzahnung von Fachaufgabe, Organisation und Automation, deren Ausbildungsqualifikation eine fachübergreifende Vermittlung methodischen sowie arbeits- und systemtechnischen Wissens erfordert. Daß dieser Lehrstoff, wie Herbert König meinte, "vor der Klammer" stehen muß, um Redundanz zu vermeiden, muß naturgemäß das Problem der Themenzuordnung erschweren.

Einige Aussagen, die nicht nur wegen ihres automationspolitischen Gehalts bemerkenswert waren, widmete van Treeck den Datenzentralen und

Gemeinschaftsrechenzentren. Sie nähmen eine "Schlüsselrolle für die Qualifikation der Verwaltungsbeschäftigten im Spannungsverhältnis von Informationstechnologie und Verwaltung" ein.

Damit befand sich van Treeck im Einklang mit Koloseus, der seinem Diskussionsbeitrag die bedeutungsschwere Aussage vorangestellt hatte: "Das zentrale Rechenzentrum der Gegenwart hat keine Zukunft". Aus dem Aufgabenspektrum hob van Treeck die Unterstützung, Beratung und Schulung besonders hervor und nannte als Beispiel die beim Posttechnischen Zentralamt in Darmstadt eingerichtete "Umstellungs- und Schulungsgruppe". Sie habe - wenngleich nicht ohne hausinterne Konflikte - diese Aufgabe in die Praxis umgesetzt. Die bisher nützliche Rolle der Rechenzentren und Datenzentralen auf dem Gebiet der Schulung sah van Treeck aber auch im Zusammenhang mit dem Problem der "Ausbildung von Ausbildern", das Letzel in der Diskussion hervorgehoben hatte. Denn ihm seien Beispiele dafür bekannt, daß solche Stellen ihre Mitarbeiter nicht mehr den Ausbildungsstätten der öffentlichen Verwaltung als Lehrbeauftragte zur Verfügung stellen, und zwar wegen der derzeit ungünstigen Beschäftigungslage der Lehrer.

Ein Diskussionsbeitrag von Herbert König beinhaltete den doch bemerkenswerten Hinweis, daß "die Fortbildungsinstitutionen stärker auf dem Weg sind, als wir es uns hier vorstellen". Sollte diese Aussage - gewissermaßen als Fazit - abzielen auf das hier und da wahrnehmbare, und von Herbert König beklagte, Informationsdefizit im Verhältnis von Wissenschaft und Verwaltung? Hätte sich der kundige Beobachter, noch mehr der mit diesem Thema nicht so vertraute Tagungsteilnehmer, wünschen müssen, daß die Behandlung der Aus- und Fortbildungsproblematik frei von solchen Defiziten ist? Und was hätte dagegen gesprochen, wenn bei der "Tour d'horizon" der Probleme die positiven Ansätze und Beispiele, gewissermaßen im Soll-Ist-Abgleich, recherchiert und mit mehr als nur einer wohlwollenden Geste erwähnt worden wären? Denn die Praxis lernt eben nicht nur aus Thesen und der Darstellung von Fehlentwicklungen. So konnten die Teilnehmer, unter ihnen Vertreter der Medien, den Eindruck gewinnen, als sei die Aus- und Fortbildung in Datenverarbeitung und Informationstechnik in der öffentlichen Verwaltung völlig und seit langem schon jenseits des Guten, ein Eindruck, den so wohl keiner der Redner vermitteln wollte.

Im dritten Referat dieses Nachmittags behandelte Barthel das Thema "Informationstechnologie und Arbeitseinteilung - Arbeiten wann und wo wir wollen?" Die schon weit vorgeschrittene Zeit ließ nur noch einen Diskussionsbeitrag zu.

Schulze warnte davor, die Problematik als noch nicht aktuell abzutun. Bildschirmtext werde schon jetzt zum Zweck der Heimarbeit genutzt. Im öffentlichen Dienst stelle sich für ihn das Problem weitaus geringer als in der Privatwirtschaft, wo gerade die sogenannten "Leichtlohngruppen" bereits betroffen seien. Es sei ein Trend erkennbar, auch höher qualifizierte Arbeiten in Heimarbeit durchführen zu lassen, wobei Schulze auf die Nutzung der neuen Medien durch Redakteure hinwies.

Barthel entgegnete, daß - über die genannten Beispiele hinaus - weitere Tätigkeiten nur sehr schwer und sehr langsam ausgelagert werden könnten, langsamer als gemeinhin angenommen werde. Bildschirmtext halte er nicht für einen geeigneten Dienst, Sachbearbeitung nach Hause zu verlegen, schon wegen der langsamen Datenübertragung. Von Benutzerfreundlichkeit aus der Sicht eines Heimarbeiters könne man ebenfalls nicht sprechen, und als Dauerarbeitsplatz sei er nicht nur belastend für den Arbeitnehmer, sondern auch produktionshemmend für den Arbeitgeber. Unabhängig davon stimme er zu, daß man den erkennbaren Problemen rechtzeitig begegnen müsse.

DIE GESTALTUNG ZUKÜNFTIGER BÜROARBEITSPLÄTZE
- Hardware- und software-ergonomische Aspekte -

Hans Martin

1. Einleitung

Aufgrund unseres abendländischen Verständnisses, daß wir Menschen die Aufgaben haben, unsere Umwelt nach Zielvorstellungen zu verändern und zu beherrschen, sind wir auf dem Wege, die Produktion existenzieller und bedürfnisbefriedigender Geräte immer weiter zu automatisieren und zu vereinfachen. Dies gibt uns Freiraum und die Möglichkeit, im sozialen und gesellschaftlichen Bereich ebenfalls Zielvorstellungen wie soziale Gerechtigkeit, Ausgleich von Risiken, Chancengleichheit, Bildungsmöglichkeiten, Entfaltung der Persönlichkeit, besser zu realisieren. Dies bedeutet in unserer heutigen Gesellschaft, daß die Versorgungsnetze immer feiner geknüpft werden und daß die Bereitstellung gesellschaftlicher Ressourcen wie zum Beispiel Bildungseinrichtungen und Infrastrukturen immer vielfältiger wird. Andererseits bedeutet dies aber auch ein Anwachsen der verwaltenden Tätigkeiten, um diese Einrichtungen aufzubauen, zu unterhalten und entsprechend den sich wandelnden Zielvorstellungen zu verändern.

Eindrucksvoll wird diese Entwicklung durch die Veränderung der in den jeweiligen volkswirtschaftlichen Bereichen beschäftigten Personen unserer Gesellschaft belegt (siehe Abbildung 1).

Nun bieten sich mit den neuentwickelten Informationstechnologien auch Möglichkeiten, die verwaltenden Tätigkeiten zu automatisieren. Dies wird ähnlich wie im Produktionsbereich enorme Veränderungen der Arbeitsbedingungen im Verwaltungsbereich zur Folge haben.

Als Arbeitswissenschaftler versucht man, diese Veränderungen der Arbeitssituation dahingehend zu beeinflussen, daß die Arbeit menschengerecht gestaltet wird und der arbeitende Mensch in diesen neuen Situationen nicht geschädigt wird, sich wohl und zufrieden fühlt und die Ausprägung seiner Persönlichkeit vorantreiben kann. Um diese Ziele zu erreichen, bedarf es gesicherter Erkenntnisse, die von der Arbeitswissenschaft erforscht und erarbeitet werden müssen.

In diesem Beitrag sollen einige wichtige arbeitswissenschaftliche Kenntnisse zur Gestaltung der zukünftigen Arbeitsplätze zusammengestellt werden.

2. Definition von Büroarbeitsplätzen

Zur näheren Bestimmung der Gestaltungsaufgabe soll zuerst das Gestaltungsfeld abgegrenzt und erläutert werden. Als einen Büroarbeitsplatz wollen wir hier einen Arbeitsplatz verstehen, der sich in einem umschlossenen Raum befindet und an dem die Arbeitsperson planende, steuernde und überwachende Tätigkeiten ausführt. Damit sind stationäre Arbeitsplätze, an denen Gegenstände gefertigt oder montiert werden sowie mobile Arbeitsplätze ausgenommen.

Mit dieser Definition wird zum einen auf die Bürotätigkeit abgestellt und zum anderen auf die Umgebung im Arbeitsraum, womit auch zwei wesentliche Gestaltungsbereiche bezeichnet sind.

Eine weitere Systematisierung der Büroarbeitsplätze nach Stellung im volkswirtschaftlichen Kreislauf - wie Büroarbeitsplatz in der öffentlichen Verwaltung, im Handel, im Bankenbereich oder im Produktionsbereich - soll hier nicht vorgenommen werden, da gerade die zukünftige Entwicklung das Erscheinungsbild in diesen verschiedenen Bereichen mehr vereinheitlicht als differenziert. Auch die jeweiligen Aufgaben- beziehungsweise Zielstellungen der Institutionen haben heutzutage aufgrund der bestehenden Arbeitsteilungen und Betriebsgrößen nur noch eine geringere Bedeutung für die Arbeitsvollzüge. Die große Mehrheit der im Bürobereich Beschäftigten hat standardisierte Berufsausbildungen beziehungsweise erfüllt weitgehend festgelegte Arbeitsfunktionen. Ob dies sinnvoll ist, soll an dieser Stelle nicht diskutiert werden, sondern als Arbeitsbasis als gegeben angenommen werden. Die gemeinsamen Aufgaben im Bürobereich sind:

- Sammeln
- Sortieren
- Speichern
- Zusammenstellen
- Verarbeiten
- Aufbereiten
- Übertragen

- Vermitteln und
- Umsetzen von Information.

Dabei sind diese Tätigkeiten einer institutionellen Zielsetzung untergeordnet. Zum Beispiel haben die Verwaltungsangestellten in der Universität die Aufgabe, die Studenten zu informieren und von ihnen bestimmte Daten aufzunehmen mit dem Ziel, ihnen ein erfolgreiches Studium zu ermöglichen. Die Angestellten einer Versicherung haben ebenfalls die Aufgabe, im Schadensfall Daten zur Beurteilung des Sachverhaltes zu erheben, zu verarbeiten und Kunden, Kontrahenten sowie Dritte zu informieren.

Zur Bewältigung dieser Aufgabe bedient sich die Arbeitsperson vorgegebener, zum Teil auf Erfahrung beruhender Verfahrensregeln, der eigenen Erfahrung und Kenntnisse sowie der Arbeitsmittel - wie zum Beispiel Arbeitstisch, Regale, Telefon, Rechenmaschine und seit Neuem dem Bildschirmgerät.

Durch die zukünftige Entwicklung wird sich die Art und die Verteilung dieser "Hilfen" verändern. Die Informationstechniken ermöglichen es zum Beispiel, daß die Verfahrensregeln nicht mehr in Form von Formularsätzen, schriftlichen Anweisungen und Checklisten existieren und in ihrer Handhabung von der Arbeitsperson erlernt werden müssen, sondern die Verfahrensregeln werden in die Technik integriert. Mußte man sich als Schreibkraft die Satzspiegel und den Aufbau eines Geschäftsbriefes noch einprägen, so wird dies von einem Textautomaten nach einmal programmierter Vorgabe selbständig zusammengestellt.

Ob diese technischen Möglichkeiten immer optimal für die Arbeitsperson genutzt werden, ist nach bisherigen Erfahrungen zu bezweifeln. Allzuoft wird in erster Linie an die funktionale Realisierung gedacht und häufig die menschliche Seite vergessen, vernachlässigt oder als schlechter Kompromiß aufgepfropft.

Als weitere Eingrenzung soll beispielhaft der Bildschirmarbeitsplatz betrachtet werden, da das Bildschirmgerät und das dahinterstehende Rechner- und Programmsystem die größten Veränderungen am zukünftigen Büroarbeitsplatz bewirken wird.

Für diesen Beitrag wollen wir im folgenden zuerst die neuen Arbeitsmittel und die Arbeitsumgebung näher betrachten sowie hardware-ergonomische Aspekte darstellen, um dann die Arbeitstätigkeiten durch Hinweise auf die software-ergonomische Gestaltung zu untersuchen.

3. Gestaltung der Büroausstattung und der Arbeitsumgebung

Für den Hardware-Bereich eines Büroarbeitsplatzes existieren seit Januar 1976 Sicherheitsregeln <1> der Verwaltungsberufsgenossenschaft, in die ein großer Teil elementarer arbeitswissenschaftlicher Erkenntnisse eingeflossen ist. Aufgrund der steigenden Verbreitung von Bildschirmarbeitsplätzen wurde versucht, die Ausgestaltung der Arbeitsplätze durch Sicherheitsregeln für Bildschirmarbeitsplätze im Bürobereich in die richtige Richtung zu lenken. Aber inzwischen sind Teile dieser Sicherheitsregeln <2> durch neue Techniken überholt oder es müssen Ergänzungen vorgenommen werden. Diese befristete Stabilität haben die Verfasser dieser Sicherheitsregeln für Bildschirmarbeitsplätze in ihrer Vorbemerkung selbst konstatiert und "weitere Verbesserungen zur optimalen Anpassung der Arbeitsmittel an die Benutzer und an die Arbeitsplatzumgebung"..."im Zuge der zukünftigen technischen Entwicklung" <3> gefordert.

3.1 Arbeitsmöbel

Ein Grundproblem bei der Einführung von Bildschirmgeräten besteht in der Frage: Wo stellt man das Bildschirmgerät am günstigsten auf? Meist wird versucht, es auf den vorhandenen Schreibtisch zu plazieren. Damit beginnt das übel. Die Geräte sind im allgemeinen für separate Aufstellung durch ihre Bauhöhe, ihre Bautiefe, die Höhe der Tastatur konstruiert. Die Plazierung auf dem normalen Schreibtisch mit einer Höhe von 75 cm bedeutet, daß meistens

- die Tastatur zu hoch liegt
- die Bildschirmfläche zur normalen Kopfneigung zu tief liegt
- die Arbeitsfläche zum Positionieren der Vorlagen zu klein ist
- die Vorlage im ungünstigen Bereich des Gesichtsfeldes abgelegt wird und
- insgesamt die Arbeitsfläche für andere Arbeitsmittel wie Telefon, Postkörbe, Handbücher, Schreibschalen zu klein ist.

In Abbildung 6 werden die ergonomisch empfohlenen Maßangaben für einen Bildschirmarbeitsplatz dargestellt, wobei man von einer Mischarbeit von Tätigkeiten mit dem Bildschirmgerät und herkömmlicher Schreibtätigkeit ausgeht. Nach neueren Untersuchungen bei Grandjean verändern sich diese Maßempfehlungen bei vorwiegender Bildschirmarbeit mit leichten und flachen Tastaturen. In einer Analyse von Büroarbeitsplätzen in der Schweiz <4> hat man festgestellt, daß viele Arbeitspersonen sich cirka 10 Grad bis 15 Grad nach hinten lehnen, etwas tiefer als in Abbildung 2 sitzen und den Bildschirm fast waagerecht mit senkrecht gehaltenem Kopf betrachten. Diese Haltung verlangt neben Fußstützen auch Arbeitsstühle mit großflächigen Rückenlehnen, um die Gewichtskräfte besser aufnehmen zu können. Durch elektro-myographische Untersuchungen konnte in dieser Haltung eine Entlastung der Wirbelsäule sowie der Rückenmuskulator registriert werden.

Durch diese neuen Befunde wird die Empfehlung der Sicherheitsregeln relativiert. Bei der ergonomischen Gestaltung der Arbeitsmöbel - Arbeitstisch, Bürostuhl - muß die jeweilige Tätigkeitsstruktur mitberücksichtigt werden. Beispielsweise treten an einem Bildschirmarbeitsplatz Tätigkeitsarten wie

- Zahlen- und Textdaten in großer Dichte eingeben
- Text formulierend mit kleinen Pausen eingeben
- Informationen über den Bildschirm abrufen
- Informationen abrufen und im Dialog neue Daten eingeben
- interaktiv mit dem Rechner im Dialog ein Planungsprogramm mit größeren Denkphasen abwickeln
- Daten aus schriftlichen Unterlagen zusammenstellen
- Informationen vom Bildschirm in schriftliche Unterlagen übertragen
- telefonische Kommunikation mit Kunden, Kollegen oder anderen Stellen ausführen und
- Rechenaufgaben mit Taschen- oder Tischrechner separat lösen

mit unterschiedlichem Zeitanteil während eines Arbeitstages auf.

Berücksichtigt man nun noch, daß die Menschen auch unterschiedlich groß sind und verschiedene Arbeitsstile haben, relativiert sich die Empfehlung der Sicherheitsregeln auf den idealtypischen "Durchschnittsfall".

Im Rahmen der Forschungen zur Humanisierung der Arbeit hat sich ein Gestaltungsprinzip herauskristallisiert, das die Flexibilität des Arbeitsplatzes fordert. Damit ist konkret für den Bildschirmarbeitsplatz folgendes gemeint:

- Das Bildschirmgerät soll auf einem doppel-verstellbaren Tisch aufgestellt werden, um die Bildschirmfläche in der Höhe und Neigung verstellen zu können und die Arbeitshöhe der Tastatur der Armhaltung entsprechend anpassen zu können.

- Die Anordnung der jeweiligen Arbeitsflächen wie Bildschirmgerät mit Bedienung, Schreibfläche (eventuell Zeichenfläche) sowie Ablage von Unterlagen sollte im Halbkreis um den Sitzplatz der Arbeitsperson in verschiedener Reihenfolge anzuordnen sein, um der jeweiligen Aufgabe und der Schreibgewohnheit - Rechts- versus Linkshänder - gerecht zu werden.

- Der Arbeitsstuhl soll in Sitzhöhe, Höhe der Rückenlehne, Neigung der Sitzfläche sowie der Rückenlehne verstellbar und rollbar sein.

- Eine Fußstütze sollte ebenfalls in Höhe und Neigung verstellbar sein und auf der Bodenfläche für den jeweiligen Arbeitsbereich verschiebbar sein.

Neben diesen anthropometrisch bedingten Gestaltungshinweisen sollen die Arbeitsmöbel weiteren physikalischen und chemischen Anforderungen genügen. So sollen die Oberflächen der Arbeitstische nicht glänzend sein, damit sich keine Lichtreflexe bilden können, die die Sehfähigkeit beeinträchtigen. Der Glanzgrad sollte matt sein und der Reflexionsgrad zwischen 20 bis 50 Prozent liegen <5>.

Ferner sollten die Möbel nicht mit Kunststoffen beschichtet beziehungsweise bezogen sein, die sich elektrostatisch aufladen können. Gerade durch Bildschirmgeräte wird im Raum ein zusätzliches elektrostatisches Feld aufgebaut, das bei bestimmten Materialien unter Reibung zu hohen, das Wohlbefinden störenden Entladungen führen kann.

Ebenfalls sollten die Materialien der Arbeitsmöbel keine zu große Wärmeleitfähigkeit besitzen, damit weder durch Berührung noch durch Konvektion der Arbeitsperson Wärme im unerträglichen Maße entzogen wird.

Bei Verwendung neuer Materialien ist zuerst immer deren schadstoffmäßige Unbedenklichkeit zu überprüfen, die insbesondere auch die Verbindungen mit anderen Stoffen einbeziehen muß. Die Diskussion um den Schadstoff Formaldehyd weist auf die häufigen Versäumnisse in diesem Bereich hin. Beim Einsatz von Bildschirmgeräten treten erhöhte Wärmeentwicklungen auf, die punktuell Materialien bis auf 70 Grad Celsius aufheizen können. Dadurch können Reaktionen und Diffusionsprozesse in Gang gesetzt beziehungsweise beschleunigt werden, die zu unzulässigen Arbeitsplatzkonzentrationen führen können.

3.2 Bildschirmgerät

Viele Probleme hardware-ergonomischer Gestaltung der Bildschirmgeräte sind im Laufe der letzten zwanzig Jahre gelöst worden, da man in der Kathodenstrahlröhre das gleiche Bauteil hat, wie es in Fernsehgeräten eingebaut wurde, und dort aufgrund des schnellebigen Marktes zahlreiche Verbesserungen durchgeführt wurden.

Trotzdem treten bei der Bildschirmarbeit grundlegend andere Bedingungen der Nutzung auf, die andere Risiken bedingen. So kommt die Bildschirmarbeit im allgemeinen additiv zu den Belastungen des Fernsehens hinzu. Die Expositionszeit ist häufig eine Arbeitsschicht, das heißt zusätzlich acht Stunden pro Arbeitstag. Die Benutzungsentfernung liegt bei 40 bis 70 cm, gegenüber dem Fernsehgerät von 3 bis 4 Metern. Zusätzlich muß während der Nutzungszeit am Bildschirmgerät voll konzentriert gearbeitet werden, wohingegen das Fernsehgerät beliebig abschaltbar ist oder man sich abwenden kann.

Die Hersteller haben versucht, durch gerätetechnische Auslegung diese zusätzlichen Bedingungen aufzufangen. Beispielsweise liegt die Strahlungsintensität bei Bildschirmgeräten unter der von Fernsehgeräten. Wird im Fernsehgerät der Elektronenstrahl mit 15.000 bis 25.000 Volt beschleunigt, liegt die Spannung bei Bildschirmgeräten bei 5.000 Volt. Desweiteren liegt die Bildwiederholfrequenz von neueren Bildschirmgeräten bei 60 bis 80 Hertz gegenüber 25 Hertz bei Fernsehgeräten.

Trotz dieser Bemühungen gibt es noch Mängel, die zu beseitigen sind. Folgende Gefährdungsrisiken bestehen gegenwärtig bei den üblichen Bildschirmgeräten mit Kathodenstrahlröhren:

- Beeinträchtigung der Augen und der visuellen Wahrnehmung durch Lichtstrahlen, die nicht der natürlichen Frequenzverteilung des Sonnenlichtes und der Empfindlichkeitskurve des Auges entsprechen.

- Die Beeinträchtigung der Augen durch Negativ-Darstellung der Zeichen auf dem Bildschirm. Dies verlangt vom Auge eine ständige Adaption an die unterschiedlichen Helligkeitsverteilungen auf dem Bildschirm und in der Umgebung.

- Beeinträchtigung der visuellen Wahrnehmung durch das Flimmern der Bildschirme. Nach neueren Untersuchungen <6> werden Flimmerfrequenzen unbewußt noch bis 100 Hertz von einigen Personen empfunden.

- Beeinträchtigung der Augen durch elektromagnetische Strahlung, wobei noch zwischen ionisierenden beziehungsweise nicht ionisierenden Strahlen zu unterscheiden ist.

- Beeinträchtigung des gesamten Körpers durch elektromagnetische Strahlung. Die Diskussion um die Strahlengefährdung hat in Schweden die kommunalen Behörden in Göteborg und Stockholm dazu bewogen, schwangeren Frauen die Arbeit an Bildschirmgeräten zu untersagen, um jegliche Gefährdung auszuschließen, da es eine absolut gefährdungsfreie Strahlendosis nicht gibt.

- Beeinträchtigung des Wohlbefindens durch Veränderungen des elektrostatischen Feldes beim Einschalten und Betrieb von Bildschirmgeräten.

Die elektronische Industrie hat aufgrund dieser Risiken und auch anderer funktionaler Mängel die Entwicklung neuer Bildschirmgeräte vorangetrieben und es lassen sich mehrere Neuentwicklungen benennen, die einige der aufgelisteten Beeinträchtigungen ausschließen.

So lassen sich durch farbige Bildschirmgeräte Lichtverteilungen erzeugen, die sich dem natürlichen Lichtspektrum nähern und das Auge geringer beanspruchen. Inzwischen wurde auch die Positiv-Darstellung praxisreif entwickelt und es werden inzwischen Positiv-Bildschirmgeräte von mehreren Herstellern angeboten.

Die Erregerfrequenz wurde auch bei vielen Geräten erhöht. Einige wenige Geräte haben eine Frequenz von 80 Hertz, wodurch die Ermüdung durch das Flimmern weitgehend abgebaut wird.

In den Labors der Elektronik-Konzerne wird mit Plasma-Bildschirmen, Flüssigkeitskristall-Bildschirmen oder "flachen" Bildschirmen experimentiert, um die Strahlenbelastung abzubauen sowie schnellere und mit geringerer Energie arbeitende Geräte zu erhalten.

Der Nachteil dieser Entwicklungen ist, daß sie noch nicht voll marktgängig ausgereift sind. Voraussichtlich werden sie sich erst in den nächsten fünf bis zehn Jahren am Markt durchsetzen, da aufgrund der wirtschaftlichen Gewohnheiten die Produktionsanlagen für die jetzigen Bildschirmgeräte erst abgeschrieben sein müssen, bevor man grundlegend neue Produktgenerationen auf den Markt bringt. Es sei denn, der Markt akzeptiert die alten Produkte nicht mehr und verlangt nach den neuen. Dieser Prozeß kann durch staatliche oder berufsgenossenschaftliche Schutzvorschriften beschleunigt werden. Öffentliche Verwaltungen können durch eindeutige Vorgaben an die Lieferfirma ebenfalls diesen Prozeß beeinflussen. Sie sollten nicht mehr die veralteten Technologien aus Gründen der volkswirtschaftlichen Unterstützung für gewisse "deutsche" Firmen kaufen, sondern sich am Markt informieren und die Geräte mit der geringsten Beeinträchtigung der arbeitenden Person beschaffen.

3.3 Tastaturen und Eingabehilfsmittel

Bei den Tastaturen wurde aufgrund der Empfehlungen von Cakir und anderen sowie den Sicherheitsregeln der Berufsgenossenschaft relativ rasch eine neue Tastaturgeneration auf den Markt gebracht. Die leichten, separaten, rutschfesten, flachen und designmäßig ansprechenden Tastaturen werden inzwischen fast von allen Herstellern angeboten. Einen grundlegenden Mangel weisen sie alle noch auf, der sich aus den festgelegten Normen ergibt. Wurden die in der DIN 2112 <7> festgeschriebenen Anordnungen der Buchstaben, Ziffern und Zeichen schon vor über hundert Jahren (1873) für Schreibmaschinen abgestimmt, so hatte dies den Grund in der Häufigkeitsverteilung der Buchstaben in der jeweiligen Sprache, in dem Zuordnen der häufigsten Buchstaben zu den kräftigsten Anschlagfingern sowie in dem mechanischen Grund, daß sich die Anschlaghebel nicht gegenseitig verklemmen durften. Der letzte Grund ist heute bei den elektronischen Schreibmaschinen und Bildschirmtastaturen entfallen, desweiteren hat der zweite Grund an Gewicht verloren, da die Anschlagkraft auf Bruchteile eines Newtons gesenkt werden kann. Bei Sensortasten oder auch Soft-Keys auf Touch-Screens entfällt jede Kraftaufwendung zur Erzeugung des Signals. Es sind nur noch die eigenen Finger zu bewegen. Insofern kann heute über ganz anders gestaltete Tastenanordnungen nachgedacht werden, die der entspannten Arm- und Handhaltung folgen.

Untersuchungen am Institut für Arbeitsphysiologie der ETH Zürich (Grandjean) haben dazu folgende Ergebnisse erbracht <8>: Die Versuchspersonen bevorzugten eine getrennte Halbtastatur von 9,5 cm Distanz mit einem Öffnungswinkel von 25 Grad, einer seitlichen Neigung der Tastaturen außen um 10 Grad und einer frontalen Neigung von 10 Grad sowie einer Vorderarm-Hand-Auflage. Diese Anordnung stellt einen Kompromiß zwischen natürlicher Arm- und Handhaltung und bisherigen Schreibgewohnheiten dar.

Auf dem bundesrepublikanischen Markt hatte Nixdorf zuerst mit ähnlichen Untersuchungen begonnen und mehrere Prototypen auf der Hannover-Messe 1982 zum ersten Mal ausgestellt. Die anderen Hersteller verhalten sich sehr zurückhaltend zu diesen Entwicklungen mit Hinweisen auf die bestehende DIN-Norm. Da diese Halbtastaturen aus ergonomischer Sicht eindeutig Vorteile haben, sollte von zukünftigen Anwendern gezielt danach gefragt werden.

Aber zum Teil sinkt auch die Bedeutung der Eingabe mit Hilfe der Tastatur, da inzwischen benutzerfreundliche Eingabegeräte entwickelt wurden, die durch Software-Bausteine unterstützt werden.

Zu nennen sind:

- Der Touch-Screen, bei dem man durch Berührung mit dem Finger einer Menüinformation auf dem Bildschirm das damit gemeinte Programm aktiviert

- der Joystick, mit Hilfe dessen man ebenfalls Menüinformationen anfahren und aktivieren kann

- der Lichtgriffel bei interaktiven Bildschirmen, mit dem man auf den Bildschirm zeichnen kann oder auch Menüinformationen aufrufen kann

- das Programmiertablett mit Sensortasten, die mit beliebigen Funktionen programmtechnisch belegt werden können sowie

- die Rollkugel (Maus), mit der man ebenfalls Menüinformationen anfahren und aktivieren kann oder mit der sich ebenfalls zeichnen läßt.

Voraussetzung des Einsatzes dieser neueren Eingabegeräte ist eine entsprechende Programmierung (Software) des Rechnersystems. Die Anforderung an sie soll in Kapitel 4 erläutert werden.

Viele Eingabedaten, die heute noch über Tastaturen in die Rechnersysteme eingegeben werden, werden in nächster Zukunft nicht mehr per Hand "eingetippt", da durch die zunehmende Integration der Informationssysteme diese Daten von Rechner zu Rechner (beziehungsweise von Datei zu Datei) überspielt werden oder Daten in maschinenlesbarer Form erfaßt werden.

3.4 Arbeitsumgebung

Durch die Aufstellung der neuen informationstechnischen Geräte im Büroraum werden im wesentlichen vier Umgebungseinflüsse berührt:

- Die Beleuchtungssituation
- der Schallpegel am Arbeitsplatz
- die Klimasituation
- die Strahlung im Arbeitsraum.

Bei der Beleuchtung treten insbesondere aufgrund der zur Zeit noch vorherrschenden Negativdarstellung der Bildschirme Probleme auf, die sich in Reflexionen auf dem Bildschirm, in zu großen Kontrasten zwischen Schriftzeichen, Schriftfeld, Arbeitsfläche und Raumhintergrund, im Flimmern der Schriftzeichen und der spektralen Lichtverteilung äußern. Eine wichtige Forderung ist deshalb der reflexionsfreie Bildschirm sowie reflexionsarme Gehäuse- und Arbeitsflächen. Ferner sollten die Arbeitsräume gleichmäßig nach DIN 5035 ausgeleuchtet sein und am Arbeitsplatz eine (horizontale) Beleuchtungsstärke um 500 Lux vorherrschen. Durch die gleichmäßige Ausleuchtung werden die sonst auftretenden Adaptionsbeanspruchungen vermindert. Zu dieser gleichmäßigen Ausleuchtung sollen sowohl eine allgemeine gute Raumbeleuchtung als auch eine individuell variierbare Arbeitsplatzbeleuchtung vorhanden sein. Diese optimalen Bedingungen sind erfahrungsgemäß in kleinen Räumen besser zu realisieren als in Großraumbüros. Beim Einsatz von Kaltlichtröhren sind Leuchtstoffröhren mit der dem Sonnenlicht angepaßten spektralen Lichtverteilung zu wählen sowie in Duo- beziehungsweise Drei-Phasen-Schaltungen zu schalten, um das Flimmern in einen nicht mehr empfindbaren Bereich zu verschieben.

Bei den zur Zeit noch auf dem Markt angebotenen Geräten erfolgt häufig eine zusätzliche Kühlung mit einem Ventilator, der eine belästigende Geräuschemission neben der Veränderung der Klimasituation bewirkt. Ferner sind die Drucker und Plotter noch recht laut. Bei Neubeschaffungen sind maximale Schallpegel der Geräte von 50 dB(A) für geistiges Arbeiten beim Einsatz mehrerer Geräte nicht zu überschreiten. Leider wird diese Grenze noch von sehr wenigen Geräten eingehalten.

Die Klimasituation wird durch die Wärmeentwicklung der Geräte sowie durch eingebaute Ventilatoren beeinträchtigt. Hier sind Geräte mit minimaler Wärmeentwicklung zu fordern. Während ältere Geräte noch über 100 Watt Leistungsaufnahme haben, wovon der größte Teil in Wärme umgesetzt wird, verbrauchen die neuen Flachbildschirme nur 19 Watt. Ferner sollten die Ventilatoren, sofern noch erforderlich, die Warmluft nicht gebündelt in den Büroraum blasen, sondern entweder sehr diffus und laminar abstrahlen oder in Abluftröhren außerhalb des Arbeitsraumes leiten. Vielfach ist man zu Kühlblöcken aus Aluminium oder einem anderen gut wärmeleitbarem Material übergegangen, um die in den Geräten produzierte Wärme abzuleiten. Hierdurch entstehen konzentriert Wärmequellen, die Oberflächentemperatur bis 70 Grad Celsius erlangen können. Dies kann zu großen thermischen Unbehaglichkeiten für in der Nähe sitzende Personen führen. Diese Kühlblöcke sollten immer der Arbeitsperson abgewandt sein.

Als letzten Umgebungsfaktor sei noch die entstehende Strahlung genannt, die aber einzig beim Bildschirmgerät selbst abzubauen ist und dort schon behandelt wurde.

4. Software-ergonomische Gestaltung

Unter software-ergonomischer Gestaltung wird der gestaltende Einfluß der Arbeitswissenschaft auf die Auslegung der Interaktion zwischen Mensch und Rechnersystem nach wahrnehmungs-, handlungs- und kognitionspsychologischen Kriterien verstanden. Als Software werden alle in Form von Programmen festgelegten Anweisungen und Regelungen verstanden, die der Rechner zur Ausführung der Informationsverarbeitung benötigt. In Abbildung 3 ist eine Gliederung dieses Gestaltungsbereichs dargestellt, deren Elemente im folgenden behandelt werden. Es werden die beiden Bereiche Kommunikation und Dialogablauf unterschieden. Im Bereich Kommunikation werden mehr die wahrnehmungs- und kognitionspsychologischen Komponenten und im Bereich Dialogablauf die handlungspsychologischen Komponenten der Mensch-Rechner-Interaktion behandelt.

4.1 Kommunikation

Die Kommunikation ist ein Austausch von Informationen zwischen Informationsquellen und -senken, hier zwischen Mensch und Rechner. Die Informationen sollen in einer dem Menschen und dem Rechner verständlichen Signalform kodiert sein. Hiermit beginnt das Problem arbeitswissenschaftlicher Gestaltung. Bei den bisherigen Rechnersystemen sowie den Programmen wird häufig eine "Kürzel"-Sprache verwandt, die erst mühselig vom Benutzer erlernt werden muß. Hier ist eine der Erfahrung und dem Wissen des Benutzers geläufige Sprache zu fordern. Die Informationsdarbietung soll in Formen erfolgen, die dem Benutzer geläufig sind und ihn in der Aufgabenbewältigung ohne große Anlernzeiten beziehungsweise -aufwendungen unterstützen. Neben einem verständlichen Text müssen häufig Daten in quantitativer Form dem Benutzer mitgeteilt werden. Hier haben Untersuchungen <9> gezeigt, daß zum Beispiel für kontinuierliche Datenflüsse eine Verlaufsanzeige in grafischer Kurvendarstellung viel schneller richtig interpretiert wird als digitale Angaben. So sollten zum Beispiel Zahlungsströme als Kurven beziehungsweise als Histogramme grafisch auf dem Bildschirm dargestellt werden.

Neben der Informationsdarbietung ist der Maskenaufbau von grundlegender Bedeutung für die menschliche Informationsaufnahme. Allgemein bedeutet dies, daß alle über den Bildschirm anzubietenden Informationen ins Verhältnis zum Bewußtseinsgrad (Intelligenz, Sachkenntnis, Geübtheit, Erfahrung und so weiter) des Benutzers zu setzen sind. Die Bildschirmmaske sollte grundsätzlich in drei Bereiche gegliedert sein:

- Kopfzeile
- Datenfeld
- Fehler-/Hinweisfeld.

Die Kopfzeile dient zur Identifizierung der Maske. Sie liefert allgemeine Informationen über die Maske wie:

- Zu welchem Programm gehört sie?
- Wie lautet ihre Bezeichnung?
- Welchen Status hat sie?

Im Beispiel von Abbildung 4 ist in der Kopfzeile ganz links Platz für das Funktionskommando, die wohl wichtigste Information für den Rechner, wie er sich weiter zu verhalten hat. Sie steht in der linken oberen Ecke der Maske, da dies der Punkt ist, der entsprechend den Lesegewohnheiten unseres Kulturkreises als erster vom Auge erfaßt wird.

Das Datenfeld gibt Informationen zur Aufgabenbewältigung an den Benutzer aus und ermöglicht die Eingabe von Informationen. Die Wichtigkeit der Informationen ist ebenfalls von links oben nach rechts unten geordnet. Im Datenfeld sollen die Informationen geblockt und übersichtlich angeordnet sein. Hierbei sind die Gestaltgesetze der Nähe und der Form zu berücksichtigen <10>. Ausgegebene Informationen erscheinen hinter Bezeichnungen, die möglichst in vollen Wörtern geschrieben werden. Einzugebende Informationen sollen vom System durch den Cursor angezeigt werden ebenso durch vormarkierte Datenfelder. Hierbei lassen sich Inverskodierungen beziehungsweise Farbkodierung zur Aufmerksamkeitsunterstützung hilfreich einsetzen.

Das Fehler- und Hinweisfeld gibt Informationen zum Dialogablauf an den Benutzer. Sie können als Fehlerhinweis vom System selbst oder vom Operateur erzeugt werden. Auch Hinweise von anderen Systemnutzern oder auch eigene Merkposten können in diesem Feld angezeigt werden.

Die Frage, ob bewegliche Texte oder feste Masken (das heißt Roll- beziehungsweise Pagemode), ist weitgehend für den Pagemode entschieden, da sich feste Lesegewohnheiten dabei herausbilden und zur schnelleren Bearbeitung der Aufgaben führen. Um den schnellen Wechsel zwischen unterschiedlichen Masken zu verringern, kann die Fenstertechnik sehr vorteilhaft angewandt werden, in dem in eine statische Grundmaske je nach Aufgabe eine oder mehrere Teilmasken fensterartig eingeblendet werden.

Die über das Hinweisfeld aufgezeigten Zusatzinformationen sollen in Wissensbasen abgespeichert sein, um dem Sachbearbeiter zur Verfügung zu stehen. Ferner sind für die Steuerung des Dialogablaufs ebenfalls Wissensbasen nützlich, um nicht umständliche "Suchbäume" von Menüs beziehungsweise Programmen durchlaufen zu müssen, bis man die gewünschte Information gefunden hat.

Die Informationseingabe wird heute noch vorwiegend textlich beziehungsweise in Kommandos vollzogen. Dies birgt viele Fehlermöglichkeiten und sollte deshalb in Zukunft durch Voreinstellungen oder durch Auswahl von Informationsangeboten, die aus der Wissensbasis in Verbindung mit den vorangegangenen Informationseingaben ableitbar sind, verbessert werden. Die Menütechnik bietet hier vorteilhafte Ansätze. Wichtigste Gestaltungsforderung soll dabei sein, daß die Systeme so flexibel sind, daß die Benutzer mit den unterschiedlichsten Arbeitsstilen das System benutzeradäquat nutzen können.

4.2 Dialogablauf

Die letzten Anmerkungen haben schon den fließenden übergang der beiden Gestaltungsbereiche angedeutet. Die wohl wichtigste Forderung an den Dialogablauf ist die, daß der Benutzer entsprechend seines Einarbeitungsstandes und der Gewöhnung an das System unterschiedliche Handlungsstrategien der Handhabung realisieren können muß. Dies bedeutet, daß das System sowohl eine Dialogsteuerung vorgeben kann, die aber je nach Kenntnisstand des Benutzers abschaltbar' ist, als auch die Möglichkeit einer freien Benutzersteuerung bieten muß. In handlungspsychologischer Denkweise bedeutet dies, daß der Benutzer beliebige Handlungspläne zur Erreichung der Aufgabe (Ziel) realisieren können muß. Ebenfalls müssen bei Nichterreichen von Teilzielen Handlungskorrekturen über veränderte Dialogabläufe möglich sein.

Zur Realisierung dieser Ablaufsteuerung sollte eine Dialogsprache vorhanden sein, deren Kommandos unterschiedlich mächtig sind, das heißt es sollte sowohl ein Set von Elementarkommandos mit einfacher Parametrisierung bestehen als auch Komplexkommandos mit einer Fülle von

Parametermöglichkeiten, damit eingearbeitete Benutzer routinierte Abläufe einfach aktivieren können. Dieser Forderung nach gestufter Mächtigkeit der Kommandosprache folgt logisch die Forderung, daß der Benutzer sich eigene Komplexkommandos für routinierte Abläufe entwerfen kann. Dadurch lassen sich Systeme den jeweiligen Benutzergepflogenheiten anpassen und tragen zur Effizienz der Aufgabenlösung bei. Die Makrofähigkeit einer Dialogsprache würde ferner die Akzeptanz der Systeme erhöhen, da jeder Benutzer seinen eigenen Arbeitsstil besser mit dem Rechner realisieren könnte.

Die Dialogsprache sollte ferner die Eigenschaft einer hohen Fehlertoleranz besitzen. Damit ist gemeint, daß der eingegebene Befehl nicht sofort abgelehnt wird, wenn er formale Fehler enthält. Dies ist zum Beispiel durch freie Parametrisierung möglich, in der die Reihenfolge der Parameter offen ist. Dies schließt andererseits ein, daß der Benutzer über größere und kleinere Fehler umgehend informiert wird und die Möglichkeit der gestuften Korrektur hat. Die Fehlerhinweise sollten voll verständlich sein oder über Hilfsinformationen detailliertere Informationen über Fehlerursache, zur Fehlerbehebung und zum Weiterarbeiten anbieten. Auch im Falle der Befehlsannahme durch das System soll der Benutzer umgehend informiert werden. Diese direkten Rückmeldungen über den Zustand des Systems sollen Unsicherheiten des Benutzers gegenüber der Programmausführung abbauen und damit Fehlermöglichkeiten vermindern.

Falls eine ausgeführte Funktion als nicht richtig beziehungsweise nicht optimal im Handlungsablauf für die Aufgabenlösung erkannt wird, muß es eine "Undo"-Funktion geben, die die laufenden Ausführungen stoppt und storniert. Solch eine nachträgliche Korrekturfunktion setzt zeitlich gestufte Datensicherungsmaßnahmen in den Dateien voraus, die meist sehr umständlich und schwierig sind. Aber im Sinne der Benutzerfreundlichkeit sollten solche Funktionen in zukünftigen Systemen implementiert sein.

Ein besonders negatives Moment bestehender Informationssysteme, die gleichzeitig von mehreren Personen genutzt werden (multi user systems), besteht in dem zu langen Antwortzeitverhalten. Boies <11> fand schon Anfang der siebziger Jahre heraus, daß die Bearbeitungszeit einer Aufgabe zuerst proportional und dann überproportional mit der Systemantwortzeit ansteigt. In seinen Versuchen benötigten Versuchspersonen bei einer Systemantwortzeit unter einer Sekunde eine mittlere

Bearbeitungszeit (Denkzeit) von 15 Sekunden. Verlängerte sich die Systemantwortzeit um eine Sekunde, so nahm auch die "Denkzeit" um eine Sekunde zu. Neben der reinen Zeitzunahme (Verdopplung) stellen sich zusätzlich Streßsymptome bei längeren Antwortzeiten ein, die zu Fehlern sowie physischen und psychischen Beanspruchungen führen. Als Anspruch ist ein weitgehendes Echtzeitverhalten für den Benutzer zu fordern. Dies ist bei den heutigen 32 Bit-Mikroprozessoren oder der neuen Generation der "superintegrierten" Mikrochips auch kein Problem mehr.

5. Zusammenfassung

Als abschließende Zusammenfassung sollten bei der Gestaltung zukünftiger Büroarbeitsplätze zwei wichtige arbeitswissenschaftliche Gestaltungsprinzipien <12> hervorgehoben werden, die besonders für die Softwaregestaltung von großer Bedeutung sind.

5.1 Das Prinzip der flexiblen Arbeitsgestaltung

Hier ist für die Programmgestaltung zu fordern, daß jeder einzelne Benutzer je nach Kenntnisstand, nach augenblicklicher Disposition oder aktueller Situation die gestellte Aufgabe unterschiedlich mit demselben Programmsystem lösen kann. Dies erfordert zum Beispiel die Möglichkeit, beliebig oft zurückzuspringen, in Hilfsprogramme (Helpfunktionen) zu springen oder Merkdateien anlegen zu können, ohne dabei umständliche Dialogsequenzen aus Datensicherungsgründen durchlaufen zu müssen.

5.2 Das Prinzip der partizipativen Arbeitsgestaltung

Da mehrere Gefahrenmomente im betrieblichen EDV-Einsatz bestehen wie zum Beispiel

- Überwachungs- und Kontrollmöglichkeiten
- "Entwendung" des individuellen Erfahrens- und Kenntnisfundus und "Speicherung" in der Software
- damit verbundene Dequalifizierung und
- Mißbrauch der eigenen Arbeit durch andere,

soll der Benutzer bei der Entwicklung und Einführung von EDV-Systemen beteiligt werden. Auch der Aspekt der Akzeptanz gegenüber EDV-Systemen erfordert die Einbeziehung der Benutzer in den Gestaltungsprozeß. Desweiteren haben häufig die Benutzer diejenigen betriebsspezifischen Kenntnisse, die die Effektivität solcher Systeme erhöhen könnten, wenn sie in die Programmgestaltung einbezogen würden.

Anmerkungen:

<1> Vgl. Verwaltungsberufsgenossenschaft 1976.

<2> Vgl. Verwaltungsberufsgenossenschaft 1980.

<3> Vgl. ebenda, S. 3.

<4> Vgl. Läubli, Nakaseko und Hüntling 1980.

<5> Vgl. Verwaltungsberufsgenossenschaft 1980.

<6> Vgl. Grandjean, Nakaseko, Hüntling und Läubli 1981.

<7> Vgl. DIN 2137, Alphanumerische Tastaturen (ferner DIN 2112, 2127, 2130, 2136, 2139, 2145, 9755, 9758, 9789).

<8> Vgl. Dzida 1980.

<9> Vgl. Mezler 1983.

<10> Vgl. Martin 1983.

<11> Vgl. Schindler 1983.

<12> Vgl. Martin 1983.

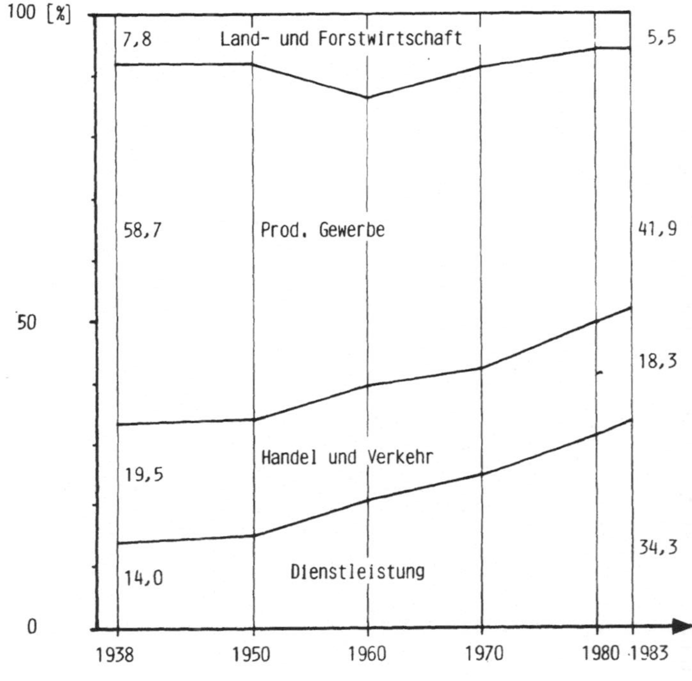

Abbildung 1: Verteilung der Erwerbstätigen auf die Wirtschaftssektoren in der Bundesrepublik (Quelle: Stat. Jahrbücher der Bundesrepublik)

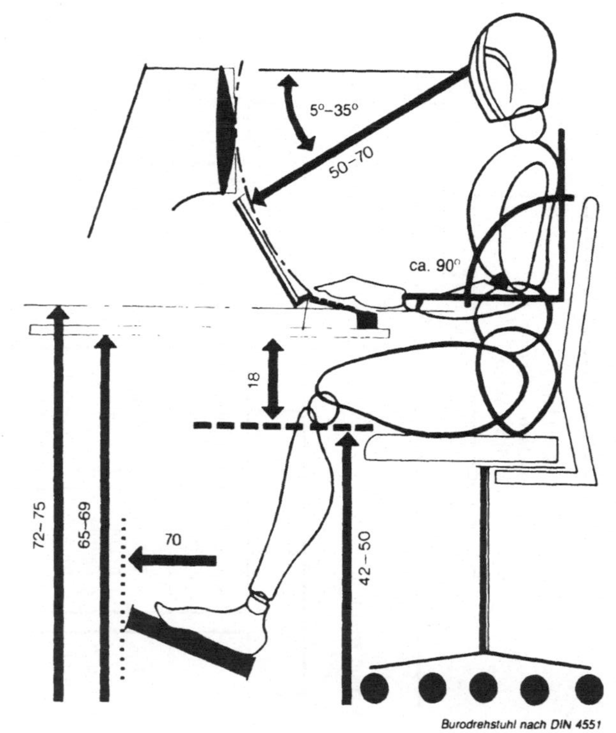

Abbildung 2: Ergonomische Gestaltung eines Bildschirmarbeitsplatzes (Quelle: BAU Bildschirmarbeitsplätze)

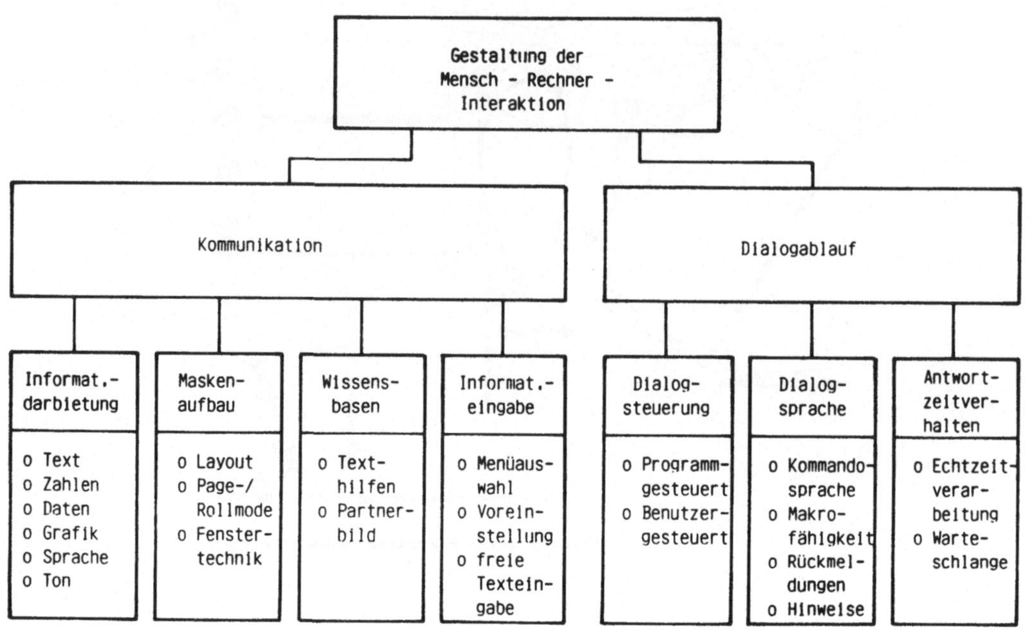

Abbildung 3: Gestaltung der Mensch-Rechner-Interaktion

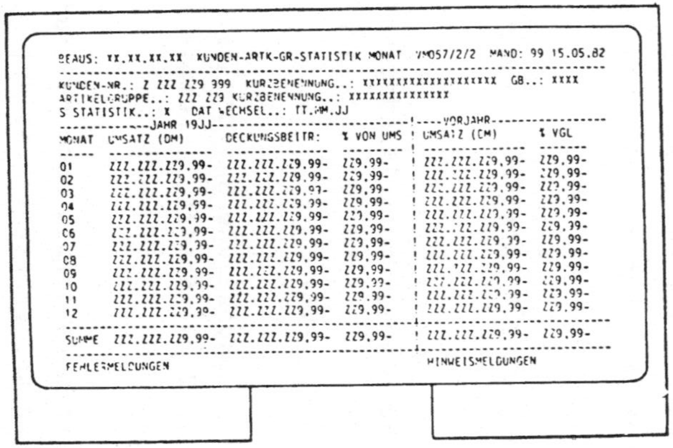

1. Fassung

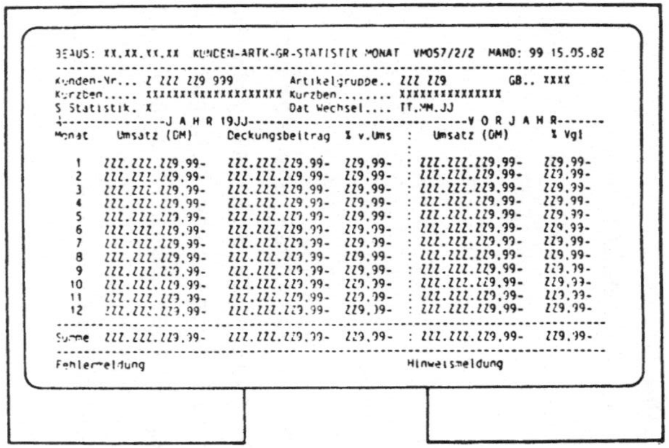

1. Verbesserung

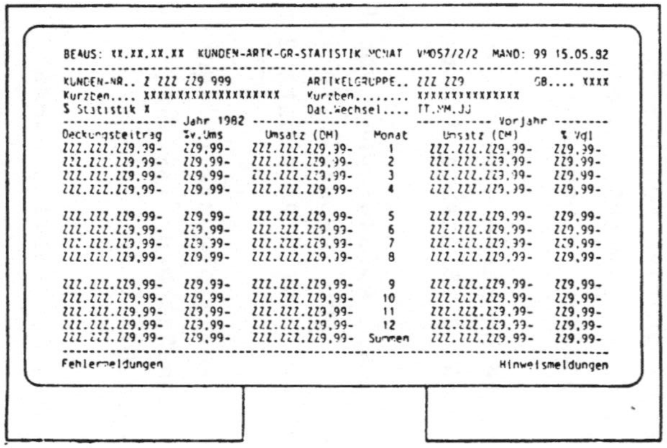

2. Verbesserung

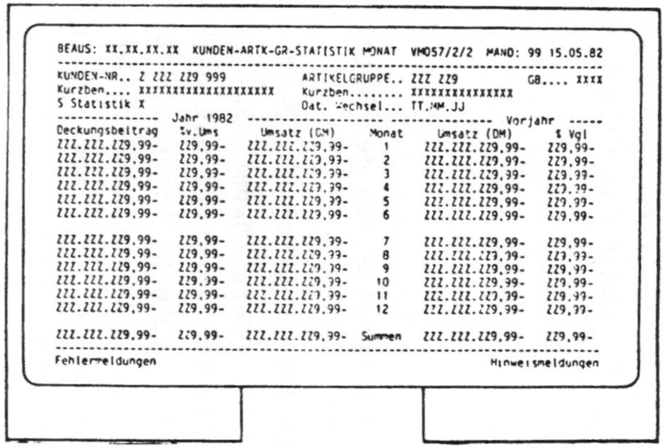

endgültige Fassung

Abbildung 4: Beispielhafte Bildschirmmasken

MITBESTIMMUNGSRECHTE UND STRATEGIEN BEI DER EINRICHTUNG VON BILDSCHIRMARBEITSPLÄTZEN

Horst Ehmann

1. Das Instrumentarium der Mitbestimmungsrechte

Nach der Konstruktion des deutschen Betriebsverfassungs- und Personalvertretungsrechts haben Betriebs- und Personalräte kein allgemeines Mitbestimmungsrecht bei unternehmerischen beziehungsweise behördlichen Maßnahmen; vielmehr haben sie in einem langwierigen politischen Prozeß seit dem Betriebsrätegesetz von 1920 herausgebildete punktuelle Mitbestimmungsrechte in tatbestandlich festumschriebenen einzelnen Angelegenheiten <1>.

Bei der Einrichtung von Bildschirmarbeitsplätzen sind insbesondere Mitbestimmungstatbestände in folgenden Angelegenheiten in Betracht zu ziehen:

- Bei der ergonomischen Gestaltung der Arbeitsplätze und Regelungen des Gesundheitsschutzes (§§ 90, 91 BetrVG; § 75 Absatz 3 Nummer 16 BPersVG sowie § 87 Absatz 1 Nummer 7 BetrVG; § 75 Absatz 3 Nummer 11 BPersVG und die entsprechenden Vorschriften der Landespersonalvertretungsgesetze <2>)

- bei technischen Überwachungseinrichtungen (§ 87 Absatz 1 Nummer 6 BetrVG; § 75 Absatz 3 Nummer 17 BPersVG)

- bei der Aufstellung von Personalfragebögen, Beurteilungsgrundsätzen und Auswahlrichtlinien (§§ 94, 95 BetrVG; § 75 Absatz 3 Nummer 8, 9; § 76 Absatz 2 Nummer 2, 3 BPersVG)

- bei sozialplanpflichtigen Betriebsänderungen und Rationalisierungsmaßnahmen (§§ 111, 112 BetrVG; § 75 Absatz 3 Nummer 13 BPersVG)

- nach § 76 Absatz 2 Nummer 5 und 7 BPersVG, außerdem noch bei Maßnahmen zur Hebung der Arbeitsleistung und Erleichterung des Arbeitsablaufs sowie bei der Einführung grundlegend neuer Arbeitsmethoden.

Schließlich ergeben sich sowohl aus dem Betriebsverfassungs- als auch aus dem Bundespersonalvertretungsrecht umfassende Informationsrechte des Betriebs- oder Personalrats.

Besonders wichtig ist dabei, daß der Betriebs- und Personalrat die Einhaltung der zugunsten der Beschäftigten geltenden Gesetze zu überwachen hat (§ 80 Nummer 1 BetrVG; § 68 Nummer 2 BPersVG); zu diesen Gesetzen gehört nach herrschender Meinung auch das Bundesdatenschutzgesetz <3>. Zur Erfüllung dieser Aufgabe müssen die Betriebs- und Personalräte rechtzeitig und umfassend unterrichtet und mit den erforderlichen Unterlagen versorgt werden (§ 80 Absatz 2 BetrVG; § 68 Absatz 2 BPersVG).

Wenn die Betriebs- und Personalräte diese Aufgabe ernst und sorgfältig wahrnehmen, werden sie zu zusätzlichen Datenschutzbeauftragten. Das aber ist kein Fehler, weil den Informations- und Kontrollrechten des Betriebs- beziehungsweise Personalrats bei der Einführung von Bildschirmarbeitsplätzen, Personalinformationssystemen und sonstigen neuen Technologien zur Behebung von Sorgen und Abbau von Mißtrauen der Belegschaft, die angesichts der öffentlich geschürten Angst zumindest verständlich sind, eine nicht zu überschätzende Bedeutung zukommt <4>.

Das ist in etwa das Instrumentarium, das Betriebs- und Personalräten zur Förderung oder zur Erschwerung und Verhinderung - je nachdem! - der Einrichtung von Bildschirmarbeitsplätzen und sonstigen neuen Technologien zur Verfügung steht.

2. Gewerkschaftliche Strategien

2.1 Die Ausgangslage

Leider, das muß man klar sehen und deutlich sagen, bemühen sich einige Einzelgewerkschaften, insbesondere aber der Deutsche Gewerkschaftsbund, nach Kräften, die Einrichtung der neuen Technologien zu erschweren, gar zu verhindern, und benutzen dazu Betriebs- und Personalräte als "verlängerten Arm". Das wird ganz deutlich im Beschluß des 12. DGB-Bundeskongresses, auf ein gesetzliches Verbot von Personalinformationssystemen hinzuwirken.

Im übrigen haben die Gewerkschaften ihre maximalen Forderungen in sogenannten Musterbetriebsvereinbarungen <5> niedergelegt, die sie den ihnen zugehörigen Betriebsräten zur Durchsetzung in den Betrieben an die Hand geben, was im Arbeitsrecht massenhaft zu Einigungsstellen- und gerichtlichen Beschlußverfahren führte und noch führt. Dabei ist nun zu jedem der angeführten Mitbestimmungstatbestände streitig geworden, ob und inwieweit dem Betriebs- beziehungsweise Personalrat bei der Einrichtung von Bildschirmarbeitsplätzen daraus Mitbestimmungsrechte zustehen, das heißt, ob und inwieweit der Betriebs- oder Personalrat seine erforderliche Zustimmung zur Einrichtung dieser Arbeitsplätze verweigern darf.

Juristen streiten sich bekanntlich immer, aber die große Rechtsunsicherheit auf diesem Felde rührt daher, daß die Einrichtung von Bildschirmarbeitsplätzen einen Tatbestand darstellt, der vom Gesetzgeber weder bei der Formulierung der Mitbestimmungsrechte des BetrVG 1972 noch das BPersVG 1974 mitbedacht worden ist, das heißt im Rechtsstreit um diese Mitbestimmungsrechte müssen Sachverhalte unter Normen subsumiert werden, die für diese Fälle nicht geschaffen worden sind. Das aber bereitet bekanntlich dem Rechtsanwender immer große Schwierigkeiten und läßt den hinter dem Formelkompromiß der gesetzlichen Normen stehenden grundsätzlichen Interessenstreit stets erneut wieder aufbrechen. So versteht es sich, daß auf dem Gebiet des Arbeitsrechts die Gewerkschaften mit dem Aufkommen der Bildschirmarbeitsplätze alle in Betracht kommenden Mitbestimmungsrechte ebenso apodiktisch als gegeben behaupteten wie die Arbeitgeber und ihre Verbände sie als nicht gegeben betrachteten.

Zur Schaffung des richtigen Wertbewußtseins und damit zur Beeinflussung der in den Betrieben, Behörden, Einigungsstellen und Gerichten notwendig werdenden Entscheidungen haben die Gewerkschaften und die ihnen politisch nahestehenden Kräfte einen höchst wirksamen Propagandafeldzug in Gang gesetzt, der auf die hinter den angeführten Mitbestimmungsrechten stehenden wichtigsten Schutzgüter gerichtet ist.

2.2 Wesentliche Angriffspunkte gewerkschaftlicher Strategien

2.2.1 Vom Arbeitsschutz zum vollständigen Wohlbefinden

Die Mitbestimmungsrechte bei der Gestaltung der Arbeitsplätze und Regelungen beziehungsweise Maßnahmen des Gesundheitsschutzes (§§ 90, 91, 87 Nummer 7 BetrVG; § 75 Absatz 3 Nummer 16, 11 BPersVG) dienen ursprünglich dem Zweck, sicherzustellen, daß in den Betrieben die ergonomischen Erkenntnisse der Arbeitswissenschaft sowie die arbeitsmedizinischen Erkenntnisse, auch die Unfallverhütungsvorschriften, bestmöglichst umgesetzt und eingehalten werden. Dieses Ziel, die Arbeit leichter und möglichst ungefährlich zu machen, auch besser an den Menschen anzupassen, ist im Laufe der Zeit aber gesteigert worden zur Forderung auf "menschengerechte Gestaltung der Arbeit" oder in anderer Formulierung auf die "Humanisierung der Arbeitswelt" <6>. Das ist ein erstrebens- und lobenswertes Ziel, gegen das niemand etwas einzuwenden haben wird.

Die gute soziale Absicht muß jedoch böse soziale Folgen haben, wenn auf dieser Grundlage der utopistische Gesundheitsbegriff der Weltgesundheitsorganisation, wonach Gesundheit "ein Zustand vollständigen körperlichen, seelischen und sozialen Wohlbefindens" sein soll, zum Beispiel bei der Einrichtung von Bildschirmarbeitsplätzen real umgesetzt und verwirklicht werden soll <7>.

Die von den Gewerkschaften verbreitete Behauptung, die Arbeit an Bildschirmarbeitsplätzen überfordere die Arbeitnehmer, mache Angst und krank, erzeuge Rückenschmerzen, Augenschmerzen, Streß und sonstige psychische Störungen, sie dürfe deshalb nur an Misch- und Mehrstellenarbeitsplätzen durchgeführt und pro Stunde müsse eine Viertelstunde Pause eingelegt werden, beruhen auf dem Weltbild des Gesundheitsbegriffs der Weltgesundheitsorganisation, der, wenn man ihn ernst nähme, dazu führen würde, daß allen Arbeitnehmern statt Lohn Lohnfortzahlung im Krankheitsfall gewährt werden müßte; denn wer unter uns kann schon von sich sagen, daß er in einem Zustand vollständigen körperlichen, seelischen und sozialen Wohlbefindens lebt, wenn er seine Arbeit verrichtet.

In der Praxis - jedenfalls im Bereich des Arbeitsrechts - sind die Dinge auf diesem Gebiet jedoch etwas zur Ruhe gekommen. Befriedend gewirkt haben insbesondere:

- die "Sicherheitsregeln für Bildschirmarbeitsplätze im Bürobereich" (vom Oktober 1980, ZH 1/618), die der Hauptverband der gewerblichen Berufsgenossenschaften aufgestellt und herausgegeben hat

- die Entscheidung des BAG vom 6. Dezember 1983 <8>, welcne die weit über das Gesetz hinausgehenden Forderungen jener Musterbetriebsvereinbarungen der Gewerkschaften zurückgewiesen hat.

Nach § 91 BetrVG kann der Betriebsrat, wenn Arbeitsplätze den gesicherten arbeitswissenschaftlichen Erkenntnissen zur menschengerechten Gestaltung der Arbeit offensichtlich widersprechen und dadurch besondere Belastungen für die Arbeitnehmer entstehen, die Abwendung oder Milderung dieser Belastungen fordern <9>.

Im Verfahren des der Entscheidung des BAG (vom 6. Dezember 1983) zugrunde liegenden Falles hat der Betriebsrat aber nicht die Abwendung oder Milderung besonderer Belastungen gefordert, sondern vielmehr Einrichtungen derart, "daß für die Beschäftigten möglichst geringe arbeitsphysiologische Belastungen entstehen".

Das Landesarbeitsgericht Berlin hatte diesem Verlangen stattgegeben, das BAG hat es zurückgewiesen. Was gesicherte arbeitswissenschaftliche Erkenntnisse in diesem Bereich sind <10>, konnte das Gericht in diesem arbeitsgerichtlichen Verfahren allerdings auch nicht abschließend klären. Es hat lediglich gesagt, dies seien nicht irgendwelche optimalen Bedingungen, über deren Menschengerechtigkeit vernünftigerweise überhaupt kein Streit bestehen könne, sondern Mindestanforderungen, deren Unterschreitung nicht mehr als menschengerecht angesehen werden könne <11>. Für den Bereich des Personalvertretungsrechts dürfte Entsprechendes richtig sein.

2.2.2 Vom Persönlichkeitsschutz zur Kommunikationssperre

Der zweite, viel wirksamer gewordene Angriffspunkt gewerkschaftlicher Strategie im Zusammenhang mit der Einführung von Bildschirmarbeitsplätzen und Informationstechnologien in die Büros ist gerichtet auf die Bestimmung, die Definition des unserer Gesellschaft angemessenen Menschen- und Persönlichkeitsbildes, das heißt der Bestimmung der rechtlich geschützten Persönlichkeitssphäre oder - wie das Bundesverfassungsgericht gehoben formuliert - des "schlechthin unantastbaren Innenraums der Persönlichkeit" <12>.

Dem Schutz dieses - inhaltlich wie auch immer genau zu bestimmenden - Persönlichkeitsrechts dienen die im Betriebsverfassungs- und Personalvertretungsrecht gleichlautend formulierten Mitbestimmungsrechte bei der

> "Einführung und Anwendung technischer Einrichtungen, die dazu bestimmt sind, das Verhalten oder die Leistung der Arbeitnehmer zu überwachen" (§ 87 Absatz 1 Nummer 6 BetrVG; § 75 Absatz 3 Nummer 17 BPersVG).

Es versteht sich, daß dieses Mitbestimmungsrecht umso weiter greift und umso besser geeignet ist, die Einrichtung von Bildschirmarbeitsplätzen, Personalinformationssystemen und sonstiger Informationstechnologien (zum Beispiel automatischer Zugangsüberwachungen) zu verhindern, je höher man den erforderlichen Persönlichkeitsschutz schraubt. Und in diesem Zusammenhang ist das gestern abend von Herrn Staatssekretär Dr. Uelhoff so eindrucksvoll beklagte, vom Bundesverfassungsgericht erfundene "Grundrecht auf informationelle Selbstbestimmung" schon fast eine Katastrophe.

Die Vorstellung des 1. Senats des Bundesverfassungsgerichts, daß jedermann berechtigt sein soll, den Bereich seiner Persönlichkeit selbst zu definieren, ist offenbar unsinnig <13>. Im Gegenteil muß dem Staat und jedem Bürger grundsätzlich das Recht eingeräumt werden, sich über seine Bürger und Mitbürger ein wahrheitsgemäßes Bild zu verschaffen. Dem Interesse am eigenen Datum steht das Recht der anderen gegenüber zu wissen, mit wem sie es zu tun haben, mit einem ehrlichen Menschen oder mit einem RAF-Mitglied oder Lebach-Täter. Niemand hat das Recht, selbst zu bestimmen, daß seine bösen Taten von gestern schon am nächsten Tag nicht mehr beachtet werden dürfen; auch ist es unmenschlich, die guten Taten anderer schon am nächsten Tag der Vergessenheit zu überantworten <14>.

Solche Kulturrevolution zerstört jedes menschliche Verantwortungsbewußtsein und damit die Voraussetzung sozialer Gemeinschaft. Freilich muß der Neugierige und Wissenshungrige bei der Ausübung seiner grundrechtlich geschützten Handlungsfreiheit (Artikel 2 Absatz 1 GG) die verschiedenen Grenzen des Persönlichkeitsschutzes anderer achten, die aber objektiv zu definieren sind und nicht von jedem einzelnen selbst bestimmt werden können. Der "isolationistische Individualismus" <15>, der der Entscheidung des Bundesverfassungsgerichts zugrunde liegt, ist abzulehnen. Der Mensch ist zoon politikon, nicht einsamer Wolf. Kommunikation geht vor Isolation <16>. Das Grundrecht auf informationelle Selbstbestimmung ist ein gefährliches Vehikulum zur Auflösung der Gesellschaft <17>. Das "Recht, allein gelassen zu werden" (right to be let alone), darf die Gemeinschaftsbezogenheit des einzelnen nicht leugnen <18>. Informationsbeschaffungsfreiheit ist darum auch ein grundrechtlich geschütztes Rechtsgut <19> und mit dem Interesse an einem weitgehenden Schutz der Persönlichkeitssphäre stets abzuwägen; erst nach dieser Güterabwägung kann die Grenze des "unantastbaren Innenraumes der Persönlichkeit" bestimmt werden. Das steht zwar irgendwie auch in der Entscheidung des Bundesverfassungsgerichts, tritt aber hinter der Leitmelodie des sogenannten Grundrechts auf informationelle Selbstbestimmung allzu sehr zurück. Nicht nur Laien, sondern auch viele Juristen denken, dieses Grundrecht sei ein den absoluten Rechtsgütern des § 823 BGB vergleichbares Recht in dem Sinne, daß eine Berührung die Vermutung der Rechtswidrigkeit der Informationshandlung begründe. Das aber ist nicht so, vielmehr kann jenes Recht auf informationelle Selbstbestimmung allenfalls als offener Tatbestand begriffen werden, dessen rechtswidrige Verletzung sich erst aus einer Rechtsgüter- und Interessenabwägung ergibt.

Daraus folgt, daß bei der Bestimmung des Inhalts der Mitbestimmungsrechte bei technischen Überwachungseinrichtungen jedenfalls eine sorgfältige Interessenabwägung vorzunehmen ist. Der Tatbestand des § 87 Nummer 6 BetrVG ist 1972 ins Betriebsverfassungsgesetz und 1974 ins Bundespersonalvertretungsgesetz eingefügt worden, weil das BAG zum Betriebsverfassungsgesetz von 1952 die Einrichtung von Produktographen für nicht mitbestimmungspflichtig erklärt hatte, nach Ansicht des Gesetzgebers aber Überwachungen mit technischen Einrichtungen stärker in die Persönlichkeitssphäre der Betroffenen eingreifen als menschliche Überwachungen <20>.

Damit ist nun heute für die Bildschirmgeräte die Frage gestellt, ob sie technische Einrichtungen sind, die dazu bestimmt sind, die Leistung oder das Verhalten der Arbeitnehmer zu überwachen. In der Regel verfolgt der Arbeitgeber mit der Einrichtung von Bildschirmarbeitsplätzen allerdings nicht den Zweck, die Arbeitnehmer zu überwachen. Aber das BAG hatte schon in vorherigen Entscheidungen <21> die Auffassung entwickelt, daß die technischen Einrichtungen nicht vom Arbeitgeber zur Überwachung bestimmt sein müßten, daß es vielmehr genüge, daß die technischen Einrichtungen nur objektiv zur Überwachung geeignet sind. In der Bildschirmarbeitsplatzentscheidung vom 6. Dezember 1983 <22> hat das BAG diese Auffassung aufrecht erhalten und dazu entschieden, daß auch computerintegrierte Bildschirmterminals, wenn sie Leistungsdaten on-line erfassen, speichern und zu Überwachungszwecken auswerten können, mitbestimmungspflichtige technische Einrichtungen im Sinne des § 87 Nummer 6 BetrVG darstellen. Das gilt zum Beispiel für an elektrischen Schreibsystemen tätige Typistinnen, wenn der Computer die Schreibleistung speichert und es möglich ist, die Leistungsquantität und -qualität ohne zusätzliche Einrichtungen und Maßnahmen zu errechnen und abzufragen; für viele Sachbearbeiter in Versicherungen, Banken, Finanzämtern etc., die einen nicht unwesentlichen Teil ihrer Arbeitsleistung im Dialog mit dem Computer erbringen, dürfte das Bildschirmterminal in diesem Sinne gleichfalls eine zur Überwachung geeignete technische Einrichtung sein. Die Bildschirmentscheidung des BAG ist durch den neuesten Beschluß des 1. Senats des BAG vom 14. September 1984 <23> über Personalinformationssysteme ergänzt und bestätigt worden.

Mitbestimmungspflichtig gemäß § 87 Absatz 1 Nummer 6 BetrVG sind nach dieser neuen Entscheidung auch technische Einrichtungen, die Leistungsdaten nicht automatisch erheben, sondern lediglich manuell erhobene und eingespeicherte Daten (zum Beispiel Fehlzeiten der Arbeitnehmer) automatisch zu Überwachungszwecken auswerten können, gleichgültig, ob der Arbeitgeber derartige Überwachungen beabsichtigt oder durchführt.

Nicht entschieden worden ist bisher jedoch, welchen Datenverarbeitungen und Datenauswertungen der Betriebsrat aufgrund dieses Mitbestimmungsrechts widersprechen darf und ob und inwieweit er überhaupt seine Zustimmung zu solchen Einrichtungen verweigern kann. Über diese sehr schwierige, von dem "weltanschaulichen" Problem der Bestimmung der schützenswerten Persönlichkeitssphäre abhängige Frage kann ich in der Kürze der hier gegebenen Zeit nicht referieren, vielmehr Ihnen nur in ganz abstrakter Form das Ergebnis meines Nachdenkens kurz mitteilen:

Der Betriebsrat kann der Erhebung und Verarbeitung von Arbeitnehmerdaten rechtlich wirksam nicht widersprechen, wenn sie die allgemeinen Persönlichkeitsrechte der Arbeitnehmer nicht verletzen und die Zwecke des Arbeitsverhältnisses diese Datenverarbeitung gemäß §§ 23 ff. BDSG rechtfertigen. Vereinfacht ausgedrückt: Was datenschutzrechtlich zulässig ist, kann auch kraft Mitbestimmungsrechten nicht für unzulässig erklärt werden <24>. Was freilich datenschutzrechtlich zulässig ist, ist insbesondere nach der Volkszählungsentscheidung des Bundesverfassungsgerichts sehr zweifelhaft geworden.

Sehr problematisch und streitig sind dazu insbesondere folgende Fragen:

- Ob und inwieweit die automatische Auswertung von Fehlzeiten der Arbeitnehmer (die sogenannte Jagd auf Kranke und Schwache) zulässig ist
- ob und inwieweit sogenannte Persönlichkeitsprofile elektronisch mit Arbeitsplatzanforderungsprofilen abgeglichen werden dürfen.

Im einzelnen sind dies heute Themen von Doktorarbeiten <25>, die ganze Tagungen ausfüllen könnten. Hier ist dazu keine Zeit.

2.2.3 Vom Mitbestimmungsrecht zum Machtgleichgewicht in Personalangelegenheiten

Der dritte Angriffspunkt gewerkschaftlicher Strategie sind schließlich die Mitbestimmungsrechte in allgemeinen personellen Angelegenheiten, also bei der Aufstellung von Fragebögen, Beurteilungsgrundsätzen und Auswahlrichtlinien. Hier wird mit der Behauptung agiert, der Einsatz der neuen Informationssysteme habe das Machtgleichgewicht in Betrieben und Behörden zu Lasten der Beschäftigten verschoben, weshalb die genannten Mitbestimmungsrechte gesetzlich erweitert, zumindest erweitert ausgelegt werden müßten <26>.

So unterliegen zum Beispiel Personalfragebögen nach dem Betriebsverfassungs- und dem Personalvertretungsrecht der Mitbestimmung. Viele gewerkschaftsnahe Autoren wollen diesen Mitbestimmungstatbestand über seinen Wortlaut hinaus so verstehen, daß die Erhebung aller Arbeitnehmerdaten, auch aus anderen Quellen, sowie alle anderen Verwendungszwecke und damit auch die Einrichtung und Organisation von Personaldatenbanken, der Mitbestimmung unterliegen <27>. Simitis will damit natürlich nicht die Einrichtung dieser Systeme gänzlich verhindern, aber andere wollen es und der DGB hat es öffentlich gefordert. Das so ausgelegte Mitbestimmungsrecht aus § 94 Absatz 1 BetrVG und aus § 76 Absatz 2 Nummer 2 BPersVG erscheint dazu als geeignetes Instrument.

2.2.4 Vom Sozialplan zur Rationalisierungssperre

Der vierte Angriff - oder die vierte, wenn Sie so wollen, Verteidigung - gegen die Einführung moderner Technologien in Privatwirtschaft und Verwaltung wird schließlich mit dem Begriff des Job-Killers geführt. Damit soll das richtige Verständnis der Mitbestimmungsrechte bei Betriebsänderungen und Rationalisierungsvorhaben mit der Folge von Sozialplanforderungen, die Kündigungen verhindern oder zumindest "weiche Landungen" auf möglichst hohen Ausgleichszahlungen erbringen sollen gefördert werden <28>.

Ministerialrat Dr. Seemann <29> vom Bundeskanzleramt hat zu den vom Deutschen Beamtenbund diesbezüglich erhobenen Forderungen geschrieben, daß man bei ihrer Erfüllung die Einführung der neuen Technologien aus Rationalisierungsgründen auch gleich unterlassen könnte. Dem will ich aus Zeitgründen nichts mehr hinzufügen, obwohl längst noch nicht alles gesagt ist.

3. Nachwort

In der anschließenden Diskussion haben einige Teilnehmer auf die vorstehenden Ausführungen sehr emotional reagiert und ihrerseits bekenntnishaft vorgetragen, daß sie in ihren Behörden (besonders im Bundeskanzleramt) mit den Personalräten gut und vertrauensvoll zusammenarbeiten könnten und daher eine Erweiterung der Mitbestimmungsrechte des Personalrats für wünschenswert hielten. Ein Teilnehmer aus einer Großstadt Nordrhein-Westfalens hat allerdings die meinen Ausführungen zugrunde liegenden gegenteiligen Erfahrungen aus seinem Arbeitsbereich voll bestätigt. Die große Mehrheit verschwieg sich, was allerdings auch durch die zu knappe Diskussionszeit bedingt war. Überraschenderweise bin ich jedoch nach dem Vortrag von mehreren Teilnehmern angesprochen worden, die im allgemeinen und speziellen über negative Erfahrungen mit dem Personalrat berichten wollten und dabei zum Ausdruck brachten, daß viele Behördenleiter es gar nicht mehr wagen würden, dem Personalrat zu widersprechen und auf seine Vorstellungen nicht einzugehen, wobei teils Karrieredenken ursächlich, teils die Erfahrung ausschlaggebend sei, daß im Falle einer Stufenvertretung der Leiter der vorgesetzten Dienststelle noch größere Zugeständnisse mache und von der Entscheidung einer Einigungsstelle auch nichts Gutes zu erwarten ist.

Freilich werden - ebenso wie in der Privatwirtschaft die Betriebsräte - häufig auch in den öffentlichen Dienststellen die Personalräte durchaus gut und ordentlich mit den Behördenleitern zusammenarbeiten; wie zu hören ist, spielen viele Personalräte die ihnen eingeräumten Mitbestimmungsrechte auch nicht voll aus.

Im übrigen jedoch sind die verschiedenen Erfahrungen aus dem Arbeitsleben in den privaten Betrieben (die den Ausführungen des Referats zugrunde liegen) und aus den Behörden, von denen die Diskussionsteilnehmer berichteten, Ausfluß der ganz unterschiedlichen Interessengegensätze zwischen Unternehmern und Arbeitnehmern in den privaten Betrieben einerseits und den Dienststellenleitern und Bediensteten in den öffentlichen Dienststellen andererseits <30>. Abgesehen von einigen Großunternehmungen verteidigen die Arbeitgeber in der Regel noch standfest ihre Rechtspositionen in den Auseinandersetzungen mit dem Betriebsrat um Inhalt und Grenzen der Mitbestimmungsrechte. In den Behörden scheinen sich jedoch auf der Grundlage basisdemokratischer Vorstellungen die aktiven Personalräte mit einer steigenden Anzahl von Behördenleitern in der Zurückdrängung der unter parlamentarischer Verantwortung stehenden Regierungsgewalt zugunsten der Mitbestimmung einig <31>. Unterhalb dieser verfassungsrechtlich-ideologischen Ebene kommt hinzu, daß alles, was die Personalräte zum besseren, menschengerechteren Leben begehren, von den öffentlichen Bediensteten der anderen Bank (nicht selten aber von derselben Partei oder gar derselben Gewerkschaft) schon deswegen leicht und gern gewährt wird, weil es nicht aus der eigenen Tasche, sondern aus dem großen Staatshaushalt bezahlt werden muß <32>. Wenn ein Dritter bezahlt, fällt die Einigung über den Umfang der Bestellung den beiden anderen stets leicht. Das private Vertragsrecht verneint daher die Wirksamkeit der Verträge zu Lasten Dritter; jedoch das öffentliche Recht ist auch insoweit von anderer Art. Daß das Vordringen der Mikroelektronik und der Informationstechnik in die öffentliche Verwaltung und die dabei gegebenen Mitbestimmungsrechte und Einflußmöglichkeiten des Personalrats auch das große Thema der verfassungsrechtlichen Grenzen des Personalvertretungsrechts wieder aktiviert, ist angesichts des auch ansonsten vordringenden basisdemokratischen Zeitgeistes nicht verwunderlich. Auch hier wäre viel zu tun (offenbar auch im Bundeskanzleramt), aber eine geistig-politische Wende ist diesbezüglich nicht in Sicht.

Anmerkungen:

<1> Vgl. Dietz und Richardi 1978, § 1 Vorbemerkung Randnummer 10, 50 ff

<2> Im Personalvertretungsgesetz Rheinland-Pfalz fehlt allerdings ein Mitbestimmungsrecht bei der Gestaltung der Arbeitsplätze.

<3> Ehmann o.J., S. 98 mit weiteren Nachweisen

<4> Ehmann o.J., S. 95 ff

<5> Vgl. Ehmann 1981, S. 14 mit weiteren Nachweisen

<6> Vgl. Ehmann 1981, S. 25 ff

<7> Vgl. hierzu Birkwald und Pornschlegel 1976; Dietz und Richardi 1978, § 75 Randnummer 511; dagegen Natzel 1979, S. 5 ff; ferner Ehmann 1981, S. 27 ff

<8> Ehmann o.J.

<9> § 75 Absatz 3 Nummer 16 Bundespersonalvertretungsgesetz und die entsprechenden landesrechtlichen Vorschriften gewähren dem Wortlaut nach das Mitbestimmungsrecht bei der "Gestaltung der Arbeitsplätze" allerdings ohne die einschränkenden Voraussetzungen des § 91 Betriebsverfassungsgesetz. Die Einschränkungen des § 91 Betriebsverfassungsgesetz sollen aber auch immanente Schranken des § 75 Absatz 3 Nummer 16 Bundespersonalvertretungsgesetz sein, Dietz und Richardi 1978 § 75 Randnummer 512; Lorenzen, Eckstein und Cecior 1983 § 75 Randnummer 191

<10> Vgl. dazu Ehmann 1981, S. 25 ff

<11> Entscheidungssammlung zum Arbeitsrecht, S. 27; dazu Anmerkung Ehmann o.J., S. 69 f

<12> Entscheidungen des Bundesverfassungsgerichts 27, 6 ff - Mikrozensus; zuletzt veröffentlicht unter Bundesverfassungsgericht, in: NJW, Heft 8, 1984, S. 419-428 Volkszählung; dazu Benda 1973

<13> So zutreffend Krause 1983, S. 4 vor Fußnote 16; vgl. auch Krause 1984, S. 268

<14> Vgl. Krause 1980, S. 247 f; Zöllner 1982, S. 21

<15> Mayer-Maly 1980, S. 1441 ff

<16> So Zöllner 1982, S. 29

<17> Vgl. Simitis 1984, S. 399

<18> Vgl. Benda 1983, S. 110 und S. 119

<19> Maunz, Dürig und Herzog 1976, Art. 5 GG, Randnummer 84 ff

<20> Vgl. Nummer 1 zu § 87 Betriebsverfassungsgesetz 1972 Überwachung Bl. 1 R

<21> Hueck, Nipperdey und Dietz 1972 Nummer 1 bis 4 zu § 87 Betriebsverfassungsgesetz 1972 Überwachung

<22> Vgl. Ehmann o.J.

<23> Noch nicht veröffentlicht

<24> Näheres Ehmann o.J., S. 92 f

<25> Zur Fehlzeitenauswertung vgl. Olk 1984

<26> So für den Bereich des Betriebsverfassungsgesetzes etwa die Forderungen des 10. Ordentlichen Gewerkschaftstages der Gewerkschaft Handel, Banken, Versicherungen (HBV) 1980, S. 34; ferner Simitis 1980, S. 160 Fußnote 110 u.v.a.m.; dagegen Zöllner 1982, S. 74; Ehmann 1983. Für den Bereich des Personalvertretungsrechts vgl. Bundestagsdrucksache 9/2442, S. 92; dazu Seemann 1984, S. 62 f.

<27> Wohlgemuth 1981, S. 276; Wohlgemuth 1983, S. 168 mit weiteren Nachweisen; ferner auch Simitis 1977, S. 103; Fitting, Auffarth und Kaiser 1984, § 94 Randnummer 2

<28> Vgl. Bundesarbeitsgericht, Entscheidungssammlung zum Arbeitsrecht Nummer 14 und 15 zu § 111 Betriebsverfassungsgesetz 1972; dazu Bundesarbeitsgericht vom 6. Dezember 1983 mit Anmerkung Ehmann, S. 94 ff

<29> Seemann 1984, S. 59

<30> Vgl. hierzu schon Biedenkopf und Säcker 1971, S. 220 ff; Söllner 1976, S. 65

<31> Zur verfassungsrechtlichen Grenze zwischen Regierungsgewalt und Mitbestimmung vgl. Entscheidungen des Bundesverfassungsgerichts 9, S. 269 ff; ferner Widmaier 1975, ferner Bieback 1983, insbesondere S. 43 ff

<32> Vgl. Biedenkopf und Säcker 1971, S. 239

Aussprache zu den Referaten von Hans Martin und Horst Ehmann

Bericht von Peter Schäfer

Ehmanns pessimistische Einschätzung der Mitbestimmungsgesetzgebung und der Tätigkeit der Personal- beziehungsweise Betriebsräte rief in der von Henning Marwedel geleiteten Diskussion Widerspruch hervor. Nach Ansicht von Baron hat die Erweiterung der Mitbestimmungsrechte bezüglich der modernen Technologie die Zusammenarbeit zwischen Dienststelle und Personalrat gefördert. Außerdem werde das Bundesverfassungsgerichtsurteil zum Volkszählungsgesetz von vielen Kollegen positiv beurteilt. Auch Pflaumer berichtete aus Kenntnis der Bundesministerialverwaltung von einer im Regelfall vernünftigen Zusammenarbeit zwischen Personalrat und Dienststelle. So seien zum Beispiel viele Dienstvereinbarungen über die Einführung von Bildschirmarbeitsplätzen verabschiedet worden. Gliss fügte mit Blick auf montanmitbestimmte Industriebetriebe einschränkend hinzu, daß die Konsenswilligkeit und -fähigkeit von Arbeitnehmervertretern und ihren Gewerkschaften ausgesprochen unterschiedlich seien. Teilweise sei die Ablehnung von Informationstechnologien nur strategisch begründet, um andere Ziele zu erreichen. Außerdem könnten die örtlichen Arbeitnehmervertretungen häufig nicht autonom entscheiden, da sie an die Beschlüsse ihrer Gewerkschaften gebunden seien. Auch Prinz unterstrich, daß die örtlichen Selbstverwaltungsorgane immer mehr von den Beschlüssen und Empfehlungen überlokaler Gewerkschaften abhängig würden. Dabei sei die Situation in den verschiedenen Verwaltungen höchst unterschiedlich - so gebe es schon seit Jahren in vielen Kommunalverwaltungen aufgrund der Finanzkrise nichts mehr zu verhandeln. Er sei für volle Beteiligung der Mitarbeiter, aber dagegen, daß Gesetze wesensfremd für überlokale Interessen genutzt würden. Ergänzend fügte Becker hinzu, daß es bei der Einführung von Informationstechnologien nicht nur die Front zwischen Behördenleitung und Personalrat gebe, sondern daß man auf seiten der Mitarbeiter zwischen denen, die davon profitieren, und denen, die nicht davon profitieren, unterscheiden müsse. Deswegen müsse besser von einem Interessengegensatz oder Interessenkonflikt zwischen Dienststellenleitung, betroffenen beziehungsweise profitierenden Mitarbeitern und den Personalräten gesprochen werden. Nach Brinckmanns Ansicht basierten Mitbestimmungsregelungen auf arbeitswissenschaftlichen Erkenntnissen. In vielen Bereichen fehlten andererseits jedoch noch solche Erkenntnisse. Das habe zur Folge, daß diesbezügliche Regeln nicht im Mitbestimmungsrecht auftauchten. Wo es aber keine rechtlichen Regelungen gebe, könne es auch keine Mitbestimmungsrechte für die Personalräte geben. Oppermann ergänzte dazu, daß es nicht genüge, hardwareergonomische Maßzahlen zu ermitteln. Ebenso bedeutsam sei die Frage, wie die Ergonomie dazu beitragen könne, die guten Richtzahlen in menschlich vertretbarer Form zu realisieren. Helfer brachte schließlich die Sorge um die Arbeitsplätze bei einem weiteren Ausbau der Informationstechnik zum Ausdruck. Es gehe nicht nur um die Effizienzsteigerung der öffentlichen Verwaltung, sondern auch darum, wie die Zukunft in personalpolitischer Hinsicht aussehe.

Martin ging in seiner Antwort auf die Frage ein, inwiefern arbeitswissenschaftliche Erkenntnisse gesichert seien. Arbeitswissenschaftliche Erkenntnisse hätten in der Tat dann die größte Verbindlichkeit, wenn sie in Regelwerken (DIN-Normen, Sicherheitsregeln, VDI-Vorschriften, Arbeitsstättenverordnung oder Arbeitsstättenrichtlinien) festgelegt seien. Dabei handele es sich um solche Erkenntnisse, die allgemein als gesichert gelten. Es gebe jedoch auch in vielen Bereichen Erkenntnisse, über die sich die Fachwelt noch nicht einig ist, insbesondere gilt dies für die Beurteilung von Risiken neuer Techniken (zum Beispiel über die Strahlungsgefährdung von Bildschirmen). Zur Frage, wie man arbeitswissenschaftliche Erkenntnisse in Regelwerke umsetze, das heißt sie justiziabel mache, erwähnte er zum Beispiel DIN-Normen-Ausschüsse oder Ausschüsse für Ergonomie. Allerdings sei das Verfahren recht kompliziert und dauere häufig mehrere Jahre. Zudem gebe es viele neuartige Problembereiche, speziell in der Software-Ergonomie, in denen noch zu wenige Erkenntnisse vorliegen würden und weitere Untersuchungen erforderlich seien. Schließlich seien für die praktische Umsetzung arbeitswissenschaftlicher Erkenntnisse in die Betriebe und Behörden die Schulung von Sicherheitsfachkräften und Personalräten, genauso wie die Tätigkeit des Amts- beziehungsweise Werksarztes und die Mitwirkung der Personalvertretungen von Bedeutung.

Ehmann verwies in seiner Antwort zunächst darauf, daß der Hintergrund für seine eher negativen Erfahrungen mit der Mitbestimmung nicht der öffentliche Dienst, sondern die Privatwirtschaft sei. Allerdings hinke ja der öffentliche Dienst häufig hinter der Entwicklung in der Privatwirtschaft hinterher, so daß es nicht auszuschließen sei, daß die heute in der Privatwirtschaft anzutreffenden Probleme der Mitbestimmung bei der Einführung von modernen Technologien zukünftige Probleme der öffentlichen Verwaltung seien. Beklagt habe er auch nicht das Mitbestimmungsrecht als solches, sondern die Ausübung der Mitbestimmungsrechte, da mit ihrer Hilfe notwendige technische Entwicklungen behindert würden. Auch er könne bestätigen, daß Musterbetriebsvereinbarungen der Gewerkschaften und nicht die örtliche Situation häufiger Maßstab für Entscheidungen der lokalen Betriebsräte seien. Es komme vor, daß die Betriebsräte in vielen konkreten Punkten anderer Meinung seien als ihre Gewerkschaften, diese abweichende Meinung bei den Verhandlungen mit der Betriebsleitung offiziell aber nicht vertreten würden. Die Spannungen zwischen Betriebsräten und Gewerkschaften rührten daher, daß die lokalen Betriebsräte nur selten die "totale Verweigerungsstrategie" gegenüber neuen Technologien fahren würden, wie es einige Gewerkschaften in Beschlüssen festgehalten hätten. So seien zum Beispiel die von den Gewerkschaften völlig abgelehnten "Personalinformationssysteme" bei vielen Arbeitnehmern sehr beliebt und erwünscht, da sie zum Beispiel eine differenzierte und schnelle Lohnbearbeitung ermöglichen würden. Er bekräftigte seine Auffassung, daß im Gesundheitsbegriff der WHO (siehe Referat) ein utopistisches und überzogenes Denken zum Ausdruck komme und daß der Hintergrund des Bundesverfassungsgerichtsurteils zum Volkszählungsgesetz ein "individualistischer Isolationismus" sei. Auf dieser philosophischen Grundlage könne eine Industriegesellschaft auf Dauer nicht leben.

(Abgesehen von zwei Informationsfragen fand eine Diskussion zum Referat von Sadler wegen Zeitmangels nicht statt.)

INTEGRATION VON DATENVERARBEITUNG UND FACHVERWALTUNG - DIE ZUKUNFT DER BESTEHENDEN DV-ORGANISATION

Gerhard Sadler

Die Zukunft der DV-Organisation zuverlässig vorherzusagen, scheint mir auf zweierlei Weise möglich zu sein: Entweder mit methodisch abgesicherten Erkenntnissen aus einer wissenschaftlichen Prognose oder mit der Gabe hellseherischer Fähigkeiten. Als Verwaltungspraktiker fehlt es mir an beidem. Ich möchte daher zunächst die mit dem Thema geweckten Erwartungen deutlich zurücknehmen. Das gilt umso mehr, als ich zwar einige Erfahrungen aus der Organisationsarbeit mitbringe, aber erst seit zwei Jahren in der ADV tätig bin. Gestatten Sie mir bitte deshalb auch, daß ich vielleicht etwas vereinfachend mit vorhandenen Organisationsformen umgehen könnte. Ich werde in der gebotenen Kürze auf zwei Fragen eingehen:

- Was heißt eigentlich "Integration von Datenverarbeitung und Fachverwaltung"?

- Welche Anforderungen werden sich daraus für die vorhandene DV-Organisation mit einiger Sicherheit ergeben?

In meinem Beitrag stütze ich mich auf Entwicklungen und eigene Erfahrungen in Hamburg. Mir ist klar, daß ich damit angesichts der unterschiedlichen rechtlichen und organisatorischen Rahmenbedingungen der ADV bei Bund, Ländern und Kommunen nur einen Ausschnitt der Problematik beleuchten kann. Ich werde mich deshalb auch auf Aspekte der organisatorischen Grobstruktur beschränken.

In Hamburg werden staatliche und gemeindliche Aufgaben nicht getrennt. Landesregierung und zugleich oberstes Exekutivorgan der Gemeinde ist der Senat, ein Kollegialorgan. Der Senat bestimmt die Richtlinien der Politik. Die Fachbehörden nehmen die ihnen übertragenen Aufgaben - staatliche wie kommunale - unter politischer Ressortverantwortlichkeit jeweils eines Senators wahr. Sieben Bezirksämtern sind Angelegenheiten der regionalen Verwaltung zugewiesen. Sie unterstehen einer (eingeschränkten) Fach- und Dienstaufsicht der Fachbehörden. Auf der Ebene des Senats sind Querschnittsfunktionen für die Gesamtverwaltung ausgegliedert und bei Senatsämtern zusammengefaßt, insbesondere bei der Senatskanzlei und beim Senatsamt für den Verwaltungsdienst (mit Organisationsamt und Personalamt); vergleichbare Querschnittsaufgaben nimmt aber auch das Finanzressort wahr.

Für die Abgrenzung zwischen den zentralen Stellen und den Fachverwaltungen - unter diesem Begriff möchte ich hier Fachbehörden und Bezirksämter zusammenfassen - gilt der schlichte und ebenso wahre Organisationsgrundsatz, daß auf jeder Verwaltungsebene die fachliche Aufgabe, die Kompetenz und die Verantwortung möglichst weitgehend übereinstimmen sollten. Die Aufgabe schließt die Verantwortung für die Phasen von Planung, Organisation, Durchführung und Kontrolle ein. Organisationsverantwortung bezieht sich auf die Art und Weise der Aufgabenerfüllung und auf den Mitteleinsatz. Die zentralen Stellen sind nur koordinierend gefordert, soweit Entscheidungen mehrere Bereiche oder die Gesamtverwaltung berühren und nur einheitlich getroffen werden können, soweit grundlegende qualitative Fragen zu beurteilen oder die stets knappen Ressourcen zu verteilen sind.

1. DV-Organisation

In der DV-Organisation ist manches anders. In der ADV waren zunächst nicht nur die technische Abwicklung, sondern auch die ADV-Planung, die Analyse der Aufgaben und die organisatorisch-technische Ablaufgestaltung einschließlich der gesamten Programmentwicklung fast vollständig zentralisiert. Die Zentralisation war Voraussetzung, Automation in der Verwaltung überhaupt zu ermöglichen. Die Technik war teuer, störanfällig und bedienungsaufwendig, Wirtschaftlichkeit war nur bei hoher Kapazitätsauslastung erreichbar und Spezialisten waren knapp und mußten zentral behütet werden.

In Hamburg kam es in den siebziger Jahren zu einer wesentlichen Änderung, als der Automationsgrad stieg und sich das ADV-Know how in den Ressorts verbreiterte.

Die fachliche und organisatorische Entwicklung von ADV-Verfahren von der Aufgabenanalyse bis zur Programmierung wurde den Fachbehörden zusätzlich übertragen, oder besser: Die Zentralisation wurde teilweise aufgehoben. In den Fachbehörden wurden Gruppen für ADV-Organisation und Programmierung gebildet.

Die bestehende DV-Organisation, deren Zukunft in Frage stehen könnte, läßt sich damit wie folgt skizzieren (vgl. Abbildung 1):

- Das Senatsamt für den Verwaltungsdienst ist sowohl ressortneutrale Stabstelle mit beratenden und entscheidungsvorbereitenden Funktionen für den Senat als auch Zentralstelle mit Entscheidungszuständigkeiten zur Gesamtkoordination und zur Inanspruchnahme von Ressourcen; in diesem Rahmen sind dem Senatsamt auch zentrale DV-Dienstleistungen zugeordnet, wie Systemprogrammierung, Budgetplanung und Leistungsabrechnung, Bereitstellen von Methoden und Werkzeugen (einschließlich Datenbanksysteme), Kapazitätsplanung und -beschaffung, Aus- und Fortbildung.

- Die Datenverarbeitungszentrale bei der Finanzbehörde ist zuständig für die technische Durchführung auf zentralen Großrechnern.

- Den Fachverwaltungen obliegt die Formulierung der fachlichen Anforderungen, die Gestaltung der Ablauforganisation, die Programmierung, die Verfahrensfreigabe, die Anwendung der Verfahren (einschließlich Betrieb der Klein-ADV), die Gewährleistung von Datenschutz und Datensicherheit, die Kontrolle von Angemessenheit und Wirtschaftlichkeit.

Daß die zentralen Dienstleistungen und die technische Durchführung auf zwei Stellen aufgeteilt sind, ist eine hamburgische Besonderheit, die mit Sicherheit nicht zukunftsweisend ist und auf die ich deshalb auch nicht näher eingehen möchte.

Die Automation in der hamburgischen Verwaltung wird durch kräftige Zustimmungsvorbehalte des Senatsamtes geprägt. Diese Vorbehalte greifen praktisch in alle Phasen der Entscheidungsabläufe ein, vor Beginn der Voruntersuchung, vor Aufnahme der vertiefenden Hauptuntersuchung, vor der Realisierung. Hinzu kommen Mitwirkungsrechte des Senatsamtes und der Finanzbehörde im Haushalts- und Beschaffungsverfahren.

2. Anpassungsprobleme

Die DV-Organisation Hamburgs steht vor Anpassungsproblemen. Zunächst ist allerdings festzuhalten, daß die Delegation der ADV-Planung und -Programmierung auf die Fachbehörden vor zehn Jahren nicht zur Diskussion steht. Praktisch die gesamte aufgabennahe Entwicklungsarbeit wird heute auf dieser Ebene geleistet. Solange sich die Fachverwaltungen noch auf mehr oder weniger allgemeine fachliche Vorgaben beschränken konnten, blieb die Verantwortung für die Richtigkeit eines Programms unklar. Heute hat die Fachverwaltung die Konflikte zwischen neuen fachlichen Wünschen und begrenzten Kapazitäten und "Anwendungsstaus" selbst auszutragen, wenn auch die Bindungen aus der zentralen maschinentechnischen Abwicklung fortbestehen.

Die Probleme liegen vor allem in den zentralen Zustimmungsvorbehalten. Die Fachverwaltung steht in wiederholtem Antrags- und Begründungszwang, und die zentralen Stellen werden auf diesem Wege nun doch - gegen alle guten Organisationsgrundsätze - in die konkreten Entscheidungen einbezogen. Besonders wenn der Fachverwaltung bereits Haushaltsmittel für ein Projekt bewilligt sind, treffen die Zustimmungsvorbehalte dort nur auf geringe Begeisterung.

Weitere Schwierigkeiten sind:

- Bei den zentralen Entscheidungen stehen im Zweifel mittelbare Ziele wie Wirtschaftlichkeit, technische Machbarkeit, Backup-Sicherung, im Vordergrund. Die Fachaufgabe findet schwer einen Anwalt an zentraler Stelle.

- Marktoffensiven von Herstellern und Software-Häusern mit Mikro-Computern und Personalcomputern bringen zunehmend unterschiedlichste isolierte Systeme in die Verwaltungen hinein. Entweder droht so eine unkontrollierbare, in ihren Wirkungen auf Aufgabenerfüllung, Wirtschaftlichkeit und Sicherheit, aber auch auf Motivation und Mobilität der Mitarbeiter kaum abschätzbare Systemvielfalt, oder zentrale Reglementierungen ersticken Kreativität und Innovationsbereitschaft. Jedenfalls ist diese Entwicklung in einer großen Verwaltung mit 110.000 Mitarbeitern nicht über Einzelentscheidungen zentral zu steuern.

- Diese Probleme zeigen sich nicht nur zwischen zentralem Organisationsamt und den Ressort-Fachverwaltungen, sie treten abgestuft ebenso zwischen den ADV-Spezialisten der Fachverwaltung und den fachlichen Anwendern auf. Wenn sich einer von diesen - nehmen wir ein Krankenhaus - gegen zentralen Rat für eine autonome Lösung entscheidet und sich damit durchsetzt, bleibt er beim ersten, unvermeidlichen technischen Zusammenbruch im Regen stehen.

- Das Organisationsproblem erhält eine neue Dimension durch die seit längerer Zeit zu beobachtenden technischen Parallelentwicklungen in den Sektoren von Datenverarbeitung, Textverarbeitung und Nachrichtentechnik. Neue Möglichkeiten ganzheitlicher Sachbearbeiterunterstützung durch Büroautomation und elektronische Kommunikation ("Bürosysteme") sind in den traditionellen Phasen der ADVProgrammentwicklung kaum nutzbar, wie überhaupt die technische Entwicklung die eingefahrenen Entscheidungswege überfordert. Die Geschäftsführung der Kinder- und Tagesheime möchte einen schlichten Buchungsautomaten ersetzen und sieht sich unerwartet vor einem ADV-Projekt stehen. Die Beschaffungsabteilung soll plötzlich beurteilen, ob die neuen Schreibmaschinen einen Teletexanschluß benötigen. Die Fachverwaltung findet schwer einen kompetenten Ansprechpartner für ganzheitliche Ansätze, weil die Zuständigkeiten für ADV, Textverarbeitung und Nachrichtentechnik auf verschiedene zentrale Stellen verteilt sind.

- Die begrenzten Kapazitäten an zentraler Stelle werden für konzeptionelle Arbeit zur Lösung solcher Probleme benötigt, sind aber durch Einzelprojekte gebunden.

Insgesamt gesehen fallen Aufgabenverantwortung und Organisationsverantwortung damit ganz offensichtlich auch heute noch auseinander.

3. Welche Folgerungen lassen sich ziehen?

Ich möchte versuchen, organisatorische Ansatzmöglichkeiten anzudeuten, indem ich stichwortartig unterschiedliche Funktionen in drei Richtungen einordne:

- Fachverwaltung
- Technische Dienstleistungen
- Verwaltungsführung.

3.1 Fachverwaltung

Die weitgehende Deckung von Fachaufgaben und DV-Kompetenz ist eine wesentliche Voraussetzung für eine ganzheitliche Ressortverantwortung. Diese ist zu stärken. Das schließt eine abgestufte Spezialisierung innerhalb der Fachverwaltung gegenüber der für die Aufgabenerfüllung fachlich zuständigen Stelle (Anwender) nicht aus.

Den Fachverwaltungen obliegen in Hamburg schon bisher - wie dargestellt - die Vorgabe der fachlichen Anforderungen, die ADV-Planung und -Programmierung, die Verfahrensfreigabe sowie Anwendung und Kontrolle.

Die ADV-Kompetenz der Fachverwaltungen wird sich ausweiten: Mancherlei Fachaufgaben sind heute mit Standard-Software/Hardware-Paketen lösbar oder unterstützbar, wie betriebswirtschaftliche Auswertungen, Kostenrechnung, Materialwirtschaft, graphische Aufbereitungen, technische Berechnungen. Waren solche Fachverfahren zuvor in der Regel nach Vorgaben der Anwender durch die ADV-Spezialisten zu entwickeln und bereitzustellen, so wird dieses künftig zum Teil durch die Anwender selbst geleistet werden können. Das Betriebswirtschaftliche Referat wird darauf verwiesen, sich eine Übersicht über die verfügbaren Arbeitsmittel und deren Qualität zu verschaffen. Zentral ist methodische Hilfe und auch Information zu leisten. Darauf werde ich noch kommen. In ähnlicher Weise werden auch Mikro-Computer und sonstige autonome Systeme im Rahmen koordinierender Vorgaben von der Fachverwaltung auszuwählen und von dieser in der Regel auch zu betreiben sein.

Vom Anwender unmittelbar zu nutzen sind insbesondere Entwicklungen im Umfeld der "Büroautomation", etwa für Standardaufbereitungen, Archivierung, Terminüberwachung und insbesondere für die Kommunikation. In diesem Zusammenhang sind auch die neuen Dienste der Bundespost - Teletex, Telefax, Bildschirmtext - und vergleichbare Inhouse-Systeme zu sehen. Nur die Basis-Systeme sind zentral bereitzustellen.

Abhängigkeiten von zentralen Diensten wie Schreibdienst, Registratur, Poststelle, Telefonzentrale, Botendienste - nach 16 Uhr bekommt man kein Schreiben mehr in eine andere Behörde - lassen sich reduzieren.

Ganzheitliche technikgestützte Organisationsformen können ein wichtiges Mittel zur Humanisierung der Arbeit sein. Das setzt Akzeptanz beim Anwender voraus. Erfahrungen in Hamburg (mit einem Modellversuch zur Neuorganisation der Geschäftsstellen des Amtsgerichts als technikgestützte Gruppengeschäftsstellen) geben hierfür Bestätigungen.

Die DV-Kenntnisse der Mitarbeiter werden weiterhin zunehmen. Die öffentliche Verwaltung wird sich darauf einstellen müssen, will sie nicht an Attraktivität für Bewerber verlieren. Die Programmentwicklung könnte im Laufe der Zeit noch mehr als bisher auf den Anwender zu verlagern sein, nicht nur für Mediziner, Ingenieure und andere Spezialisten, die dieses, jedenfalls für bestimmte Probleme, heute bereits leisten; zumindest werden solche Erwartungen mit Systemen der "fünften Generation" zu erfüllen sein.

Je mehr generelle Entscheidungs- und Koordinierungskriterien entwickelt und vorgegeben werden können, desto konsequenter können die Einzelentscheidungen über Angemessenheit und Wirtschaftlichkeit der Automation den Fachverwaltungen überlassen bleiben. Daß diese Aspekte in allen Phasen von zentralen Entscheidungsträgern eingebracht werden, ist nicht so zwingend, wie es nach langjähriger Praxis, jedenfalls in Hamburg, erscheinen könnte.

Beim Versuch, solche generellen Entscheidungskriterien zu entwickeln, könnte auch herauskommen, daß ein Finanzrahmen vorgegeben wird, in dem eine zentrale Mitwirkung außerhalb des Haushaltsverfahrens stets entfällt. Im übrigen ist die zentrale Mitwirkung auf die Grundentscheidung über ein Vorhaben und damit auf eine frühe Entscheidungsphase zu konzentrieren.

Zusammenfassend ist zu erwarten, daß es künftig zur Rolle der Fachverwaltung auf allen Ebenen gehören wird und gehören muß, die Verfahren der Datenverarbeitung zu beherrschen und zu verantworten, sich mit neuen Formen der Informations- und Kommunikationstechnik auseinanderzusetzen und sie zu nutzen.

Für abschließende Entscheidungen, für Eigenentwicklungen, für die Steuerung und Nutzung von Verfahren und Systemen sind auf allen Ebenen der Fachverwaltung Technik-Qualifikationen heranzubilden. Sollen die bisher automatisierten Verfahren nicht auf längere Sicht in die Ecke von "Exoten" geraten, werden die Anwender vorsorgen müssen, auch diese fachlich zu steuern und zu kontrollieren.

Ändern muß sich damit auch das Rollenverständnis der Fachverwaltung; ihre Funktionen sind mit dem Begriff des "Benutzers" unzureichend beschrieben. Zu fordern sind Innovationsfähigkeit und Innovationsbereitschaft. Die Fachverwaltung kann sich nicht locker aus der technischen Entwicklung ausblenden und, so geschehen, bei passender Gelegenheit zu Protokoll geben, daß es hierfür ja zentrale Spezialisten gebe und Initiative aus der Fachverwaltung schon gar nicht zu erwarten sei. Auch wenn es um technische Rationalisierung zur Haushaltskonsolidierung geht, reagieren Fachverwaltungen gelegentlich ähnlich und ziehen sich mehr oder weniger auf die Position von "Betroffenen" zurück.

Denkbar sind organisatorische Folgerungen in der Fachverwaltung. Es werden Funktionen differenziert zuzuordnen sein. Die Trennung von Programmierung und fachlicher Zuständigkeit ist für Verfahren mit hohen Sicherheitsanforderungen, insbesondere Zahlungsverfahren, sicherzustellen. Es bieten sich verstärkt Ansatzpunkte für die Partizipation der Mitarbeiter.

Ich möchte mich hier auf die Organisation der Datenverarbeitung und der Informationstechnik, also auf die Organisation der Organisation, konzentrieren. Deshalb gehe ich hier nicht ein auf die viel weiterreichenden Fragen zur Organisation der Fachverwaltung, die sich aus der Automation und der Technisierung im Bürobereich allgemein ergeben, etwa aufgrund zunehmender Ablaufprogrammierung, wachsender Direktkommunikation und der Technikintegration am Arbeitsplatz (Wirkungen auf die Aufgabenverteilung, auf hierarchische Organisationsformen sowie auf Kooperations- und Arbeitsstrukturen).

Die beschriebene Rücknahme von Organisationskompetenz in die Fachverwaltung kann man - wie im Thema - "Integration von Datenverarbeitung und Fachverwaltung" nennen.

Aus der Sicht von Organisatoren mag diese Entwicklung beängstigend klingen. Jedenfalls verstehe ich so eine Warnung, die kürzlich in einer DV-Zeitschrift zu lesen war. Der Trend, "daß die Fachabteilungen Eigeninitative im Hinblick auf die Organisation entwickeln....führt zu einem Kompetenzverlust des Organisationschefs, der nicht länger hingenommen werden kann....".

Diese Sorge kann ich nicht teilen. Wohl werden sich die Aufgaben der zentralen Stellen verändern müssen; bei rechtzeitiger Aufmerksamkeit dafür sind qualitative Verluste an Kompetenz aber kaum zu erwarten, eher im Gegenteil.

Die zentralen Querschnittsbereiche umfassen die technischen Dienstleistungen sowie die Managementfunktionen der Verwaltungsführung.

3.2 Technische Dienstleistungen

Bezogen auf die technischen Dienstleistungen ist zu klären, an welcher Stelle künftig jene Verfahren technisch abgewickelt werden sollen, für die die Leistungsfähigkeit und Peripherie von Großrechenanlagen erforderlich sind, sei es für Stapel- oder für online-Verarbeitung.

Zentrale Großrechenanlagen sind sachlich auch weiterhin unverzichtbar, etwa für komplexe Verfahren mit hohen Fallzahlen oder für Massenarbeiten, die hohe Sicherheit und Verfügbarkeit, Schnelligkeit und kurzfristiges Wiederanlaufen nach Ausfällen erfordern. Beispiele sind das integrierte Verfahren für die Steuerfestsetzung und Erhebung sowie das polizeiliche Auskunftsverfahren.

Eine realistische Alternative zur vorhandenen gemeinsamen Datenverarbeitungszentrale wären für Hamburg bei der Größenordnung der Ressorts nicht Mikro-Computer und Personalcomputer, sondern Rechenzentren der Fachverwaltungen. Ein Aufbau ressortbezogener Fachrechenzentren hätte für die Fachverwaltungen wohl Vorteile, weil spezifische betriebliche Anforderungen gelegentlich leichter erreichbar sein könnten. Nachteile einer abgesetzten betrieblichen Organisation, wie die Abhängigkeit von technischen Zwängen der zentralen Ausstattung, von einheitlichen Verfahrensweisen und auch von mittelbaren betrieblichen Zielen, wären vermeidbar.

In Hamburg geht die Tendenz dennoch dahin, das Mehrzweckrechenzentrum beizubehalten, und zwar aus wirtschaftlichen Gründen. Fachrechenzentren würden im Vergleich zur Datenverarbeitungszentrale ein Vielfaches an Investitionen erfordern, nicht zuletzt für Sicherheits- und Klimatisierungsvorkehrungen. Allein der organisatorisch-technische Umstellungsaufwand ist kaum zu überschätzen. Eine gemeinsame Datenverarbeitungszentrale erlaubt eine hohe Kapazitätsauslastung und vielseitige

Nutzbarkeit der Infrastruktur. Auf besondere Einsatzsituationen, etwa zeitliche Schwerpunkte, kann umfassender und flexibler reagiert werden. Die differenzierten Anforderungen von Datenschutz und Datensicherheit sind auf hohem Standard gewährleistet. Das Spezialistenwissen ist zentral verfügbar. Dabei ist stets eine enge Abstimmung mit den fachlichen Zielen gesichert. Die fachlich-inhaltliche Verantwortung für das Gesamtverfahren bleibt unangetastet.

Die Standortfrage für den technischen Betrieb hat im online-Zeitalter mit verteilter Datenverarbeitung ohnehin an Gewicht verloren. Unter diesen Umständen wird es sich für einen Stadtstaat aus Wirtschaftlichkeitsgründen verbieten müssen, ein vorhandenes Großrechenzentrum, für das es früher keine Alternative gab, aufzulösen und statt dessen in neue Rechenzentren zu investieren.

Parallel ist das Feld abzustecken, in dem Aufgaben nicht über die Datenverarbeitungszentrale (einschließlich verteilter Systeme), sondern mit Hilfe autonomer Systeme, Mikro- oder Bürocomputer bis hin zu Personalcomputer, wahrgenommen werden können. Hier bestehen auch in der öffentlichen Verwaltung vielfältige Anwendungsmöglichkeiten, etwa wenn die Datenmengen begrenzt sind, ein Zugriff auf zentrale Daten nicht erforderlich ist, auch sonst keine Verbindung zu anderen Aufgaben besteht, die baulichen und technischen Rahmenbedingungen in gleichem Maße (und ohne höhere Kosten) geschaffen werden können wie in der Datenverarbeitungszentrale.

In diesem Zusammenhang wird allerdings die Frage erlaubt sein, wieweit Verfahren, die - für sich betrachtet - in Fachverwaltungen autonom ablaufen könnten, dennoch über die Datenverarbeitungszentrale abgewickelt werden sollten, wenn dadurch die Auslastung und damit die Wirtschaftlichkeit erhöht werden könnte.

Als technische Dienstleistungen sind danach zentral insbesondere wahrzunehmen:

- Betrieb zentraler Rechner

- Kapazitätsplanung und Beschaffung von Hardware und Software, soweit es sich nicht um reine Anwendungsprogramme handelt

- Systemprogrammierung

- Budgetplanung und Leistungsabrechnung

- Auswahl und Verbreitung von Methoden und Werkzeugen, die für die Anwender verbindlich oder nützlich sind

- Datenbankverwaltung, auszubauen zu einem zentralen Datenbankmanagement

- Aus- und Fortbildung

- Erfahrungsaustausch.

Hinzu kommen mit wachsendem Gewicht als technische Dienstleistungen:

- Beratung der Fachverwaltungen in den Angelegenheiten des technischen Betriebes (zur Öffnung von Anwendungsmöglichkeiten der Datenverarbeitung, zur Sicherung und Erweiterung der Handlungsfähigkeit der Fachverwaltung, als Hilfe bei angemessenen Problemlösungen).

- Nutzung des vorhandenen Know-how auch für autonome Systeme (Mikro-Computer) in den Fachverwaltungen (Hilfe bei der Einsatzplanung, bei Auswahl und Beschaffung, bei der Programmierung und - soweit erforderlich - auch beim technischen Betrieb von autonomen Systemen). In welchem Ausmaß zentrale Rahmenvorgaben für autonome Systeme erforderlich sind, ist sorgfältig abzuwägen. Gegenstände von Rahmenvorgaben können etwa sein: Die Nutzung solcher Systeme überhaupt, die Verträglichkeit mit anderen Einheiten, gegebenenfalls die Kommunikationsfähigkeit untereinander sowie bei verteilter Datenverarbeitung mit zentralen Anlagen, die Ausbaufähigkeit, die laufende Unterstützung durch Spezialistenwissen, die Sicherheit der Weiterentwicklung, Hardware- und Software-Standards als Voraussetzung für Mitarbeiter-Mobilität und effiziente Aus- und Fortbildung. Es spricht einiges dafür, die technisch-betriebliche Infrastruktur auch für autonome Anwendungen (nicht die fachliche Nutzung und die Entscheidung darüber) zentral bereitzustellen, jedenfalls für standardmäßige Verwendungen und in allen Fällen der Verknüpfung mit zentralen Rechnern. Insbesondere die Erneuerungsbedürftigkeit technischer Systeme ist dabei ein entscheidender Punkt. Man tut der Fachverwaltung sicherlich keinen Gefallen, wenn man die Beschaffung eines isolierten Systems zuläßt, dieses mit viel Mühe zum Laufen bringt, aber nicht vorsorgt, wie die Aufgaben vier oder fünf Jahre später bei veränderter Marktlage weiterhin wahrgenommen werden. Die Rückkehr zu manuellem Aufgabenvollzug ist dann kaum mehr möglich.

- Die zentrale Dienstleistung muß sich auch erstrecken auf die Textverarbeitung und die sonstige Bürotechnik. Die Mitarbeiter in den Fachverwaltungen sind darin zu unterstützen, die Möglichkeiten der Informationstechnik selbst zu nutzen, ohne allein auf Hersteller oder Fachmessen angewiesen zu sein. Dazu gehört vor allem, alternative Möglichkeiten der Technikunterstützung aufzuzeigen.

- Integrierte Büro- und Kommunikationssysteme sind als Basissysteme zentral bereitzustellen und zu betreiben. Dazu zählen Systeme auf der Basis öffentlicher oder verwaltungseigener Fernmeldenetze ebenso wie solche mit Hilfe lokaler Netze.

- Die Nutzungsmöglichkeiten integrierter Büro- und Kommunikationssysteme sowie der überkommenen Verwaltungshilfsdienste und Betriebsstellen sind aufeinander abzustimmen. In diesem Zusammenhang sind insbesondere zu betrachten: Post- und Botendienste, Rohrpostsysteme, Archive, Auskunfts- und Informationsbanken, Textverarbeitungszentralen, Druckereien und Vervielfältigungsstellen. Damit möchte ich nicht etwa für eine Zusammenfassung dieser Dienste plädieren, wohl aber für eine ganzheitliche Betrachtung.

- Für die dezentral installierten Geräte sind Wartungs- und Störungsdienste zu organisieren.

In der Binnenstruktur der Dienstleistungsorganisation könnten diese zusätzlichen Funktionen zum Teil durch ein Information Center oder an "Help Desks" wahrgenommen werden.

3.3 Verwaltungsführung

Die technische Dienstleistung gewährleistet den technischen Ablauf und den üblichen Standard der Informationsverarbeitung.

Abgehoben davon ist zu beurteilen, welchen Anteil die Informationstechnik überhaupt an der Erfüllung der öffentlichen Aufgaben haben und wie sie in den bestehenden Handlungsspielräumen mit unterschiedlichen Zielsetzungen genutzt werden soll. Diese verwaltungspolitischen Grundentscheidungen werden vom Management, von der Verwaltungsführung, erwartet, sowohl zentral als auch auf den Ressortebenen (insoweit besteht eine Überschneidung mit dem Funktionsbereich "Fachverwaltung"; die konkreten Projekte sind in diesen Rahmen einzupassen.

Soll die Verwaltung sich an die Spitze der Entwicklung setzen, oder setzt sie besser weiterhin auf den gesicherten Stand bewährter Technik? Einflüsse aus dem gesellschaftspolitischen Umfeld sind einzubeziehen; Wirkungen der Technik nach innen und außen, Akzeptanz, Sozialverträglichkeit und Ergonomie, die Betroffenheit der Beteiligten bis hin zur Dequalifikation, wirtschaftspolitische Aspekte, Modernität der Verwaltung, sind nur einige Stichworte.

Die Notwendigkeit politischer Wertung ist zum Beispiel in der Diskussion über die Volkszählung sehr deutlich geworden. In Mitbestimmungsgesprächen spielt auch eine Rolle, daß über die "Vernetzung" von Rechnersystemen und Terminals - auch wenn die Anwendungen strikt getrennt sind - Kontrollpotentiale entstehen könnten. Insoweit ist zu sichern, daß über die akzeptablen Nutzungsarten entschieden wird. Das Ergebnis kann vom technisch Machbaren und rechtlich Zulässigen nicht unerheblich abweichen.

Die Entwicklungen der Informations- und Kommunikationstechnologie lösen einen verstärkten Koordinationsbedarf aus, vor allem in bezug auf

- den Umgang mit Zielkonflikten

- einheitliche Entscheidungskriterien mit dem Ziel, den Fachverwaltungen Spielräume zu sichern und diese auszugestalten, ohne daß "das Rad immer wieder neu erfunden wird". Kapazitäten, Kommunikationsmöglichkeiten, Verträglichkeiten und Investitionsrisiken sind vor allem zu berücksichtigen. Einzubeziehen sind auch Vorgaben von Ressourcenrahmen

- zentrale Vorgaben für Kompetenzverteilung, Entscheidungsabläufe, Datenschutz und Datensicherheit

- Prioritäten zur Inanspruchnahme von Ressourcen.

Beurteilungsprozesse sind zu sichern, insbesondere im Verhältnis zu politischen Entscheidungsträgern, Gewerkschaften, Personalräten, Mitarbeitern. Dazu gehört auch eine Informationspolitik zum Abbau von Technik-Schwellenängsten sowie zur Vermittlung von Sicherheit, Technisierungsfolgen einschätzen zu können.

Wünschenswert ist eine Strategie für die Techniknutzung und für die Rationalisierung, differenziert nach Handlungsmöglichkeiten und Rahmenbedingungen; dabei muß man mit dem Konflikt leben, daß die öffentliche Verwaltung als Teil des politischen Systems in die politischen Entscheidungsprozesse eingebettet ist und daß diese nicht nur strategisch bestimmt sind.

Angelegt sein sollte auch die Organisation von Lernfähigkeit in dem Sinne, eigene Erfahrungen zu sammeln und auch Fehler machen zu können, gerade auch in Verwaltungen, die sich mit der Informationstechnik noch schwer tun. Auch das erfordert eine Einführungsstrategie, sofern der Mut zum Risiko nicht unbegrenzt sein soll. Begleituntersuchungen und Pilotprojekte sollten zentral initiiert, mitgetragen und ausgewertet werden.

Da bei den heutigen technischen Möglichkeiten die ganzheitliche Organisation des Aufgabenvollzugs - ob mit oder ohne Technikunterstützung - im Mittelpunkt steht, sind auch Vorgehensweisen zu entwickeln, die die Aufgabe als Ganzes zum Gegenstand haben. Meine bisherigen Beobachtungen, die sicherlich für eine allgemeine Aussage nicht ausreichen, haben mir den Eindruck vermittelt, daß Automationsprozesse sich gelegentlich noch an der Grenze der 1:1-Abbildung fachlicher Anwenderwünsche bewegen und aufgabenkritische Aspekte nicht immer genügend durchdringen.

3.4 Aspekte organisatorischer Zuordnung

Die drei dargestellten Funktionsbereiche sind Bausteine für die organisatorische Gestaltung (vgl. Abbildung 2; die Konkretisierungen sind nur beispielhaft). Meine Absicht war, Funktionen zu beschreiben. Die zwischen diesen bestehenden Beziehungen lassen sich etwa wie folgt skizzieren:

- "Verwaltungsführung" und "Technische Dienstleistungen" enthalten Elemente zentraler Steuerung und Koordination, die oft auch mit dem Begriff "Informationsmanagement" verbunden werden. Zwischen beiden Funktionsbereichen besteht ein fließender Übergang, soweit über die "Technische Dienstleistung" Standards gesetzt werden; dennoch haben sie prinzipiell unterschiedliche Inhalte. Keinesfalls kann die Verwaltungsführung darauf vertrauen, daß die Managementfunktionen etwa über die "Technische Dienstleistung" mit wahrgenommen werden.

- "Verwaltungsführung" und "Fachverwaltung" tragen abgestuft Verantwortung für die Erfüllung der Fachaufgabe. Je nach Größe und Gliederungsprinzipien der Verwaltung (Einheitsverwaltung und/oder Ressortprinzip) sind unterschiedliche Abgrenzungen vorstellbar.

- "Fachverwaltung" und "Technische Dienstleistung" umfassen alle Phasen der Aufgabendurchführung. Die Abgrenzung zwischen beiden wird im wesentlichen durch Effizienzüberlegungen geprägt sein. Die Einheitsverwaltung eines Stadtstaates, in dem die Wirtschaftlichkeit insgesamt auch ein gemeinsames Ziel ist, begünstigt sicherlich abwägende Gesamtbetrachtungen.

Sind, wie in Hamburg, alle drei Funktionsbereiche derselben Verwaltung zugeordnet, so ist im Rahmen der ungeteilten Organisationsgewalt ein organisatorischer Entwicklungsprozeß zur laufenden Anpassung an veränderte Ziele oder Rahmenbedingungen leichter möglich, als wenn Teile der "Technischen Dienstleistung" ausgegliedert sind, zum Beispiel auf ein externes Rechenzentrum.

Organisatorisch wäre jetzt nach den jeweiligen Verwaltungszielen und Rahmenbedingungen festzulegen, an welcher Stelle die Funktionen konkret wahrgenommen werden sollen. Soweit eine Zusammenfassung für die Gesamtverwaltung oder auf Ressortebene gewünscht wird, werden hierfür in der Regel Querschnittseinheiten bestehen oder zu bilden sein.

Die Verwaltungsführung wird sich in einer großen Verwaltung auf leistungsfähige Assistenzstellen abstützen. Hier sind vor allem berührt:

- die allgemeine Organisation, der neben den Zuständigkeiten für die Aufbauorganisation, die Geschäftsordnung, für Organisationsuntersuchungen und die Personalwirtschaft auch die "herkömmliche" Bürotechnik (Textverarbeitung, Registratur, Druck und Vervielfältigung, Transport) zugeordnet ist

- die ADV-Planung und -Organisation

- die zuständigen Stellen für die Medien- und Technologiepolitik

- andere Querschnittsbereiche (zum Beispiel Personalrekrutierung, Aus- und Fortbildung, Haushaltsverfahren).

Zentralstellen für technische Dienstleistungen sind etwa

- Rechenzentren

- der innere Dienst (Beschaffung und Wartung technischer Systeme, die heute oft verwirrende Schnittstellen für Kommunikationszwecke aufweisen; Aufsicht über zentrale Dienste)

- Fernmeldebetriebsstellen

- verschiedene andere Sonderfunktionen.

Zum Teil werden Aufgaben dieser Art auch in engem Zusammenhang mit unmittelbaren Aufgaben der Fachverwaltungen wahrgenommen, wie etwa in Hamburg die Koordination von Nutzungsmöglichkeiten des neuen Postdienstes Bildschirmtext durch das Statistische Landesamt.

Alle diese Funktionen sind noch stärker als bisher im Zusammenhang zu sehen. Die Gestaltung "multifunktionaler" Arbeitsplätze und integrierter Bürosysteme verlangt "multifunktionale" Organisatoren. In Hamburg sehen wir es als Vorteil, daß Organisation und Datenverarbeitung hier niemals völlig getrennt waren. In einem weiteren Schritt ist im Organisationsamt inzwischen die Zuständigkeit für die gesamte Informationstechnik, abgesehen von der Fernmeldetechnik, also auch für die Bürotechnik einschließlich Textverarbeitung, mit der Automation zusammengefaßt worden.

Für die Fachverwaltungen laufen überlegungen zu einer stärkeren Bündelung der Assistenzfunktionen. Dabei geht es auch um die Frage, stärker als bisher betriebswirtschaftlichen Sachverstand und Controlling-Funktionen einzubeziehen.

Die Probleme in diesem Bereich scheinen jedoch weniger in der Organisation als im Problembewußtsein und im Fachwissen zu liegen. Deswegen bedarf es nicht einer grundlegenden Neuorganisation, sondern einer engen Zusammenarbeit der beteiligten Stellen. Dazu gehören auch die Fachverwaltungen. Hier sollten Irritationen vermieden werden, die aus der Blütezeit zentraler Planungsstäbe in den siebziger Jahren erinnerlich sind. Wenn bloße Appelle an die Beteiligten zur Zusammenarbeit nicht ausreichen, müßte diese vielleicht auch durch eine zentrale Funktion nach Art eines Change Agent in Gang gehalten werden. Eine stärkere Projektorientierung der organisatorischen Entwicklungsarbeit mit einem leistungsfähigen Projektmanagement kann die Gewähr für koordiniertes und umsichtiges Vorgehen bieten. Die Fachverantwortung ist zu betonen, indem die Projektverantwortung der Fachverwaltung zugeordnet wird. Die Steuerung (Vorsitz und Federführung) von Lenkungs- und Entwicklungsgruppen gehört in die Fachverwaltung.

Die Organisation der Informationsverarbeitung hat ihr Schwergewicht, wie besonders bei der Entwicklung von Kommunikationsnetzen deutlich wird, in der Ablauforganisation, das heißt in der Regelung der zeitlichen und räumlichen Abfolgen der Aufgabenerfüllung in Arbeitsschritten, an denen Personen, Sachmittel und Arbeitsobjekte beteiligt sind. Für die ganzheitliche Steuerung sind Probleme aus einem bisher unterschiedlichen Aufgabenverständnis allgemeiner Organisatoren und ADV-Organisatoren denkbar. Die automatisierten Abläufe sind in starkem Maße organisatorisch geprägt, wobei die Regelungen zudem noch mit dem Gewicht des "mächtigen" technischen Betriebes ausgestattet sind.

Dagegen bleibt die Ablauforganisation für nichtautomatisierte Aufgaben im allgemeinen den fachlichen Anwendern selbst überlassen. Diese orientieren sich an rechtlichen Vorgaben in Gesetzen und Vorschriften, vorwiegend solchen verwaltungsverfahrensrechtlicher Art. Aber wie der Aufgabenvollzug vor Ort dann zweckmäßig und wirtschaftlich ablaufen sollte, dafür erhält die Fachverwaltung wenig Hilfe. Das überrascht einigermaßen, da die Wirtschaftlichkeit der Verwaltung weit mehr durch die Ablauf- als durch die Aufbauorganisation bestimmt wird. Die allgemeine Organisation kommt mit den Verwaltungsabläufen erst nach ernsteren Störungen in Berührung, wenn es darum geht, in einer systematischen Organisationsuntersuchung vorhandene Abläufe zu überprüfen und zu verbessern. Dann ist der tatsächliche Ablauf mühsam im Wege der Ist-Aufnahme zu erheben.

Die neuen Informations- und Kommunikationstechniken könnten zunehmend dahin wirken, daß nach Art industrieller Ablaufplanung Grundsätze und Rahmenregelungen für die Zusammenarbeit zwischen den Verwaltungszweigen aufgestellt werden. Wenn dieser Rahmen eigenverantwortlich durch die Fachverwaltungen ausgefüllt wird, sind aufgabengemäße Differenzierung und laufende Anpassung möglich. Eine höhere Sicherheit der Fachverwaltung im Umgang mit Arbeitsspitzen, Personal- und Maschinenausfälle, unterschiedlichen Leistungsbedingungen und Arbeitskapazitäten könnte sehr wohl dazu beitragen, die Wirtschaftlichkeit insgesamt zu erhöhen, Störungen, Engpässe und Verzögerungen, auch in ihrer Wirkung für den Bürger zu verringern und nicht zuletzt auch den Mitarbeitern Frustration ersparen zu helfen.

Ich habe versucht darzustellen, wie sich die Funktionsverteilung zwischen den Fachverwaltungen und den zentralen Stellen ändern könnte. Die Änderungen haben, je nach tatsächlicher organisatorischer Zuordnung, wesentliche Auswirkungen auf die Abläufe. Lassen Sie mich zusammenfassend bitte feststellen, daß mit der bestehenden DV-Organisation eine leistungsfähige Grundstruktur vorhanden ist. Ich möchte dieser Organisation eine Zukunftschance geben, wenn sie sich der "Integration von Datenverarbeitung und Fachverwaltung" offen stellt und wenn die Verwaltungsführung sich der erforderlichen Grundentscheidungen annimmt.

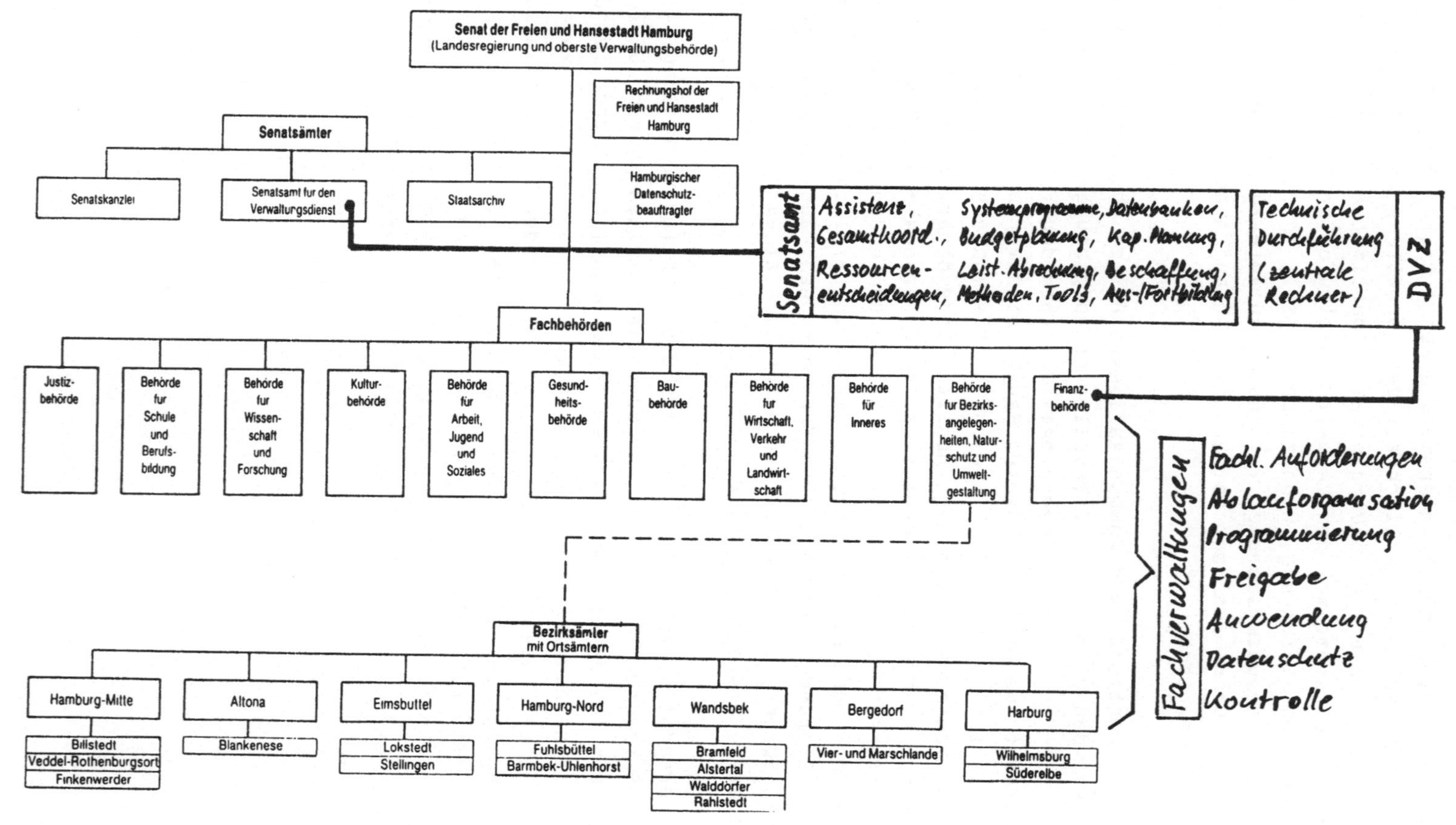

Abbildung 1: DV-Organisation Hamburg (schematisch)

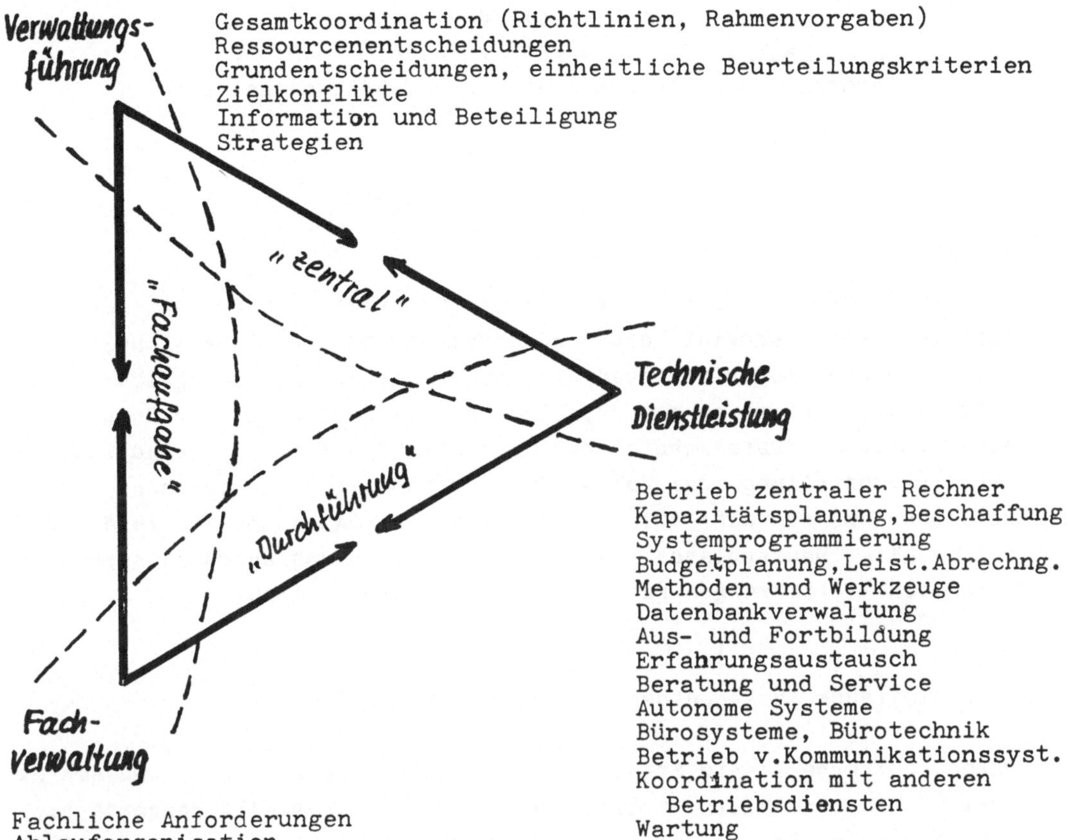

Fachliche Anforderungen
Ablauforganisation
Programmentwicklung
Freigabe
Anwendung
Datenschutz/Datensicherheit
Kontrolle
Autonome Systeme
Nutzung von Bürosystemen
Programmierung durch Anwender
Wirtschaftlichkeit gewährleisten
Entscheidungen in Ressortverantwortung
Beherrschung vorhandener Verfahren
Innovation

Abbildung 2: Funktionsbereiche der Informationsverarbeitung

Podiumsdiskussion:
Wie sicher sind unsere Daten - Kann die Informationstechnologie den Datenschutz garantieren?

Bericht von Oliver Dubber

Die Fragestellung der von Arthur Winter geleiteten Podiums- und Plenumsdiskussion scheint dem "unvorbelasteten" Laien verständlich und unmittelbar einleuchtend. Daß dies jedoch keineswegs zwangsläufig ist, zeigte die Diskussion der Experten auf diesem Gebiet. Die Unterscheidung zwischen "Datenschutz" und "Datensicherheit" hatte eine Spaltung der Themenstellung zur Folge. Dabei ergab sich eine durchaus kontroverse Diskussion über "Sinn und Unsinn" des Datenschutzes in der Bundesrepublik Deutschland, während Datensicherung durch entsprechende technische Vorkehrungen weitgehend unbesprochen blieb.

1. Einleitende Aussagen der Podiumsteilnehmer

Bernd Lutterbeck: Die Frage nach der Datensicherheit wird von den Experten einvernehmlich negativ beantwortet. Sie stellt demgemäß nicht die zentrale Frage dar; ihre wesentliche Funktion scheint vielmehr darin zu bestehen, vom Problem des Datenschutzes abzulenken.

Die Auseinandersetzung mit der Frage "Wie sicher sind unsere Daten?" setzt in jedem Fall empirische Erhebungen von Ist- und Sollzustand der Informations- und Kommunikationsinfrastruktur voraus. Entsprechende Untersuchungen des SAG (Schweden) legen folgende Aussage nahe: Ein auch aus nationalen Sicherheitsinteressen befriedigendes Sicherheitsniveau ist nur zu erreichen, wenn

- bürgerliche Freiheiten eingeschränkt werden,
- die mittelbar oder unmittelbar in der Datenverarbeitung Beschäftigten eine weitgehende Einschränkung ihrer Arbeitnehmerrechte hinnehmen und
- demokratische Rechte wie die des freien Zugangs auf Informationen suspendiert werden.

Wesentlicher als die Frage der technologischen Datensicherung ist die Frage der Datenverwendung, also die Frage danach, an welcher Stelle auf Technikeinsatz und Datensammlung im Interesse der Sicherheit verzichtet werden muß. Dies ist jedoch wiederum die Frage nach dem Datenschutz, und in diesem Zusammenhang scheint die Aussage des Hessischen Datenschutzbeauftragten Simitis gerechtfertigt zu sein, wonach der Datenschutz im Augenblick seiner höchsten öffentlichen Anerkennung seine bisher tiefste Krise erlebt.

Karl Rihaczek: Das Substantiv "Datensicherheit" hat zunächst das definitorische Problem des Begriffes "Sicherheit" zur Folge. Im Sinne der mathematischen Statistik sind Daten natürlich stets relativ unsicher beziehungsweise sicher. Man kann jedoch durch technische und organisatorische Maßnahmen die Wahrscheinlichkeit, daß alles richtig läuft, beliebig nahe an 100 Prozent annähern. Damit stellt sich die Frage der technologischen Datensicherheit (fast) ausschließlich als Frage des vertretbaren Aufwandes. Dem trägt auch das Datenschutzgesetz Rechnung, das eine Abwägung von "Sicherungsertrag" und "Sicherungsaufwand" vorsieht.

In diesem Zusammenhang haben sich die "Datensicherer" dazu bekannt, die Sicherheit der Daten so zu erhöhen, daß der Aufwand, der betrieben werden müßte, um diese Sicherheit zu durchbrechen, erheblich größer ist als der Gewinn, der daraus zu ziehen wäre. Dazu ist anzustreben, daß der "Angreifer" eine Technologie zur Verfügung haben müßte, die es noch gar nicht gibt. Dem entspricht die gegenwärtige Situation bereits in manchen Fällen und dies sollte auch der Standard sein, an dem die Frage der Datensicherheit zu messen ist.

Ebensowenig wie die Informationstechnologie eine 100%ige Sicherheit der Daten garantieren kann, ist auch ein technologisch vollständiger Datenschutz möglich. Jedoch stellt die Datensicherung ein Hilfsmittel für den Datenschutz dar, das allerdings relativ selten genutzt wird. So wäre ein besserer Datenschutz schon allein dadurch zu erreichen, daß die Daten sicherer gemacht, das heißt vor dem Zugriff unbefugter Personen geschützt werden. Zur Erläuterung diene das Beispiel des Fernmeldegeheimnisses. Hiernach ist es dem Postbediensteten, der in Ausübung seines Berufes Gespräche abhören muß, verboten, Informationen, die er auf diesem Wege erhält, weiterzugeben. Besser wäre es aber, wenn eine etwaige Weitergabe technisch unmöglich gemacht würde, zum Beispiel, indem die Informationen verschlüsselt wären, so daß sie erst gar nicht zur Kenntnis genommen werden können. Damit würde durch eine technische Maßnahme eine Norm wie das Fernmeldegeheimnis nahezu überflüssig gemacht. Voraussetzung dafür ist jedoch eine stete Beobachtung der technologischen Entwicklung. So müßte zum Beispiel eine Norm wie das Datenschutzgesetz stärker herstellerorientiert ausgerichtet sein, denn nur bei entsprechender Kontrolle der Hersteller ist die technologische Entwicklung zu beeinflussen und nur auf diesem Wege wird man dazu kommen, daß die Informationstechnologie den Datenschutz zwar nicht garantieren, aber doch weitgehend gewährleisten kann.

Peter Paul Spies: Aus der Sicht des Informatikers kann festgestellt werden, daß Daten in erheblichem Maße nicht sicher sind. Mit den Mitteln der Informationstechnologie wäre jedoch ein wesentlich höherer Grad an Datensicherheit zu erreichen als bei konventioneller Informationsverarbeitung. Wesentliche Voraussetzung eines besseren technologischen Einsatzes im Sinne des Datenschutzes ist eine präzise Formulierung der angestrebten Schutz- beziehungsweise Sicherheitsanforderungen. Dies ist vor allem eine gesellschaftspolitische Aufgabe, bei der es um den Interessenausgleich zwischen den Subjekten mit Kontrollrechten und den Subjekten mit Nutzungsrechten geht. Dieser Klärungsprozeß über die einander widerstreitenden Interessen am Gut "Information" ist jedoch von der Informationstechnologie und der Frage des Einsatzes von Informationstechnik unabhängig.

Informationstechnologisch stellt sich die Datensicherheit vor allem als ein Semantikproblem dar. Dabei geht es im wesentlichen darum, Operationen so zu definieren, daß sie die einzige Möglichkeit darstellen, Informationen zu extrahieren. Hier ergibt sich die Schwierigkeit, die Bedeutung dieser Operationen festzulegen. Es besteht also Regelungsbedarf über die (Un-)Zulässigkeit bestimmter Handlungen. Liegt eine derartige Entscheidung beziehungsweise Formulierung der Problemstellung vor, so gibt es eine Vielfalt von Hilfsmitteln, Methoden und Mechanismen, um das festgelegte Ziel zu erreichen. Bei systematischem Einsatz dieser Hilfsmittel ist es durchaus möglich, die technikunterstützte Verarbeitung von Informationen unter einem höheren Grad von Sicherheit und Geschütztsein zu bewerkstelligen. Daß der Weg dorthin nicht leicht sein wird, scheint unmittelbar einsichtig; er ist aber möglich.

Hans Gliss: Das Thema der Podiumsdiskussion besteht strenggenommen aus dem Thema "Datensicherung" und dem Thema "Datenschutz". Datensicherung meint den geregelten, legalen Zugriff auf Daten, die Verhinderung der Beschädigung, des Untergangs, der Beeinträchtigung, der nicht beabsichtigten Veränderung etc. Gemeint sind dabei stets technische und organisatorische Maßnahmen, die es demjenigen, der über die Daten legalerweise verfügen soll, gestatten, darüber auch tatsächlich, allerdings ausschließlich im vorgesehenen Umfang, zu verfügen. Im Gegensatz dazu geht es beim Datenschutz um rechtliche Regelungen, die zur Verwirklichung von Persönlichkeitsrechten bei der Datenverarbeitung entwickelt worden sind. Sowohl Datensicherheit als auch Datenschutz sind gewichtige Themen, jedoch sorgfältig auseinanderzuhalten. So hilft zwar die Informationstechnologie bei der Sicherung der Daten, jedoch kann ein technisches System nicht verhindern, daß der legale Benutzer von Daten diese plötzlich anders als vorgesehen verwendet und so gegen den Datenschutz verstößt.

Die Datensicherung stellt vor allem ein organisatorisches und weniger ein technisches Problem dar, wobei in der Vergangenheit gerade auf organisatorischem Gebiet Defizite zu verzeichnen waren. Zudem werden von den Herstellern vorrangig Systeme mit hoher Leistung und hohem Benutzerkomfort angeboten, was der Datensicherung (als Beschränkung der Möglichkeiten der Systemverwendung) grundsätzlich entgegensteht. Erst in jüngerer Zeit gewinnt die Datensicherung bei den klassischen Entwicklern von Systemen an Bedeutung, hervorgerufen durch eine Häufung der Mißbräuche und Pannen. Diese Entwicklung ist zwangsläufig, da sich Unternehmen und öffentliche Verwaltung wirksamer als bisher gegen die illegale Benutzung ihrer Daten schützen müssen. Folgende Entwicklungen sind zu beachten:

- Die immer preiswerter gewordene Computerhardware, die immer kompakteren Systeme machen es wirtschaftlich vertretbar, sogenannte stand alone-Lösungen zu installieren. Auf diesem Wege ist die Sicherung der Daten des jeweiligen Benutzers mit herkömmlichen Sicherheitsmethoden möglich, solange keine Vernetzungen bestehen.

- Die Chip-Technik ermöglicht es in ganz erheblichem Umfang, den Endbenutzer stärker in die Datensicherung einzubeziehen. So kann man mit einer Chip-Karte je nach Art der Technik Lösungen erzeugen, die dem jeweiligen Kartenbesitzer auch die Sicherheit für seine Daten in die Hand gibt.

- Die zunehmende Datenverarbeitung beim Benutzer (Personal Computer, Minicomputer) führt zu einer völlig neuen Datenverarbeitungsphilosophie, indem der Benutzer selbst Bediener und Programmierer wird. Damit funktionieren klassische Sicherheitsmaßnahmen nicht mehr, die in der Funktionentrennung und im Vieraugenprinzip begründet sind.

- Amerikanische und englische Untersuchungen über Computermißbrauch haben ergeben, daß in siebzig Prozent der Fälle die Täter im Bereich der Endbenutzer zu suchen sind. Als Folgeproblem ergibt sich, daß neben dem quantitativen Wachstum im Technologiebereich noch ein qualitatives Wachstum im Sinne einer Erhöhung der Anzahl sachkundiger Endbenutzer zu erwarten ist. Dieses wiederum bedeutet nach Ansicht von Sicherheitsexperten, daß wir noch keineswegs den Gipfel der Computerkriminalität erreicht haben, obwohl heutzutage bessere und sicherere Systeme konstruiert werden als noch vor wenigen Jahren.

Jan Schlörer: Datenschutz ist eine politische Frage: Wer darf unter welchen Umständen was über wen wissen, und welche Folgen hat das? Diese Frage kann die Informationstechnologie nicht beantworten. Sie kann nur beim praktischen Umsetzen politischer Vorgaben helfen, und auch dabei gibt es Grenzen. Carl Landwehr hat dies vor kurzem sehr schön ausgedrückt: "Kein Stein der Weisen kann ein gegebenes Computersystem in eine garantiert sichere Version des gleichen Systems umwandeln". Dieser Satz zielt auf die nur näherungsweise beherrschte Komplexität großer Computersysteme. Mit diesem Problem müssen wir heute und vermutlich auch in Zukunft leben.

Ferner: Zu einem Computersystem gehören auch Menschen. Wie soll man garantieren, daß kein Benutzer eines Systems Nebenzwecke mit den ihm legitim zugänglichen Daten verfolgt? Auch hier kann man die Sicherheit (etwa durch Personalüberwachung) nicht beliebig steigern, ohne daß höchst unerwünschte Nebenwirkungen auftreten.

Auf meinem Spezialgebiet - Anonymisierung personenbezogener Daten - liegen die Dinge ähnlich. Man kann heute wohl als bekannt voraussetzen, daß sogenannte anonyme Daten nicht immer und unter allen Umständen unwiderruflich anonym bleiben müssen. Bei manchen - nicht bei allen - Datenbeständen läßt sich die Anonymität im Prinzip ganz oder teilweise wieder aufheben. Formal anonyme Daten (ohne Namen und Adressen) sind dabei allemal sicherer als dieselben Daten mit Personenbezug, denn die Re-Identifikation, also die richtige Zuordnung eines Datensatzes zur zugehörigen Person, kostet Zeit und Geld. Sie ist freilich auch nicht so teuer, daß man sich allein auf den abschreckenden Effekt der Kosten verlassen sollte. Das Identifikations-Risiko kann von Datenbestand zu Datenbestand sehr verschieden hoch liegen. Wo dieses Risiko sehr hoch ist, kann man es allein durch technische Mittel nicht beseitigen, es sei denn, man verkleinert spürbar den Datenbestand, etwa durch Streichen von Merkmalen. Etwas anders verhält es sich mit statistischen Angaben wie zum Beispiel Mittelwerten oder Häufigkeiten. Hier kann man den Rückschluß auf erkennbare Einzelpersonen durch technische Hilfsmittel zumindest sehr schwierig machen. Restlose Sicherheit kann jedoch sehr viel Information, Geld oder beides kosten und ist auch hier kein realistisches Ziel.

Hermann Quinke: Im Zusammenhang mit dem Diskussionsthema ergeben sich zwei unterschiedliche Fragestellungen:

- Wie kann man konkret und verläßlich feststellen, ob ein formal anonymisiertes Datum wirklich anonym ist?

- Wie weit müssen Wissenschaft und planende Verwaltung Daten verfälschen, um sie wirklich anonym zu machen? Das heißt, gibt es eine Möglichkeit der Anonymisierung, die einerseits Datenschutz gewährleistet und andererseits dem Wissenschaftler die Möglichkeit gibt, mit diesen Daten zu arbeiten?

Diese Fragen waren offensichtlich zum Zeitpunkt der Novellierung des Bundesstatistikgesetzes (1980) ohne Belang. Unter der Voraussetzung, daß das Zusatzwissen unbeschränkt ist, kann festgestellt werden, daß formal anonymisierte Daten selbst dann zum großen Teil reidentifiziert werden können - also der Personenbezug wieder hergestellt werden kann - , wenn es sich bei der Datenbasis um eine Stichprobe handelt. Das ist heutzutage mit mathematisch-statistischen Methoden machbar. Als Ergebnis aus dieser Erkenntnis folgt, daß für die Entwicklung der Wissenschaft wichtige Datenbestände - bis auf wenige Ausnahmen - nicht in der erforderlichen Qualität zur Verfügung stehen, wenn man an den strengen Vorschriften des Bundesstatistikgesetzes festhält. Dieses Faktum, das es zunächst einmal zur Kenntnis zu nehmen gilt, hat seinen

Ursprung jedoch vor allem darin, daß das Zusatzwissen als unbeschränkt angesehen wird. Dieses jedoch widerspricht dem typischen Fall des Wissenschaftlers, der faktisch keine Zusatzkenntnisse über diejenigen Personen besitzt, deren Daten in seiner Grundgesamtheit enthalten sind. Er hat in der Regel auch kein Interesse daran.

Damit hat man hier den Datenschutz zu weit getrieben. Wenn an dieser Regelung festgehalten wird, bedeutet dies, daß die Wissenschaft hinter den strengen Anforderungen des Datenschutzes völlig zurückzustehen hat. Folgende Lösungsmöglichkeiten dieses Dilemmas wären denkbar: Einrichtung einer speziellen Benutzerklasse formal anonymisierter Einzelangaben gekoppelt mit einem Deanonymisierungsverbot für den wissenschaftlichen Benutzer. Damit werden hier weniger technische Sicherungen als vielmehr klagerechtliche Regelungen eingeführt, die die jeweiligen Interessenlagen berücksichtigen und auch Sanktionsmechanismen enthalten.

Adalbert Podlech: Die zentralen Fragen im Zusammenhang mit dem hier zu behandelnden Thema lauten:

- Was soll gesichert werden?
- Wodurch können Informationen (Daten) unsicher werden?
- Gegen welche Art von Unsicherheit sollen Informationen (Daten) geschützt werden?

Zur Beantwortung dieser Fragen wird auf ein Beispiel aus dem Bereich der Behindertenhilfe Bezug genommen. Hier entsteht durch die möglichst lückenlose Sammlung und Verarbeitung von Informationen über die behinderten Menschen ein nahezu vollständiges Persönlichkeitsprofil der jeweiligen Person. Folgende Möglichkeiten für das "Unsicherwerden" dieser Informationen sind denkbar:

- der Zufall, etwa die ungewollte übertragung von Informationen an Stellen, für die sie nicht gedacht sind
- die absichtliche Durchbrechung von Datensicherungsanlagen, also der Zugriff von unbefugten Stellen auf vorhandene Informationen, die nach internen Regelungen für diese dritte Stelle nicht zugänglich sein sollten

- die wissentliche Verletzung rechtlicher Vorschriften, das heißt die übermittlung von Informationen an Dritte, denen diese Informationen nicht zugänglich gemacht werden dürften.

Die Konsequenzen, die sich für den Behinderten gegebenenfalls daraus ergeben, daß seine Daten "unsicher" geworden sind, können für ihn überaus nachteilig sein, und dies - wohlgemerkt -, obwohl die Folgen der Datenübertragung auf Dritte durchaus in übereinstimmung mit gesetzlichen Vorschriften stehen (können). Auch die Aufstellung von Statistiken kann durchaus negative Wirkung für die Betroffenen haben; zum Beispiel, wenn aufgrund statistischer Erhebungen gesetzliche Vorschriften oder Förderungsrichtlinien geändert werden. So scheint ja auch das Datenschutzgesetz - zumindest wenn man der öffentlichen Diskussion folgt - durchaus disponibel zu sein. Dies hängt vor allem damit zusammen, daß Datenschutz keine "objektive" Angelegenheit ist, sondern sehr häufig der Kaschierung ganz anders gearteter, gruppenspezifischer oder individueller Interessen dient.

Festzuhalten bleibt, daß Datenschutz vor allem eine Frage der gesellschaftlichen Relevanz ist, womit die veränderte Einstellung zum Datenschutz letztlich vorrangig den jeweiligen gesellschaftlichen Wertvorstellungen und Normen unterliegt. Damit ergibt sich Unsicherheit von Informationen auch stets aus dem Wandel gesellschaftlicher oder rechtlicher Lagen. Bei Betrachtung all dieser Unsicherheitsfaktoren ist festzustellen, daß eine Reihe von ihnen durchaus mit technischen Mitteln mehr oder weniger beseitigt werden können. Andererseits ist jedoch nicht zu leugnen, daß es auch Unsicherheitsfaktoren gibt, die auf technischem Wege nicht sicherer zu machen sind. Es kann demnach konstatiert werden, daß unsere Informationen insbesondere in rechnerunterstützten Informationssystemen genauso unsicher sind wie unsere gesellschaftliche und politische Zukunft.

2. Die Podiums- und Plenumsdiskussion

Die Diskussion stellte weniger eine Auseinandersetzung mit dem Thema als vielmehr einen Meinungsaustausch über den Sinn und Unsinn von Datenschutz ganz allgemein dar.

So wurde die Frage nach den technischen Möglichkeiten zur Sicherung "unserer" Daten nur gestreift und dergestalt beantwortet, daß hundertprozentige Sicherheit wohl kaum und wenn, so nur mit hohem finanziellen Aufwand (annähernd) erreicht werden könne. Deshalb müsse es in diesem Zusammenhang auch vorrangig darum gehen, den jederzeit uneingeschränkten Datenzugriff durch entsprechende Sicherheitsvorkehrungen zu flankieren (Becker, Gliss). Hierüber schien sowohl im Plenum als auch auf dem Podium weitgehende Einigkeit zu bestehen.

Gegensätzlicher stellte sich hingegen die Auseinandersetzung über den Datenschutz dar. Ein Versuch der Strukturierung der einzelnen Beiträge ergibt folgende Diskussionsschwerpunkte:

- Brauchen wir Datenschutz und wenn ja in welchem Umfang?

- Erfüllen die bestehenden Datenschutzgesetze ihren Zweck?

- Was sind die gegenwärtigen und zukünftigen Datenschutzprobleme und wie können sie beseitigt werden?

2.1 Brauchen wir Datenschutz und, wenn ja, in welchem Umfang?

Unbestritten war, daß der Schutz persönlicher Daten erforderlich ist; kontrovers wurde aber diskutiert, in welchem Umfang dieser Schutz betrieben werden soll. Quinke wies in diesem Zusammenhang nochmals darauf hin, daß die Entscheidung über das erforderliche Ausmaß an Datenschutz letztlich eine Frage der Prioritätensetzung sei; diese sei jedoch weitgehend durch die individuelle Werthaltung der Betroffenen beeinflußt und damit sehr unterschiedlich. Die "Spannweite der Prioritäten" reichte dann auch in der Diskussion von den Befürwortern einer Ausdehnung des Datenschutzes bis zu denjenigen, die die Ansicht vertraten, daß der bestehende, objektive Datenschutzbedarf gar nicht so groß sei und man vielmehr vermuten könne, der Datenschutz diene gelegentlich als "vorgeschobenes" Argument zur Verhinderung bevorstehender Veränderungen beziehungsweise zur Unterstützung gänzlich andersartiger Interessen (Becker).

2.2 Erfüllen die bestehenden Datenschutzgesetze ihren Zweck?

Nahezu übereinstimmend wurden die bestehenden Datenschutzgesetze als wenig zweckdienlich angesehen. Für diese Negativbewertung wurden jedoch recht unterschiedliche Gründe angeführt:

- Die Datenschutzgesetze verhindern den sinnvollen Zugriff auf Daten im Rahmen der wissenschaftlichen Forschung sowie der planenden Verwaltung (Quinke).

- Die Datenschutzgesetze müssen ineffektiv bleiben, solange vielfältige Möglichkeiten ihrer Umgehung bestehen und diese auch (ungestraft) genutzt werden (Petri, Podlech).

- Datenschutzgesetze sind immer dann zur Ineffektivität und "Belanglosigkeit" verurteilt, wenn es dem jeweiligen Benutzer an Verantwortungsgefühl und Verschwiegenheit mangelt (Becker, Lutterbeck, Spies, Podlech, Petri).

- Die Datenschutzgesetze sind "veraltet"; ihre Regelungen bleiben hinter den technischen Möglichkeiten der Informationsverarbeitung zurück (Ruckriegel, Spies, Fiedler).

Damit brachten sowohl die Gegner als auch die Befürworter möglichst restriktiv formulierter und ebenso gehandhabter Datenschutzgesetze ihre Skepsis über die Zweckentsprechung der bestehenden gesetzlichen Grundlagen mit den Belangen des Datenschutzes zum Ausdruck. Die jeweilige Argumentationsweise unterschied sich lediglich durch die abweichende Auffassung davon, was als "notwendiger Datenschutz" anzusehen ist.

2.3 Was sind die gegenwärtigen und zukünftigen Datenschutzprobleme, und wie können sie beseitigt werden?

Als vorrangiges Datenschutzproblem in Gegenwart und Zukunft wurde die angemessene Entsprechung der gesetzlichen Regelungen einerseits und der Entwicklung der Informationstechnologie andererseits herausgestellt (Spies, Lutterbeck, Ruckriegel, Fiedler). Dabei muß es darum gehen, der ständig wachsenden Diskrepanz zwischen den technischen Möglichkeiten und ihrer verantwortungsbewußten Handhabung Herr zu werden.

Dies ist nicht zuletzt ein Problem adäquater Gesetzesformulierung (Spies), wobei

- die schon vorhandene, hohe Regelungsdichte (Becker, Gliss)
- die leichte Verständlichkeit der (Neu-)Regelungen (Gliss) sowie
- der notwendige Einbezug informationstechnologischen Sachverstandes (Fiedler)

zu beachten sind.

Einschränkend wurde jedoch darauf verwiesen, daß auch eine noch so exakte Gesetzesformulierung den Datenschutz nicht umfassend sicherstellen kann. Es bedarf vor allem der sachgerechten Gesetzesauslegung und der Kontrolle der Gesetzesanwendung (Podlech).

Neben diesem Aspekt ergaben sich als weitere Ansatzpunkte eines verbesserten Datenschutzes:

- Das Berufsethos der DV-Spezialisten (Becker); hier gibt es vor allem Probleme in der Konsensfindung über das "ethische Minimum" (Lutterbeck) sowie in der Einbindung der Vielzahl privater DV-Anwender (Letzel, Ruckriegel)
- die sachgerechte Berücksichtigung zukünftiger Entwicklungen; hier sind vor allem Verständigungs- und Akzeptanzprobleme zwischen den "Spezialisten" (Datenschützer, Juristen, Informatiker) zu befürchten (Fiedler, Spies)
- die organisatorische Einbindung der Aufgabe "Datenschutz"; es gilt stets, Verantwortlichkeit und Zuständigkeiten für den Datenschutz innerhalb einer Organisation eindeutig zu regeln und transparent zu machen (Winter).

VERWALTUNGSVERFAHREN - PFLICHTEN DER VERWALTUNG BEIM EINSATZ DER INFORMATIONSTECHNOLOGIE

Klaus Grimmer

1. Einleitung

Die Beispiele sind bekannt:

- Der Bürger erhält ein Formular - sei es eine Rentenauskunft, einen Bauantrag oder eine Steuererklärung - und versteht nur schwer die Begrifflichkeit und die Reihenfolge der Angaben und Erklärungen, manchmal ist er auch erstaunt, bestimmte gleichbleibende Angaben jährlich wiederholen zu müssen.

- Ein Arbeitsvermittler erhält im Rahmen der computerunterstützten Arbeitsvermittlung über Bildschirm eine freie Stelle für eine Sekretärin oder einen Lagerarbeiter angezeigt, er schickt entsprechend den ausgewiesenen Anforderungen sehr qualifizierte Bewerber - ohne Erfolg. Der Bildschirm zeigte ihm nicht an, daß nur eine "rothaarige" Sekretärin - sie sollte "zum Inventar passen" - oder nur ein Deutscher - auch kein Angehöriger eines EG-Staates - erwünscht sind.

- Ein rückkehrwilliger Ausländer fragt bei der Versicherungsanstalt unter Hinweis auf eine beabsichtigte Kur nach den Möglichkeiten der Beitragsrückerstattung. Anstelle über ihr informationstechnisches System - was möglich gewesen wäre - die Versicherungsnummer und damit für die Auskunft erforderliche weitere Daten zu ermitteln, fragt die Anstalt zunächst zurück nach der Versicherungsnummer. Nach Rückantwort informiert die Versicherungsanstalt den Versicherten, welcher zwischenzeitlich die Kur durchgeführt hat, daß aufgrund der Inanspruchnahme der Kur kein Erstattungsanspruch besteht <1>.

- Der Bürger erhält einen maschinell gefertigten Bescheid, welcher die zu berücksichtigenden Gesetze im Wortlaut - für den Bürger weitgehend unverständlich - abdruckt, im übrigen aber nur die Information enthält, daß nach den getroffenen Feststellungen kein oder nur ein teilweiser Anspruch besteht.

- Ein Bürger zieht um und teilt dem öffentlichen Energieversorgungsunternehmen den letzten Zählerstand mit. Anstelle einer Abrechnung erfolgen zunächst weitere Abbuchungen für Vorauszahlungen von seinem Konto. - Erst nach drei Monaten erhält er eine maschinell gefertigte Schlußabrechnung, natürlich ohne Zinsgutschrift für zwischenzeitlich zuviel abgebuchte Beiträge.

Dies sind Beispiele - vielleicht auch nur Einzelfälle -, aber sie zeigen an, daß sich in informationstechnisch unterstützten Verwaltungsverfahren Verwerfungen ergeben können <2>. Sicherlich, auch bei manuell durchgeführten Verfahren gab es - und gibt es - Problemfälle. Aber die Frage ist, wie solche Problemfälle zu diagnostizieren sind.

Auf einen Problembereich hat der Bundesrechnungshof in seinem letztjährigen Bericht hingewiesen:

Das Verfahren für Leistungen nach dem Wohngeldgesetz ist hochautomatisiert. Manuell ist die Sachverhaltsermittlung zu erledigen. Nach Aussagen des Bundesrechnungshofes <3> ergeben sich Fehlerquoten in einzelnen Verwaltungsstellen bis zu 50 Prozent. Die Fehler liegen in Mängeln der Bearbeitung. Hier galt der Verwaltungsaufwand der Technisierung des Verfahrens, die Sachbearbeitung wurde nicht entsprechend geschult. Das technische System bestimmt den Prozeß der Aufgabenerledigung.

Mängel in der Sachverhaltsaufklärung hat der Bundesrechnungshof auch für Rentenversicherungsanstalten festgestellt.

Diese Feststellungen des Bundesrechnungshofes finden ihre Bestätigung in einer Untersuchung der Forschungsgruppe Verwaltungsautomation zu den Gründen der Abhilfe durch die Rentenversicherungsanstalten bei Widersprüchen gegen Rentenbescheide. Als Gründe zeigten sich vor allem nachträgliches Vorbringen der Versicherten, fehlerhafte oder unterlassene Sachverhaltsermittlung, fehlerhafte oder unvollständige Auswertung von Unterlagen in der Sachbearbeitung. Gleichzeitig wurde aber auch deutlich, daß im Bereich programmierbarer und maschinisierbarer Arbeitsschritte kaum Fehler auftreten und die Verfahrens- und Produktqualität erhöht werden können <4>.

Die informationstechnische Unterstützung der Verwaltungsarbeit ist heute in vielfältiger Weise möglich. Es scheint mir deshalb geboten, sich der gesetzlichen Anforderungen jeder Verfahrensgestaltung zu vergewissern und zu prüfen, welche Folgerungen sich für informationstechnisch gestützte Verwaltungsverfahren ergeben.

2. Rechtliche Anforderungen an das Verwaltungsverfahren

2.1 Bindungen aus der Verfassung

Aus der Verfassung ergibt sich zunächst, daß bei der Gestaltung des Verwaltungsverfahrens die verfassungsrechtlich garantierten Grundrechte zu beachten sind.

Gerade in jüngster Zeit ist verstärkt darauf hingewiesen worden, daß eine optimale Verwirklichung der Grundrechte nur gewährleistet werden kann, wenn diese bereits im Verwaltungsverfahren selbst berücksichtigt und durch eine entsprechende Verfahrensgestaltung zur Geltung gebracht werden <5>. Im Verwaltungsverfahren sind dementsprechend Vorkehrungen zu treffen, die sicherstellen, daß zum Beispiel die Würde des Menschen und seine Freiheitsrechte ebenso beachtet werden wie das Gleichheitsgebot. Der Einzelne darf nicht zum Objekt staatlichen Handelns gemacht werden, indem seine Interessen zum Beispiel an Beteiligung am Verfahren oder nach Verstehen des Verwaltungsablaufs bei der Gestaltung des Verfahrens gegenüber den Belangen der Verwaltung an einem reibungslosen Arbeitsprozeß vernachlässigt oder gar ignoriert werden <6>. Die Verwaltungsverfahrensgesetze enthalten Vorschriften, welche solche Grundrechtsgewährleistungen konkretisieren <7>, sie haben auch eine materiellrechtliche Funktion.

Neben der Gewährleistung der individuellen Grundrechte erweist sich vor allem der Anspruch auf rechtliches Gehör als verfahrensrechtlicher Kern der materiellen Grundrechte <8>. Nur bei Gewährleistung des rechtlichen Gehörs können die den Normbereich eines Grundrechts konstituierenden Tatsachen erfaßt und der individuelle Gewährleistungsbereich der Einzelgrundrechte gesichert werden.

Dies erfordert insbesondere eine umfassende Sachverhaltsermittlung durch die Verwaltung, die Unterrichtung des Verwaltungsklienten über wesentliche Vorgänge und Tatsachen und eine entsprechende Begründung der Verwaltungsentscheidung <9>. Formularmäßige Verkürzungen - ausgerichtet auf maschinelle Verarbeitung - können demgegenüber nicht aus einer Art Verfassungsprinzip der Verwaltungseffizienz <10> gerechtfertigt werden, sondern sind zulässig nur unter Gesichtspunkten einer Optimierung von Rechts- und Sozialstaat sowie der grundrechtlichen Gewährleistungsbereiche. Solche Gesichtspunkte können sein zeitgerechter Gesamtvollzug oder zeitliche Gleichmäßigkeit <11> in der Realisierung eines Gesetzes, aber auch bürgergeeignete Zugangsmöglichkeiten zur Inanspruchnahme gesetzlicher Leistungsgewähr oder bürgergeeignete Möglichkeiten zur Wahrnehmung seiner Rechte im Ordnungsbereich. Verwaltungseffizienz ist für sich kein Rechtsprinzip, auch keine Rechtfertigung für Vereinheitlichung, Standardisierung und Formalisierung <12>, sondern bedeutet nichts anderes als verfassungsmäßige Gesetzeserfüllung, was Sparsamkeit einschließt.

2.2 Bindungen durch Gesetz

Die Verwaltungen sind in ihrem Handeln an Verfassung und Gesetz gebunden. In der Wahrnehmung ihrer einzelnen Aufgaben darf die Verwaltung über gesetzliche Aufgabenbestimmungen nicht hinausgehen. Die Verwaltung darf beispielsweise keine Informationen erheben, welche nicht unmittelbar im Gesetz oder aufgrund eines Gesetzes als Meldepflichten oder Tatbestandsvoraussetzungen eines Leistungsanspruchs festgelegt sind und wofür ihre Zuständigkeit gegeben ist. Eine ergänzende Informationserhebung ist als zulässig zu erachten, wenn es um die Möglichkeit verschiedener subsidiärer Leistungsansprüche geht - vgl. §§ 13, 16, 17 Absatz 1 Ziffer 1 SGB I - hierfür kann die zweckentsprechende Nutzung der Informationstechnik geboten sein.

Problematisch ist, ob die Verwaltung über die Gestaltung ihrer Arbeitsprogramme Entscheidungs- und Beurteilungsspielräume einengen darf. Ermessensrichtlinien haben dem Sinn und Zweck der jeweiligen gesetzlichen Grundlage zu entsprechen (§ 40 VwVfG, 114 VwGO, § 39 SGB I) und die jeweilige Zielsetzung des Gesetzes zu berücksichtigen. Die Verwaltungsentscheidung muß von der Norm gedeckt sein, die der Entscheidung zugrunde liegt. Die Verwaltung muß auch Ermessen, wo es ihr eingeräumt ist, nutzen. Sie darf nicht durch eine strikte Programmbindung ein Entscheidungsermessen, und das heißt immer eine Berücksichtigung besonderer Umstände des Einzelfalles, ausschalten. Nach § 39 Absatz 1 Satz 2 SGB I besteht ein Anspruch auf pflichtgemäße Ausübung des Ermessens. Ermessensrichtlinien können allerdings (als norminterpretierende Verwaltungsvorschriften) deutlich machen, wie die Verwaltung den Sinn und Zweck eines Gesetzes versteht. Sie können Entscheidungskriterien für die jeweilige Ausübung des Ermessens benennen, mehr nicht <13>.

2.3 Anforderungen der Verwaltungsverfahrensgesetze

Mit dem Erlaß der Verwaltungsverfahrensgesetze und des I. und X. Buches des Sozialgesetzbuches haben Bund und Länder weite Teile des Verwaltungsverfahrens durchnormiert und insofern Grenzen für die Verwaltungen gezogen, die sie aufgrund ihrer Gesetzesbindung nicht überschreiten dürfen. Die Verwaltungsverfahrensgesetze regeln vor allem das Verhältnis Verwaltung zu Bürger, die Organisation des internen Entscheidungsprozesses ist zum Teil offengelassen, und entsprechend ist das Verwaltungsverfahren gemäß § 10 VwVfG "an bestimmte Formen nicht gebunden", es soll nur einfach und zweckmäßig sein. Aber selbstverständlich ergeben sich aus dem Regelungsbereich auch Anforderungen an die verwaltungsinterne Verfahrensorganisation. Ausnahmen, in welchen verfahrensrechtliche Bestimmungen nicht anzuwenden sind, ergeben sich aus dem Gesetz selbst (Beispiel §§ 37 Absatz 4, 39 Absatz 2 VwVfG).

Das Verwaltungsverfahren ist "konstitutiver Teil des Verwirklichungsprozesses im Verwaltungsrecht" <14>, ihm kommt ein eigenständiger Rechtswahrungsauftrag im Sinne einer Konkretisierung, Spezialisierung und Individualisierung zu <15>, insofern ist Verwaltungseffizienz auch keine eigenständige Primärfunktion des Verwaltungsverfahrens <16>. Materielles Recht, Organisation und Verfahren sind nebeneinanderstehende "gleichrangige und eigenständig wirksame Faktoren der umfassenden Verwirklichung des Gesetzeszweckes in der Praxis" <17>. Ziel der Verfahrensregelungen ist es, die Voraussetzungen für eine Gesetzeserfüllung zu schaffen, insbesondere auch, daß Leistungsrechte oder Rechtsschutz in Anspruch genommen werden können. Die Gestaltung informationstechnisch gestützter Verwaltungsverfahren hat den Vorgaben des Verfahrensrechtes und ihrer Konkretisierung in Einzelbestimmungen zu entsprechen.

2.3.1 Allgemeine Verfahrensprinzipien

Verfahrensprinzipien allgemeiner Art sind insbesondere im Sozialgesetzbuch näher ausgestaltet unter der Zielsetzung, daß öffentliche Leistungen, welche das Gesetz vorsieht, effektiv für den Bürger verwirklicht werden. Solche Prinzipien <18> sind umfassende Aufklärung und Information (§ 17 Absatz 1 Ziffer 1, 13 SGB I), rechtliches Gehör und Unterrichtung über wesentliche entscheidungsrelevante Vorgänge und Tatsachen, leichter Zugang (§ 17 Absatz 1 Ziffer 3 SGB I), Verständlichkeit (§ 17 Absatz 1 Ziffer 3 SGB I), Schnelligkeit (§ 17 Absatz 1 Ziffer 3 SGB I). Weitere Verfahrensgrundsätze sind Kooperation zwischen Verwaltung und Bürger (Beratung, Anhörung, Mitwirkung - § 17 Absatz 1 Ziffer 1 und 2 SGB I, § 14 SGB I, § 16 Absatz 3 SGB I, § 24 SGB X, §§ 60 ff. SGB I), Amtsermittlung (§ 20 SGB X), Kooperation der Behörden untereinander (§ 86 SGB X) sowie das Prinzip des Persönlichkeitsschutzes.

Die Verwaltung hat das Verfahren unter der Berücksichtigung des jeweiligen Verfahrensziels so zu gestalten, wie sie es für "zweckmäßig" hält. Die Verwaltung hat zu gewährleisten, daß die jeweilige Verwaltungsaufgabe ihrem Sinn und Zweck entsprechend vollständig und möglichst rasch, kostengünstig und für den Bürger transparent erfüllt wird <19>.

Dies soll nicht zuletzt durch den Einsatz von Formularen und Informationstechnik geschehen. Der Bürger darf allerdings durch ungeeignete Technikanwendung nicht in seiner Rechtswahrung behindert werden <20>. Solange mit Hilfe solcher Verwaltungsmittel der der behördlichen Entscheidung zugrunde liegende Sachverhalt dem Gesetz entsprechend aufgeklärt, eine rasche und gleichmäßige Entscheidungsfindung ermöglicht und das Interesse des Bürgers nach Transparenz des Verfahrens und Gleichbehandlung gewahrt wird, ist ihre Verwendung als "zweckmäßig" und damit als mit § 10 VwVfG vereinbar anzusehen.

2.3.2 Sachverhaltsermittlung: Aufklärungspflicht der Verwaltung und Mitwirkungspflicht des Bürgers

Die Ermittlung des der jeweiligen Entscheidung zugrunde liegenden Sachverhalts, insbesondere der für den Einzelfall bedeutsamen Umstände, hat gemäß § 24 VwVfG von Amts wegen zu erfolgen <21>. Die Verwaltung ist verpflichtet, die für den Einzelfall bedeutsamen Tatsachen zu erforschen, um eine sachlich richtige Entscheidung zu gewährleisten <22>. Die Intensität der Ermittlung des Sachverhaltes hängt vom Einzelfall ab.

Die Genauigkeit hat Vorrang vor Eilbedürftigkeit und Kostengesichtspunkten. Auch bei sogenannten Massensachverhalten mit schematisierter und minimaler Aufklärung des Sachverhaltes müssen Rechtsbeeinträchtigungen vermieden werden <23>. Schnelligkeit, Einfachheit und Zweckmäßigkeit können nur dann den Vorrang in der Verfahrensgestaltung beanspruchen, wenn die möglichen Rechtsbeeinträchtigungen im Einzelfall gering sind, die Verfahrensgestaltung ansonsten aber der raschen Rechtsverwirklichung für viele dient - oder anders gewendet: Die möglichen Rechtsbeeinträchtigungen müssen im Verhältnis zu dem Nutzen eines Verfahrens verhältnismäßig gering sein. Keinesfalls dürfen Rechtsbeeinträchtigungen in die Verfahrensgestaltung "eingeplant" sein <24>. Am Beispiel des Rentenantrages wird die Schwierigkeit der Abgrenzung sichtbar. Einerseits handelt es sich beim Rentenantrag um einen Massensachverhalt, zum anderen hat die Entscheidung über die Höhe der Rente für den einzelnen existentielle Bedeutung.

Unvereinbar ist mit dem Untersuchungsgrundsatz, daß insbesondere in EDV-gestützten Verfahren von der Verwaltung nur kursorische Prüfungen vorgenommen werden und es dem Bürger überlassen bleibt, sich zu wehren, wenn er mit dem Ergebnis nicht einverstanden ist. Ebensowenig erscheint es mit dem Prinzip der Amtsermittlung vereinbar, wenn durch die Verwendung von EDV-gerechten Formularen bereits die Eingangsinformation standardisiert und damit beschnitten wird <25>.

Der Untersuchungsgrundsatz wird aber vor allem nicht schon mit der Erstellung und Versendung von Formularen erfüllt, vielmehr hat sich die Verwaltung in geeigneter Form um eine Sachverhaltsaufklärung zu bemühen (vgl. auch § 26 VwVfG) und die Sachbearbeitung so zu organisieren, daß eine aufgabenentsprechende Sachverhaltsermittlung und Sachbearbeitung gewährleistet sind - dies gilt insbesondere bei informationstechnisch gestützten Verfahren, da hier fehlerhafte Sachverhaltsermittlung oder Sachbearbeitung aufgrund automatischer Weiterverarbeitungen unmittelbar entscheidungsrelevant, aber häufig nicht auffällig werden.

Die Aufklärung des der Verwaltungsentscheidung zugrunde zu legenden Sachverhalts ist häufig ohne die Mitwirkung des Bürgers nicht oder nur unter erheblichem Mehraufwand an Personal und Sachmitteln leistbar.

Dementsprechend sieht das VwVfG und das SGB eine Mitwirkung der am Verfahren Beteiligten vor (§ 26 Absatz 2 VwVfG). Der Bürger soll alle ihm bekannten Tatsachen und Beweismittel angeben; darüber hinausgehende Pflichten - bei der Aufklärung des Sachverhaltes mitzuwirken - bestehen nur, soweit sie durch Rechtsvorschrift besonders vorgesehen sind.

Die Grenzen zwischen Untersuchungsgrundsatz auf der einen und Mitwirkungspflicht des Bürgers auf der anderen Seite sind schwer zu ziehen und von Verfahren zu Verfahren unterschiedlich zu beurteilen. Abstrakt kann man sagen, daß die Mitwirkungspflicht des Bürgers jeweils nur so weit reicht, wie er aus größerer Nähe zum Sachverhalt eher als die Behörde in der Lage ist, bestimmte Angaben aus seinem Lebensbereich zu machen. Darüber hinaus kann Mitwirkung nur dort verlangt werden, wo der Bürger weiß, wozu seine Angaben verwendet werden, er die an ihn gerichteten Fragen versteht und ihm beispielsweise das Ausfüllen eines Formulars zuzumuten ist - vgl. § 26 Absatz 2 Satz 2 VwVfG, § 60 Absatz 2 SGB I. Die Mitwirkungspflicht darf seitens der Behörde nicht dazu mißbraucht werden, Verwaltungsaufgaben auf die Bürger abzuwälzen <26>. "Wer an der Informationssammlung und -verarbeitung teilnimmt, nimmt dadurch an der Sachentscheidung teil" <27>, die Verantwortung hierfür liegt aber bei der Verwaltungsbehörde.

Die Verwaltung kann die erforderliche Mitwirkung des Bürgers durch Verwendung von Formularen konkretisieren. Eine solche Konkretisierung des Informationsbedarfs entspricht auch datenschutzrechtlichen Anforderungen. Es entspricht aber nicht mehr der Mitwirkungspflicht gemäß § 26 Absatz 2 VwVfG, wenn der Bürger mit dem "Ausfüllen" eines Formulars nicht nur die Auswahl entscheidungsrelevanter Informationen aus seiner Lebenswelt treffen, sondern diese auch juristischen Kategorien zuordnen soll, um eine vereinfachte Sachbearbeitung und informationstechnische Weiterverarbeitung zu ermöglichen. In einem solchen Fall wird die Entscheidungsverantwortung, welche nach dem Untersuchungsgrundsatz bei der Verwaltung liegt, teilweise auf den Bürger verlagert.

Im Zusammenhang mit dem Untersuchungsgrundsatz steht auch die Verpflichtung zur Anhörung Beteiligter vor Erlaß eines Verwaltungsaktes, wenn in deren Rechte eingegriffen wird. Das Gesetz sieht Ausnahmen von dieser Verpflichtung vor (§ 28 Absatz 2 VwVfG, § 24 Absatz 2 SGB X). Im Unterschied zum VwVfG kennt das SGB aber nicht die Ausnahme für den

Fall, daß Verwaltungsakte mit Hilfe automatischer Einrichtungen erlassen werden. In dieser Vorschrift drückt sich das Verfassungsprinzip des Anspruches auf rechtliches Gehör aus <28>. Diese Vorschrift scheint in der Verwaltungspraxis - zumal bei informationstechnisch-unterstützten Verfahren der Sozialverwaltungen - nur wenig bekannt zu sein.

2.3.3 Auskunfts- und Beratungspflicht der Verwaltung

Sozialstaats- und Rechtsstaatsprinzip verlangen, daß der Bürger nicht durch Unkenntnis seinen Rechtsanspruch verliert. § 25 VwVfG nimmt diesen Gesichtspunkt auf, indem der Sachbearbeiter im Verwaltungsverfahren auch Auskunft und Beratung erteilen soll. Die Vorschrift macht deutlich, daß es sich hierbei um die Art und Weise einer Ausgestaltung des Verhältnisses der Verwaltung zum Bürger handelt <29>. §§ 13, 14 und 15 SGB I haben dieses Prinzip als eine Verpflichtung der Sozialverwaltung näher ausgestaltet.

Ausgangspunkt dieser Bestimmungen ist die Einsicht, daß das (Sozial-) Leistungssystem nur dann greift, wenn der Bürger eine umfassende Information über seine Rechte und Pflichten hat. Beratungs- und Auskunftspflichten sowie die Mithilfe bei der Antragstellung gemäß § 16 Absatz 3 SGB I begründen sich in der Maxime, dem Bürger einen einfachen und reibungslosen Zugang zu den Sozialleistungen zu ermöglichen. Die Notwendigkeit, Formulare auszufüllen, um seinen Rechtsanspruch geltend zu machen, stellt häufig, vor allem für den rechtsunkundigen Bürger, eine erhebliche Schranke der Leistungsgewährung dar. § 17 Absatz 3 SGB I enthält deshalb für die Leistungsträger das Erfordernis, bei der Antragstellung allgemein verständliche Formulare zu benutzen. Der Hinweis, daß die Gestaltung von Formularen in erster Linie von den Gesetzen abhängt, ist insofern pauschal, als zum Beispiel beim Rentenantrag der Gesetzestext in unterschiedlicher Weise abgebildet wird und sich somit in der Praxis der Verwaltung erhebliche Gestaltungsspielräume aufzeigen lassen <30>.

Es bleibt deshalb fraglich, ob Antragsformulare in komplexen Rechtsbereichen, welche vor allem auf die Anforderungen der informationstechnisch orientierten Sachbearbeitung in der Verwaltung abstellen, welchen der Bürger im allgemeinen nicht entsprechen kann, überhaupt verfahrensrechtlich zulässig sind.

Im Rahmen der Beratungspflicht ist die Verwaltung auch gehalten, ihre technischen Möglichkeiten zur Informationsverknüpfung zu nutzen, um dem Bürger eine zweckdienliche Antragstellung zu ermöglichen <31> und ihn über mögliche Leistungsansprüche zu beraten.

2.3.4 Begründung und Verständlichkeit von Verwaltungsbescheiden

In zunehmendem Maße erlassen Verwaltungen auch formalisierte Bescheide, sei es in Form eines vorgedruckten Formulars oder in Form eines maschinellen DV-Ausdrucks. Dies wird von den Verwaltungsverfahrensgesetzen hinsichtlich der Bestimmtheit und Form eines Verwaltungsaktes anerkannt. So bedarf ein automatisch erstellter Verwaltungsakt keiner Unterschrift (§ 37 Absatz 4 VwVfG, § 33 Absatz 4 SGB X). Umstritten ist in der Verwaltungspraxis die Begründungspflicht für formularmäßige Bescheide.

Der Begründungspflicht für Verwaltungsakte kommt in der Leistungsverwaltung besondere Bedeutung zu. Der Berechtigte muß überprüfen können, welche Sachverhaltsfeststellungen und welche rechtlichen Bewertungen seinem Bescheid zugrunde liegen <32>.

Die Kriterien für eine rechtswissenschaftliche Betrachtung des Bescheidinhalts liefern § 39 Absatz 1 VwVfG und § 35 Absatz 1 Satz 1 SGB X.

Einer Begründung bedarf es nach § 39 Absatz 2 Ziffer 3 VwVfG nicht, "wenn die Behörde Verwaltungsakte mit Hilfe automatischer Einrichtungen erläßt und die Begründung nach den Umständen des Einzelfalls nicht geboten ist". Nach § 35 Absatz 2 Ziffer 2 SGB X kann die Begründung ausnahmsweise dann entfallen, wenn "die Auffassung der Behörde über die Sach- oder Rechtslage bereits bekannt oder auch ohne schriftliche Begründung für ihn ohne weiteres erkennbar ist".

Diese Ausnahme hat, wie Hans Meyer zutreffend feststellt, in der Verwaltungsvereinfachung den "einzigen und wenig überzeugenden Grund". Denn aus der Sicht des Adressaten ist es irrelevant, ob der Verwaltungsakt einer automatischen Einrichtung entstammt. Es spricht daher alles dafür, die Ausnahmeregelung restriktiv zu interpretieren <33> und gerade wegen der Verdichtung des Entscheidungsprozesses durch die Automation eine Begründung generell für erforderlich anzusehen <34>.

Die Begründung von Bescheiden ist so nicht in das Belieben der Verwaltung gestellt, sondern es handelt sich um einen zwingenden gesetzlichen Auftrag. Dieser ist von der Rechtsprechung insbesondere für das Sozialversicherungsrecht folgendermaßen beschrieben worden:

- Der Bescheidadressat muß die Möglichkeit haben, im Rechtszuge gegen die Begründung Stellung zu nehmen, um sie substantiiert anzugreifen (BSGE 3, 271).

- Die Pflicht zur Begründung nötigt die Verwaltung, sich vor Erlaß der Entscheidung Rechenschaft über alle in Betracht kommenden, für und gegen (den Antragsteller) sprechenden Umstände zu geben. Die "formale" Begründungspflicht dient damit im Ergebnis auch der materiellen Richtigkeit der Prüfentscheidung (BSGE 11, 102).

- Damit der Adressat des Verwaltungsaktes seine Rechte wahrnehmen kann, müssen in dem Verwaltungsakt die die Entscheidung tragenden Erwägungen angegeben sein. Die Behörde muß grundsätzlich darlegen, wie und mit welchem Ergebnis sie sich mit den einzelnen entscheidungserheblichen rechtlichen und tatsächlichen Gegebenheiten auseinandergesetzt hat (BSG SozR 2200 § 773 Nummer 1).

- Allein durch das Abschreiben des Gesetzeswortlautes kommt der Versicherungsträger seiner Pflicht, einen ablehnenden Bescheid zu begründen, nicht nach. Bislang war selbstverständlich, daß eine Begründung überhaupt erst beim Subsumieren eines Sachverhaltes unter einschlägige Gesetzesnormen beginnt. Der Begründungszwang soll die Sorgfalt der Bearbeitung fördern - nicht zuletzt eine kritische Aufmerksamkeit beim Auswerten von Stellungnahmen Sachverständiger. Der Gesichtspunkt, den Sachbearbeiter zur Selbstkontrolle zu zwingen und Dritten die Nachkontrolle zu ermöglichen, kann für ablehnende wie für bewilligende Bescheide gleichermaßen seine Berechtigung haben (LSG Rheinland-Pfalz, in: SozVers. 1976, S. 301).

Die Verwendung einer entindividualisierten Schablone zur Begründung einer Einzelfallentscheidung kann deshalb gegen das Willkürverbot des Artikel 3 GG verstoßen. Artikel 3 GG in Verbindung mit Artikel 1 Absatz 3 GG bindet die Exekutive, ungleiche Lebensverhältnisse differenziert zu regeln. Inwieweit sich die Verwaltung hiervon aus Praktikabilitätsgründen befreien kann, läßt sich nicht allgemein darstellen.

Als Ausgangspunkt gilt es zu beachten, daß es dem Gesetzgeber gestattet ist, typisierende Lösungen zu treffen. Die Notwendigkeit, Massenverfahren möglichst einfach und praktikabel zu gestalten, wird vom Bundesverfassungsgericht als Rechtfertigungsgrund dem Willkürverbot gegenüber anerkannt <35>.

Dies entspricht weniger einer ratio legis - dieser steht sie eher konträr gegenüber - als vielmehr einer ratio administrationis. Der Gesetzgeber macht sich die verwaltungsökonomischen Motive des Gesetzesanwenders zu eigen und berücksichtigt von vornherein dessen finanzielle und arbeitsorganisatorische Potenz.

Zu fragen ist aber, ob die betroffenen Verwaltungen über einen, vom Gesetzgeber festgelegten Rahmen zur Schematisierung hinausgehen dürfen, ob ihnen eine originäre Kompetenz zur Typisierung zusteht. Dogmatisch wird man dies verneinen müssen. Aufgabe der Verwaltung ist es, die parlamentarisch verabschiedeten Gesetze zu vollziehen.

Unter Hinweis auf § 24 Absatz 2 VwVfG spricht Pestalozza von einem grundsätzlichen Verbot der Typisierung und Vorläufigkeit von Verwaltungsentscheidungen. Das aus Massenverfahren resultierende überlastungssyndrom könne nicht als Rechtfertigung anerkannt werden. Organisatorische Mängel in der Verwaltung dürften nicht durch eine Schablonisierung zugedeckt werden <36>.

Juristische Salvierungsversuche, mittels der Rechtsfigur "Verwaltungsnotstand" der Massenverwaltung eine "Notkompetenz" für gesetzesfernes Handeln einzuräumen <37>, vermögen die alltägliche Verwaltungspraxis rechtsdogmatisch zu bemänteln, werden aber dem Rechtsstaatsprinzip kaum gerecht. Im Gesamtspektrum der Massenverwaltungen wird man differenzieren und die einzelnen Verwaltungszweige in ein System gestufter Typisierungssensibilität einbinden müssen <38>. Denn ob typisierendes Verwaltungshandeln durch eine Notkompetenz gerechtfertigt sein kann, hat sich nicht nur an der konkreten Arbeitssituation, sondern ganz entscheidend an dem zu regelnden Gegenstand selbst zu orientieren.

Jeder Rentenbescheid ist beispielsweise als Eingriff in die privaten Vermögensverhältnisse zu verstehen. Während andere staatliche Eingriffe (Steuer, Müllabfuhr) mehr oder weniger nur die Peripherie der Existenz berühren, ist bei der Rentenbescheiderteilung die Lebensgrundlage selbst betroffen. Verwaltungspraxen, die sich bei Formularbescheiden für die Hundesteuer oder Müllabfuhr entwickelt haben <39>, können nicht allgemein als rechtmäßig betrachtet werden <40>.

Maschinell erstellte Bescheide in Bereichen der Typisierungsungeeignetheit, in welchen alle individuellen Begründungsmerkmale eliminiert oder auf zwei, drei Wörter reduziert sind, und welche im übrigen nur den Gesetzestext wiedergeben mit der Aussage, nach den getroffenen Feststellungen bestehe kein oder nur ein Teilanspruch, genügen dem Begründungsgebot nicht, zumal der abstrakte Gesetzestext für den Bürger in der Regel nicht verständlich ist. Besonders gravierend ist die hier erkennbare Verkürzung verfahrensrechtlich gewährter Rechtspositionen, wenn in solchen Verfahren auch der Widerspruchsbescheid maschinell erstellt wird und ebenfalls unvollständig die Entscheidungsgrundlagen wiedergibt.

Gleichzeitig erhöht sich auch das Risiko für den Bürger bei der Einlegung von Rechtsmitteln. Er kann zunächst seiner Begründungspflicht gemäß § 82 VwGO, § 92 SGG nicht nachkommen, sondern diese erst im Laufe des Verfahrens nachholen mit der Folge einer Verfahrensverzögerung und Mehrbelastung für die Gerichte.

Im Zusammenhang mit der Begründungspflicht steht auch die Frage nach der Verständlichkeit eines maschinell erstellten Bescheides. Das Prinzip der Verständlichkeit nach § 17 Absatz 1 Ziffer 3 SGB I erfordert, "daß Form und sprachliche Gestaltung von Informationen, Formularen, Schreiben und Verwaltungsakten sowie Rechtsbehelfsbelehrungen so gefaßt werden, daß sie der Angesprochene nach seinem Wissensstand verstehen und danach handeln kann" <41>. § 37 VwVfG und § 33 SGB X fordern die Bestimmtheit eines Verwaltungsaktes. Nach §§ 41, 43 VwVfG und §§ 37, 39 SGB X tritt die Wirksamkeit eines Verwaltungsaktes mit der Bekanntgabe ein. Wenn nun ein maschinell erstellter Verwaltungsbescheid so abgefaßt ist, daß er für den Verwaltungsklienten nicht unmittelbar verständlich ist, stellt sich die Frage, ob er ihm "bekannt" gegeben ist, ob allein die Zustellung für die Wirksamkeit ausreicht, der Verwaltungskunde sich selbst um das Bekanntwerden des Inhalts durch Auskunftersuchen bei der Verwaltung oder bei Dritten bemühen muß. Nach dem Verwaltungsverfahrensrecht ist davon auszugehen, daß eine Bekanntgabe nur erfolgt, wenn der Verwaltungsklient den zugegangenen Verwaltungsbescheid kennen kann (vgl. §§ 37, 39 VwVfG, §§ 33, 35 SGB X, § 17 Absatz 1 Ziffer 3 SGB I).

Insgesamt werden hier Kooperations- und Kommunikationsdefizite in informationstechnisch-gestützten Verfahren deutlich.

3. Eigenschaften und Risikobereiche informationstechnisch gestützter Verwaltungsverfahren

Verfahrensrechtliche Verwerfungen in informationstechnisch gestützten Verfahren, welche die eingangs dargelegten Beispiele aufzeigen, sind nur zum Teil in der Technik selbst, mehr in den organisatorischen und personellen Rahmenbedingungen ihrer Verwendung begründet - hierüber ist andernorts bereits abgehandelt worden <42>, ich beschränke mich deshalb auf skizzenhafte Feststellungen, wobei ich mich auf heute praktizierte Technikanwendungen beziehe.

Auswirkungen, welche in der Struktur der verwendeten Technik begründet sind, ergeben sich

- durch die strikte Standardisierung, Formalisierung und Programmierung von Informationserhebung, -speicherung und -verarbeitung

- durch die Algorithmisierung von Daten. Eine damit verbundene Veränderung der Qualität von Informationen und Kommunikationsprozessen kann eine Selektivität der Informationsaufnahme, eine Einschränkung der Sachverhaltsermittlung und eine Reduzierung von Ermessensspielräumen bewirken und in der Folge zu einer Überbewertung gespeicherten Wissens und quantitativer gegenüber qualitativen Aspekten sowie einer Einengung von Sprach- und Kommunikationskompetenz führen, aber auch eine gleichmäßige und einheitliche Rechtsanwendung gewährleisten.

Auswirkungen, welche in der Organisation technisch unterstützter Verfahren begründet sind, ergeben sich

- durch arbeitsteilige Aufgabenerledigung bei Vermehrung der Arbeitsschritte und Abstraktifizierung von Arbeitsstoff und -verfahren, welche den Aufgabenzusammenhang auflösen und die gebotene Sachverhaltsermittlung beeinträchtigen kann

- durch Auslagerung von Verwaltungsaufwand auf den Verwaltungskunden (Abgabe formularmäßiger Sachverhaltserklärungen entsprechend den maschinellen Verarbeitungsprogrammen), welche eine Erhöhung der Zugangsbarrieren zur Verwaltung, eine Einschränkung der Verständlichkeit des Verwaltungshandelns und eine Reduzierung der Aufklärungs- und Untersuchungsleistung der Verwaltung beinhalten kann

- durch die mögliche Speicherung und Verteilung von Informationen mittels EDV-Anlagen, welche die Informationsbasis von Verwaltungsentscheidungen verbessern kann, Amtshilfe als Verteilung von oder Zugriff auf Informationen einer Verwaltung organisierbar macht und Informationen für Auskunfts- und Beratungszwecke - insbesondere in selbständigen Auskunfts- und Beratungseinrichtungen - verfügbar macht, welche aber auch den Zusammenhang von Informationen (insbesondere mit sogenannten weichen Informationen) und ihre Zweckbindung auflösen kann

- durch die Programmierung und Automatisierung einzelner Verfahrensschritte und eine damit verbundene Rigidität der maschinellen Verarbeitungsabläufe und Selektivität des bearbeiteten Datenmaterials, welche die Schnelligkeit der Verwaltungsproduktion erhöhen und eine programmierte Richtigkeit gewährleisten kann, gleichzeitig aber auch die Auswahlmöglichkeit zwischen Entscheidungsalternativen (Ermessen, Einzelfallgerechtigkeit) beschränken, ein Abwägen der Entscheidungsfolgen oder der geeigneten Vollziehung unterbinden, die Transparenz des Verwaltungshandelns und die Auskunftsfähigkeit bis zu und während der maschinellen Verarbeitung vermindern kann

- durch die Maschinisierung der Texterstellung und einer damit häufig verbundenen Reduzierung von Information (Schlüsselzahlen) und Kommunikation sowie Vernachlässigung individualisierter Begründung, welche die Verständlichkeit von Verwaltungsbescheiden und die Transparenz des Verwaltungshandelns vermindern, die Zugangsbarrieren zu Prüf- und Kontrollaktivitäten für den Verwaltungsklienten erhöhen kann

- durch die organisatorischen Strukturen sozio-technischer Systeme, welche durch Programmierung und Formalisierung der Verwaltungsarbeit und ihre maschinelle Kontrolle arbeitssituative Reflexivität, Handlungsspielräume und individuelle Verantwortlichkeit durch die Ausrichtung auf maschinelle Verarbeitungsprogramme überformen können und damit eine Einschränkung der Untersuchungsleistung, eine Begrenzung der Kooperationsfähigkeit der Verwaltung und damit auch die Aufhebung der Mitwirkungs- und Partizipationsmöglichkeiten des Verwaltungsklienten bewirken können - soweit nicht für klientenbezogene Tätigkeiten besondere Verwaltungsstellen eingerichtet werden

- durch die Verlagerung von Verfahren oder Verfahrensteilen auf Rechenzentren, welche neue Instanzen schafft, zusätzlichen Kooperationsaufwand erfordert, zu einer Verlangsamung der Verfahrensabwicklung führt und die Verantwortungsfähigkeit von Fachverwaltungen für die Rechtmäßigkeit des Verwaltungsverfahrens und die Richtigkeit der Verwaltungsleistung ausdünnt.

Generalklauseln mit ihren Zumutbarkeits- und Billigkeitsüberlegungen haben keinen Platz; eine argumentative, dialogische Gewinnung der richtigen Entscheidung in der Verfügbarkeit der Verfahrensbeteiligten und im Rahmen der gesetzlichen Vorgaben findet nur eingeschränkt statt.

Gleichzeitig ist aber auch bewußtzuhalten, daß aufgrund der Maschinisierung Verwaltungen in der Lage sind, bei unverändertem oder geringerem Personal-Zeitaufwand der Anzahl oder dem Umfang nach, vermehrte öffentliche Aufgaben zu erledigen.

Die skizzierten Wirkungszusammenhänge sind in der Praxis in unterschiedlicher Intensität und Häufung vorzufinden und - wie sich zeigte - beeinträchtigen sie nicht nur ein aufgabengerechtes und verfahrensrechtlich legitimiertes Verwaltungshandeln, sondern können es auch unterstützen.

4. Folgenlosigkeit verfahrensrechtlicher Mängel?

Eine Rückbesinnung auf verfahrensrechtliche Anforderungen und die Diskussion möglicher Folgerungen für die Organisation informationstechnisch gestützter Verwaltungsverfahren erscheint mir solange geboten, wie auch nur in Einzelfällen Rechtsgewährleistungen verletzt werden können.

Aufgabe der Verwaltung ist es, das Gesetz zu erfüllen, das heißt im Rechtsstaat dem vermittelten politischen Willen des Volkes zu entsprechen und dies ist nach dem Grundgesetz auch eine eigenständige Aufgabe der Verwaltung. Verfahrensrecht dient der Realisierung des materiellen Rechts <43> und im realisierten Verfahrensrecht drückt sich die Stellung des Bürgers im Staate aus.

Organisation, der Einsatz qualifizierten Personals und sächlicher Verwaltungsmittel haben der Realisierung materieller Gesetze im Rahmen der verfahrensrechtlichen Bestimmungen und wie diese der Richtigkeitsgewähr materiellrechtlicher Entscheidungen zu dienen. In dem Maße, wie formelle Verfahrensregelungen und die Stellung der Verfahrensbeteiligten im Verfahren besonders der Massenverwaltungen maßgeblich sind für die Möglichkeit, materielle Rechte wahrzunehmen, können Verletzungen verfahrensrechtlicher Positionen Rückwirkung auf die Durchsetzungsfähigkeit materieller Rechtspositionen haben. Dem Verwaltungsverfahren kommt - wie gesagt - ein eigenständiger Rechtswahrungsauftrag zu. "Nicht größtmögliche Effizienz staatlichen Handelns ist also im Verwaltungsverfahren anzustreben, sondern Effizienz unter Wahrung der Rechte Betroffener, unter gebotener Berücksichtigung ihrer rechtlich anerkannten Interessen - im Ausgleich also mit Rechtsschutzerfordernissen" <44>.

Dies zu beachten ist umso mehr erforderlich, als sonst das Rechtsgewährleistungssystem lückenhaft ist <45>, denn die Gerichte prüfen im allgemeinen nicht die Einhaltung verfahrensrechtlicher Vorschriften.

Gemäß § 46 VwVfG und § 42 SGB X ist es einem Kläger nicht möglich, eine Formverletzung isoliert zu rügen und damit die Aufhebung eines Verwaltungsaktes zu erreichen. Sinn dieser Vorschrift ist es, zu vermeiden, daß der Kläger einen formellen Prozeßerfolg erreicht, ohne daß sich inhaltlich für ihn etwas ändert.

Die vom Gesetzgeber vorgenommene starke Betonung der inhaltlichen Seite der Entscheidung führt dazu, daß sich der Richter darauf konzentriert. Das Problembewußtsein für formelle Fragen ist unterentwickelt. Die starke Betonung der inhaltlichen Seite drängt die formellen Fragen so stark an die Peripherie der gerichtlichen Entscheidungstätigkeiten, daß sie aus dem Blickfeld verschwinden.

Für den Richter, der über den Einzelfall hinaussieht, bieten sich nur wenig Interventionsmöglichkeiten. Es können dies - abhängig von den verletzten Verfahrensvorschriften - die Wiedereinsetzung in den vorigen Stand, der Herstellungsanspruch <46> oder das Ausweichen auf einen Nebenschauplatz, nämlich die Kostenentscheidung, sein.

All dies setzt aber das Erkennen oder zumindest die Vermutung eines fehlerhaften Verwaltungshandelns voraus - was gerade bei informationstechnisch gestützten Verfahren schwierig ist. Es besteht deshalb die Gefahr, daß Rechtsgewährleistungen durch die Ausgestaltung des verwaltungsinternen Verfahrens beeinträchtigt werden.

Rechtlich geboten erscheint auch eine Veröffentlichung von DV-Programmen und sie begleitenden Anweisungen. Computerprogramme als maschinell zu verarbeitende Verwaltungsprogramme <47> sind Verwaltungsvorschriften <48>, wie diese abstrakt-generell gefaßt und lassen wie diese vom Programm abweichende Einzelentscheidungen zu. Verwaltungsvorschriften enthalten von der Verwaltungsspitze für die nachgeordneten Verwaltungsorgane festgelegte Maßstäbe und Regeln zur Lösung von Problemen, die für die Rechtsverwirklichung erforderlich sind <49>. Verwaltungsvorschriften treten - wie in Literatur und Rechtsprechung anerkannt ist - in unterschiedlichen Typen und Funktionen auf. Sie lenken im Bereich des Gesetzesvollzugs die Verwaltungsorgane in ihrem Handeln. Sie ergehen als norminterpretierende Verwaltungsvorschriften, als Ermessens- oder Beurteilungsrichtlinien, sie dienen der Sachverhaltsermittlung oder regeln die Verwaltungsorganisation, sie konkretisieren Gesetze, füllen sie aus oder ergänzen sie, indem sie zum Beispiel offengelassene Verfahrensfragen regeln <50>.

DV-Programme und sie begleitende Anweisungen lassen sich nicht eindeutig einem einzigen der vorgenannten Typen von Verwaltungsvorschriften zuordnen. Sie vereinigen häufig verschiedene Elemente der genannten Arten von Verwaltungsvorschriften in sich - je nach ihrer Gestaltung und ihrem Verwendungszusammenhang. DV-Programme und mit ihnen verbundene Formulare geben für das Verwaltungspersonal die als geeignet antizipierte Sachbearbeitung eines Falles vor, gestalten die Aufgabenerledigung der Verwaltung gegenüber dem Bürger. Sie dienen der Sachverhaltsaufklärung und präjudizieren die Verwaltungsentscheidung. DV-Programme verbinden verschiedene Verwaltungsstellen zu einem Entscheidungs- und Vollzugsprozeß und stellen den Zusammenhang der fallbezogenen Bearbeitungs- und Entscheidungsakte dar.

An Verwaltungsvorschriften werden bestimmte formale Anforderungen gestellt und sie besitzen eine spezifische Rechtswirksamkeit. Sie sind insbesondere zu veröffentlichen gegenüber denjenigen, deren Rechte von der Verwaltungsvorschrift betroffen werden und unterliegen der gerichtlichen Kontrolle im Rahmen einer überprüfung der Sachentscheidung <51>. Sie haben eine rechtliche Wirkung für den Bürger im Rahmen der Gleichheitsbindung der Verwaltung. Die Veröffentlichung gewährleistet Transparenz nicht nur für den - sachkundigen - Bürger, sondern auch innerhalb der Verwaltung.

Heußner ordnet darüber hinaus den Gerichten eine präventive Kontrollkompetenz für EDV-Programme zu <52>. Ähnliches ist für verfahrensrechtliche Bestimmungen zu erwägen, deren Praxis ja vielfach durch die Art und Weise der Anwendung von Informationstechnologie bestimmt wird.

5. Anforderungen an informationstechnisch gestützte Verwaltungsverfahren

Versuchen wir abschließend eine Zusammenschau der verfassungs- und verfahrensrechtlichen Anforderungen an die Gestaltung des Verwaltungsverfahrens und berücksichtigen wir die Verwendungsmöglichkeiten und -bedingungen der Informationstechnik in öffentlichen Verwaltungen, so lassen sich einige allgemeine Postulate begründen.

Ich gehe dabei davon aus, daß - wie dargelegt - die Verwendung der Informationstechnologie im Verwaltungsverfahren nicht allein aus Gründen der Verwaltungseffizienz zu rechtfertigen ist.

Die Verwendung möglicher Verwaltungsmittel hat sich an der Aufgabe der Verwaltung und den Zielsetzungen des Verwaltungsverfahrens sowie den verfügbaren Haushaltsmitteln zu orientieren. Dies kann im Rahmen der Organisations- und Gestaltungskompetenz der Verwaltung in gewisser Weise sowohl die rechtliche Verpflichtung zur Verwendung von Informationstechnik als auch zum Verzicht darauf beinhalten. Wirtschaftlichkeit, Einfachheit und Schnelligkeit einer DV-Unterstützung des Verwaltungsverfahrens <53> sind allein keine rechtlich legitimierten Gründe zum Einsatz von Informations- und Kommunikationstechnologie. Bei der Entscheidung über die Verwendung von Informationstechnologie sind feststellbare oder zu erwartende Veränderungen im Verwaltungshandeln und Folgen für das Verhältnis Verwaltung und Bürger zu berücksichtigen, seien diese nun in der Technik selbst oder in der organisatorischen und personellen Form ihrer Verwendung begründet.

Aus dem Zusammenhang der bisherigen Erörterungen ergeben sich - nur beispielhaft - folgende Anforderungen:

- Informationstechnologie ist einzusetzen, um Daten für Auskunft und Beratung verfügbar zu halten; dazu gehört auch die Verknüpfung verwaltungseigener Daten einer Behörde, um auf eine zweck- und zeitgerechte Antragstellung und Bearbeitung hinzuwirken.

- Datenerhebung und Informationsanforderungen an den Bürger haben sich nicht vorrangig an den maschinellen Verarbeitungsprozessen der Verwaltung bei entsprechenden Standardisierungen und Formalisierungen zu orientieren, sondern müssen vollständig und individuelle Sachverhaltsbewertung und Ermessensausübung müssen möglich sein. Sie müssen für den Verwaltungsklienten verständlich und seiner Lebenssituation entsprechend sein. Die Verantwortung für das Verwaltungsverfahren hat bei der Verwaltung zu bleiben.

- In Antrags- oder Erklärungsformularen sind bei der Verwaltung in der Sache gespeicherte Daten mitzuteilen, bei sich wiederholenden Anträgen (zum Beispiel Steuererklärung, Antrag auf Wohngeld und anderes) hat die Verwaltung im Formular den festgestellten Sachverhalt und seine Bewertung bekanntzugeben <54>.

- Maschinell unterstützte Verfahrensgestaltungen sind aufgabenspezifisch und so zu wählen, daß das Verfahren für das Verwaltungspersonal und die Verwaltungsklienten transparent und der Aufgabenzusammenhang gewahrt bleiben. Manuelle Eingriffe müssen prinzipiell möglich sein, um situationsgerechte Rechtsgewährleistungen zu sichern oder eine Nachholung bei Fristversäumnissen zu ermöglichen; die Auswahl einzusetzender Informationstechnik hat sich an den jeweiligen aufgaben- und organisationsspezifischen Anforderungen zu orientieren; dies erfordert arbeitsplatzbezogene Gestaltungen und fachlich-technische Qualifikation des Verwaltungspersonals. Dieses muß in der Lage sein, informationstechnisch hergestellte Arbeitszusammenhänge und die Wirkungen der Technologie in der Aufgabenerledigung zu verstehen. Rechtliches Gehör als essentieller Verfahrensbestandteil ist zu sichern.

- Maschinell erstellte Verwaltungbescheide müssen in verständlicher Weise begründet werden (abgesehen von den Fällen der §§ 39 Absatz 2 Ziffer 3 VwVfG und 35 Absatz 2 Ziffer 2 SGB X), entscheidungserhebliche Tatsachen und Erwägungen sind mitzuteilen.

- Bei maschineller Verteilung von Daten beziehungsweise bei Zugriffsmöglichkeiten auf gespeicherte Daten durch verschiedene Verwaltungsstellen ist zu gewährleisten, daß solche Daten vollständig sind (dies schließt auch die sogenannten weichen Daten ein), andernfalls dürfen Entscheidungen nur in Absprache mit der datenführenden Verwaltungsstelle getroffen werden.

Der Einsatz von Informationstechnologie in öffentlichen Verwaltungen, insbesondere in Massenverwaltungen ist vielfach notwendig. Konflikte zwischen verfahrensrechtlichen Anforderungen und technisch effizienten Gestaltungen des Verfahrens sind häufig. Eine Reduzierung einzelner der genannten Anforderungen in der Verwaltungspraxis, insbesondere bei Massenverwaltungen aus Praktikabilitätsgesichtspunkten <55>, ist aber nur vertretbar und rechtlich legitimierbar bei entsprechend effektiven kompensatorischen Maßnahmen (zum Beispiel verarbeitungsorientierte Informationserhebung im Antragsformular - Hilfe bei der Antragstellung durch die Verwaltung; Minderung der Verständlichkeits- und Begründungspflicht - bürgernahe Auskunft und Beratung) <56>.

Verfahrensrechtliche Wirkungen von Informationstechnologie sind vielfach nicht notwendig. Sie sind meist Folgen verwaltungspolitischer Entscheidungen für einen bestimmten Technikeinsatz oder für eine bestimmte Rationalisierung der Verwaltungsproduktion und damit häufig implizit gegen die Sicherstellung bestimmter rechtsstaatlicher Verfahrensgrundsätze. Es bedarf aber meines Erachtens keines neuen Verfahrensrechts für informations- und kommunikationstechnisch betriebenes Verwaltungshandeln, sondern nur der effizienten Befolgung geltenden Rechts. Dies ermöglicht und begrenzt - aus staatspolitischen Gründen - eine effiziente Unterstützung der Verwaltungsarbeit durch Maschinen und wahrt unsere Rechtskultur.

Anmerkungen:

<1> Gagel 1984, Anmerkung 101 vor § 142

<2> Vgl. auch Ossenbühl 1982, S. 468

<3> Bundesrechnungshof 1983, S. 79

<4> Horn 1983; Schäfer 1983

<5> Vgl. dazu zum Beispiel Bethge 1982; Laubinger 1982; Goerlich 1978; von Mutius 1982; Degenhart 1982

<6> Hierzu Laubinger 1982

<7> Vgl. zum Beispiel Häberle 1977

<8> Laubinger 1982, S. 74 unter Hinweis auf die BVerfG-Rechtsprechung; kritisch hierzu von Mutius 1982, S. 2156

<9> Laubinger 1982, S. 78; Degenhart 1982, S. 2163

<10> Zum Begriff Degenhart 1982, S. 880; Arndt 1983, S. 102 ff mit weiteren Nachweisen

<11> Vgl. Arndt 1983, S. 84; Schenke 1982, S. 315 f

<12> So auch Degenhart 1982, S. 884; Steinberg 1982, S. 620, 622 f; Schenke 1982, S. 315 f

<13> Ossenbühl 1983

<14> Wahl 1983, S. 155

<15> Wahl 1983, S. 160 f

<16> Der Gesichtspunkt der Verwaltungseffizienz im Sinne monetärer Größen wird bei Anerkennung weiterer Verwaltungsziele von Mutius 1982, S. 2151 betont. Effizient im Sinne von Wirtschaftlichkeit und Sparsamkeit kann eine Verwaltung aber nur bei bei optimaler Erfüllung ihrer verfassungsrechtlichen und gesetzlichen Aufgaben handeln, wozu auch die verfahrensrechtlichen Regelungen gehören.

<17> Gagel 1984, Anmerkung 3 vor § 142

<18> Im Anschluß an Gagel 1984, Anmerkung 18 ff vor § 142

<19> Hierzu Wolff und Bachof 1978, S. 333; Meier und Borgs 1982, Anmerkung 1 zu § 10 VwVfG; Knack 1976, Anmerkung 2 zu § 10 VwVfG; Weides 1977, S. 29. Soweit gesetzlich die Verwendung von Vordrucken vorgesehen ist, handelt es sich in der Regel nur um Soll-Vorschriften (zum Beispiel § 60 Absatz 2 SGB I); vgl. Dembowski und Schroeder-Printzen 1976, S. 360 zu § 60 SGB I

<20> Vgl. Kopp 1976, § 64 Anmerkung 2

<21> Vgl. Wolff und Bachof 1978, § 156 IVc; Pestalozza 1977, S. 188 ff; Kopp 1976, Anmerkung 2 ff zu § 24 VwVfG

<22> Wolff und Bachof 1978, S. 334 ff; Weides 1977, S. 69; Badura 1983, S. 341. Der Grundsatz der Vollständigkeit steht im Zu-

sammenhang mit dem Untersuchungsgrundsatz und der Aufklärungspflicht der Verwaltung (§ 24 VwVfG, § 20 SGB X)

<23> So Knack 1976, Anmerkung 3.1 zu § 24 VwVfG; Pestalozza 1977 spricht von einem grundsätzlichen Typisierungsverbot, S. 189

<24> Vgl. von Mutius 1982, S. 2150 ff

<25> Gagel 1984, Anmerkung 158 f vor § 142 AFG

<26> Grimmer 1980 a, S. 8 f

<27> Pietzcker 1983, S. 193 ff, hier S. 202

<28> Vgl. hierzu Pickel 1982; Mandelartz 1983; Hufen 1982; Schenke 1982, S. 320

<29> Knack 1976, S. 187 f; Badura 1983, S. 269; Wolff und Bachof 1978, S. 340

<30> Vgl. Schäfer und Skorka 1979, S. 6 f

<31> Gagel 1984, Anmerkung 101 vor § 142 AFG, in Kritik von BSGE 52, 145, 149

<32> Wolff und Bachof 1974, S. 420; Schenke 1982, S. 324 f

<33> Vgl. Meier und Borgs 1982, § 39 Anmerkung 19

<34> Näher hierzu Heussner 1976 a, S. 120 (SGB 1976, S. 245 ff)

<35> Siehe beispielsweise die Entscheidungen: BVerfGE 9, 20 (32); 22, 349 (367 ff); zur Differenzierung zwischen der Ebene der Gesetzgebung und der Verwaltung Pietzcker 1983, S. 199 ff

<36> Pestalozza 1977, S. 188. Eine Kompetenz zur Typisierung und Standardisierung und zur Einschränkung der Anhörungs- und Begründungspflicht in der Massenverwaltung aus Gründen der Verwaltungseffizienz bei flankierenden Beratungsmaßnahmen nimmt an Wahl 1983, S. 179 f mit weiteren Nachweisen.

<37> So der Versuch Isensees für die Steuerverwaltung, Isensee 1976

<38> Horn 1978, S. 5 ff

<39> Richtigerweise wird man hier, wenn die Bescheide aus sich heraus verständlich sind, auf eine Begründung verzichten können; vgl. Knack 1976, Anmerkung 2.3.3 zu § 39

<40> Vgl. Gagel 1984, Anmerkung 51 vor § 142 AFG unter Verweis auf BSG vom 18. Mai 1983 - 6 RKa 18/80 -

<41> Gagel 1984, Anmerkung 44 vor § 142 AFG

<42> Siehe hierzu Grimmer 1983; Grimmer 1984, S. 28 ff; siehe aber auch Brinckmann 1984 b; Kubicek 1982; Heussner, Horn, Karlsen und Lenk 1978; Kuhlmann 1983; Grässle und Kumbruck 1984

<43> Ossenbühl 1982, S. 466

<44> Degenhart 1982, S. 873

<45> Erg. Ossenbühl 1982, S. 471; Hufen 1982; von Mutius 1982; Krebs 1984

<46> Näher hierzu Gagel 1984, Anmerkung 223 ff vor § 142 AFG

<47> Schmidt 1982, S. 83 f; Badura 1983, S. 352; Podlech 1972/1973, S. 160

<48> Ossenbühl 1977, S. 83 ff und Ossenbühl 1968, S. 250 ff; Wolff und Bachof 1974, § 24 II Nummer 2

<49> Maunz 1981, S. 500; Ossenbühl 1977, S. 84

<50> Ossenbühl 1978, S. 250 ff. In Erichsen und Martens 1983 gliedert Ossenbühl vor allem in organisatorische und verhaltenslenkende Vorschriften und letztere in norminterpretierende Vorschriften, Ermessensrichtlinien, Vereinfachungsanweisungen, Vorschriften über die Anwendung technischer Regeln und Standards sowie gesetzesergänzende Vorschriften (S. 85/86)

<51> Schmidt 1982, S. 84; Ossenbühl 1983, S. 95

<52> Heussner 1976 b

<53> Degenhart 1982, S. 883

<54> Hierzu schon Brinckmann, Grimmer, Lenk und Rave 1978

<55> Zur Problematik von Praktikabilität als Rechtsbegriff Arndt 1983, S. 7 ff

<56> So auch Wahl 1983, S. 176

Aussprache zum Referat von Klaus Grimmer

Bericht von Job von Nell

Die von Josef Baron geleitete Diskussion nahm Ruckriegel mit der Frage auf, inwieweit der Amtsermittlungsgrundsatz, der einen Datenaustausch zwischen einzelnen Verwaltungsträgern beinhalten kann, mit den Forderungen der Datenschutzbeauftragten zu vereinbaren sei, für den jeweiligen Fall grundsätzlich alle personenbezogenen Daten beim Bürger selbst zu erheben.

Grimmer erwiderte, daß hier eine differenzierte Betrachtungsweise erforderlich sei; sowohl die Zusammenarbeit zwischen den Verwaltungsträgern wie auch die Gewährleistung einer bürgergerechten Verwaltung erfordere das Verfügenkönnen über bestehende Daten. Zudem bestehe die Möglichkeit, dem Bürger in wiederkehrenden Verwaltungsverfahren mitzuteilen, von welchen sach- und personenbezogenen Daten die Behörde ausgegangen ist. Dies bewirke auch die erforderliche Transparenz des Entscheidungsvorganges. Die jeweilige Neuerhebung von Daten sei zudem zu arbeitsintensiv und zu kostspielig.

Reinermann warf die Frage auf, inwieweit die Verwaltung die Verknüpfungsmöglichkeiten der Informationstechnologie auch zuungunsten der Bürger benutzen sollte. Er wies auf das Beispiel des durch Erbfall plötzlich begüterten Sozialhilfeempfängers hin.

Grimmer bejahte dies. Diese Möglichkeit sei auch für den Bürger von Vorteil, denn einerseits würde dadurch die Versuchung des Bürgers, ihm nicht zustehende Leistungen in Anspruch zu nehmen, vermindert, andererseits erleichtere dies die Feststellung hinzukommender bestehender Ansprüche.

Eidenmüller wies auf ein notwendiges Zusammenarbeiten zwischen Wissenschaft und Praxis hin. Die Wissenschaft habe die Aufgabe, der Verwaltung handlungsrelevante Ratschläge und Verfahren zu liefern. Habe die Wissenschaft für den Bereich der Rentenversicherung schon wichtige Dienste geleistet, zum Beispiel durch das Prüfzifferverfahren, so seien doch auch für die Zukunft hohe Anforderungen an die Wissenschaft gestellt. Er denke dabei etwa an neue praktisch anwendbare Datenbanksysteme oder an die Anwendung von Verfahren für eine bürgergerechte Namensschreibung in allen Verwaltungsbehörden. Soweit sich der Vortrag von Grimmer darauf beziehe, daß bei aller fortschreitender Technisierung die Rechte der Bürger beachtet werden müßten, könne er sich für den Bereich der Rentenversicherung einen mangelnden Willen zur Berücksichtigung von Rechtsgütern des Bürgers nicht vorwerfen, wenngleich auch er die Schwierigkeit sehe, die in der Rentenversicherung notwendigen Massenverfahren immer mit den Erfordernissen einer bürgerfreundlichen Verwaltung in Einklang zu bringen.

Grimmer betonte, daß es ihm in seinem Vortrag darauf angekommen sei aufzuzeigen, daß bei allem notwendigen technischen Fortschritt nicht die Rechte der Bürger mißachtet werden sollten. Wenn auch für den Fall der Rentenversicherung bereits wirksame, den Technisierungsgrad betreffende kompensatorische Maßnahmen wie zum Beispiel Beratungsstellen in den Gemeinden eingerichtet worden sind, so sollte auch weiterhin versucht werden, den Rechten der Bürger Geltung zu verschaffen.

Hamann fragte, ob es nicht bestimmte Bereiche in der Verwaltung gebe, die für den Einsatz der Informationstechnik nicht geeignet seien, zum Beispiel Ermessensentscheidungen.

Baron sah die Gefahr, daß der Einsatz der Informationstechniken in der Verwaltung die Kodifizierung eines neuen Verfahrensgesetzes notwendig machen könnte. Die Einbindung der Informationstechnik in die Organisationslehre sei eher angebracht als eine weitere Detaillierung des Verwaltungsverfahrensrechtes.

Grimmer stimmte der das Ermessen betreffenden Frage zu, wies aber darauf hin, daß die Informationstechnik ermessensentscheidende Daten liefern könne, ohne damit jedoch die eigentliche Ermessensentscheidung durch die Verwaltung zu ersetzen. Es sei zweifelhaft, ob alleine die Einbringung des Verfahrensrechtes in die Organisationslehre ausreiche, um den Rechten der Bürger im Verwaltungshandeln Geltung zu verschaffen. Zumindest aus heutiger Sicht seien erhebliche Mängel im Verwaltungsverfahrensrecht unübersehbar, die durch die fortschreitende Technisierung der Verwaltung bedingt seien.

DAS RECHENZENTRUM - SIEGFRIEDS VERWUNDBARE STELLE?

Werner Ruckriegel

Beim besten Willen läßt sich nicht behaupten, das Thema, zu dem ich hier vortrage, sei brandneu. Aber - diese These wage ich - es hat neue Aktualität und größere Dimension gewonnen. Vielleicht rechtfertigt dies die Aufnahme in die heutige Veranstaltung.

1. Größere Abhängigkeit

Zur Begründung meiner These von der größeren Dimension und der Aktualität des Themas könnte ich Ihnen nun Zahlen vorstellen - etwa solche aus der Diebold-Statistik - über den Umfang des Computereinsatzes in der Bundesrepublik, um damit unsere gewachsene Abhängigkeit von funktionierenden Computern und Rechenzentren deutlich zu machen. Aber ich schenke mir und Ihnen das. Jeder kennt diese Zahlen. Jeder weiß, in welchem Maße wir inzwischen auf Computerunterstützung in fast allen Bereichen der öffentlichen Verwaltung und der Wirtschaft angewiesen sind. Die Bundesrepublik hat - auch im internationalen Vergleich - eine gewaltige Verwaltungs- und Wirtschaftskraft, die Kraft eines Achill, aber sie hat auch dessen verletzliche Ferse: die Rechenzentren.

Nur beispielhaft und andeutungsweise sei hier diese Abhängigkeit und Verletzlichkeit aufgezeigt.

1.1 Militärische Abwehrsysteme

Als erstes möchte ich hinweisen auf die Bedeutung des Funktionierens von Computern und Rechenzentren für unser militärisches Abwehrsystem. Die Bundesrepublik Deutschland, eingebunden in die NATO, betreibt zum Beispiel Frühwarnsysteme, die Flugbahnen und Kenndaten von fliegenden Objekten (TRACKs) ermitteln. Die Ermittlung erfolgt durch Auswertung und Verarbeitung von Daten aus Sensoren in komplexen computergestützten Verfahren. Man kann sich nur mit Schaudern vorstellen, was Fehler in solchen Systemen - ob sie nun ihre Ursache in der Hardware oder der

Software haben, ob sie im Innern oder durch Störeinwirkung von außen bewirkt werden - zur Folge haben können: Fehlalarme, Gegenschläge und ähnliches. Ich will das nicht ausmalen <1>.

1.2 INPOL-System

Zum zweiten möchte ich die computerunterstützte Informationsverarbeitung der Polizei ansprechen. Das ist zum Beispiel das bundesweit verzweigte INPOL-System mit seinen zahlreichen Dateien, auf die von tausenden von Terminals aus zugegriffen wird. Es ist wohl einleuchtend, daß der polizeiliche Nutzer dieses Systems von seiner Aufgabenstellung her eine ständige Verfügbarkeit des Systems erwarten und zum Beispiel Fahndungsanfragen auch um Mitternacht, an Sonn- und Feiertagen stellen und beantwortet bekommen muß. Das ist - was die Anforderungen anbetrifft - ähnlich bei einem anderen, weniger bekannten polizeilichen Computersystem, nämlich dem zur Einsatzberatung der Funkstreifen-Leitstellen bei den großen Polizeipräsidien. Bei diesem System, das wir in Nordrhein-Westfalen zusammen mit einem Hersteller entwickelt haben, laufen alle Notrufe mit der Nummer 110 auf. Das System kennt den Standort und den Einsatzstatus aller Streifenwagen; es verwaltet Dateien mit Straßennamen, Objekten; es hat Zugriff auf die INPOL-Dateien. Auf der Basis solcher Kenntnisse macht es Einsatzvorschläge, verfolgt und dokumentiert das Einsatzgeschehen.

1.3 Verwaltungsrechenzentren

Nun könnte ich als drittes Beispiel den Computereinsatz im Gesundheitswesen nennen, die computergestützte Analyse oder die Steuerung lebenserhaltender medizinischer Geräte. Aber es würde vielleicht der Eindruck entstehen, die Beispiele seien zu gezielt aus Bereichen gewählt, in denen die Fehlerhaftigkeit, die Störung oder der Ausfall des Computers zu besonders schlimmen Folgen führt. Deshalb zeige ich lieber auf die Vielzahl "ganz normaler Wald- und Wiesen"-Rechenzentren der öffentlichen Hand, in denen hunderterlei schlichter, aber doch eben nicht unwichtiger Verwaltungsaufgaben erledigt oder wesentlich unterstützt werden. Selbstverständlich ist es nicht so tragisch, wenn ein für die Gehaltsberechnung von Beamten eingesetzter Computer mal einen Fehler macht (und zum Beispiel 1.000,-- DM zuviel ausrechnet); schon schlimmer, wenn derselbe oder ein anderer Computer bei der Berechnung von Sozialrenten streikt. Und manchmal bekommt die Nicht-Verfügbarkeit selbst eines Wald- und Wiesen-Rechenzentrums mit normalerweise wenig kritischen Anwendungen eine folgenschwere Bedeutung, wenn zum Beispiel die Polizei aus dem Kraftfahrzeugregister oder dem Einwohnermelderegister eines kommunalen Rechenzentrums Auskünfte nicht bekommen kann, die der Halterfeststellung bei Unfallflucht beziehungsweise der Identifizierung bei vorläufigen Festnahmen dienen.

Ganz generell kann man sagen, daß sich die Abhängigkeit vom Computer und unser Angewiesensein auf den Computer in den letzten Jahren erheblich verstärkt haben; durch die Ausweitung der Anwendungen, aber auch durch den übergang von Stapelverarbeitung über Abfragesysteme zu Dialogsystemen, durch die Ausstattung der Arbeitsplätze mit Bildschirmen als Datenendgerät, durch die starke - und immer noch fortschreitende - Vernetzung.

Außerdem haben wir in dei letzten Jahren bei der Weiterentwicklung der Automation oft radikal die Brücken hinter uns abgebrochen; es führt kein Weg mehr zurück zu den rettenden Ufern konventioneller Datenverarbeitung. Wo die Bearbeitung von Verwaltungsaufgaben im online-, Echtzeit- oder Dialogverfahren sich durchsetzt (beispielsweise im Einwohnermeldewesen oder in der Kraftfahrzeugzulassung), verschwinden nach und nach die Papierregister oder werden jedenfalls nicht mehr aktuell gehalten. Auch der Polizeibeamte, der in der Leitstelle einer großen Polizeibehörde den Einsatz der Funkstreifenwagen computerunterstützt steuert (CEBI), ist ohne die Hilfe dieses Systems im wahren Wortsinn "hilflos" <2>.

2. Gewachsenes Gefährdungspotential

Unsere Abhängigkeit ist gewachsen und wächst weiter. Das ist die eine Seite. Die andere ist die erkennbare Zunahme des Gefährdungspotentials.

2.1 Anschläge

Wir registrieren zum Beispiel ein Phänomen, das für uns in der Bundesrepublik jedenfalls noch neu ist: Anschläge auf Rechenzentren, auf Computer und auf Computerhersteller. Ich nenne hier einige der Fälle aus den vergangenen 12 bis 13 Monaten:

- In der Nacht vom 12. auf den 13. August 1983 warfen unbekannte Täter die Scheiben eines Computerraumes beim Institut für Informatik der Karlsruher Universität ein und besprühten die Wände mit Parolen. Zu diesem Vorgang ging am 16. August 1983 bei der Deutschen Presseagentur in Frankfurt ein Bekennerschreiben ein, das als Begründung für den Anschlag unter anderem die Mitwirkung des Instituts bei der Organisation der 8. Weltkonferenz für künstliche Intelligenz anführte, auf der Richtlinien für die Entwicklung der Computertechnologie festgelegt worden seien. Außerdem wurde in dem Bekennerschreiben darauf hingewiesen, daß die Karlsruher Universität die Nato-Computersprache "Ada" mitentwickelt habe.

- Die Begründung für den Anschlag vom 15. August 1983 auf das Niedersächsische Kommunale Datenverarbeitungszentrum lautete, das Kommunale Rechenzentrum speichere Einwohnerdaten und bereite die Volkszählung vor. Ähnlich war die Begründung für den Anschlag auf das Hamburgische Statistische Landesamt.

- Mitte September 1983 explodierte an der Außenwand des südhessischen Rechenzentrums der Maschinenfabrik Augsburg-Nürnberg (MAN) eine 10-Kilo-Bombe, die einen unmittelbaren Schaden von 2 Millionen DM und Folgekosten in fünffacher Höhe verursachte. Im Bekennerbrief der "Roten Zellen" wurde zur Begründung für den Anschlag angegeben, das südhessische Werk baue Transportfahrzeuge für die in der Bundesrepublik zu installierenden Pershing 2-Raketen.

- Ende 1983 wurde auf die Geschäftsstelle der Firma Honeywell-Bull in Düsseldorf ein Anschlag verübt; es war schon der Zweite.

- Ebenfalls zum Jahreswechsel gab es ein Sprengstoffattentat gegen die Firma "Verein Creditreform" in Neuss und gegen einen Neubau der Firma Nixdorf in Hannover. Bekennerschreiben kamen wenige Tage später von der "Roten Zora", der Frauenorganisation der "Roten Zellen". Beide Attentate wurden als "Silvesterknaller zur Begrüßung des Orwell-Jahres" und als "Beginn einer bundesweiten Gewaltkampagne gegen Computer" bezeichnet. Der Firma Creditreform wurde vorgehalten, daß sie - nach eigener Darstellung - "Europas größte Auskunfts- und Inkasso-Organisation" sei, Nixdorf wurde angelastet, daß die Firma sich an dem Glasfaser-Modellversuch

"Bigfon" beteilige, dessen Erkenntnisse für die Verkabelung der gesamten Bundesrepublik maßgeblich sein sollen.

- Am 13. Januar 1984 wurde an der Außenwand des Gebäudes der Firma Siemens in Saarbrücken ein Sprengkörper entdeckt. In dem Bekennerschreiben dazu werden ähnliche Argumente angeführt wie in den Bekennungen zu Anschlägen gegen andere Niederlassungen desselben Unternehmens (Anschläge gegen Siemens-Niederlassungen in Witten und Braunschweig im November 1983): Siemens als Rüstungskonzern, als Hersteller von Elektronik und Informationstechnik ("Siemens leistet seinen Beitrag zur technofaschistischen Gesellschaft"), als Großverdiener an Glasfaser-Entwicklung und Verkabelung. Auch Verbindungen zur Polizei werden von den Bekennern hergestellt: Alle Landeskriminalämter sind mit Siemens-Computern ausgestattet; die 100prozentige Siemens-Tochter "Constanze" stellt den neuen (angeblich) fälschungssicheren maschinenlesbaren Personalausweis her.

- Zehn mit Kapuzen und Tüchern vermummte Täter drangen am 7. Mai 1984 in die Gütersloher Stadthalle ein und zerstörten Computer einer Ausstellung der Firma Nixdorf. Einer der Täter schlug mit einem schweren Vorschlaghammer auf einen sogenannten "gläsernen Computer" ein.

- Eine Bombendrohung (als "Antwort auf die Vernichtung von Arbeitsplätzen") gab es anläßlich der "KOM - Messe für Bildschirmtext und Microcomputer", die vom 17. Mai bis 20. Mai 1984 in der Grugahalle in Essen stattfand.

Ich habe hier einige der Fälle vorgetragen; nicht so sehr, um durch die Anzahl zu beeindrucken, sondern vielmehr, um die vielfältigen, unterschiedlichen Motive deutlich zu machen, die in den Bekennungen zum Ausdruck kommen:

- Da gibt es Täter, die den Computer als Vernichter von Arbeitsplätzen, andere, die ihn als Mittel zur Speicherung personenbezogener Daten, als "großen Bruder" im Orwell'schen Sinne sehen; wieder andere, die seine Rolle im Rüstungswettlauf und bei der Steuerung von Waffensystemen verurteilen. Und schließlich richten sich manche der Angriffe auf Computer zwar unmittelbar gegen diese, in Wahrheit und mittelbar aber gegen das dahinterstehende Unternehmen - nicht unbedingt ein Computerhersteller, sondern etwa ein "Rüstungsunternehmen" oder zum Beispiel eine Großbank, die nach der Meinung der Täter "Ausbeutungsgeschäfte" im Ausland finanziert. Das Rechenzentrum eines solchen Unternehmens wird als Angriffsziel nicht aus Computerhaß, sondern deshalb gewählt, weil man es als eine empfindliche Stelle erkannt hat, durch deren Verletzung man eine besonders große Wirkung erzielt. (Manchmal verbinden sich auch mehrere solcher an sich unterschiedlicher Motive.)

Nun muß man natürlich darauf hinweisen, daß solche Attentäter eine kleine Minderheit sind. Aber: Ihnen haftet nicht mehr das Flair des "Exotischen", das Etikett des "Spinners" an wie noch Harvey M. Matusow, dem Präsidenten der "International Society for the Abolition of Data Processing Machines", und seinen Truppen <3>. Die Motive, die die "Computer-Fighters" von heute bewegen, haben jetzt - und das ist das Neue - eine viel breitere Basis und eine viel größere Resonanz in der Bevölkerung. Um das zu erkennen, braucht man sich nur einmal die - wirklich erschreckenden - Ergebnisse von Umfragen <4> über die Akzeptanz des Computers in der Bevölkerung und zur Einschätzung der Gefahren der Informationsverarbeitung einerseits vor Augen zu führen und andererseits die Meinungsäußerungen und Aktivitäten von Rüstungsgegnern, Technikfeinden und Friedensfreunden. Gewiß: Die Ablehnung des Computers oder die Gegnerschaft gegen computergesteuerte Waffensysteme umfaßt - selbstverständlich - nicht "automatisch" die Bereitschaft, diese ablehnende Haltung auch in Anschlägen gegen Rechenzentren zum Ausdruck zu bringen. Aber wir müssen uns mit dem Gedanken vertraut machen, daß diejenigen, die zu Gewalttaten gegen Computer entschlossen sind, sich auf eine breitere gedankliche und personelle Basis in der Bevölkerung stützen können als früher. Die Neigung, den Computer als Angriffsziel zu wählen wird jedenfalls dann erhöht, wenn

- das Unrechtsbewußtsein der Täter angesichts der unterstellten "hohen Ziele" und angesichts der "alles rechtfertigenden Motive" schwindet und

- die Täter mit einer Akzeptanz oder wenigstens mit einem gewissen Verständnis für ihr Tun in Teilen der Bevölkerung rechnen können.

2.2 Hacker

Ich möchte zur Begründung meiner These, daß ein altes Thema neue Aktualität und neue Dimensionen gewonnen hat, noch auf ein anderes Phänomen hinweisen - das der "Hacker". Noch hat es bei uns nicht die Bedeutung wie in den USA; aber - dies ist sicher - es kommt mit zeitlicher Verzögerung auch zu uns <5>.

Ermöglicht wird dieses Phänomen durch dreierlei, nämlich

- die Microcomputer (Heimcomputer, Personal Computer)

- den Anschluß des Computers an das Telefonnetz (die meisten Rechenzentren verfügen wohl - auch - über einen Wählanschluß, und sei er nur gedacht für besondere Einsatz- oder Störfälle)

- den Enthusiasmus und den Spürsinn von Computerfans.

Zumeist junge Computerbegeisterte - Schüler, Studenten - versuchen mit Hilfe ihres Personal Computer über Leitung in ein fremdes Computersystem einzudringen. Zunächst müssen sie die Telefon-Anschlußnummer des fremden Computers haben oder herausfinden, dann den Code, der ihnen den Zugang zu Datenbeständen öffnet. Dazu wenden sie viel Intelligenz und Zeit auf. Oft "hacken" sie nächtelang auf ihrem kleinen Gerät herum, immer wieder neue Kombinationen, neue Varianten ausprobierend, bis sie das "Sesam-öffne-dich" gefunden haben. So werden sie zum "Computerpiraten", zum "Bitnapper" zum "unsichtbaren Gast" am Informationstisch des Rechenzentrums.

Hacker sind nicht Computergegner, sondern das Gegenteil. Die jungen Leute betrachten es als eine Herausforderung, durch Intelligenz, Spürsinn und Zähigkeit in große, geschützte Systeme einzudringen. Der Inhaber der Firma "Apple" und Pionier des Personal Computer behauptet, daß alle seine Programmierer früher einmal Hacker gewesen seien. Wir haben es hier also von der Motivation her mit einem im Ansatz ganz anderen Täterkreis zu tun als mit dem oben beschriebenen.

Und dennoch kann es - auf längere Sicht - Verbindungen zwischen beiden Motivgruppen geben. In der Bundesrepublik jedenfalls, wo wir ja alles gründlicher machen und möglichst ideologisch untermauern, werden überlegungen angestellt, ob sich hinter dem Hackersyndrom nicht neue Widerstandsformen ausmachen lassen, die viel spannender und wirksamer sind als müde "Latschdemos". "Hacker als neue Garde der Subversion, als Bezwinger der Computerherrschaft mit deren eigenen Mitteln"<6>. Demgegenüber meint die taz vom 5. Mai 1984: "Hacken kann nur eine begrenzte Art des Widerstandes sein.... Es ist eine individualistische und egoistische Form des Handelns.... Es ist....ein Trugschluß zu glauben, mit Hacken als Strategie Veränderungen herbeiführen zu können. ....Es ist keine Alternative zu bestehenden Widerstandsformen. Es führt wohl kein Weg daran vorbei, die Kleinarbeit der Anti-Kabel/Computer/Überwachungsgruppen weiterzuführen und zu unterstützen".

2.3 Sonstige Computerkriminalität

Ich habe Ihnen mit den Beispielen von terroristischen Anschlägen auf Rechenzentren und mit der Tätigkeit der Hacker nur einige neuere oder neuerdings verstärkt auftretende Fälle von "Computerkriminalität" im weiten Sinne vorgestellt. Sie alle wissen, daß es mannigfache andere Erscheinungsformen gibt, die unter diesem Begriff zusammengefaßt werden, wenn man ihn ganz weit faßt, nämlich als "alles deliktische Handeln, bei dem der Computer Werkzeug oder Ziel der Tat ist" <7>. Er umfaßt dann sowohl Sabotage wie Spionage, Zeitdiebstahl und viele Arten von Manipulationen (Input-, Output-, Konsol-, Programm-Manipulationen und anderes) <8>.

Ich kann - schon aus zeitlichen Gründen - nicht darauf eingehen. Auch aus diesem Bereich der Computerkriminalität gäbe es aber durchaus neue Fälle zu berichten, aus meinem engeren - polizeilichen - Bereich beispielsweise einen Fall versuchter Beschaffung eines Kennworts, das Abfragen aus dem polizeilichen Informationssystem ermöglicht hätte.

3. Was können wir tun?

Wenn wir nun auf der einen Seite eine größere Abhängigkeit vom Computer und auf der anderen eine größere Gefährdung konstatiert haben, stellt sich von selbst die Frage, wie wir mit dieser Situation fertig werden sollen.

3.1 Rechtsetzung

Nun, wir wären keine Deutschen, wenn nicht eine der Antworten lauten würde: durch Gesetze! Wir Deutschen meinen oft - zu oft - , die Welt sei in Ordnung, wenn sie nur "gesetzlich geregelt" sei! Und so machen wir denn Gesetze, die dem Schutz der Daten - insbesondere der personenbezogenen - und dem Schutz der Rechenzentren dienen, in denen solche Daten verarbeitet werden: Datenschutzgesetze mit Verpflichtungen und mit Sanktionen, allgemeine Datenschutzgesetze und bereichsspezifische Datenschutzregelungen.

Und wir versuchen, unser Strafrecht so zu verändern und zu ergänzen, daß es den neuen Tatbeständen im Computerzeitalter gerecht wird. Bekanntlich hat unser Strafrecht immer Probleme gehabt, mit der technischen Entwicklung Schritt zu halten. Das war schon beim Aufkommen der Elektrizität so (Elektrizitätsdiebstahl) und bei den Automaten (Automatendiebstahl, § 265 a StGB). Und jetzt haben wir Probleme mit dem "alten" Tatbestand des Betrugs, bei dem es auf Irrtumserregung ankommt (aber wer einen Computer mit einer Fehlinformation füttert, um ihn beispielsweise zu einer falschen Abrechnung zu veranlassen, erregt beim Computer selbstverständlich keinen Irrtum) und dem "alten" Tatbestand der Urkundenfälschung, bei der es seit altersher um die Verfälschung einer sinnlich (meist visuell) wahrnehmbaren Gedankenerklärung geht (aber wo ist die bei einer Computerspeicherung?). Deshalb haben sowohl die Bundesregierung als auch die SPD-Fraktion des Deutschen Bundestages Entwürfe für ein Zweites Gesetz zur Bekämpfung der Wirtschaftskriminalität vorgelegt, die unter anderem der Anpassung unseres Strafrechts an die Computertechnik und deren Mißbrauchsmöglichkeiten dienen. Am 6. Juni 1984 hat der Rechtsausschuß des Deutschen Bundestages mehrere Experten zu diesen Entwürfen gehört <9>.

Ich will nun die Bedeutung des Rechts für die Regelung von Problemen unserer Gesellschaft nicht unterschätzen. Wie könnte und dürfte ich das als Jurist! Aber als Mensch weiß ich: Allheilmittel sind rechtliche Vorschriften nicht!

3.2 Katalog der Sicherheitsaspekte

Nun könnte ich versuchen, Ihnen einen Katalog zum Thema "Sicherung unserer Rechenzentren, unserer Computer" vorzutragen, der die verschiedenen Aspekte dieses Themas behandelt: "Datenschutz, Datensicherung, Zugriffssicherung, Verlustsicherung und so weiter" oder aber - in einer anderen Aufteilung - "Sicherung der Hardware und Sicherung durch Hardware, Sicherung der Software und Sicherung durch Software" oder "Bauliche, organisatorische, personelle Schutzvorkehrungen".

Ich werde das nicht tun: Ich brauchte dazu Stunden - und würde doch noch vieles schuldig bleiben. Außerdem würde ich mich auf diese Weise als Sicherheitsexperte gerieren, der ich nicht bin.

Ich werde statt dessen einige Hinweise auf verfügbare Materialien geben und dann auf ausgewählte Sicherheitsmaßnahmen eingehen.

3.2.1 Hinweise auf Materialien

Erstens stelle ich Interessierten ein Papier zur Verfügung, das - ohne Anspruch auf Vollständigkeit und "ohne Gewähr" - eine schlichte Auflistung von Maßnahmen zur Sicherstellung der Verfügbarkeit von Computern und DV-Anwendungen enthält. (Vgl. Anlage, die von den Herren Rösner und Kehlenbach vom Landesamt für Datenverarbeitung und Statistik Nordrhein-Westfalen stammt.)

Ferner möchte ich auf Vorarbeiten hinweisen, die Ihnen die Erstellung eines eigenen, auf Ihr Rechenzentrum zugeschnittenen Katastrophenhandbuchs erleichtern wird. Ich meine den Leitfaden für die Notfallplanung, den das Bayerische Landesamt für Statistik und Datenverarbeitung (Herr Dautz) beim 21. Erfahrungsaustausch ADV Bund/Länder/Kommunaler Bereich im März dieses Jahres in Kassel vorgestellt hat. Er umfaßt inhaltlich alle Aspekte von der Schadensverhütung und Gefahrenabwehr über die Schadensbegrenzung bis zum Wiederanlauf der Produktion in einem Ausweichrechenzentrum; dies alles mit

- Checklisten zur Beurteilung der betriebsspezifischen Gegebenheiten und zur Prüfung der vorgeschlagenen Maßnahmen auf ihre Eignung in der eigenen spezifischen Umgebung

- Vordrucken zur Ermittlung und Dokumentation relevanter Angaben, Kennwerte und Regelungen

- Mustern und Beispielen für Verhaltensregeln oder Arbeitsabläufe.

Zu dem Aspekt Datensicherungen ist gestern nachmittag in der Podiumsdiskussion schon einiges gesagt worden (zum Beispiel über die neuen Computerchips). Außerdem gibt es darüber bekanntlich zahlreiche, auch viele empfehlenswerte Publikationen und Hilfen. Ich möchte auf eine hinweisen, die aus der Kontrollpraxis eines Landesbeauftragten für den Datenschutz entstanden ist <10>. Die Autoren haben ihre Empfehlungen nicht nur an den Forderungen der Datenschutznormen ausgerichtet, sondern auch an den Bedingungen der praktischen Arbeit.

3.2.2 Einige Sicherheitsmaßnahmen

Aus dem gesamten Problemkreis der Sicherheitsaspekte möchte ich jetzt einige wenige ansprechen, die mir besonders wichtig oder besonders aktuell zu sein scheinen.

3.2.2.1 Realzeitsystem

Zunächst zum Problem der Realzeitsysteme (Echtzeitsysteme), die wir heute betreiben, das heißt der Systeme, bei denen nicht nur die Zusammenarbeit zwischen den einzelnen internen Teilen des DV-Systems (zwischen Rechenwerk und Befehlswerk, zwischen Rechnerkern und E/A-Werk) strikten zeitlichen Bedingungen unterliegt, sondern auch die Kommunikation zwischen dem Computersystem und seiner Umgebung. Die Anforderungen an solche Systeme sind hart <11>. Die Fehler, die bei solchen Systemen auftreten können, sind zwar nicht prinzipiell andere als in früheren Systemen - es sind physikalische Fehler (Komponentenausfälle), Design- und Herstellerfehler (Fehler in den Entwurfsanforderungen, Fehler bei der Implementierung, bei der Programmierung) und Bedienungsfehler <12>. Ihre Auswirkungen sind aber oft gravierender, ihr Aufspüren und ihre Beseitigung sind schwieriger. Da diese Fehler - wie gesagt - nicht gerade neu sind, versucht man sie auch mit alten, bewährten Methoden zu verhindern: mit dem Streben nach Perfektion. Trotz des Einsatzes verfeinerter Methoden zur Ist-Analyse, zur Beschreibung der Anforderungen (requirement engineering), zur Spezifikation, zum

Design und zur Implementierung läßt sich Perfektion bekanntlich nicht immer erreichen. Deshalb der Ruf nach sogenannten fehlertoleranten Systemen, das heißt nach Systemen, die so konzipiert und realisiert sind, daß bei Auftreten eines oder eventuell auch mehrerer Fehler diese "umgangen" und die notwendigen Funktionen aufrechterhalten werden. Ob solche Systeme nun software-orientiert sind (wie bei dem Anbieter Tandem) oder mehr hardware-orientiert (wie etwa bei Stratus) - sie beruhen jedenfalls übereinstimmend darauf, daß zusätzliche Systemelemente die Aufgabe derjenigen übernehmen, die fehlerhaft arbeiten oder ausgefallen sind. Wie solche fehlertoleranten Systeme angelegt sind, können Sie nachlesen bei Syrbe <13>. Eine - wenn auch inzwischen etwas aktualisierungsbedürftige - Übersicht über die Anbieter solcher Systeme gibt der Diebold Management Report <14>. Sie finden in beiden Veröffentlichungen auch weitere Literaturhinweise.

3.2.2.2 Netze

Ein weiterer Aspekt, der enorm an Bedeutung gewonnen hat, ist die Sicherheit in Netzen und verteilten Systemen. Die Übertragungswege und die technischen Einrichtungen zur Kommunikation bieten Fehlerquellen und Angriffspunkte, die die Sicherheit beeinträchtigen können. Da eine zuverlässige Überwachung auf Hardware-Ebene allein nicht gewährleistet ist, werden immer häufiger kryptologische Verfahren angewandt. Zur Verhinderung von unzulässigem Aufnehmen, Verändern, Unterdrücken, Zerstören von übertragenen Daten setzt man - besonders in sensiblen Bereichen - Chiffrierverfahren ein. Vor der Übermittlung werden verständliche Daten durch eine sogenannte "injektive Abbildung f" vom Absender in unverständliche umgewandelt; der befugte Empfänger wandelt den ihm übermittelten chiffrierten Text durch Anwendung der "invertierten Abbildung f-1" wieder in verständlichen Klartext zurück.

Längst ist man natürlich von den klassischen Chiffriermethoden wie etwa von der schon von Caesar benutzten Substitutionschiffrierung zu modernen, ausgeklügelten Verfahren übergegangen, zum Beispiel sequentielle Chiffrierung mit Hilfe "nichtlinearer Pseudo-Zufallsgeneratoren", die mit zwei Schieberegistern und einem Multiplexer realisiert werden, oder die unter der Bezeichnung Data Encryption Standard bekannte Blockchiffrierung des National Bureau of Standards (NBS).

Das Thema Sicherheit in Verbindung mit Netzen erschöpft sich freilich nicht in solchen Fragen der Kryptierung. Eine ad hoc-Arbeitsgruppe des Ausschusses für Fragen der Datenfernverarbeitung beim Fernmeldetechnischen Zentralamt hat überlegungen angestellt über die Anforderungen an Datennetze für den übergang vom produktiven Rechenzentrum zum Ausweichrechenzentrum in Notfällen. Dabei wurden verschiedene Datennetz-Umleitungsmöglichkeiten erörtert. Die Beratungen sind noch nicht abgeschlossen.

3.2.2.3 Ausweichrechenzentrum

Wenn es nicht um die überwindung einzelner Fehler und kleinerer Störungen, sondern um Vorsorge für den Katastrophenfall, für den Totalausfall geht, kommen weiterreichende überlegungen ins Spiel: das Ausweichrechenzentrum, das backup-System. Der Gedanke ist auch nicht neu, aber er hat heute mehr Konturen und zum Teil auch schon größere Realität gewonnen. In Seminaren, wie zum Beispiel denen des Betriebswirtschaftlichen Instituts für Organisation und Automation an der Universität Köln (BIFOA), werden die Voraussetzungen für Planung und Realisierung solcher Systeme behandelt; Firmen wie ICR (International Consulting und Rechenzentrum mbH), GUF (Gesellschaft für Unternehmensführung mbH), Info (Gesellschaft für Informationssysteme mbH) oder BC (Backup-Centrum GmbH) bieten Lösungen an.

Das Wort "backup-Rechenzentrum" spricht sich leicht aus; die damit verbundenen Probleme sind aber bei näherem Hinsehen erheblich. Für die Rechenzentren der öffentlichen Verwaltung stellen sich etwa folgende Fragen:

- Brauche ich ein eigenes, örtlich getrenntes backup-Rechenzentrum gleicher Größenordnung und gleicher Ausstattung, auf dem ich alle meine Anwendungen im Notfall durchführen kann? Und kann ich es mir leisten? Kaum jemand wird im Hinblick auf die enormen Kosten diese Fragen bejahen können.

- Sollten mehrere Rechenzentren der öffentlichen Hand gemeinsam ein Ausweichrechenzentrum betreiben? Dazu wären Absprachen erforderlich, die zu weitestgehender Hardware- und Software-Kompatibilität führen.

- Kann ich ein anderes Rechenzentrum derselben oder einer anderen Gebietskörperschaft, desselben oder eines anderen Geschäftsbereichs oder eines anderen Mitglieds der eigenen, herstellerbezogenen Arbeitsgemeinschaft als Ausweichrechenzentrum benutzen? Dies setzt Kapazitätsreserven bei dem im Notfall mitbenutzten Rechenzentrum voraus.

- Sollte ich durch vertragliche Vereinbarungen mit einem Service-Rechenzentrum mir die Vorhaltung von Ausweichkapazität garantieren lassen?

- Oder sollte ich etwa nur geeignete Räume vorhalten für den schnellen Aufbau eines Ersatz-Rechenzentrums? Also: die "kalte" Lösung im Gegensatz zu der Lösung durch ein "warmes", das heißt voll ausgestattetes und sogar in Betrieb befindliches Ausweichrechenzentrum. Voraussetzung für das Funktionieren einer solchen Lösung in vertretbarer Zeit ist eine verbindliche Absprache mit Herstellern über die kurzfristige Lieferung von Anlagen.

Dies sind nur einige der Fragen, die sich in diesem Zusammenhang ergeben. Und noch vielfältiger als die Fragen sind die darauf zu gebenden Antworten. Sie hängen nämlich in einem so hohen Maße von den individuellen Gegebenheiten des jeweiligen Rechenzentrums ab, daß der Kooperationsausschuß Bund/Länder/Kommunaler Bereich in seiner Sitzung am 12. und 13. April 1984 in Saarbrücken es als nicht zweckmäßig angesehen hat, eine Arbeitsgruppe "Ausweichrechenzentren" einzurichten. Eine derartige ad hoc-Arbeitsgruppe gibt es aber bei der Arbeitsgruppe des Ausschusses für Fragen der Datenfernverarbeitung beim Fernmeldetechnischen Zentralamt. Die öffentliche Verwaltung ist darin durch das Land Nordrhein-Westfalen vertreten.

4. Zusammenfassung

Die Abhängigkeit von Computern ist - in Verwaltung und Wirtschaft - erheblich gestiegen; in einigen Bereichen ist sie total. Zugleich wuchs unsere Verwundbarkeit. Die Rechenzentren sind "Siegfrieds verwundbare Stelle" - und Hagen von Tronje kennt sie.

Bemühungen des Gesetzgebers und der Strafverfolgungsbehörden zur Bekämpfung der Computerkriminalität werden daran nichts Grundlegendes ändern. Wir müssen unsere Rechenzentren und unsere Computer noch besser schützen als bisher. Auf der Basis einer Risikoanalyse sind die erforderlichen baulichen, organisatorischen, personellen und technischen Maßnahmen zu treffen.

Außer Maßnahmen der Schadensverhütung, der Gefahrenabwehr und der Schadensminimierung müssen wir auch Vorsorge für die Notsituation des teilweisen oder gänzlichen Ausfalls des Rechenzentrums treffen (Ausweichzentrum).

Die öffentliche Verwaltung ist aufgerufen, sich diesem Problem mit verstärktem Engagement zu stellen. Weitgespannte Arbeitskreise (etwa der Kooperationsausschuß ADV Bund/Länder/Kommunaler Bereich oder bundes- oder landesweite Arbeitsgruppen eines Verwaltungszweiges) können Leitlinien aufzeichnen und insofern nützliche Arbeit leisten. Die konkrete Ausformung der Schutz- und Notfallmaßnahmen muß jedoch stets individuell auf die speziellen Bedingungen (das heißt auf die eigenen Anwendungen und die eigene Ausstattung) ausgerichtet sein.

Insofern können auch eine - Verwaltung und Wirtschaft umfassende - nationale "Computersicherheitskonferenz", ein Hearing des Deutschen Bundestages oder etwa die Einrichtung eines entsprechenden Ausschusses nach schwedischem Vorbild <15> nichts unmittelbar Verwendbares bringen, wohl aber könnten solche spektakulären Aktionen das allgemeine Problembewußtsein erhöhen. Vielleicht kann das - in bescheidenem Maße - aber auch schon dieses Referat.

Anlage: Sicherstellung der Verfügbarkeit von DV-Anwendungen

1. Technisch-organisatorische Maßnahmen zur Sicherung der Anwendungsverfügbarkeit

   - Funktionstrennung von Programmierung, Datenerfassung, Datenverarbeitung

   - Trennung von Test und Produktion

   - Einsatz nur durch den Auftraggeber freigegebener Programme

   - Festlegen von Richtlinien für Test- und Freigabeverfahren von Programmen
     -- Verwendung anonymisierter Daten oder Testdaten (vom Auftraggeber)
     -- getrennte Durchführung von Programmtest und Verfahrenstest
     -- zentrale Zuständigkeit für Abnahme von Programmen und Dokumentationen sowie für überleitung vom Test- in den Produktionsbereich
     -- zentrale überwachung und Verwaltung von Produktionsdateien
     -- kein Zugriff von Programmierern auf Produktionsdateien (Daten und Programme)

   - Regelmäßige Sicherung von Dateien (Daten, Programme, Prozeduren)

   - Auslagerung von Sicherungsdatenträgern in ein besonderes Sicherheitsarchiv

   - überwachung der Qualität von Datenträgern (Lesbarkeit, Fehleranfälligkeit)

   - Verwendung von Checkpoint- und Wiederanlaufverfahren, um eine kurzfristige Verfügbarkeit der Anwendung nach Störungen (Hardware, Software, Netzwerk und anderes) sicherzustellen

   - Protokollierung bei Änderungen von online-Systemen mit online-update (Logging-Dateien)

- Backup-Dateien für Dialogsysteme, um Hardwareausfälle schnell zu überbrücken (update-Probleme)

- Festlegen von Maßnahmen im Fehlerfall, organisierte Wiederanlaufverfahren für denkbare Störungen

- Vorsehen einer backup-Organisation für Dialoganwendungen (zum Beispiel Mikrofilm)

- Festlegen von Regelungen und Verfahren für die Zugriffskontrolle zum System und zu Anwendungen
  -- Verwendung von Kennworten (regelmäßige Änderung der Kennworte, besondere Qualität der Kennworte)
  -- Einsatz besonderer Software für Zugriffskontrolle (zum Beispiel RACF, SECURE und anderes)
  -- zentrale überwachung des Kontrollsystems und Verfolgen von Verstößen

- Closedshop-Betrieb im Rechenzentrum

- Verwendung von Ausweislesern

- Installation Management
  -- Festlegungen von Installationszielwerten (Antwortzeiten, Systemverfügbarkeit)
  -- Abstimmung mit dem Hersteller über Verfahren zur Beobachtung des Systemverhaltens sowie über die Vorgehensweise bei Abweichungen von den Zielwerten
  -- überwachung und Messung des Systems (Hardware und Software, Netzwerk und anderes); Einsatz von Hardware-, Software-Monitoren, Schwachstellenanalyse
  -- Festlegung der Vorgehensweise für Untersuchung, Meldung, Verfolgung und Behebung von Störungen
  -- abgestimmte Vorgehensweise bei Ausfällen und Krisensituationen
  -- Institutionalisierung des Installation Management (regelmäßige Besprechungen auf unterschiedlichen Hierarchiestufen mit Herstellern und Anwendern)
  -- regelmäßige Systemauswertungen und Rechenzentrumsberichte, festgelegte Berichtswege
  -- Festlegung eines Wartungskonzeptes (vorbeugende Wartungsmaßnahmen, organisatorische Regelungen für Fernwartung)

- Change Management
  - geplantes Einführen neuer Hardware und Software (System- und Anwendungs-Software)
  - Risikoanalyse
  - Abstimmen und Festlegen von Testplänen und Terminen mit Herstellern und Anwendern
  - Parallelinstallationen
  - Einbeziehung der Anwender in die Tests
  - backup-Regelungen vorbereiten

- Netzwerküberwachung und -optimierung.

2. Konfigurationsvorkehrungen zur Erhöhung der Verfügbarkeit

- Redundanz der Systemperipherie
  - Mehrfachauslegung von Zugriffswegen zu peripheren Geräten (Mehrfachsteuereinheiten, Mehrkanalschalter und so weiter)
  - doppelte Auslegung von Speichergeräten
  - Mehrfachauslegung von Steuereinheiten und Vorrechnern
  - Umschaltvorrichtungen für Peripheriegeräte

- Redundanz bei Rechnerkapazität
  - Ersatzrechner, gegebenenfalls Testrechner als backup-Rechner
  - Problem der Kapazitätsauslegung; hohe Fixkosten bei 100prozentiger Reservekapazität, Unterbrechung der Systemverfügbarkeit bei Umschaltung der Peripherie und Einschalten und Laden des Systems
  - Mehrrechner-System = mehrere Rechner mit eigenem Hauptspeicher und eigenem Betriebssystem, Koordinierung der Rechneraktivitäten und des Systemverbundes durch ein Master-System, gemeinsame oder getrennte Peripherie, gute Möglichkeiten der Lastverteilung; bei Ausfall eines Rechners, allerdings Unterbrechung der Anwendungsverfügbarkeit, Umschaltung von Geräten und Neuladen beziehungsweise Starten von Anwendungen erforderlich; Probleme des konkurrierenden Zugriffs bei gemeinsamer Peripherie
  - Multiprozessor-System = zwei oder mehrere Rechner mit gemeinsamem Hauptspeicher unter Steuerung eines einzigen Betriebssystems; hohe Verfügbarkeit bei Hardwareausfällen, allerdings auch 100prozentiger Ausfall bei Betriebssystemfehlern, keine

Koordinierungsprobleme; geringer Systemoverhead
-- Fehlertolerante Systeme, Non-Stop-Systeme (Beispiel: Tandem), Verbund von Mikrorechnern, hohe Redundanz, allerdings begrenzte Kapazität, für Großrechner (Universalrechner) bisher nicht realisiert (Einzelheiten siehe Diebold-Nachrichten Nr. 4, 1983)
-- Dezentralisierung oder Teildezentralisierung der Verarbeitung und eventuell der Datenspeicherung

- Netzwerkauslegung
  -- HfD-Verbindungen: bei Leistungsstörungen kein backup (außer bei doppelter Leistungsführung), kurzfristige Neuschaltung durch die Post nicht möglich; Wählverbindungen als backup für HfD: Problem der Anschließbarkeit von Endgeräten, Umrüstung eventuell notwendig
  -- DATEX-Verbindungen: Ersatzschaltungen durch die Post gewährleistet, hohe Verfügbarkeit
  -- Netzwerküberwachungsplätze zur Kontrolle des Netzwerks sowie für Leistungsumschaltung zwischen Rechnern beziehungsweise Vorrechnern.

3. Bauliche Maßnahmen, RZ-Infrastruktur

Einzelheiten siehe Broschüre "Siemens - Infrastruktur für den Betrieb von Datenverarbeitungsanlagen".

4. Vorkehrungen für den Katastrophenfall

- Festlegen, für welche Anwendungen Katastrophenvorsorge zu treffen ist; Abstimmung mit Anwendern und Auftraggebern erforderlich

- Kapazitätsanforderungen der Anwendungen ermitteln, um die Mindestanforderung an ein oder mehrere Ausweichrechenzentren festzustellen

- Einrichten eines räumlich getrennten Ausweichdatenarchivs
  -- eigenes Archiv; hoher Aufwand für Gebäude, Sicherheitsvorkehrungen, Personal
  -- Ausweicharchiv in einem anderen Rechenzentrum beziehungsweise einer anderen Behörde: reduzierter Aufwand

Voraussetzung für einen Wiederanlauf in einem Ausweichrechenzentrum nach einer Katastrophe (= Ausfall des Rechenzentrums oder eines Teils für längere Zeit)

- Regelmäßige Sicherung und Auslagerung von Daten, Programmen, Dokumentationen in ein räumlich getrenntes Ausweicharchiv

- Festlegung eines Ausweichrechenzentrums oder mehrerer Ausweichrechenzentren. Bei großen Datenzentralen werden eventuell mehrere Ausweichrechenzentren benötigt, um alle Verfahren im Katastrophenfall abwickeln zu können

  Alternative Konzepte für Ausweichrechenzentren:

  -- Eigenes, regional getrenntes backup-Rechenzentrum (stand by) gleicher Größenordnung ermöglicht Durchführung aller Anwendungen, allerdings sehr hohe Kosten für Hardware, Software, Infrastruktur
  wirtschaftlich nur in besonderen Einzelfällen vertretbar: zum Beispiel Verteidigungsbereich
  -- Nutzung eines anderen Rechenzentrums desselben Geschäftsbereichs, derselben Gebietskörperschaft, derselben Organisation als Ausweichrechenzentrum
  setzt Kapazitätsreserven voraus, um im Katastrophen-Fall zusätzliche Anwendungen durchführen zu können, Hardware- und Softwarekompatibilität erforderlich, Abstimmung bei der Einführung neuer Techniken
  -- Absprache mit anderen Rechenzentren über gegenseitige Ausweichkapazität
  Kapazitätsreserven, Kompatibilität, Abstimmung über technische Weiterentwicklungen
  -- Einrichtung eines Ausweichrechenzentrums durch mehrere Rechenzentren
  die hohen Kosten des Ausweichrechenzentrums können verteilt werden; Hardware- und Softwarekompatibilität erforderlich; da gleichzeitiger Ausfall mehrerer beteiligter Rechenzentren unwahrscheinlich ist, können bei Katastrophen-Fall eines Partners fast alle betroffenen Anwendungen abgewickelt werden (ICC-Konzept)

-- Vertragliche Regelungen mit Servicerechenzentrum über Ausweichkapazität
anteilige Kosten der Vorhaltung der notwendigen Kapazität sind zu zahlen, wenn Ausweichkapazität garantiert werden soll (IBM-Servicerechenzentrum)
keine Garantie der Ausweichkapazität zu jedem Zeitraum ohne Zahlung von Vorhaltekosten
für Stapelverfahren ausreichende Lösung
-- Vorhalten von Gebäuden, Räumen für Aufbau eines neuen Rechenzentrums
technische Infrastruktur entweder verfügbar oder kurzfristig anschließbar
Vereinbarung mit Hersteller über kurzfristige Lieferung von Anlagen und Geräten
Ausfall des Rechenzentrums für mindestens zwei bis drei Wochen

- Vereinbarungen mit Papierlieferanten, Druckereien und anderen für Ersatzlieferungen im Katastrophen-Fall

- Abstimmung technischer Planungen mit Ausweichrechenzentren (Kompatibilität)

- Organisatorische Regelungen für die Katastrophen-Fall-Vorsorge
  -- RZ-Konventionen an mögliche Ausweichrechenzentren anpassen
  -- Anpassung der DV-Anwendungen an Hardware- und Software-Konventionen der Ausweichrechenzentren
  -- Vorschriften für die Datensicherung für den Katastrophen-Fall festlegen
  -- Katastrophenhandbuch erstellen allgemein
  verfahrensbezogen mit Implementierungsvorschriften für das Ausweicharchiv
  -- zentrale Überwachung aller Maßnahmen der Katastrophenvorsorge

- Regelmäßige Ausweichübungen, um die Effizienz der Katastrophenvorsorge zu testen
  -- Umsetzung der dabei gewonnenen Erfahrungen in Katastrophen-Pläne

- Planung alternativer Datenfernverarbeitungswege für online-Anwendungen (siehe hierzu Arbeitspapier der Arbeitsgruppe des Ausschusses für Fragen der Datenfernverarbeitung beim Fernmeldetech-

Anmerkungen:

<1> Vgl. Ruckriegel 1984 a, o.V. 1984 c

<2> Vgl. zum Problem der Abhängigkeit Lenk 1982

<3> Vgl. o.V. 1972

<4> Vgl. zum Beispiel die GMD/Infratest-Umfrage oder Ruckriegel 1984 b

<5> Ich erinnere an den Bericht o.V. 1984 a über den "Chaos Computer Club" in Hamburg und seine "Datenschleuder"

<6> Vgl. o.V. 1984 b

<7> Vgl. von zur Mühlen 1972, S. 17

<8> Vgl. dazu von zur Mühlen 1972; Rohner 1976 und so weiter

<9> Vgl. Stenographisches Protokoll der 26. Sitzung des Rechtsausschusses des Deutschen Bundestages vom 6. Juni 1984

<10> Vgl. Weyer und Püttner 1983

<11> Vgl. Baumann 1984, S. 62-64

<12> Syrbe 1984

<13> Syrbe 1984, S. 96 ff

<14> Vgl. o.V. 1983, S. 3

<15> Vgl. Sweden's Vulnerability Action Plan, Transnational Data Report, Vol. 4, S. 212

Aussprache zum Referat
von Werner Ruckriegel

Bericht von Karin Roggenbuck

Die von Josef Baron geleitete Diskussion eröffnete Winter unter Hinweis auf bestehende Ausweichrechenzentren für die österreichische Bundesverwaltung mit der Frage, ob es entsprechende Einrichtungen auch für die öffentliche Verwaltung in der Bundesrepublik Deutschland gebe. Ruckriegel verneinte dies für den Großteil von Verwaltungsrechnern, wies aber auf das Angebot von leistungsfähigen Ausweichrechenzentren privater Firmen hin. Rösner bestätigte Gleiches für Nordrhein-Westfalen, berichtete aber von Backup-Einrichtungen für die Siemens-Anwendungen. Ruckriegel fügte ergänzend für den Bereich der Polizei in Nordrhein-Westfalen hinzu, daß für alle überregionalen Anwendungen, zum Beispiel für den Inpol-Bereich, ein Duplex-System vorhanden sei. Bei den regionalen EDV-Anwendungen gebe es in den Rechenzentren der Polizei lediglich Monosysteme. Für die Einsatzleitzentralen der Polizei sei ein zusätzlicher Backup- und Wartungsrechner vorhanden.

Schieber berichtete von einem Kaltrechenzentrum, das seines Wissens nach das einzige Ausweichrechenzentrum für den öffentlichen Bereich in Baden-Württemberg sei. Sander befragte den Referenten nach Möglichkeiten des schnellen Wiederanschlusses von Dialogleitungen im Falle der Benutzung eines Ausweichrechenzentrums. Ruckriegel erwiderte hierzu, daß genau dieses Problem seit längerem diskutiert werde, ohne daß jedoch bereits konkrete Lösungen vorlägen. Fuchs füge ergänzend hinzu, daß neben möglichen äußeren Gefahrenquellen für ein Rechenzentrum Gefahren innerer Sabotageakte nicht unterschätzt werden dürften.

Baron plädierte für die Berücksichtigung möglicher Sicherheitsrisiken in den Wirtschaftlichkeitsberechnungen bei der Einführung von Informationstechnik in die öffentliche Verwaltung. Nur so sei gewährleistet, daß bei der Einführung neuer Technologien die Kosten zur Sicherheit der Anlage von Anbeginn berücksichtigt werden. Ruckriegel begrüßte diesen Vorschlag zur Einführung von Risikoanalysen, die zum Beispiel in Verfahrensrichtlinien und Wirtschaftlichkeitsberechnungen eingehen könnten.

FÜNFTER TEIL: AUFGABENPOLITIK

VERWALTUNGSPOLITIK ALS AUFGABENPOLITIK
GESELLSCHAFTLICHE ANFORDERUNGEN UND INFORMATIONSTECHNISCHE MÖGLICHKEITEN

Klaus Lenk

1. Verwaltungsaufgaben und Informationstechnik

Verwaltungspolitik sollte Aufgabenpolitik <1> sein, sie ist es aber nicht. Gewiß erfindet die Politik laufend neue Aufgaben, und die Verwaltung entwickelt auch selbst solche <2>. Das Erfüllungsinstrument "öffentliche Verwaltung" wird jedoch traditionell losgelöst von den Aufgaben oder Staatszwecken gesehen. Die Organisation, der Personalbestand, ja sogar die Informationsflüsse sind einer neu übernommenen Aufgabe durchweg vorgegeben und werden kaum als variabel erfahren. In der Beschäftigung mit diesen querschnittsmäßig verselbständigten Bruchstücken von Verwaltungspolitik tauchen "Aufgaben" in der Regel erst dann auf, wenn es darum geht, konkrete Verrichtungen im Sinne der überkommenen Organisationslehre zu Stellen zu bündeln. Was ist im übrigen die Aufgabe? Der Schutz von Leben und Gesundheit, die Verkehrssicherheit, die technische überprüfung von Kraftfahrzeugen und das Rütteln des TüV-Bediensteten an der Vorderachse, all dies kann mit dem Aufgabenbegriff belegt werden. Hier soll dieser Begriff trotz seiner Unbestimmtheit beibehalten, aber mehr in die Nähe von Programmzielen gerückt werden <3>.

Verwaltungspolitik als Aufgabenpolitik hätte es dann zu tun mit der Umsetzung von politischen Zielen, von Zielen des Gesetzgebers in erfüllbare Verwaltungsaufgaben. Ihr Gegenstand ist die gesamte Strecke von der Aufgabe, aus der Sicht der Verwaltung als Vorgabe zu verstehen, bis hin zu ihrer Erfüllung im täglichen Verwaltungshandeln. Auf dieser Strecke liegen unter anderem die aufgabenorientierte Gestaltung und Pflege von Organisation, Personal, Informationsversorgung und Technikeinsatz. Darüber hinaus geht es um die Bestimmung des erwünschten Niveaus der Aufgabenerfüllung und um die Sicherung der Verträglichkeit neu übernommener Aufgaben mit dem gegebenen Aufgabenbestand einerseits, den modalen Zwecken staatlichen Handelns wie Rechtsstaatlichkeit und Sozialstaatlichkeit andererseits.

Wenn sich Verwaltungspolitik heute auf Grundfragen der Intendantur reduziert und die Eigengesetzlichkeit der einzelnen Verwaltungsagenden kaum zu sehen scheint, so verweist dies auf die ausgebliebene Aufgabendiskussion, auf die lange Geschichte ihrer wissenschaftlichen Unterdrückung. Gewiß haben wir eine Aufgabendiskussion unter dem kalten Stern des Sparens und der Knappheit. Es ist aber eine Diskussion, der die Leitidee fehlt <4>. Man gibt sich wenig Mühe, die Staatszwecke näher zu bestimmen, anders gesagt: die Spielräume der Politik in einem mittelgroßen Gemeinwesen - innerhalb der Weltgesellschaft mit ihrer prekären Entwicklung - auszuloten. Dann bleibt natürlich der Blick an Vordergründigem wie Entbürokratisierung und Normenflut hängen <5>.

Welche Rolle spielt nun die Informationstechnik, spielt der Umgang mit Informationen im Rahmen einer derart konzipierten Aufgabenpolitik? Die Geschichte der Verwaltungsautomation läßt sich als eine Geschichte einer technischen Innovation beschreiben <6>, mit vielen ungeplanten Auswirkungen auf Aufgabenerfüllungsprozesse. Diese ergeben zusammengenommen ein Bild davon, was die zugrunde liegende Organisationsphilosophie einer Verwaltung ist, welche froh ist, wenn sie die Arbeit getan bekommt. Allzu offensichtliche Dysfunktionen haben nie zu einem Überdenken des Prinzips geführt, sondern nur zu Korrekturen an den Rändern, insbesondere im Verhältnis von Verwaltung und Bürger. Die Elektrifizierung des Wohlfahrtsstaates ist niemals richtig zum politischen Thema geworden.

Dennoch war schon in den frühen Entwicklungsstufen der Verwaltungsautomation die Beziehung zwischen Informationstechnik und Aufgabenpolitik durchaus gegeben. Die Perspektiven der Automation hatten auch unmittelbare Auswirkungen auf die Zielbildung, auf die Aufgabenentwicklung.

Solche Auswirkungen sind allerdings nicht nur Erfahrungen mit der EDV zuzuschreiben. Vielmehr beruhten sie weithin auf Spekulationen, auf übersteigerten Erwartungen, die teilweise den Herstellern der Technik durchaus gelegen kamen. Ziele werden bekanntlich gebildet mit Rücksicht auf die verfügbaren Mittel und auf ihre Erreichbarkeit. Ein Teil der Erwartungen wurde bald enttäuscht, vielleicht - wie bei der Hoffnung auf informationelle Unterstützung von Planungsprozessen - nur vorerst. Es können aber auch Entwicklungen wie die vielzitierte dynamische Rente genannt werden und ferner - weniger beachtet - die Erstellung von Statistiken als Abfallprodukt, bewußt eingeplant beispielsweise im Hochschulstatistikgesetz <7>.

Informationstechnik brachte daher auch schon aufgabenorientierte Innovation. Sie wurde durchaus als ein Faktor bei der Abarbeitung des lange aufgestauten Rückstands an Verwaltungsmodernisierung verstanden. Gewiß schoß man dabei gelegentlich über das Ziel hinaus. Vielleicht gerade deswegen haben die verlockenden Perspektiven der Informationstechnik zu einer Analyse von Verwaltungstätigkeit im Detail geführt, die sonst unterblieben wäre.

Rückblickend ist es leichter, die Verkürzungen der damaligen Reformdebatte zu sehen. Die einzelnen Verwaltungsaufgaben gerieten nur in groben Umrissen ins Bild. Der Ausbau des Wohlfahrtsstaates, mehr Partizipation und gesteigerte Problemverarbeitungskapazität des politisch-administrativen Systems sind wahrhaftig keine Formeln, die geeignet waren, das zu prognostizieren, was sich dann an realer Verwaltungsentwicklung in den letzten zwanzig Jahren tatsächlich vollzog, nämlich

- die Erkenntnis der Grenzen des Wohlfahrtsstaates
- der durch vermeintliche und reale Gefährdungen der Umwelt und der inneren Sicherheit bewirkte Ausbau der vergessen geglaubten Ordnungsfunktion des Staates und schließlich
- die Tabuisierung fast jeglicher Form zukunftsgerichteten Planens im Sog von Entstaatlichung und Sparpolitik - man möchte Zukunftsangst gerade bei denen vermuten, die vorgeben, keine zu haben.

Führten also die Perspektiven der Informationstechnik dazu, daß man falsche Wege ging in der Aufgabenpolitik? Die EDV schien es zu gestatten, die Grenzen des Wohlfahrtsstaates weiter hinauszuschieben. Die Kommunikationstechnik ließ Hoffnungen auf eine gesteigerte Partizipation zu. Planung schien sich zu erschöpfen in Informationsverarbeitung, so wie man Informationsverarbeitung im technischen Modell eben verstand.

Wie steht es heute mit der Aufgabenpolitik? Der hier gewählte Untertitel - gesellschaftliche Bedürfnisse und informationstechnische Möglichkeiten - soll keineswegs suggerieren, daß jetzt von der technischen Entwicklung der Schlüssel zur Lösung gesellschaftlicher Probleme zu erwarten sei. Für die Verwaltungspolitik wichtig ist aber das, was mit der Technik heute möglich wäre. Dieser Frage nähert man sich auch heute noch nicht von einer detaillierteren Prognose der künftigen Aufgabenentwicklung der Verwaltung her, sondern - wie vor 15 Jahren - von der Technik und von den Verrichtungen.

Dann gelangt man zu aufgabenunspezifischen Klassifikationen der technischen Unterstützungsmöglichkeiten. Eine solche ist etwa die Einteilung in:

- Automation von Teilentscheidungen: logische Schritte, Berechnungen

- Informationsbereitstellung für menschliche Entscheider (über Akten, Umweltinformationen, Rechts- und Verwaltungsvorschriften)

- Kommunikation in Verwaltungsorganisationen, zwischen diesen und mit ihrer Umwelt

- Texterstellung <8>.

Greift man hier Informationsbereitstellung und Kommunikation heraus, so wird gewiß der Blick frei auf eine Reihe von Möglichkeiten zur Verbesserung der Aufgabenerfüllung. Es können Bereiche benannt werden, in denen technische Unterstützung <9> denkbar, effizient, der Aufgabenerfüllung dienlich und auch gesellschaftsverträglich ist. Dies auszuleuchten ist schon nicht einfach, und der Umsetzung würden oft vielfache Hindernisse entgegenstehen.

Mir geht es aber nicht nur um bessere Aufgabenerfüllung, sondern um die Aufgabenentwicklung selbst. Die Kenntnis des informationstechnischen Potentials kann Überlegungen induzieren, die auf die Konkretisierung neuer Aufgaben in verschiedenen Bereichen hinauslaufen. Nochmals: Es geht nicht darum, einmal mehr haltlose Lösungsversprechungen für gesellschaftliche Probleme zu machen, die bislang nicht zureichend in öffentliche Aufgaben transformiert wurden. Es könnte aber sein, daß Staat und Kommunen zur Bewältigung solcher Probleme mehr ausrichten können, wenn sie bessere Mittel haben, wenn sie diese kennen und richtig einzusetzen vermögen <10>.

Ich will im folgenden versuchen, diese technisch informierte Perspektive einer Aufgabenpolitik ein wenig zu entfalten. Dabei möchte ich drei Fragen herausgreifen. Zum ersten geht es um die Primäraufgaben der öffentlichen Verwaltung. Zum zweiten um die Frage des Erfüllungsgrades öffentlicher Aufgaben und damit darum, ob wir angesichts eines perfekten und oft bedrohlich erscheinenden Vollzugsinstrumentariums an manchen Stellen Vollzugsdefizite bewußt einbauen müssen. Zum dritten geht es um die modalen Zwecke, die Nebenziele des Verwaltungshandelns. Hier nenne ich nur die Stichworte Rechtsstaatlichkeit, Bürgernähe, Wirtschaftlichkeit.

Zum Schluß möchte ich auf die nicht ganz unwichtige Frage kurz eingehen, an welchen Stellen Aufgabenpolitik formuliert wird und wer zu ihrer Formulierung legitimiert ist. Konkreter gesprochen geht es um die Gefahr, daß die mit Technikeinsatz realisierten Rationalisierungsgewinne sich unkontrolliert an verschiedenen Stellen innerhalb der Verwaltung niederschlagen und zu einer weiteren Verselbständigung der Verwaltung gegenüber der Politik führen.

2. Informationstechnik erleichtert die Bearbeitung gesellschaftlicher Probleme als Verwaltungsaufgaben

Die Entwicklung neuer, die Rechtfertigung bestehender und der Abbau überflüssig gewordener Verwaltungsaufgaben geben in der Regel nur Anlaß zu groben Quantifizierungen und Spekulationen, soweit nicht - wie eigentlich erforderlich - eine detaillierte Aufgabenkritik, hier als Zweckkritik, betrieben wird. Grenzen der Wirksamkeit des Staates werden dabei vorwiegend normativ bestimmt; dabei bleiben die von den Wirtschaftswissenschaften angeforderten Rechtfertigungen für solches Vorgehen häufig aus oder sie können nur dann geliefert werden, wenn man unzulässigerweise Modell und Realität verwechselt. Hinter all der normativ-legitimatorischen Anstrengung treten Fragen der faktischen Grenzen der Wirksamkeit des Staates oft in den Hintergrund.

Diese faktischen Grenzen sind aber nicht unverrückbar. Sie können sich verschieben, ungeachtet aller Skepsis im Hinblick auf die Implementierbarkeit mancher Einfälle des Gesetzgebers. Informationstechnik in Verbindung mit entsprechender Qualifikation des Verwaltungspersonals läßt manche gesellschaftlichen Problemstellungen bearbeitbar werden, die man bislang dem zentralen oder auch dezentralen Zugriff entzogen glaubte.

Nur selten wird die zu erwartende Aufgabenentwicklung gehaltvoll und zugleich realistisch behandelt. Als Ertrag der Entbürokratisierungsdiskussion mag immerhin festgehalten werden, daß die Rationalisierung und Zentralisierung der Umverteilung wie auch der Produktion öffentlicher Dienstleistungen und sozialer Sicherheit an Grenzen stoßen. Der Einsatz der Informationstechnik konnte diese Grenzen bestenfalls hinausschieben. Das soll freilich nicht heißen, daß nicht doch noch neuartige Formen technischer Unterstützung öffentlicher Dienstleistungen und öffentlicher Transferleistungen möglich wären. Viel stärker jedoch als durch die Verschiebung der Grenzen des Wohlfahrtsstaates dürfte die künftige Aufgabenentwicklung gekennzeichnet sein durch neue Anforderungen im Bereich der Schutzfunktion des Staates <11>. Neben die klassischen Ordnungsaufgaben treten neue wie der Umweltschutz. Das Instrumentarium der Gefahrenabwehr stößt an seine Grenzen; Ziele und Standards der Aufgabenerfüllung müssen präziser bestimmt werden. Vorsorge muß getroffen werden für immer unwahrscheinlichere und zugleich immer schwerwiegendere Risiken.

Zum andern erscheint die Frage drängend und zugleich bedrückend, ob wachsender Bildungsstand, das Auseinanderdriften der Gesellschaft in Subkulturen, erfüllte Grundbedürfnisse und damit in diesem Bereich nachlassendes Diktat wirtschaftlicher Knappheit nicht zur Erweiterung der Ordnungsfunktion des Staates führen. Bislang war diese Ordnungsfunktion beschränkt auf die Gewährleistung der Grundregeln staatsbürgerlichen Zusammenlebens und des Wirtschaftens. Manche Überlegung zur polizeilichen Prävention, aber auch etwa zur Jugendhilfe oder zur kommunalen Kulturpolitik zeigt, daß die Verwaltung langsam den Vorgang der Sozialisation des Individuums, seine Identitätsfindung durchdringen kann und muß. Nicht zuletzt dank besserer informationstechnischer Hilfsmittel kann sie Einfluß nehmen auf vormals private Aspekte des gesellschaftlichen Lebens.

Erblickt man darin die Gefahr einer perfekten Verwaltung, einer Bürokratisierung der Gesellschaft, so darf man gleichwohl die Gegenkräfte nicht übersehen. Die Legitimationsanforderungen an das Verwaltungshandeln werden wachsen. Partizipationswünsche werden stärker werden, weil viele Menschen in der Partizipation eine Beschäftigung suchen und finden werden. Die Durchsetzung von Maßnahmen wird stärker in Frage gestellt werden, nicht nur im Außenverhältnis, sondern auch in der Hierarchie selbst. Weniger die Überlastung des Staates durch subjektive Ansprüche und durch Anspruchsdenken wohlfahrtsstaatlicher Prägung dürfte zum Kennzeichen der Verwaltungsentwicklung werden als vielmehr die Diskrepanz zwischen politisch erforderlichen und politisch durchsetzbaren Staatsfunktionen. Gerade die Probleme der Polizei zeigen, daß es zu einem Wettlauf zwischen ausufernder Verhaltensvarietät der Bürger und der Entwicklung besserer Prognose- und Beeinflussungsverfahren kommen kann.

Vieles spricht also dafür, daß die eigentlichen Probleme im Bereich der Schutzfunktion zu suchen sind, und daß sich hier auch am ehesten Umsetzungen politischer Probleme in konkrete Verwaltungsaufgaben anbahnen werden. Diese Umsetzung politischer Probleme in Verwaltungsaufgaben kann davon ausgehen, daß vor allem Kommunikation technisch erleichtert wird. Verbesserte Kommunikation über Fragen der Aufgabenerfüllung könnte beispielsweise eine Rolle spielen im Verhältnis zwischen allgemeinen Polizei- und Ordnungsbehörden und technischen Fachverwaltungen <12>. Hinzu kommen könnte eine wesentlich verbesserte Informationsbereitstellung über Rechtsnormen und technische Normen. Technisch gestützt werden kann ferner die Beobachtung von Umweltzuständen, beispielsweise Meeresverunreinigung, und von gesellschaftlichen Entwicklungen.

Prognostiziert man eine solche Ausweitung informationstechnisch gestützter Verwaltungsaufgaben im Bereich der staatlichen Schutzfunktion, so ruft man gleich Ängste auf den Plan, die sich gegenwärtig im Sammelbecken des Datenschutzes wiederfinden. Hierzu gehört die durchaus realistische Befürchung <13>, daß der Zugriff auf Daten, die aus ihrem Kontext gerissen werden, Rückschlüsse auf menschliches Verhalten nahelegt, die nur ein sehr schlechtes Modell des wirklichen Verhaltens abgeben und daher als Informationsgrundlage für Entscheidung und Vollzug ungeeignet sind. Dazu kommt die Befürchtung, daß Wohlverhalten des Einzelnen erreicht werden soll über die Drohung mit dem Entzug von Sozialleistungen, die ihrer geschichtlichen Entwicklung und Intention nach die materiellen Voraussetzungen für mehr Selbstbestimmung des Einzelnen schaffen sollten <14>. Ebenso stellt sich die Frage, ob es nicht nur im Bereich technischen Versagens, sondern auch bei menschlichem Verhalten legitim ist, die Analyse von Störfällen unter dem Gesichtspunkt ihrer künftigen Verhinderung beliebig zu verfeinern.

3. Grenzen des Aufgabenvollzugs

Das alles zeigt, daß es notwendig sein wird, sich mehr als bisher mit den Grenzen des Aufgabenvollzugs zu beschäftigen. Die informationstechnischen Möglichkeiten rücken zunehmend ein wichtiges Problem des Verwaltungshandelns ins Blickfeld. Es handelt sich um die Notwendigkeit der Festlegung des erwünschten Vollzugsgrades von Gesetzen oder Leistungsprogrammen <15>. Damit werden viele schwelende Konflikte offen zutage treten. Was dem Einen als Vollzugsdefizit erscheint, ist dem Anderen nur notwendiger Spielraum, um mit einem bestimmten Gesetz leben zu können. Eine totale Verhaltenskontrolle, welche zur hundertprozentigen Einhaltung bestimmter Vorschriften erforderlich wäre <16>, erscheint oft nicht durchführbar, nicht erwünscht und auch verfassungsrechtlich bedenklich.

Wachsende Ansprüche an Qualität und Intensität der Aufgabenerfüllung begegnen sich mit informationstechnisch verbesserten Mitteln der Aufgabenerfüllung. Daß die Vollzugsdichte bei gleichbleibender Regelungsdichte größer wurde, ist öfter bemerkt worden <17>. Hierher rühren viele Klagen über die Normenflut. Bessere Informationsbereitstellung über anzuwendende Vorschriften ist sicher in vielen Fällen erwünscht. Sie könnte aber auch dysfunktional wirken <18>.

Gegenwärtig werden Sollwerte des Vollzugs nicht explizit festgelegt. über wesentliche Modalitäten der Aufgabenerfüllung wird entschieden, wenn es um die Zuweisung von Ressourcen geht. Gerade im Ordnungsbereich gibt es oft nur generelle Vorgaben. Letztlich entscheiden dann Spezialisten des Brandschutzes oder der Kriminalitätsbekämpfung über die Höhe der Sachmittel und den Personaleinsatz und damit implizit über den Vollzugsgrad <19>. Wohlgemerkt: Hier geht es nicht um irgendwelche Nebenziele, sondern um das zentrale Problem der Effektivität der Aufgabenerfüllung, um den erwünschten Zielerreichungsgrad.

Fragen des erwünschten Vollzugsgrades beispielsweise bei der Strafverfolgung verstecken sich gegenwärtig auch in Entscheidungen über die Eignung und Erforderlichkeit informationeller Mittel der Erfüllung dieser Aufgabe, also in Fragen des Datenschutzes. Es geht aber darüber hinaus auch um Fragen der Proportionalität, des Verhältnisses von Mittel und Zweck. Es geht darum, ob eine minimale Verbesserung des Grades der Aufgabenerfüllung, die mit einer sehr intensiven Grundrechtseinschränkung verbunden ist, diese Einschränkung rechtfertigt. Will man etwa mehr Fälle des unerlaubten Bezugs von Sozialhilfe erfassen als die, die zufällig bekannt werden, so ist die Versuchung groß, die Unverletzlichkeit der Wohnung zu beschneiden; ein in den USA schon klassischer Fall. Eine solche Dynamisierung der Grundrechtsbetrachtung unter Einbezug der Vollzugsdichte ist uns fremd. Wir überlassen es vor allem nicht dem Vollzugspersonal, den Nutzen besserer Strafverfolgung und die Kosten erhöhter Grundrechtsbeeinträchtigung gegeneinander abzuwägen, obwohl dies faktisch geschehen mag. Wir verlassen uns lieber auf generelle Grenzen wie Verwertungsverbote, Zeugnisverweigerungsrechte, Geheimhaltungsbestimmungen.

In engem Zusammenhang mit der Problematik der Vollzugsdichte steht die Notwendigkeit, für Verwaltungshandeln Qualitätsstandards festzulegen. Das ist vor allem dort von Bedeutung, wo der Bürger durch einen Verwaltungsbescheid hochgradig betroffen ist. Die Festsetzung der Hundesteuer ist anders zu bewerten als die Festsetzung einer Sozialrente. Erst wenn auf der Zielebene Qualitätsstandards der Produktion festgelegt sind, können die Anforderungen an die Arbeitsorganisation und die unterstützende Technik präzisiert werden. Die Problematik kann hier nur angedeutet werden <20>. In das Verwaltungshandeln kann keine Ausschußquote eingeplant werden <21>, obwohl völlig fehlerfreies Verwaltungshandeln auch durch die beste Organisation vielfach nicht zu erreichen sein wird.

4. Nebenziele des Verwaltungshandelns

Die Frage der Qualitätsstandards betraf auch schon den dritten hier anzusprechenden Fragenkreis, die modalen Nebenziele des Verwaltungshandelns. Wenngleich einige dieser Nebenziele wie Rechtsstaatlichkeit und Wirtschaftlichkeit mit einem Absolutheitsanspruch versehen sind, der durch ihre Hüter noch verstärkt wird, so müssen sie sich in der Verwaltungspraxis doch Relativierungen gefallen lassen. Im Austarieren aller Nebenziele liegt die Kunst der Organisation <22>.

Hier soll nur ein Teilaspekt angesprochen werden, nämlich Aufklärung, Auskunft und Beratung des Bürgers im Lichte der informationstechnischen Möglichkeiten.

Aufklärung über Rechte und Pflichten richtet sich an eine Vielzahl bekannter oder unbekannter Personen <23>. Weithin wird das Bedürfnis empfunden, sie konkret auf Zielgruppen zuzuschneiden, nicht zuletzt im Hinblick auf den Ausgleich von Benachteiligungen. Hier kann die interaktive Verfügbarkeit von Information über Bildschirmtext sicher Wesentliches bewirken, und man denkt auch daran, aus dem Suchverhalten der Adressaten zu erfahren, an welchen Informationen ihnen besonders gelegen ist <24>.

Auch Auskunftserteilung läßt sich auf diese Weise technisch unterstützen. Zu denken ist dabei an Auskünfte allgemeiner Art über das Vorgehen bei der Inanspruchnahme von Leistungen, aber auch an solche persönlicher Art, über konkrete Rechte und Pflichten.

Beratung, sowohl als eigenständige soziale Dienstleistung wie auch als Annex im Verwaltungsverfahren, dürfte mit Sicherheit im Zuge der weiteren Verwaltungsentwicklung an Bedeutung gewinnen <25>. Freilich laufen wir gerade hier immer wieder Gefahr, von den technischen Unterstützungsmöglichkeiten auszugehen und nicht von Aufgabenzusammenhang. Wie sehr die Verlockungen der Technik schon zu verzerrter Wahrnehmung geführt haben, läßt sich daran ablesen, daß vielfach im Zusammenhang mit Technikanwendung Dinge als Beratung bezeichnet werden, die eigentlich Auskunft sind. Beratung enthält immer ein zusätzliches Element zur Auskunft, nämlich das Element des Rats, verstanden als Hinweis auf die beste von mehreren Gestaltungsmöglichkeiten und als Vorschlag, sich entsprechend zu verhalten <26>.

Vorrangig gilt es darum zu erfahren, welches die Beratungsbedürfnisse sind, und - was eine andere Frage ist - inwieweit die öffentliche Verwaltung und ihre vorgeschobenen Posten darauf eingehen sollten. Dann wäre viel intensiver als bisher zu fragen, welche Funktionen eine Beratung, aber unter Umständen auch eine einfache Auskunftserteilung, im unmittelbaren persönlichen Gespräch hat. Erst im Anschluß hieran kann informationstechnische Unterstützung in der Beratungssituation <27> sinnvoll konzipiert werden.

5. Wer macht Aufgabenpolitik?

Wo wird Aufgabenpolitik im hier umschriebenen Sinne bislang gemacht? Offensichtlich nur zu einem geringen Teil auf der politischen Ebene. Mehr oder weniger unbewußt wirken unterschiedliche Verwaltungsebenen mit: Organisatoren, Systementwickler, aber auch unmittelbare Vorgesetzte, die für das tägliche Verwaltungshandeln Maßstäbe der Bürgergerechtigkeit, der rechtsstaatlich erheblichen Sorgfalt des Arbeitens und anderes mehr vorgeben.

Gelegenheiten zu einer Aufgabenpolitik der Verwaltung selbst ergeben sich durch Handlungsspielräume auf unterschiedlichen Ebenen. Sie sind oft politisch gewollt und auch sinnvoll. Der Grad der Aufgabenerfüllung kann vielfach nur in großer Orts- und Sachnähe bestimmt werden. Teilweise sind aber die Handlungsspielräume nicht gewollt, sei es, daß der Gesetzgeber sich um die Umsetzung seiner Vorstellungen nicht weiter kümmert, sei es, daß die traditionellen Steuerungsmittel Recht, Haushalt und Organisation versagen.

Auf die Unzulänglichkeit der Steuerung durch Recht ist hier nicht weiter einzugehen <28>. Wichtiger ist die Ungenauigkeit der Ressourcenvorgaben. Haushaltszuweisungen stecken in der Regel nur einen Rahmen ab, innerhalb dessen "Luft" entstehen kann. Effizienzsteigerungen führen ebenso wie der Rückgang des Bedarfs zu überschüssigen Kapazitäten. Der erwirtschaftete Überschuß wird dann nicht voll an die politische beziehungsweise nächsthöhere Ebene abgeführt.

Das ist die Hypothese des ursprünglich für Privatunternehmen entwickelten Management-Slack-Ansatzes <29>: Erwirtschaftete Überschüsse werden vom Management nicht an die Eigentümer abgeführt. Wenn man sie sich auch nicht monetär aneignen kann, schlagen sie sich doch nieder in einer Reduzierung der Arbeits- und Führungsintensität, oder es werden überflüssige Ausgaben getätigt. Die Relevanz dieses Modells für den öffentlichen Sektor erscheint noch größer als für private Unternehmen, denn im privaten Sektor zwingen Selbstdisziplin aufgrund von Wettbewerbsdruck und Fremdkontrolle des Kapitalmarktes das Management zu effizienterer Produktion. Ferner fehlt im öffentlichen Sektor der Eigentümer, der auf seinen Gewinn pocht.

Es kommt dabei darauf an, wie leicht der Überschuß, die "Luft" von der Spitze aus zu erkennen ist. Die Arbeitsbelastung ist oft nicht bekannt. Innerhalb der Verwaltung liegt dies teilweise an Führungsmängeln. Mangelndes Interesse von Führungskräften an Details der Aufgabenerfüllung ist vielfach zu vermuten. Bedingt ist es durch ihre Orientierung an der unmittelbaren Aufgabenerfüllung und an juristischen Problematiken, oft auch durch ihre schlichte Unkenntnis von Managementmethoden. Hinzu kommt, daß sie wenig Anreiz haben, das Verhalten von Untergebenen zu kontrollieren, anders als etwa der Eigentümer eines Kleinbetriebs, der vom vermuteten Effizienzgewinn unmittelbar profitieren möchte. Und schließlich kann man die "Luft" in der Aufgabenerfüllung nur dann erkennen, wenn man weiß, wie die einzelnen Techniken und Rationalisierungsmittel wirken, die eingesetzt werden. An dieser Kenntnis fehlt es den Führungskräften aber am meisten.

Der Einsatz der Informationstechnik hat daher vermutlich schon oft zu versteckten Effizienzgewinnen geführt. Neue Verfahren schaffen "Luft", aber vielleicht erst nach vielen Jahren. Umstellungsschwierigkeiten und Eingewöhnungsprozeß ziehen sich oft sehr lange hin. Bis eine technische Innovation voll in das Gewebe des Alltagshandelns inkorporiert ist, kann der Umgang mit ihr sehr anstrengend sein.

Aufgabenpolitik durch die Verwaltung ist selbst auch dann nicht illegitim, wenn nicht bewußt Autonomieräume ausgespart werden. Es ist keine Frage, daß die Verwaltung einen Rückgang des Bedarfs zu signalisieren hat <30>. Jeder Aufgabenwandel, der geringfügige Anpassung übersteigt, bedarf parlamentarischer Bestätigung, mindestens im Haushaltsplan. Dennoch impliziert die Ausübung der Organisationsgewalt immer die Konkretisierung verwaltungspolitischer Vorgaben. Die organisatorische Umsetzung neuer Aufgaben muß mehr Umstände berücksichtigen als der Gesetzgeber selbst, zumindest solange dieser seine Methoden nicht verbessert. Sie bedingt Entscheidungen über den Aufgabenerfüllungsgrad und über modale Nebenziele. Dabei schleichen sich sicher Präferenzverschiebungen zu Gunsten oder zu Lasten bestimmter modaler Ziele ein, die den proklamierten Absichten der Politik zuwiderlaufen.

Man sollte die Aufgabenpolitik der Verwaltung aber nicht nur als ein notwendiges übel sehen. Die Verwaltung kann ihre versteckten Produktivitätsgewinne ganz unterschiedlich verwenden. Die wirtschaftswissenschaftliche Literatur betont einseitig Verwendungsarten wie Selbstdarstellung des Chefs, Beförderung der eigenen Karriere, die mit dem vorausgesetzten Menschenbild des homo oeconomicus übereinstimmen <31>. Gewiß ist vielfach ein Abbau von unmittelbarer Aufsicht zu beobachten, die - weil sie in informale Zusammenhänge eingreift - fast immer unangenehm ist. Damit verbunden ist die Aneignung des überschusses durch die Mitarbeiter, die sich ein ruhiges Leben machen.

Das braucht aber nicht so zu sein. Versteckte Effizienzgewinne sind eine wichtige Voraussetzung dafür, daß im öffentlichen Sektor Innovationen stattfinden. Sie können zur Erhöhung der Effektivität der Aufgabenerfüllung, zur Verbesserung der Erreichung von modalen Nebenzwecken, zur Planung neuer Verfahren der Aufgabenerledigung verwendet werden. Freilich müssen weitere Bedingungen hinzutreten, die sicherstellen, daß eine solche Verwendung des überschusses auch wirklich eintritt <32>. Zudem kann die Wohltat zur Plage werden, etwa bei der Steigerung des Vollzugsgrads oder der Erfindung neuer Aufgaben.

über Informationstechnik ist auf dieser Tagung vieles gesagt worden. Mir kam es darauf an, einiges davon auf die Perspektive der künftigen Verwaltungsentwicklung zu beziehen, auf eine Perspektive, die im Zentrum der Verwaltungspolitik stehen sollte <33>. Die bisherige Entwicklung der Informationstechnik hat die Verwaltungsentwicklung stärker beeinflußt als es den Akteuren bewußt war. Sie hat bestimmte Lösungen für bestimmte Problem- und Bedürfniskonstellationen nahegelegt und damit der Politik vermutlich eher Flexibilitätsverluste beschert <34>. Sie beeinflußte zunächst die formale und informale Programmstruktur des Verwaltungshandelns, teilweise mit erheblichen Folgewirkungen im Verhältnis der Verwaltung zu ihren Umwelten. Sie scheint sich heute anzuschicken, die Kommunikationsbeziehungen in der Verwaltung und die Struktur ihres Dienst- und Fachwissens zu verändern. Das mag nicht so schnell geschehen, wie es die Strategen der Bürokommunikation erhoffen. Es wird auch diesmal wieder zu ungeplanten Folgewirkungen kommen, da die Folgendiskussion schwach entwickelt ist, vielfach parteiisch und bezogen auf längst etablierte Ausprägungen des Informationstechnikeinsatzes.

über den Informatisierungswirkungen der Technik sollte man ihre Bewußtseinswirkungen nicht vergessen. Indem sie die Machbarkeit der Dinge erhöht oder zu erhöhen scheint, läßt sie alte Träume realisierbar erscheinen <35> und legt neue Ziele nahe. Die Antwort auf gesellschaftliche Probleme ist bedingt durch die politisch verfügbaren Möglichkeiten. Die Technik - verbunden mit den in sie eingebauten Rationalitätsvorstellungen - gibt Lösungen vor, die sich ihre Probleme oft erst selbst suchen <36>. Solche Probleme hingegen, die keiner technisch gestützten Lösung zuzuführen sind, werden verdrängt. Hier muß sich Verwaltungspolitik als Aufgabenpolitik behaupten. Vieles wird davon abhängen, ob es ihr gelingt, die Chancen und Gefahren der neuen technischen Möglichkeiten rechtzeitig zu erkennen. Nur so kann eine zukunftsorientierte Verwaltungspolitik ihre eigenen Möglichkeiten erkennen und zwischen Verbilligung und Anhebung der Verwaltungsleistung von Fall zu Fall eine informierte Wahl treffen.

Anmerkungen:

<1> Der Ausdruck "Aufgabenpolitik" findet sich bei Becker 1974, S. 771. Er bezieht sich dort auf "die Anpassung und Steuerung der Lebensverhältnisse durch Realisierung der Staatsaufgaben"

<2> Bickel 1983, S. 139-141

<3> Hierzu und zum folgenden Mäding 1978, S. 1 ff

<4> So Ellwein 1983, S. 52

<5> Diese Diskussion wird damit keineswegs für überflüssig erklärt; ihre Grenzen sind aber inzwischen deutlicher geworden. Vgl. Ellwein 1983

<6> Dazu Mayntz und Schumacher-Wolf 1985

<7> Vom 31. August 1971 (BGBl. I S. 1473); besonders § 19 Absatz 3

<8> Lenk 1979, S. 33-39; ähnlich Mayntz 1983, S. 145 ff

<9> Es kann nicht um rein technische Lösungen für soziale Probleme gehen. Jede technische Lösung hat ihren sozialen Teil, und die Frage kann nur auf den Grad der technischen Unterstützung zielen.

<10> Reinermann 1984 c, S. 248 ff

<11> Vgl. Laux 1980, S. 91 ff; Wittkämper 1983, S. 170

<12> Vgl. Mayntz u.a. 1983, S. 185 ff

<13> Vor allem bei der Einführung neuer Systeme gab es zahlreiche Pannen, die darauf beruhten, daß eine Einschätzung des Kontextes, in dem Daten gewonnen wurden, nicht mehr möglich war. Zur Problematik vgl. Gesellschaft für Informatik 1984 b, S. 112 ff

<14> 12. Bericht des Hessischen Datenschutzbeauftragten 1983, S. 13

<15> Kommission zur überprüfung von Verbesserungsmöglichkeiten in der Hamburger Verwaltung 1981, S. 15 f

<16> Bull 1977, S. 375

<17> Ellwein 1979, S. 44-50, hier S. 47

<18> Dazu Mayntz u.a. 1983, S. 166 ff

<19> In diesem Sinne auch Laux 1979, S. 734

<20> Vgl. Horn 1983, S. 159 f

<21> Becker 1980

<22> Becker 1976, S. 40

<23> § 13 SGB I; dazu Kunze 1978, S. 16 ff

<24> Vgl. o.V. 1982, S. 18 ff

<25> Es gibt hier interessante Querverbindungen zur Problematik der Verwaltungsöffentlichkeit oder auch zur Wahrnehmung von Rechten

wie dem Auskunftsrecht der Datenschutzgesetze. Soll die Aktenöffentlichkeit nicht nur auf dem Papier stehen, so muß sie aktiv unterstützt werden. Ein hierauf bezogenes Konzept wird vorgestellt von Rivet 1984.

<26> Kunze 1978, S. 26 f

<27> Gerade in diesem Zusammenhang erstaunt immer wieder die Ausblendung der technischen Möglichkeiten. Vgl. etwa aus jüngster Zeit Engel 1984. Demgegenüber wäre etwa hinzuweisen auf Goller, Scheuring und Trageser 1971.

<28> Wir haben wenig Kenntnisse darüber, wie Entscheidungsprämissen rechtlicher Art in der konkreten Entscheidungssituation wirken. Das ist nicht nur eine entscheidungspsychologische Frage, sondern ein Sachverhalt mit erheblichen organisatorischen und kulturellen Voraussetzungen. Entscheidungsverhalten in der öffentlichen Verwaltung wird vermutlich nur in sehr geringem Maße unmittelbar durch rechtliche Prämissen determiniert, und wenn, dann in der Aufbereitung, die sie durch Verwaltungsvorschriften rechtlich begründet werden kann, was Institutionen und Einstellungen voraussetzt, welche dies erzwingen. Die Steuerung wirkt im Falle von Rechtsnormen also auf verschlungenen Umwegen. Vgl. Koch und Rüßmann 1982, S. 112 ff.

<29> Der Ansatz geht zurück auf Williamson 1964. Die Darstellung orientiert sich an Blümel 1983, S. 45 ff.

<30> Mäding 1976, S. 181 f

<31> So besonders Niskanen 1971, der freilich andere Ursachen der Ineffizienz als Williamson im Auge hat, nämlich Überausstattung mit Ressourcen. Wenn ausschließlich Verwendungsweisen thematisiert werden, die aus der Sicht des Steuerzahlers sich als negativ darstellen, so wird deutlich, daß die Stoßrichtung der ökonomischen Theorie sich gegen den Wohlfahrtsstaat richtet, nicht etwa gegen eine Verselbständigung der Verwaltung gegenüber der Politik. Sehr kritisch gegenüber den immer wieder nachgebeteten Verhaltensannahmen jetzt Buchanan 1983, S. 19 ff.

<32> Zu den Bedingungen für Innovationen in der öffentlichen Verwaltung vgl. Mayntz und Schumacher-Wolf 1985; Lenk 1980

<33> Vgl. Menier 1979, S. 160 ff

<34> Vgl. Brinckmann, Grimmer, Lenk und Rave 1974, Kapitel 10

<35> Vgl. Laudon 1974, S. 6

<36> Cohen, March und Olsen 1972, S. 1-25; March und Olsen 1976

Podiumsdiskussion

Informationstechnik - für Verbilligung oder Anhebung der Verwaltungsleistung?

von Peter Franz

Die Podiumsrunde beschäftigte sich unter der Leitung von Ulrich Becker mit einer aktuellen Fragestellung, die zur Beurteilung der Perspektiven eines bereits laufenden Prozesses, des Einsatzes der Informationstechnik in der öffentlichen Verwaltung, beitragen sollte. In der Diskussion konnten die verschiedenen Aspekte zwar nur angerissen werden, aber dennoch wurden die komplexen Zusammenhänge dieses "weiten Feldes" deutlich. Einigkeit bestand zumindest darin, daß die öffentliche Verwaltung auf diesen Prozeß nur ungenügend vorbereitet ist und daß vor allem "die Politik" gefordert ist, Kriterien des Einsatzes der neuen Techniken zu entwickeln und darüber hinaus Handlungen der öffentlichen Verwaltung stärker als bisher zu unterstützen, insbesondere bei Akzeptanzproblemen der Mitarbeiter und Bürger.

Mit fünf "Selbstverständlichkeiten", die mit der Fragestellung der Diskussion verbunden sind, erläuterte Frau Mayntz die bei einer Beantwortung zu berücksichtigenden Aspekte. Der Begriff "Anhebung" der Verwaltungsleistung wird in der Regel mit "Verbesserung" gleichgesetzt. Das Potential der Technik ermöglicht sowohl die Verbilligung (zum Beispiel durch die Ersetzung von Arbeitskraft) als auch die Verbesserung von Verwaltungsleistungen (erste Selbstverständlichkeit). Verbesserung kann dabei sowohl heißen, eine (unveränderte) Leistung zum Beispiel schneller zu erbringen, oder aber völlig neuartige Leistungen etwa bei der großräumigen Steuerung zu schaffen.

Wenn von der Alternative "Verbilligung oder Verbesserung" ausgegangen wird, setzt dies voraus, daß ein technologischer Determinismus nicht existiert (zweite Selbstverständlichkeit). Es besteht also grundsätzlich eine Wahlmöglichkeit sowohl hinsichtlich des "Ob" als auch des "Wie" des Technikeinsatzes.

Die beiden angesprochenen Dimensionen der Verwaltungsleistungen, Qualität und Kosten, können auf verschiedene Art miteinander korrelieren (dritte Selbstverständlichkeit). In der Praxis zählt die Wahl, eine

Verwaltungsleistung entweder bei konstanter Qualität mit geringeren Kosten zu produzieren oder bei konstanten Kosten eine Verbesserung der Qualität zu erzielen, eher zu den Ausnahmen. Verbesserung ist oft teurer, und Verbilligung ist nicht selten zum Beispiel für die Klienten eine Verschlechterung. Mögliche Verschlechterungen durch den Technikeinsatz liegen zum Beispiel für den Klienten in einem unpersönlicheren Verhältnis zur öffentlichen Verwaltung oder für den Gesetzgeber in einer schlechteren Aufgabenerfüllung (im Sinne der jeweiligen Aufgabenzielsetzung).

Neue technische Systeme haben selten entweder positive oder negative qualitative Veränderungen zur Folge. Innerhalb und außerhalb der Verwaltungsorganisation ist deshalb mit "Wirkungsbündeln" (Vor- und gleichzeitig Nachteile) der jeweiligen Alternativen zu rechnen (vierte Selbstverständlichkeit). Die Entscheidung für eine Alternative ist somit stets die Wahl zwischen Wirkungsbündeln.

Generell entscheidend für die Wahl zwischen den Alternativen sind die dabei herangezogenen Kriterien (fünfte Selbstverständlichkeit). Welche Kriterien dominieren, hängt einerseits von den gesamtgesellschaftlichen Rahmenbedingungen und andererseits von der Art der Institutionalisierung zum Beispiel der Kriterien "Kostenersparnis", "Effektivität" oder "Bürgerfreundlichkeit" im Aktorensystem der Verwaltung ab.

Aus der Sicht eines Verwaltungspraktikers zeigte Prinz die gänzlich neuen Wirkungsdimensionen der Technisierung in der öffentlichen Verwaltung auf. War die Automatisierung der öffentlichen Verwaltung vor zwanzig Jahren eindeutig aufgrund der ungenügenden Personalausstattung gleichbedeutend mit einer Steigerung der Leistungsfähigkeit und galt das Gebot der Wirtschaftlichkeit quasi als innere Verpflichtung, so ist gegenwärtig die Rationalisierung allgemein zu einem gesellschaftspolitischen und speziell im öffentlichen Dienst zu einem besonders strittigen Thema geworden. Mit der sinkenden Transparenz organisatorischer Veränderungen und der steigenden Komplexität ihrer Konsequenzen entstehen Akzeptanz- und Konsensprobleme, die sich zum Beispiel in wachsendem Mißtrauen gegenüber den Institutionen und den "anonymen" Technologien ausdrücken. Nach Prinz besteht heute für die Führungskräfte in der öffentlichen Verwaltung die spezifische Aufgabe, den Mitarbeitern, der Öffentlichkeit und auch der Politik "Orientierungen" zu vermitteln, warum zum Beispiel die öffentliche Verwaltung in einer bestimmten Art und Weise handelt.

Höffgen betonte die Notwendigkeit, den öffentlichen Dienst - allein aus Gründen der Attraktivität für den Bürger - modern zu gestalten. Doch kann die Alternative "verbilligen oder anheben" von Verwaltungsleistungen nur langfristig im Rahmen der staatlichen Vorgaben gestaltet werden. Dafür sind spezielle "Einführungsstrategien" der neuen Techniken in die öffentliche Verwaltung erforderlich, um vor allem potentielle Arbeitsplatzgefährdungen und Qualifizierungsprobleme bei den Mitarbeitern und Akzeptanzschwierigkeiten bei den Bürgern zu vermindern. Die zukünftigen Aufgaben können nicht allein mit den neuen Techniken bewältigt werden, sondern nur mit qualifizierten Mitarbeitern. Deshalb ist die gegenwärtig durchgeführte restriktive Personalpolitik der falsche Weg.

Banner thematisierte die Ziele und Motive der Einführung von Technik in die öffentliche Verwaltung und relativierte den von der Wissenschaft bevorzugten Typ des "Rationalmodells". Der "entscheidende Motor" für die Entwicklungen der nächsten Jahre wird in einer "kollektiven Überzeugung" der Führungskräfte im öffentlichen Dienst erkennbar, daß die neuen Techniken kommen werden und die beste Strategie, sie beherrschbar zu gestalten, im "Mitmachen und Mittragen" der Entwicklungen liegt. Daß die Verwaltungsarbeit wirtschaftlicher und komfortabler wird, ist dabei ein willkommenes Nebenergebnis. Aber für die Führungskräfte sind auch noch andere Argumente als Wirtschaftlichkeitsargumente entscheidend: Das "Führungsengagement" wird unterschwellig mit Autonomiegedanken (zum Beispiel Unabhängigkeit von einem Regionalen Rechenzentrum, "Intelligenz im eigenen Haus"), Hoffnungen auf einen Innovationsschub und "Modernitätsappeal" (Profilierung) begründet. Deshalb erscheint die Forderung nach einer Aufgabenorientierung der Verwaltung (Lenk) unrealistisch, weil einerseits Ungewißheit über die zukünftige Entwicklung öffentlicher Aufgaben besteht und inkrementale 'trial and error -Prinzipien sinnvoll erscheinen, andererseits organisatorische Veränderungen nur unter massivem Problemdruck vorgenommen werden, da jede Veränderung "ihre Verlierer hat". Die Rationalität von Organisationen kann damit durch "zwei Prinzipien" auf den Punkt gebracht werden: "Kommt Zeit, kommt Rat" und "Alles zu seiner Zeit".

Demgegenüber machte Lenk deutlich, daß im Wettlauf mit der Technik das Potential an rationalem Verhalten erhöht werden muß. Für die Aufgabenentwicklungen der nächsten zehn Jahre können zumindest "Bandbreiten" angegeben werden, die die Verwaltung und die Politik in die Lage versetzen, flexible Problemlösungen zu finden. Damit man nicht der Suggestion verfällt, die Technik könnte Problemlösungen bereitstellen, muß nach Lenk die politische Planung dringend reaktiviert werden. Die Informationstechnik hat in diesem Zusammenhang eine wichtige Anstoßfunktion, die Verwaltung und ihre Probleme tiefer zu durchleuchten. Deutlich wird, daß für eine akzeptable Technikanwendung Qualifikationsprozesse in Gang gesetzt werden müssen. Anders als Banner unterstreicht Lenk, daß ein blindes Vertrauen in die "verwaltungsrationale" Meisterung der Zukunft heute bei den tiefgreifenden und teilweise nicht mehr reversiblen Folgen des Technikeinsatzes nicht mehr angebracht ist.

Zentrale Bedeutung für die Diskussion hatte das Defizit an Orientierungen, die aus dem politischen Bereich der Verwaltung im Umgang mit der Technik quasi an die Hand gegeben werden können. Die Technik und ihre Konsequenzen sind ein eminent "politisches Thema", wo Fragen aufgeworfen werden, die nicht mehr nur mit der Erfahrung zu beantworten sind, sondern letztlich ethische Antworten erfordern (Prinz). Die spezifische Problematik der Informationstechnik im öffentlichen Dienst wird durch Akzeptanzprobleme bei Mitarbeitern und Klienten und fehlenden Handlungsorientierungen durch politische Vorgaben offenkundig (Mayntz, Höffgen). Die Frage nach den Kriterien des Technikeinsatzes bleibt von der Politik unbeantwortet (Plenum: Baron, Wilhelmi; Höffgen). Vielmehr zeigt sich unter anderem ein Ausweichen in die "Konfliktdelegation" aus dem Bereich der Exekutive zur Klärung strittiger Fragen in die Judikative (Plenum: Roewer). Eine Aufgabenpolitik als "vorausschauende Steuerung der Gesellschaft durch politische Institutionen" (Mayntz) steht in einer langfristig ausgerichteten Gesamtverantwortung der Politik für den öffentlichen Dienst (Höffgen). Als problematisch erweist sich dabei, daß die Verwaltung als "eigener politischer Faktor" (Banner) nur aufgrund von manifestem Problem- oder Interessendruck mit qualitativen Veränderungen reagiert (Mayntz, Banner) und endlich nur noch "Krisenmanagement" (Becker) möglich erscheint. Die besondere Schwierigkeit der Durchsetzung einer aufgabenorientierten Politik in der öffentlichen Verwaltung resultiert aus dem Kontext unterschiedlicher Rationalitäten mit bestimmten selektiven Aufmerksamkeiten von Verwaltung und Politik, so daß es notwendig erscheint, die Kontextbedingungen zu verändern (Mayntz), um diese Probleme lösen zu können. Moralappelle allein genügen nicht.

LITERATURVERZEICHNIS

<Afheld o.J.> Heik Afheld, Gewerbeentwicklung und Gewerbepolitik, Ergebnisse und Empfehlungen, Beiträge zur Stadtforschung, Band 4, Stuttgart (im Druck)

<Aiello u.a. 1984> L. Aiello und andere, Modeling the office structure: A first step toward the office expert system, Proc. ACM Conf. Office Information Systems, 1984, S. 25-32

<Albach 1979> Horst Albach, Kampf ums überleben: Der Ernstfall als Normalfall für Unternehmen in einer freiheitlichen Wirtschaftsordnung, in: Albach, Hahn und Mertens 1979, S. 9-24

<Albach, Hahn und Mertens 1979> Horst Albach, Dietger Hahn und Peter Mertens (Hrsg.), Frühwarnsysteme, ZfB-Ergänzungsheft 2, 1979

<Arndt 1983> Hans-Wolfgang Arndt, Praktikabilität und Effizienz, Köln 1983

<Badura 1983> Peter Badura, Das Verwaltungsverfahren, in: Erichsen und Martens 1983, S. 341 ff.

<Barber u.a. 1983> G. Barber und andere, Semantik support for work in organizations, in: Mason 1983, S. 561-566

<Baumann 1984> R. Baumann, Datenverarbeitung unter Zeitbedingungen, in: Informatik-Spektrum, Band 7, Heft 2, 1984, S. 62-64

<Becker 1974> Erich Becker, Wissenschaftliche Erörterungen der Staatsaufsicht, in: Menschenwürde und freiheitliche Rechtsordnung, Tübingen 1974, S. 755-779

<Becker 1976> Ulrich Becker, Zweck und Maß der Organisation, Reihe: Handbuch der Verwaltung, Heft 3.1, Köln u.a. 1976

<Becker 1980> Ulrich Becker, Stabilität und Neuerung, in: Die Verwaltung, Heft 13, 1980, S. 21-35

<Beilken, Mattern und Spenke 1982> Christian Beilken, Friedemann Mattern und Michael Spenke, Entwurf und Implementierung von CSSA, Teil A-D, Diplomarbeit, Bonn 1982

<Benda 1973> Ernst Benda, Die Menschenwürde, in: Benda, Maihofer und Vogel 1983, S. 107-128

<Benda, Maihofer und Vogel 1983> Ernst Benda, Werner Maihofer und Hans-Jochen Vogel, Handbuch des Verfassungsrechts, Berlin 1983

<Bethge 1982> Herbert Bethge, Grundrechtsverwirklichung und Grundrechtssicherung durch Organisation und Verfahren, in: NJW 1982, Heft 1/2, S. 1

<Bibel und Siekmann 1982> Wolfgang Bibel und Jörg Siekmann (Hrsg.), Künstliche Intelligenz, Berlin u.a. 1982

<Bickel 1983> Heribert Bickel, Einleitung: übernahme oder Selbstentwicklung öffentlicher Aufgaben durch die Verwaltung, in: Böhret und Siedentopf 1983, S. 139-141

<Bieback 1983> Karl-Jürgen Bieback, Die Mitwirkung der Beschäftigten in der öffentlichen Verwaltung, Berlin 1983

<Biedenkopf und Säcker 1971> Kurt Biedenkopf und Franz-Jürgen Säcker, Grenzen der Mitbestimmung in kommunalen Versorgungsunternehmen, in: Zeitschrift für Arbeitsrecht, Heft 3, 1971, S. 211-271

<Birkwald und Pornschlegel 1976> Reimar Birkwald und Hans Pornschlegel, Handlungsanleitung zur menschengerechten Arbeitsgestaltung nach den §§ 90, 91 Betriebsverfassungsgesetz, Köln 1976

<Blaser und Zoeppritz 1983> Albert Blaser und Magdalena Zoeppritz (Hrsg.), Enduser Systems and their Human Factors, Berlin u.a. 1983

<Blümel 1983> Wolfgang Blümel, "Politikversagen" versus "Marktversagen" bei der Allokation öffentlicher Güter - Ein Überblick, Wirtschaftswissenschaftliche Diskussionsbeiträge, Universität Oldenburg, Nr. 36-82 (revidierte Fassung Dezember 1983)

<Böhret und Siedentopf 1983> Carl Böhret und Heinrich Siedentopf (Hrsg.), Verwaltung und Verwaltungspolitik, Berlin 1983

<Brinckmann 1973> Hans Brinckmann, Datenschutz und Recht auf Information, in: Kilian, Lenk und Steinmüller 1973, S. 77-90

<Brinckmann 1976> Hans Brinckmann, Verwaltungsgliederung als Schranke von Planungs- und Informationsverbund, in: ÖVD, Heft 6, 1976, S. 239-248

<Brinckmann 1981> Hans Brinckmann, Zweierlei Experten für die gleiche Aufgabe: Das stabile Mißverstehen zwischen DV-Fachleuten und Verwaltungsfachleuten, in: Reinermann, Fiedler, Grimmer und Lenk 1981, S. 340-351

<Brinckmann 1984 a> Hans Brinckmann, Neue Kommunikationstechniken in der öffentlichen Verwaltung - Verfestigung überholter Verwaltungsstrukturen, in: o.V. 1984 e, S. 25-39

<Brinckmann 1984 b> Hans Brinckmann, Neue Medien in alten Verwaltungsstrukturen, in: GRVJ (Hrsg.), Neue Medien für die Individualkommunikation, München 1984, S. 103 ff. .1 <Brinckmann, Grimmer, Lenk und Rave 1974> Hans Brinckmann, Klaus Grimmer, Klaus Lenk und Dieter Rave, Verwaltungsautomation, Darmstadt 1974

<Brinckmann, Grimmer, Lenk und Rave 1978> Hans Brinckmann, Klaus Grimmer, Klaus Lenk und Dieter Rave, Entwicklungsmöglichkeiten der Automation in der Stadtverwaltung, Arbeitspapiere der Forschungsgruppe Verwaltungsautomation an der Gesamthochschule Kassel, Heft 11, Kassel 1978

<Buchanan 1983> James M. Buchanan, The Achievement and the Limits of Public Choice in Diagnosing Government Failure and in Offering Bases for Cunstructive Reform, in: Hanusch 1983, S. 15-25

<Bull 1977> Hans Peter Bull, Die Staatsaufgaben nach dem Grundgesetz, 2. Auflage, Königstein/Ts. 1977

<Bull 1979> Hans Peter Bull, Verwaltungspolitik, Neuwied 1979

<Bullinger und Naßmacher o.J.> Dieter Bullinger und Hiltrud Naßmacher, Entscheidungsabläufe und Prozeßstrukturen in der kommunalen und regio-

nalen Gewerbepolitik - Anwendungsmöglichkeiten von Verlaufsmusterkonzepten, in: Siebel o.J.

<Bundesrechnungshof 1983> Unterrichtung durch den Bundesrechnungshof, Bemerkungen des Bundesrechnungshofes 1983 zur Haushalts- und Wirtschaftsführung (einschließlich der Bemerkungen zur Jahresrechnung des Bundes 1981), Bundestagsdrucksache 10/574, S. 1-159

<Burkert 1976> Herbert Burkert, Einige Anmerkungen zur Analogie Geld/-Information, in: Steinmüller 1976, S. 140-144

<Cohen, March und Olsen 1972> Michael D. Cohen, James G. March und Johan P. Olsen, A Garbage Can Model of Organizational Choice, in: Administrative Science Quarterly 17, 1972, S. 1-25

<Datenzentrale Baden-Württemberg 1974> Datenzentrale Baden-Württemberg, Rahmenplan EDV und Anlagenband, Stand: Februar 1974

<Degenhart 1982> Christoph Degenhart, Das Verwaltungsverfahren zwischen Verwaltungseffizienz und Rechtsschutzauftrag, in: DVBl 1982, S. 872 ff.

<Dembowski und Schroeder-Printzen 1976> Herbert Dembowski und Gerhard Schroeder-Printzen (Hrsg.), SGB I, Köln 1976

<Deutsche Gesellschaft für Dokumentation 1984> Deutscher Dokumentartag 1983, München u.a. 1984

<Dietz und Richardi 1978> Rolf Dietz und Reinhard Richardi, Bundespersonalvertretungsgesetz. Kommentar, 2. Auflage, München 1978

<Dollenbacher 1985> Emil Dollenbacher, Verwaltungsausbildung und Informationstechnologie - Sind unsere Mitarbeiter gerüstet?, in diesem Band

<Dzida 1980> W. Dzida, Kognitive Ergonomie für Bildschirmarbeitsplätze, in: Humane Produktion 2, 1980, S. 18-19

<Ehmann o.J.> Entscheidungssammlung zum Arbeitsrecht, Anmerkungen zum Bundesarbeitsgericht von Horst Ehmann Nummer 1 zu § 87 Betriebsverfassungsgesetz, Bildschirmarbeitsplatz

<Ehmann 1981> Horst Ehmann, Arbeitsschutz und Mitbestimmung bei neuen Technologien, Berlin 1981

<Ehmann 1983> Horst Ehmann, Personalinformationssysteme und Mitbestimmung, in: Hentschel und Wronka 1983

<Ellis 1982> Clarence A. Ellis, Officetalk-D: An experimental office information system, SIGOA Newsletter 3, 1 und 2, 1982, S. 131-140

<Ellwein und Hesse 1985> Thomas Ellwein und Joachim Jens Hesse, Was ist und kann Verwaltungspolitik? (erscheint 1985)

<Ellwein 1979> Thomas Ellwein, Ist die Bürokratisierung unser Schicksal? - Die vielen Versäumnisse in der Verwaltungspolitik, in: Bull 1979, S. 44-50

<Ellwein 1983> Thomas Ellwein, Sparen durch Verwaltungsvereinfachung, in: Mäding 1983, S. 36-55

<Engel 1984> Siegfried Engel, Bürgerberatungsstellen in Berlin, in: VOP, 1984, Heft 1, S. 12-19

<Erichsen und Martens 1983> Hans-Uwe Erichsen und Wolfgang Martens, Allgemeines Verwaltungsrecht, 6. Auflage, Berlin 1983

<Fiedler 1985> Herbert Fiedler, Zusammenhänge zwischen Informationstechnologie und Methodenentwicklung für die Verwaltung, in diesem Band

<Fiedler, Barthel und Voogd o.J.> Herbert Fiedler, Thomas Barthel und Gerd Voogd, Projektbericht UFORED (Untersuchungen zur Formalisierung im Recht als Beitrag zur Grundlagenforschung juristischer Datenverarbeitung), St. Augustin, (Veröffentlichung in Vorbereitung)

<Fikes und Henderson 1980> Richard E. Fikes und D. A. Henderson, On supporting the use of procedures in office work, in: Proc. AAAI Conf. 1980

<Fitting, Auffarth und Kaiser 1984> Karl Fitting, Fritz Auffahrt und Heinrich Kaiser, Kommentar zum Betriebsverfassungsgesetz, 14. Auflage 1984

<Friedrichs und Schaff 1982> Günter Friedrichs und Adam Schaff (Hrsg.), Auf Gedeih und Verderb. Bericht an den Club of Rome, Wien u.a. 1982

<Gagel 1984> Alexander Gagel, Kommentar zum Arbeitsförderungsgesetz, München 1984

<Gesellschaft für Informatik 1984 a> Gesellschaft für Informatik e.V., Fachbereich Informatik in Recht und Verwaltung, Stellungnahme des Arbeitskreises "Verwaltungsausbildung und Informatik", Bericht "Informationstechnik in der Verwaltung als Ausbildungsproblem", in: Die öffentliche Verwaltung, Heft 14, Juli 1984, S. 584-585

<Gesellschaft für Informatik 1984 b> Stellungnahme der Gesellschaft für Informatik zum Entwurf eines Gesetzes zur Änderung des Bundesdatenschutzgesetzes, in: Informatik-Spektrum, Heft 7, 1984, S. 112 ff.

<Gewerkschaft Handel, Banken, Versicherungen (HBV) 1980> Gewerkschaft Handel, Banken, Versicherungen (HBV), Forderungen des 10. Ordentlichen Gewerkschaftstages der Gewerkschaft Handel, Banken, Versicherungen, in: Die Mitbestimmung 1980, S. 34

<Glasl 1983> Friedrich Glasl (Hrsg.), Verwaltungsreform durch Organisationsentwicklung, Bern und Stuttgart 1983

<Goerlich 1978> Helmut Goerlich, Eigentum als Verfahrensgarantie, in: DVBl. 1978, Heft 10, S. 362 ff.

<Götz 1977> Albrecht Götz, Das Bundeszentralregister - Zentralregister, Erziehungsregister und Gewerberegister, Kommentar, 2. Auflage, Köln 1977

<Goller, Scheuring und Trageser 1971> Friedrich Goller, Heinrich Scheuring und Alfred Trageser, Das KI-System. Automatisierte Kommunikation und Information in Politik und Verwaltung, Stuttgart 1971

<Grandjean, Nakaseko, Hüntling und Läubli 1981> Etienne Grandjean, M. Nakaseko, W. Hüntling und Th. Läubli, Ergonomische Untersuchungen zur Entwicklung einer neuen Tastatur für Büromaschinen, in: Z.Arb.wiss. Nr. 35, 1981, S. 221-226

<Grässle und Kumbruck 1984> Dieter Grässle und Christel Kumbruck, Der Computer als Arbeitsvermittler?, Darmstadt 1984

<Grimmer 1980> Klaus Grimmer, Das Formular als Norm- und Informationsmittel, in: DVR, Beiheft 12: Automation im Gerichts- und Verwaltungsverfahren, Berlin 1980, S. 1

<Grimmer 1983> Klaus Grimmer, Industrialisierung öffentlicher Verwaltungen oder Verbesserung ihrer Leistungsqualität, in: VOP, Heft 2, 1983, S. 51 ff.

<Grimmer 1984> Klaus Grimmer, Probleme der Informationstechnik-Anwendung in öffentlichen Verwaltungen - Ein Ausweg durch neue Technologien?, in: Traunmüller, Fiedler, Grimmer und Reinermann 1984

<Grimmer 1985> Klaus Grimmer, Verwaltungsverfahren - Pflichten der Verwaltung beim Einsatz der Informationstechnik, in diesem Band

<Häberle 1977> Peter Häberle, Verfassungsprinzipien im Verwaltungsverfahrensgesetz, in: Schmitt-Glaeser 1977, S. 48 ff.

<Hahn 1979> Dietger Hahn, Frühwarnsysteme, Krisenmanagement und Unternehmensplanung, in: Albach, Hahn und Mertens 1979, S. 25-46

<Hammer u.a. 1977> Michael Hammer und andere, A very high level programming language for data processing applications, Comm. ACM 20, 11, 1977, S. 832-840

<Hanusch 1983> Horst Hanusch, Anatomy of Government Deficiencies, Berlin u.a. 1983

<Helmes 1982> Michael Helmes (Hrsg.), Medientag 1982

<Hentschel und Wronka 1983> Bernd Hentschel und Georg Wronka (Hrsg.), Personalinformationssysteme in der Diskussion: PIS-Sammelband. Aktuelle Beiträge zur Mitbestimmungsdiskussion, Köln 1983

<Hessische Zentrale für Datenverarbeitung 1970> Hessische Zentrale für Datenverarbeitung, Großer Hessenplan - Entwicklungsprogramm für den Ausbau der Datenverarbeitung in Hessen, Wiesbaden 1970

<Hessischer Datenschutzbeauftragter 1983> 12. Bericht des Hessischen Datenschutzbeauftragten, Wiesbaden 1983

<Heussner 1976 a> Hermann Heussner, Automation in der Sozialversicherung - Bedrohung oder Nutzen für den Versicherten?, in: Die Versicherungsrundschau (Österreich), 1976, S. 111 ff.

<Heussner 1976 b> Hermann Heussner, Automation in der Sozialversicherung - Bedrohung oder Nutzen für die Versicherten?, in: Die Sozialgerichtsbarkeit, Heft 7/8, 1976, S. 245 ff.

<Heussner, Horn, Karlsen und Lenk 1978> Hermann Heussner, Ulrich Horn, Thore Karlsen und Klaus Lenk, Rechtsverwirklichung bei strikt geregeltem Verwaltungshandeln, Arbeitspapiere der Forschungsgruppe Verwaltungsautomation an der Gesamthochschule Kassel, Heft 16, Kassel 1978

<Hewitt 1973> Carl Hewitt u.a., An universal modular actor formalism for artificial intelligence, IJCAI 3, 1973, S. 235-245

<Horn 1978> Ulrich Horn, Verwaltungsvereinfachung und Verwaltungsrecht. Automatisierte Massenverwaltung zwischen Legalität und Prakti-

kabilität, Vervielfältigtes Manuskript, Kassel 1978

<Horn 1983> Ulrich Horn, Bedingungen und Funktionen des Rechtsschutzes gegenüber standardisierten Entscheidungen in der Rentenversicherung. Arbeitspapiere der Forschungsgruppe Verwaltungsautomation an der Gesamthochschule Kassel, 32, Kassel 1983

<Horton 1979> Forest Woody Horton, Jr., Information Resources Management: Concept and Cases, Cleveland, Ohio 1979

<Hoschka 1984> Peter Hoschka, überlegungen zu einem aktiven Terminvereinbarungssystem, Interner Bericht GMD-F3-GUS 1984

<Hueck, Nipperdey und Dietz 1972> Hueck, Nipperdey und Dietz, Nachschlagewerk des Bundesarbeitsgerichts, Loseblattsammlung, München 1972

<Hufen 1982> Friedhelm Hufen, Heilung und Unbeachtlichkeit grundrechtsrelevanter Verfahrensfehler, in: NJW 1982, S. 2160

<Isensee 1976> Josef Isensee, Die typisierende Verwaltung, Berlin 1976

<Kilian, Lenk und Steinmüller 1973> Wolfgang Kilian, Klaus Lenk und Wilhelm Steinmüller (Hrsg.), Datenschutz, Frankfurt 1973

<King und Kraemer 1981> John Leslie King und Kenneth L. Kraemer, Cost as a Social Impact of Information Technology, in: Moss 1981, S. 93 ff.

<Knack 1976> Hans-Joachim Knack (Hrsg.), Verwaltungsverfahrensgesetz. Kommentar, Berlin 1976

<Koch und Rüßmann 1982> Hans-Joachim Koch und Helmut Rüßmann, Juristische Begründungslehre, München 1982

<Koch 1983> Rainer Koch, Die Reformbemühungen in der deutschen Bundesverwaltung, in: Glasl 1983

<König 1975> K. König, Datenquellen und Datenbeschaffung, in: Städtebauliche Forschung, Grundlagen der städtebaulichen Planung, Bonn 1975

<Kommission für Verkehrssicherheit 1982> Bericht der Kommission für Verkehrssicherheit; Mitglieder: Hermann Höcherl, Günther Bantzer, Karl Buschmann, Dieter Lattmann und Dr. Hans-Günther Sohl, Bonn, September 1982

<Kommission zur Überprüfung von Verbesserungsmöglichkeiten 1981> Bericht der Kommission zur überprüfung von Verbesserungsmöglichkeiten in der Hamburger Verwaltung, Hamburg 1981

<KGSt 1979> Kommunale Gemeinschaftsstelle für Verwaltungsvereinfachung (KGSt), (Hrsg.), Weiterentwicklung der Gemeinsamen Kommunalen Datenverarbeitung (GKD). KGSt-Gutachten, Köln 1979

<Kopp 1976> Ferdinand Kopp, Kommentar zum Verwaltungsverfahrensgesetz, München 1976

<Krause 1980> Peter Krause, Datenschutz und Grundgesetz, in: Datenverarbeitung im Recht, Heft 9, 1980, S. 229-269

<Krause 1983> Peter Krause, Grundrechtliche Grenzen staatlicher und privater Informationserhebung und -verarbeitung, in: Der Betrieb, DB-Beilage 23/1983

<Krause 1984> Peter Krause, Das Recht auf informationelle Selbstbestimmung, in: Juristische Schulung 1984, Heft 4, S. 268-275

<Krebs 1984> Walter Krebs, Kompensation von Verwaltungsverfahrensfehlern durch gerichtlichen Rechtsschutz?, in: DVBl 1984, S. 109

<Kreifelts 1984> Thomas Kreifelts, DOMINO: Ein System zur Abwicklung arbeitsteiliger Vorgänge im Büro, in: Angewandte Informatik, Heft 4, 1984, S. 137-146

<Kubicek 1982> Herbert Kubicek, Glasfasernetze als Autobahn zum elektronischen Büro und zum elektronischen Heim, in: Helmes 1982, S. 15 ff.

<Kuhlen 1984 a> Rainer Kuhlen (Hrsg.), Koordination von Informationen, Berlin u.a. 1984

<Kuhlen 1984 b> Rainer Kuhlen, Informationserarbeitung in Organisationen. Zur Rekonstruktion der Notwendigkeit eines Informationsmanagements in öffentlichen Verwaltungen und privaten Unternehmungen, in: Kuhlen 1984 a, S. 1-25

<Kuhlen 1984 c> Rainer Kuhlen, Kommunikationstechnologien und Organisationsstruktur, in: Deutsche Gesellschaft für Dokumentation 1984

<Kuhlmann 1983> Stefan Kuhlmann, Automationsfolgen für den Zugang zur gesetzlichen Rentenversicherung, Arbeitspapiere der Forschungsgruppe Verwaltungsautomation an der Gesamthochschule Kassel, Heft 31, Kassel 1983

<Kummer 1982> Bernd Kummer, Die funktionelle Organisation/Ablauforganisation, in: Püttner 1982, S. 121-134

<Kunze 1978> Thomas Kunze, Aufklärung, Beratung und Auskunft im Sozialrecht, St. Augustin 1978

<KGRZ Kassel und Senator für Inneres Berlin 1984> KGRZ Kassel und Senator für Inneres Berlin (Hrsg.), 21. Erfahrungsaustausch ADV Bund/Länder/Kommunaler Bereich, Berlin 1984

<Lachnit 1984> Laurenz Lachnit: unveröffentlichtes Diskussionspapier, Oldenburg 1984

<Landwehrmann 1983> Friedrich Landwehrmann, Bürgerinformation als Verwaltungshandeln, in: Der Landkreis, Heft 8/9, 1983, S. 371-374

<Laubinger 1982> Hans-Werner Laubinger, Grundrechtsschutz durch Gestaltung des Verwaltungsverfahrens, in: Verwaltungsarchiv, Heft 1, 1982, S. 60 ff.

<Läubli, Nakaseko und Hüntling 1980> Th. Läubli, M. Nakaseko und W. Hüntling, Arbeitsbedingte cervicobrachiale Beschwerden bei Büroarbeit, in: Zeitschrift Sozial- und Präventivmedizin Heft 25, 1980, S. 407-412

<Laudon 1974> Kenneth C. Laudon, Computers and Bureaucratic Reform. The Poitical Function of Urban Information Systems, New York 1974

<Laux 1979> Eberhard Laux, Aufgabenentwicklung und Personalbedarf in der öffentlichen Verwaltung, in: Die öffentliche Verwaltung, 1979, S. 729-737

<Laux 1983> Eberhard Laux, Die Gemeinden im Staat der achtziger Jahre - Was folgt auf die Reformen?, in: Wagener 1980, S. 75-106

<Lenk 1979> Klaus Lenk, Arbeitsplatznaher EDV-Einsatz in der öffentlichen Verwaltung, in: Recht und Politik, Heft 15, 1979, S. 33-39

<Lenk 1980> Klaus Lenk, Probleme der Verwaltungsinnovation durch DV-gestützte Verfahren, in: öVD, Heft 10, 1980, S. 3-9

<Lenk 1981> Klaus Lenk, Voraussetzungen und Grenzen der Einführung DV-gestützter Verfahren im Bereich der öffentlichen Verwaltung, in: Reinermann, Fiedler, Grimmer und Lenk 1981, S. 625-634

<Lenk 1982> Klaus Lenk, Informationstechnik und Gesellschaft, in: Friedrichs und Schaff 1982, S. 289-326

<Lenk 1984 a> Klaus Lenk, Fachinformationsversorgung als öffentliche Aufgabe, in: Kuhlen 1984 a, S. 336-347

<Lenk 1984 b> Klaus Lenk, Informationsmanagement als Gegenstand der Verwaltungspolitik. Unveröffentlichtes Referat 1984

<Lenk 1985> Klaus Lenk, Verwaltungspolitik als Aufgabenpolitik - Gesellschaftliche Anforderungen und informationstechnische Möglichkeiten, in diesem Band

<Lockemann, Schreiner, Trauboth und Klopprogge 1983> Peter C. Lockemann, Adolf Schreiner, Heinz Trauboth und Manfred Klopprogge, Systemanalyse, Berlin u.a. 1983

<Lorenzen, Eckstein und Cecior 1983> Uwe Lorenzen, Karlfriedrich Eckstein und Alfred P. Cecior, Bundespersonalvertretungsgesetz, Kommentar, 4. Auflage, Heidelberg 1983

<Lucas, Izbicki und Kalod 1979> Peter Lucas, H. Izbicki und G. Kalod, ASVG-DEMO. An Experiment in Application Programming, TR 25.148, IBM Laboratory Vienna, Wien 1979

<Mäding 1976> Erhard Mäding, Zwecke und Verfahren der Aufgabenkritik - Sachstandsbericht, in: Organisation und Effizienz der öffentlichen Verwaltung 1976, S. 181-184

<Mäding 1978> Erhard Mäding, Aufgaben als Reformthema, in: o.V. 1978

<Mäding 1983> Heinrich Mäding (Hrsg.), Sparpolitik, Opladen 1983

<Mandelartz 1983> Herbert Mandelartz, Anhörung, Absehen von Anhörung, Nachholen der unterbliebenen Anhörung - Zur Relativierung eines Verfahrensrechts, in: DVBl 1983, S. 112 ff.

<March und Olsen 1976> James G. March und Johan P. Olsen, Ambiguity and Choice in Organizations, Bergen 1976

<Martin 1983> Hans Martin, Die menschengerechte Gestaltung von Informationssystemen - Ein Beitrag der Arbeitswissenschaft zur Gestaltung von Dialogschnittstellen, Vortrag in der Ringvorlesung der TU Berlin im November 1983

<Mason 1983> Mason (Hrsg.), Information Processing 83, 1983

<Maunz 1981> Theodor Maunz, Selbstbindungen der Verwaltung, in: DöV, Heft 13/14, 1981, S. 497

<Maunz, Dürig und Herzog 1976> Theodor Maunz, Günter Dürig und Roman Herzog, Grundgesetz, Kommentar, 5. Auflage, München 1976

<Mayer-Maly 1980> Theo Mayer-Maly, Datenschutz gegen Arbeitnehmerinformation, in: Der Betrieb, Heft 30, 1980, S. 1441-1445

<Mayntz u.a. 1983> Renate Mayntz und andere, Informations- und Kommunikationstechnologien in der öffentlichen Verwaltung, Band 1: Anwendungsstand und Ansatzpunkte für informationstechnische Innovationen, GMDStudien Nr. 75, St. Augustin 1983

<Mayntz und Schumacher-Wolf 1985> Renate Mayntz und Clemens Schumacher-Wolf, Verwaltungspolitische Strategien technischer Innovation, erscheint in: Ellwein und Hesse 1985

<McCarthy 1976> Thorn McCarthy, Reflections on Taxman, in: Harvard Law Review, 90, 837, 1976

<McGregor 1957> Douglas McGregor, The Human Side of Enterprise, in: The Management Review, Vol. 46, 1957, No. 11, S. 22-28

<Meier und Borgs 1976> Hans Meier und Hermann Borgs, Verwaltungsverfahrensgesetz. Kommentar, Frankfurt 1976

<Meier und Borgs 1982> Hans Meier und Hermann Borgs, Verwaltungsverfahrensgesetz. Kommentar, München 1982

<Menier 1979> Jaques Menier, Pour une politique administrative, in: Revue Francaise d'Administration Publique, Nr. 9, 1979, S. 143-178

<Menschenwürde und freiheitliche Rechtsordnung 1974> Menschenwürde und freiheitliche Rechtsordnung, Festschrift für Willi Geiger, Tübingen 1974

<Mezler 1983> W. Mezler, Anmerkungen zur Gestaltung des Informationsangebotes auf Bildschirmen in Prozeßwerten - Ausgangspunkt und erste Ergebnisse -, in: Zeitschrift für Psychologie, Supplement 5, 1983, S. 84

<Mitchell L. Moss 1981> Mitchell L. Moss (Hrsg.), Telecommunications and Productivity, London u.a. 1981

<Moss 1981> Mitchell L. Moss (Hrsg.), Telecommunications and Productivity, London u.a. 1981

<von zur Mühlen 1972> Rainer von zur Mühlen, Computer-Kriminalität, Gefahren und Abwehrmaßnahmen, Neuwied und Berlin 1972

<Müller-Merbach 1979> Heiner Müller-Merbach, Datenursprungsbezogene Alarmsysteme, in: Albach, Hahn und Mertens 1979, S. 151-162

<Müller 1982> Fritz R. Müller, Wandel im Berufsbild des DV-Leiters. Das Konzept des Information Resources Management, München 1982

<von Mutius 1982> Albert von Mutius, Grundrechtsschutz contra Verwaltungseffizienz im Verwaltungsverfahren?, in: NJW 1982, S. 2150 ff.

<von Mutius 1984> Albert von Mutius, Handbuch für die öffentliche Verwaltung. Einführung in ihre rechtlichen und praktischen Grundlagen, Neuwied u.a. 1984

<Natzel 1979> Benno Natzel, in: Leistung und Lohn, Nr. 88 vom 22. Juni 1979, S. 5 ff.

<Naßmacher und Schmidt o.J.> Karl-Heinz Naßmacher und Hannsjörg Schmidt, Informationsgrundlagen, in: Afheld o.J.

<Naßmacher o.J.> Karl-Heinz Naßmacher, Gewerbepolitik als prozeßorientierte Querschnittaufgabe, in: Afheld o.J.

<Naßmacher 1982> Hiltrud Naßmacher, Entwicklungsphasen in Unternehmen - Orientierung für die Wirtschaftsförderung, in: Demokratische Gemeinde, Heft 3, 1982, S. 196-199

<Niskanen 1971> W.A. Niskanen, Bureaucracy and Representative Government, Chicago 1971

<Olk 1984> Jürgen Olk, Personalinformationssysteme - Technische Einrichtungen zur Überwachung der Arbeitnehmer? - Dissertation, Trier 1984

<Organisation und Effizienz der öffentlichen Verwaltung 1976> Organisation und Effizienz der öffentlichen Verwaltung II, Köln/Eindhoven 1976, S. 181 f

<Ossenbühl 1982> Fritz Ossenbühl, Verwaltungsverfahren zwischen Verwaltungseffizienz und Rechtsschutzauftrag, in: NVwZ 1982, S. 465 ff.

<Ossenbühl 1983> Fritz Ossenbühl, in: Erichsen und Martens 1983, S. 91 ff.

<Osswald 1969> Albert Osswald, Verwaltungsreform und elektronische Datenverarbeitung, Stuttgart 1969

<Ostermann 1980> Jürgen Ostermann, Auf dem Wege in die kommunale Informationsverwaltung?, in: Die Verwaltung, Heft 3, 1980, S. 297-327

<o.V. 1972> o.V., ÖVD-Interview mit Harvey M. Matusow, in: ÖVD, Heft 4, 1972, S. 135

<o.V. 1978> o.V., Reform kommunaler Aufgaben, Bonn 1978

<o.V. 1982> o.V., Bildschirmtext bei der LVA Rheinprovinz im Feldversuch, in: data report, 17. Jg., 1982, Heft 4, S. 18 ff.

<o.V. 1983> o.V., Hoffentlich FTZ versichert, in: Diebold Management Report, Heft 4, 1983, S. 1-5

<o.V. 1984 a> o.V., Hacker in Europa, in: Datenschutz-Berater, Heft 8, 1984

<o.V. 1984 b> o.V., in: die tageszeitung vom 5.5.1984

<o.V. 1984 c> o.V., Auszug aus der Begründung der Verfassungsbeschwerde der Professoren Däubler, Haefner, Siekmann, Steinmüller, in: ÖVD, Heft 6, 1984, S. 99

<o.V. 1984 d> o.V., Special Issue on Japanese Computer Technology on Culture, in: Computer, 3. Heft, 1984, S. 17

<o.V. 1984 e> o.V., Wirtschaftliches Informationsmanagement in der öffentlichen Hand, München 1984

<Pack und Börner 1984> Ludwig Pack und Dietrich Börner (Hrsg.), Betriebswirtschaftliche Entscheidungen bei Stagnation, Wiesbaden 1984

<Pestalozza 1977> Christian Pestalozza, Der Untersuchungsgrundsatz, in: Schmitt-Glaeser 1977, S. 185 ff.

<Pickel 1982> Harald Pickel, Die Anhörung im sozialrechtlichen Verwaltungsverfahren, in: Festgabe für Hans Grüner, Percha 1982, S. 399 ff.

<Pietzcker 1983> Jost Pietzcker, Verwaltungsverfahren zwischen Verwaltungseffizienz und Rechtsschutzauftrag, in: VVDStRL, Heft 41, Berlin 1983

<Planungsinformationssysteme 1973> Planungsinformations-Systeme für die Raumplanung, München 1973

<Podlech 1972/1973> Adalbert Podlech, Verfassungsrechtliche Probleme öffentlicher Informationssysteme, in: DVR 1972/1973, S. 149 ff.

<Prodanow 1984> Hansi Prodanow, Elektronische Personaldatenverarbeitung und Betriebsratsmitbestimmung bei Fragebögen, Beurteilungsgrundsätzen und Auswahlrichtlinien, Dissertation, Trier 1984

<Projektgruppe "Bürgeramt" 1983> Projektgruppe "Bürgeramt" der GMD und der Stadt Unna, Zwischenbericht - Organisationsmodelle für ein Bürgeramt, Zwischenbericht über das Projekt Bürgeramt an den BMFT, Manuskript, März 1983

<Püttner 1982> Günter Püttner, Verwaltungslehre, München 1982

<Püttner 1983> Günter Püttner (Hrsg.), Handbuch der kommunalen Wissenschaft und Praxis, Band 3, Kommunale Aufgaben und Aufgabenerfüllung, Berlin u.a. 1983

<Reichwald 1984> Ralf Reichwald, Produktivitätsbeziehungen in der Unternehmensverwaltung - Grundüberlegungen zur Modellierung und Gestaltung der Büroarbeit unter dem Einfluß neuer Informationstechnologie, in: Pack und Börner 1984, S. 197 ff.

<Reinermann 1981> Heinrich Reinermann, Informationsmanagement - Verwaltungsaufgaben beim Einsatz der Ressource Information, in: Reinermann, Fiedler, Grimmer und Lenk 1981, S. 549-565

<Reinermann 1984 a> Heinrich Reinermann, Informations-Management in der öffentlichen Verwaltung - Mißverstandene Delegation von Führungsverantwortung?, in: o.V. 1984 e, S. 1-23

<Reinermann 1984 b> Heinrich Reinermann, Controlling in mittleren und kleineren Kommunalverwaltungen, in: Die Betriebswirtschaft, 44. Jg., Heft 1, 1984, S. 85-98

<Reinermann 1984 c> Heinrich Reinermann, Örtliche Verwaltungen und Neue Medien, in: Traunmüller, Fiedler, Grimmer und Reinermann 1984, S. 237-267

<Reinermann 1985> Heinrich Reinermann, Öffentliche Verwaltung und Informationstechnik - Neue Möglichkeiten, neue Probleme, neue Perspektiven - Begründung des Tagungsprogramms - , in diesem Band

<Reinermann, Fiedler, Grimmer und Lenk 1981> Heinrich Reinermann, Herbert Fiedler, Klaus Grimmer und Klaus Lenk (Hrsg.), Organisation in-

formationstechnik-gestützter öffentlicher Verwaltungen, Berlin u.a. 1981

<Reisig 1982> Wolfgang Reisig, Petrinetze, Berlin 1982.

<Retti u.a. 1984> Johannes Retti u.a., Artificial Intelligence - Eine Einführung, Stuttgart 1984

<Rinsche 1983> Berthold Rinsche, Stand der Datenverarbeitung in der Planung, in: Mitteilungen des Informationskreises für Raumplanung, Heft 22, 1983

<Rivet 1984> Jacques Rivet, Administration publique et communication civique: le cas du Canada, in: Revue Internationale des Sciences Administratives, Heft 50, 1984, S. 10-15

<Robert-Bosch-Stiftung 1984> Robert-Bosch-Stiftung (Hrsg.), Kommunale Gewerbeentwicklung und Gewerbepolitik in der Region Mittlerer Neckar, Stuttgart 1984

<Rohner 1976> Louis Rohner, Computerkriminalität, Zürich 1976

<Ruckriegel 1973> Werner Ruckriegel, Quo vadis, ADV?, in: ÖVD, Heft 1, 1973, S. 3-16

<Ruckriegel 1984 a> Werner Ruckriegel, Die (Un-)Sicherheit und die Verantwortung, in: ÖVD, Heft 6, 1984, S. 7

<Ruckriegel 1984 b> Werner Ruckriegel, Geliebt, gehaßt, gefürchtet: Der "anthropomorphe" Computer, in: ÖVD, Heft 1, 1984, S. 7

<Schäfer und Skorka 1979> Wolfgang Schäfer und Gudrun Skorka, Die Abbildung von Gesetzestexten auf Formulare in der Rentenversicherung, Arbeitspapiere der Forschungsgruppe Verwaltungsautomation, Heft 17, Kassel 1979

<Schäfer 1983> Wolfgang Schäfer, Organisationsstrukturen und Qualität der Arbeit in Massenverwaltungen, Arbeitspapiere der Forschungsgruppe Verwaltungsautomation an der Gesamthochschule Kassel, Heft 33, Kassel 1983

<Schauer und Tauber 1983> Helmut Schauer und Michael Julius Tauber (Hrsg.), Psychologie des Programmierens, Wien und München 1983

<Schauer und Tauber 1984> Helmut Schauer und Michael Julius Tauber (Hrsg.), Psychologie der Computerbenutzung, Wien und München 1984

<Scheer 1984 a> August-Wilhelm Scheer, EDV-orientierte Betriebswirtschaftslehre, Berlin u.a. 1984

<Scheer 1984 b> August-Wilhelm Scheer u.a., Personal Computing - EDV-Einsatz in Fachabteilungen, München 1984

<Schenke 1982> Wolf-Rüdiger Schenke, Das Verwaltungsverfahren zwischen Verwaltungseffizienz und Rechtsschutzauftrag, in: VBLBW 1982, S. 313 ff.

<Schindler 1983> Raimund Schindler, Rechnergestützte Bildschirmarbeitsplätze - Entwicklungstendenzen, Gestaltungsprobleme und Stand der Forschung, in: Zeitschrift für Psychologie, Supplement 5, 1983, S. 7

<Schlink 1982> Bernhard Schlink, Die Amtshilfe - Ein Beitrag zu einer Lehre von der Gewaltenteilung in der Verwaltung, Berlin 1982

<Schmidt 1982> Walter Schmidt, Einführung in die Probleme des Verwaltungsrechts, München 1982

<Schmitt-Glaeser 1977> Walter Schmitt-Glaeser (Hrsg.), Verwaltungsverfahren, Festschrift zum 50jährigen Bestehen des Richard Boorberg Verlags, Stuttgart 1977

<Schneider 1983> Hans-Jochen Schneider, Lexikon der Informatik und Datenverarbeitung, München und Wien 1983

<Schraeder 1973> Wilhelm F. Schraeder, Zum Verhältnis von Statistik, Automation und Raumplanung, in: Planungsinformations-Systeme für die Raumplanung, München 1973, S. 290-314

<Schulz 1982> Arno Schulz, Methoden des Softwareentwurfs und strukturierte Programmierung, Berlin u.a. 1982

<Schwan 1984> Eggert Schwan, Amtsgeheimnis oder Aktenöffentlichkeit, München 1984

<Seemann 1984> Klaus Seemann, Auswirkungen der "Neuen Informations- und Kommunikationstechniken" auf Arbeitsplätze und Mitbestimmung, in: Die Personalvertretung, Heft 2, 1984, S. 41-67

<Siebel o.J.> Walter Siebel (Hrsg.), Beiträge zur Stadtforschung, Band 3 (im Erscheinen)

<Simitis 1977> Spiros Simitis, Datenschutz und Arbeitsrecht, in: Arbeit und Recht, Heft 4, 1977, S. 97-108

<Simitis 1980> Spiros Simitis, Schutz von Arbeitnehmerdaten. Gutachten im Auftrag des Bundesministers für Arbeit und Sozialordnung, Bonn 1980

<Simitis 1984> Spiros Simitis, Die informationelle Selbstbestimmung - Grundbedingung einer verfassungskonformen Informationsordnung, in: Neue Juristische Wochenschrift, Heft 8, 1984, S. 398-404

<Smith 1981> Reid G. Smith, A framework for distributed problem solving, Ann Arbor 1981

<Stadt Solingen 1983> Stadt Solingen, Bericht des Amtes für Wirtschaftsförderung, Internes Arbeitspapier 1983

<Stamper 1976> Ronald Stamper, The LEGOL 1 Prototype System and Language, in: The Computer Journal, 20, 2, 105, 1976

<Steinberg 1982> Rudolf Steinberg, Komplexe Verwaltungsverfahren zwischen Verwaltungseffizienz und Rechtsschutzauftrag, in: DöV, Heft 15, 1982, S. 619-631

<Steinmüller 1976> Wilhelm Steinmüller (Hrsg.), Informationsrecht und Informationspolitik, München u.a. 1976

<Strigl und Traunmüller 1974> Klaus Strigl und Roland Traunmüller, Measuring Student Success: A Systematical Statistical Analysis, OECD, Paris 1974

<Syrbe 1984> M. Syrbe, Zuverlässigkeit von Realzeitsystemen: Fehlermanagement, in: Informatik-Spektrum, Band 7, Heft 2, 1984, S.94-101

<Szyperski 1980> Norbert Szyperski, Strategisches Informationsmanagement im technologischen Wandel. Fragen zur Planung und Implementation von Informations- und Kommunikationssystemen, in: Angewandte Informatik, Heft 4, 1980, S. 141-148

<Thieme 1981> Werner Thieme, Entscheidungen in der öffentlichen Verwaltung, Köln u.a. 1981

<Traunmüller 1982> Roland Traunmüller, Formale Methoden zur Modellierung rechtlicher Vorschriften in Informationssystemen, in: ÖVD, Heft 2, 1982, S. 75-77

<Traunmüller 1984 a> Roland Traunmüller, Methoden zur Entwicklung von Anwendungssystemen. Eine Antwort der Informatik auf die Anforderungen neuer Anwendungen, in: Traunmüller, Fiedler, Grimmer und Reinermann 1984, S. 111-127

<Traunmüller 1984 b> Roland Traunmüller, Information Systems Design Methodologies and their Compliance with Cognitive Ergonomics, in: van der Veer, Tauber, Green und Gorny 1984

<Traunmüller 1985> Roland Traunmüller, Die fünfte Generation der Informationstechnik - Was die öffentliche Verwaltung zu erwarten hat, in: Reinermann, Grimmer, Fiedler, Lenk und Traunmüller 1985

<Traunmüller, Fiedler, Grimmer und Reinermann 1984> Roland Traunmüller, Herbert Fiedler, Klaus Grimmer und Heinrich Reinermann (Hrsg.), Neue Informationstechnologien und Verwaltung, Berlin u.a. 1984

<Tuner 1984 a> Lotte Tuner, Amtshilfe durch Abruf von Sozialdaten, in: ÖVD/Online, Heft 2, 1984, S. 54-59

<Tuner 1984 b> Lotte Tuner, Die Datenschutzproblematik eines Bürgeramtes, in: KGRZ Kassel und Senator für Inneres Berlin 1984

<Uhlir 1979> Helmut Uhlir, Bedeutung von Kennzahlenanalysen zur Früherkennung negativer Unternehmensentwicklungen (Insolvenzen) aus der Sicht der Anteilseigner, in: Albach, Hahn und Mertens 1979, S. 89-106

<van der Veer, Tauber, Green und Gorny 1984> Gerrit C. van der Veer, Michael Julius Tauber, Thomas R. Green and Peter Gorny (Hrsg.), Readings on Cognitive Ergonomics - Mind and Computers, Berlin u.a. 1984

<Verkehrssicherheitsprogramm 1984> Verkehrssicherheitsprogramm 1984 der Bundesregierung, Bundestagsdrucksache 10/1479

<Verwaltungsberufsgenossenschaft 1976> Verwaltungsberufsgenossenschaft, Sicherheitsregeln für Büro-Arbeits-Plätze (ZH 1/535) 1976

<Verwaltungsberufsgenossenschaft 1980> Verwaltungsberufsgenossenschaft, Sicherheitsregeln für Büro-Arbeits-Plätze (ZH 1/618) 1980

<Wagener 1980 a> Frido Wagener (Hrsg.), Zukunftsaspekte der Verwaltung, Band 81 der Schriftenreihe der Hochschule Speyer, Berlin 1980

<Wagener 1980 b> Frido Wagener, Vom Neubau zur Pflege, in: Wagener 1980 a, S. 21-50

<Wahl 1983> Rainer Wahl, Verwaltungsverfahren zwischen Verwaltungseffizienz und Rechtsschutzauftrag, in: VVDStRL, Heft 41, Berlin 1983, S. 151 ff.

<Warhaut 1983> Siegrid Warhaut, Ein Modell für die Kommunikation und Arbeitsabläufe im Baugewerbe implementiert in CSSA, Diplomarbeit Universität Bonn 1983

<Weber 1976> Max Weber, Wirtschaft und Gesellschaft, 5. Auflage, Tübingen 1976, 1. Halbband

<Weides 1977> P. Weides, Verwaltungsverfahren und Widerspruchsverfahren, München 1977

<Weyer und Püttner 1983> Heinrich Weyer und Paul Stefan Püttner, Organisation und Technik der Datensicherung, Köln 1983

<Widmaier 1975> Ulrich Widmaier, Die Spannungen zwischen den Gruppeninteressen und dem Interesse des Staates in der Mitbestimmung der Organe der Personalvertretung, Dissertation Göttingen 1975

<Williamson 1964> O.E. Williamson, The Economics of Descretionary Behavior, Managerial Objectives in a Theory of the Firm, Englewood Cliffs 1964

<Wirtschaftliches Informationsmanagement 1984> Wirtschaftliches Informationsmanagement in der öffentlichen Hand, München 1984

<Wittkämper 1981> Gerhard W. Wittkämper, Die Führungsverantwortung im Bereich der Informationsversorgung in den achtziger Jahren, in: Reinermann, Fiedler, Grimmer und Lenk 1981, S. 580-599

<Wittkämper 1983> Gerhard W. Wittkämper, Möglichkeiten und Grenzen neuer Technologien in der öffentlichen Verwaltung, in: Die Verwaltung, Heft 16, 1983, S. 161-177

<Wißkirchen, Kreifelts, Krückeberg, Richter und Wurch 1983> Peter Wißkirchen, Thomas Kreifelts, F. Krückeberg, G. Richter und G. Wurch, Informationstechnik und Bürosysteme, Stuttgart 1983

<Wißkirchen, Niehuis und Victor 1984> Peter Wißkirchen, S. Niehuis und F. Victor, Ein rechnergestützter Bürosimulator auf der Basis von PrT-Netzen und Prolog, in: Angewandte Informatik, Heft 5, 1984, S. 181-188

<Wohlgemuth 1981> Hans H. Wohlgemuth, Arbeitsrechtliche Fragen der Personaldatenverarbeitung, in: Arbeit und Recht, Heft 9, 1981, S. 269-277

<Wohlgemuth 1983> Hans H. Wohlgemuth, Datenschutz für Arbeitnehmer 1983

<Wolff und Bachof 1974> Hans-J. Wolff und Otto Bachof, Verwaltungsrecht I, 9. Auflage, München 1974

<Wolff und Bachof 1978> Hans-J. Wolff und Otto Bachof, Verwaltungsrecht III, München 1978

<Zöllner 1982> Wolfgang Zöllner, Daten- und Informationsschutz im Arbeitsverhältnis, Köln 1982

VERZEICHNIS DER IN DIESEM BAND GENANNTEN REFERENTEN UND TAGUNGSTEILNEHMER

Albrecht, Hans-Peter, Dipl.-Ing., Direktor, Hessische Zentrale für Datenverarbeitung, Wiesbaden

Banner, Gerhard, Prof., Beigeordneter a.D., Vorstand, Kommunale Gemeinschaftsstelle für Verwaltungsvereinfachung, Köln

Baron, Josef, Dr., Vizepräsident, Niedersächsisches Landesverwaltungsamt, Hannover

Barthel, Thomas, Dr., Forschungs- und Beratungsstelle Informationstechnologie e.V., Hamburg

Becker, Ulrich, Prof. Dr. h.c., Senatsdirektor a.D., Hamburg

Below, Jürgen, Abteilungsdirektor, Bundesversicherungsanstalt für Angestellte, Berlin

Böhret, Carl, Prof. Dr., Geschäftsführender Direktor, Forschungsinstitut für öffentliche Verwaltung Speyer

Bonin, Hinrich, Dipl.-Ing., Dipl.-Wi.-Ing., Bundesanstalt für Wasserbau, Karlsruhe

Brinckmann, Hans, Prof. Dr., Gesamthochschule Kassel

Bruns, Wolfgang, Oberregierungsrat, Kraftfahrt-Bundesamt, Flensburg

Bullinger, Hans-Jörg, Prof. Dr.-Ing., Universität Stuttgart und Fraunhofer-Institut Stuttgart

Dollenbacher, Emil, Direktor a.D., Stuttgart

Dubber, Oliver, Dipl.-Kaufmann, Wiss. Mitarbeiter, Hochschule für Verwaltungswissenschaften Speyer

Dürrschnabel, Fritz, Bürgermeister, Stadt Philippsburg

Ehmann, Horst, Prof. Dr., Universität Trier

Eidenmüller, Karl, Direktor, Verband Deutscher Rentenversicherungsträger, Würzburg

Faehling, Jürgen, Dr., Erster Direktor, Datenzentrale Schleswig-Holstein, Kiel

Fiedler, Herbert, Prof. Dr. Dr., Universität Bonn und Gesellschaft für Mathematik und Datenverarbeitung (GMD), St. Augustin

Frankenbach, Wilfried, Dipl.-Wi.-Ing., EDV-Referent, Hochschule für Verwaltungswissenschaften Speyer

Franz, Peter, Dipl.-Volkswirt, Mag.rer.publ., Referent beim Forschungsinstitut für öffentliche Verwaltung Speyer

Fuchs, Eckhard, Dipl.-Mathematiker, Abteilungsleiter, Der Senator für Inneres, Berlin

Giiss, Hans, SCS Scientific Control Systems GmbH, Bonn

Greve, Roland, Oberverwaltungsrat a.D., Forschungsinstitut für öffentliche Verwaltung Speyer

Grimmer, Klaus, Prof. Dr., Gesamthochschule Kassel

Hamann, Wolfram, Prof. Dr., Fachhochschule für öffentliche Verwaltung, Dortmund

Helfer, Josef, Stadt Sankt Augustin

Höffgen, Heinrich, Bundesvorsitzender, Deutscher Postverband im Deutschen Beamtenbund, Bonn

Kleinschroth, Karl, Verwaltungsrat, Datenzentrale Baden-Württemberg, Stuttgart

König, Herbert, Prof. Dr., Hochschule der Bundeswehr Hamburg

Koloseus, Lucian, Dipl.-Ing., Obersenatsrat, Magistratsdirektion der Stadt Wien

Kuhlen, Rainer, Prof. Dr., Universität Konstanz

Lenk, Klaus, Prof. Dr., Institut für Verwaltungsforschung und Regionalwissenschaft, Universität Oldenburg

Letzel, Horst, Regierungsamtmann, Dozent, Fachhochschule für öffentliche Verwaltung, Mayen

Licha, Adam, Dr., Datenzentrale Baden-Württemberg, Stuttgart

Lutterbeck, Bernd, Prof. Dr., Technische Universität Berlin

Martin, Hans, Prof. Dr.-Ing., Gesamthochschule Kassel

Martin, H.-P., Amtsrat, Ministerium des Innern und für Sport Rheinland-Pfalz, Mainz

Marwedel, Henning, Direktor, Datenzentrale Schleswig-Holstein, Kiel

Mayntz, Renate, Prof. Dr. Dres. h.c., Institut für Angewandte Sozialforschung, Universität zu Köln

Naßmacher, Hiltrud, Dr., Wiss. Mitarbeiterin, Universität Oldenburg

Nell von, Job, Assessor, Wiss. Mitarbeiter, Hochschule für Verwaltungswissenschaften Speyer

Nowak, Richard, Dr., Direktor, Deutscher Sparkassen- und Giroverband, Bonn

Oppermann, Reinhard, Dr., Projektleiter, Gesellschaft für Mathematik und Datenverarbeitung (GMD), St. Augustin

Petri, Wilhelm, Dr., Stadtdirektor, Stadt Achim

Pflaumer, Gerd, Dr., Ministerialdirigent, Bundes-Presse- und Informationsamt, Bonn

Podlech, Adalbert, Prof. Dr. Dr., Technische Hochschule Darmstadt

Prinz, Helmut, Beigeordneter, Stadt Duisburg

Quinke, Hermann, Wiss. Mitarbeiter, Gesellschaft für Mathematik und Datenverarbeitung (GMD), St. Augustin

Reinermann, Heinrich, Prof. Dr., Hochschule für Verwaltungswissenschaften Speyer

Rettberg, Wolfgang, Dipl.-Ing., Gesamthochschule Kassel

Rihaczek, Karl, Dr.-Ing., Bad Homburg v.d.Höhe

Rösner, Volker, Oberregierungsrat, Landesamt für Datenverarbeitung und Statistik, Düsseldorf

Roewer, Wulf F., Mag.rer.publ., Richter am Verwaltungsgericht, Hamburg

Roggenbuck, Karin, Dipl.-Verwaltungswissenschaftlerin, Referentin am Forschungsinstitut für öffentliche Verwaltung Speyer

Rosenberger, Alois, Ministerialrat, Bundesministerium für Landesverteidigung, Wien

Ruckriegel, Werner, Dr., Ministerialdirigent, Leiter der Polizeiabteilung, Innenministerium Nordrhein-Westfalen, Düsseldorf

Sadler, Gerhard, Regierungsdirektor, Organisationsamt des Senats der Freien und Hansestadt Hamburg

Sander, Jürgen, Regierungsdirektor, Niedersächsisches Landesverwaltungsamt, Hannover

Schäfer, Peter, Dr., Wiss. Mitarbeiter, Hochschule für Verwaltungswissenschaften Speyer

Scheer, August-Wilhelm, Prof. Dr., Institut für Wirtschaftsinformatik, Universität Saarbrücken

Schieber, Hans, Geschäftsführer, Direktor, Kommunale Datenverarbeitung Mittlerer Neckar, Stuttgart

Schlörer, Jan, Dr., Klinische Dokumentation der Universität Ulm

Schulze, Rüdiger, Abteilungsdirektor, Hessisches Institut für Bildungsplanung und Schulentwicklung, Darmstadt

Seibel, Wolfgang, Dr., Gesamthochschule Kassel

Spies, Peter Paul, Prof. Dr., Institut für Informatik, Universität Bonn

Stierschneider, Josef, Dr., Sektionschef, Zentrale Personalverwaltung des Bundeskanzleramtes, Wien

Strunz, Horst, Dr., Vizepräsident, Gesellschaft für Informatik e.V., Bonn

Traunmüller, Roland, Prof. Dr., Institut für Informatik, Universität Linz

Treeck van, Werner, Prof. Dr., Hochschule Bremerhaven

Trost, Renate, Prof. Dr., Fachhochschule Nürnberg

Uelhoff, Klaus-Dieter, Dr., Staatssekretär, Ministerium des Innern und für Sport Rheinland-Pfalz, Mainz

Vogel, Dieter, Dr., Ministerialdirektor, Innenministerium Baden-Württemberg, Stuttgart

Wagner, Detlef, Prof., Fachhochschule für öffentliche Verwaltung, Stuttgart

Wilhelmi, Hans-H., Dr., Regierungsdirektor, Bundesministerium für Bildung und Wissenschaft, Bonn

Winter, Arthur, Dr., Oberrat, Bundeskanzleramt Wien

Wißkirchen, Peter, Dr., Institutsleiter, Institut für Angewandte Informationstechnik, Gesellschaft für Mathematik und Datenverarbeitung (GMD), St. Augustin

Zimmermann, Walter L., Prof. Dr., Fachhochschule des Landes Rheinland-Pfalz, Abteilung Ludwigshafen-Worms, Worms

Zimmermann, Gerhard, Dipl.-Kaufmann, Der Bundesbeauftragte für den Datenschutz, Bonn

ABKÜRZUNGSVERZEICHNIS

ADV: Automatische Datenverarbeitung
BAFöG: Bundesausbildungsförderungsgesetz
BDSG: Bundesdatenschutzgesetz
BGH: Bundesgerichtshof
BVerfE: Entscheidungen des Bundesverfassungsgerichts
BVerwG: Bundesverwaltungsgericht
DB: Der Betrieb
DIN: Deutsche Industrienorm
DöV: Die öffentliche Verwaltung
DV: Datenverarbeitung
DVBl: Deutsches Verwaltungsblatt
DVR: Datenverarbeitung im Recht
EDV: Elektronische Datenverarbeitung
GG: Grundgesetz
GRVI: Gesellschaft für Rechts- und Verwaltungsinformatik
IT: Informationstechnik
JURIS: Juristisches Informationssystem
JuS: Juristische Schulung
KoopA-ADV: Kooperationsausschuß ADV-Bund/Länder/Kommunaler Bereich
KGSt: Kommunale Gemeinschaftsstelle für Verwaltungsvereinfachung
MDT: Mittlere Datentechnik
NJW: Neue Juristische Wochenschrift
NVwZ: Neue Zeitschrift für Verwaltungsrecht
OECD: Organization for Economic Cooperation and Development
ÖVD: Öffentliche Verwaltung und Datenverarbeitung
RVO: Reichsversicherungsordnung
SGB: Sozialgesetzbuch
VBlBW: Verwaltungsblätter für Baden-Württemberg
VOP: Verwaltungsführung, Organisation, Personalwesen
VVDStRL: Veröffentlichungen der Vereinigung der Deutschen Staatsrechtslehrer
Z.Arb.wiss.: Zeitschrift für Arbeitswissenschaft
ZfB: Zeitschrift für Betriebswirtschaft

SCHLAGWORTVERZEICHNIS

Der gesamte Band handelt von Verwaltungsautomation (VA) und Informationstechnik (IT) oder ähnlichen Begriffen. Der Kürze wegen sind diese Begriffe im Schlagwortregister nicht stets dem jeweiligen Schlagwort hinzugefügt; anstelle von "Wirtschaftswachstum und Informationstechnik" findet man beispielsweise hier nur "Wirtschaftswachstum".

Band 55: W. Kowalk, Verkehrsanalyse in endlichen Zeiträumen. VI, 181 Seiten. 1982.

Band 56: Simulationstechnik. Proceedings, 1982. Herausgegeben von M. Goller. VIII, 544 Seiten. 1982.

Band 57: GI – 12. Jahrestagung. Proceedings, 1982. Herausgegeben von J. Nehmer. IX, 732 Seiten. 1982.

Band 58: GWAI-82. 6th German Workshop on Artificial Intelligence. Bad Honnef, September 1982. Edited by W. Wahlster. VI, 246 pages. 1982.

Band 59: Künstliche Intelligenz. Frühjahrsschule Teisendorf, März 1982. Herausgegeben von W. Bibel und J. H. Siekmann. XIII, 383 Seiten. 1982.

Band 60: Kommunikation in Verteilten Systemen. Anwendungen und Betrieb. Proceedings, 1983. Herausgegeben von Sigram Schindler und Otto Spaniol. IX, 738 Seiten. 1983.

Band 61: Messung, Modellierung und Bewertung von Rechensystemen. 2. GI/NTG-Fachtagung, Stuttgart, Februar 1983. Herausgegeben von P. J. Kühn und K. M. Schulz. VII, 421 Seiten. 1983.

Band 62: Ein inhaltsadressierbares Speichersystem zur Unterstützung zeitkritischer Prozesse der Informationswiedergewinnung in Datenbanksystemen. Michael Malms. XII, 228 Seiten. 1983.

Band 63: H. Bender, Korrekte Zugriffe zu Verteilten Daten. VIII, 203 Seiten. 1983.

Band 64: F. Hoßfeld, Parallele Algorithmen. VIII, 232 Seiten. 1983.

Band 65: Geometrisches Modellieren. Proceedings, 1982. Herausgegeben von H. Nowacki und R. Gnatz. VII, 399 Seiten. 1983.

Band 66: Applications and Theory of Petri Nets. Proceedings, 1982. Edited by G. Rozenberg. VI, 315 pages. 1983.

Band 67: Data Networks with Satellites. GI/NTG Working Conference, Cologne, September 1982. Edited by J. Majus and O. Spaniol. VI, 251 pages. 1983.

Band 68: B. Kutzler, F. Lichtenberger, Bibliography on Abstract Data Types. V, 194 Seiten. 1983.

Band 69: Betrieb von DN-Systemen in der Zukunft. GI-Fachgespräch, Tübingen, März 1983. Herausgegeben von M. A. Graef. VIII, 343 Seiten. 1983.

Band 70: W. E. Fischer, Datenbanksystem für CAD-Arbeitsplätze. VII, 222 Seiten. 1983.

Band 71: First European Simulation Congress ESC 83. Proceedings, 1983. Edited by W. Ameling. XII, 653 pages. 1983.

Band 72: Sprachen für Datenbanken. GI-Jahrestagung, Hamburg, Oktober 1983. Herausgegeben von J. W. Schmidt. VII, 237 Seiten. 1983.

Band 73: GI – 13. Jahrestagung, Hamburg, Oktober 1983. Proceedings. Herausgegeben von J. Kupka. VIII, 502 Seiten. 1983.

Band 74: Requirements Engineering. Arbeitstagung der GI, 1983. Herausgegeben von G. Hommel und D. Krönig. VIII, 247 Seiten. 1983.

Band 75: K. R. Dittrich, Ein universelles Konzept zum flexiblen Informationsschutz in und mit Rechensystemen. VIII, 246 pages. 1983.

Band 76: GWAI-83. German Workshop on Artificial Intelligence. September 1983. Herausgegeben von B. Neumann. VI, 240 Seiten. 1983.

Band 77: Programmiersprachen und Programmentwicklung. 8. Fachtagung der GI, Zürich, März 1984. Herausgegeben von U. Ammann. VIII, 239 Seiten. 1984.

Band 78: Architektur und Betrieb von Rechensystemen. 8. GI-NTG-Fachtagung, Karlsruhe, März 1984. Herausgegeben von H. Wettstein. IX, 391 Seiten. 1984.

Band 79: Programmierumgebungen: Entwicklungswerkzeuge und Programmiersprachen. Herausgegeben von W. Sammer und W. Remmele. VIII. 236 Seiten. 1984.

Band 80: Neue Informationstechnologien und Verwaltung. Proceedings, 1983. Herausgegeben von R. Traunmüller, H. Fiedler, K. Grimmer und H. Reinermann. XI, 402 Seiten. 1984.

Band 81: Koordination von Informationen. Proceedings, 1983. Herausgegeben von R. Kuhlen. VI, 366 Seiten. 1984.

Band 82: A. Bode, Mikroarchitekturen und Mikroprogrammierung: Formale Beschreibung und Optimierung. 6,1-277 Seiten. 1984.

Band 83: Software-Fehlertoleranz und -Zuverlässigkeit. Herausgegeben von F. Belli, S. Pfleger und M. Seifert. VII, 297 Seiten. 1984.

Band 84: Fehlertolerierende Rechensysteme. 2. GI/NTG/GMR-Fachtagung, Bonn 1984. Herausgegeben von K.-E. Großpietsch und M. Dal Cin. X, 433 Seiten. 1984.

Band 85: Simulationstechnik. Proceedings, 1984. Herausgegeben von F. Breitenecker und W. Kleinert. XII, 676 Seiten. 1984.

Band 86: Prozeßrechner 1984. 4. GI/GMR/KfK-Fachtagung, Karlsruhe, September 1984. Herausgegeben von H. Tauboth und A. Jaeschke. XII, 710 Seiten. 1984.

Band 87: Mustererkennung 1984. Proceedings, 1984. Herausgegeben von W. Kropatsch. IX, 351 Seiten. 1984.

Band 88: GI – 14. Jahrestagung. Braunschweig, Oktober 1984. Proceedings. Herausgegeben von H.-D. Ehrich. IX, 451 Seiten. 1984.

Band 89: Fachgespräche auf der 14. GI-Jahrestagung. Braunschweig, Oktober 1984. Herausgegeben von H.-D. Ehrich. V, 267 Seiten. 1984.

Band 90: Informatik als Herausforderung an Schule und Ausbildung. GI-Fachtagung, Berlin, Oktober 1984. Herausgegeben von W. Arlt und K. Haefner. X, 416 Seiten. 1984.

Band 91: H. Stoyan, Maschinen-unabhängige Code-Erzeugung als semantikerhaltende beweisbare Programmtransformation. IV, 365 Seiten. 1984.

Band 92: Offene Multifunktionale Büroarbeitsplätze. Proceedings, 1984. Herausgegeben von F. Krückeberg, S. Schindler und O. Spaniol. VI, 335 Seiten. 1985.

Band 93: Künstliche Intelligenz. Frühjahrsschule Dassel, März 1984. Herausgegeben von C. Habel. VII, 320 Seiten. 1985.

Band 94: Datenbank-Systeme für Büro, Technik und Wirtschaft. Proceedings, 1985. Herausgegeben von A. Blaser und P. Pistor. X, 519 Seiten. 1985.

Band 95: Kommunikation in Verteilten Systemen I. GI-NTG-Fachtagung, Karlsruhe, März 1985. Herausgegeben von D. Heger, G. Krüger, O. Spaniol und W. Zorn. IX, 691 Seiten. 1985.

Band 96: Organisation und Betrieb der Informationsverarbeitung. Proceedings, 1985. Herausgegeben von W. Dirlewanger. XI, 261 Seiten. 1985.

Band 97: H. Willmer, Systematische Software-Qualitätssicherung anhand von Qualitäts- und Produktmodellen. VII, 162 Seiten. 1985.

Band 98: Öffentliche Verwaltung und Informationstechnik. Neue Möglichkeiten, neue Probleme, neue Perspektiven. Proceedings, 1984. Herausgegeben von H. Reinermann, H. Fiedler, K. Grimmer, K. Lenk und R. Traunmüller. X, 396 Seiten. 1985.